Elisabeth Herrmann-Otto

Sklaverei und Freilassung in der griechisch-römischen Welt

Studienbücher Antike

Herausgegeben von Peter Guyot

Band 15

Elisabeth Herrmann-Otto

Sklaverei und Freilassung in der griechisch-römischen Welt

Georg Olms Verlag
Hildesheim · Zürich · New York
2018

Elisabeth Herrmann-Otto

Sklaverei und Freilassung in der griechisch-römischen Welt

Dritte, überarbeitete und erweiterte Auflage

Georg Olms Verlag
Hildesheim · Zürich · New York
2018

Die Deutsche Nationalbibliothek verzeichnet diese Publikation in der Deutschen Nationalbibliografie; detaillierte bibliografische Daten sind im Internet über *http://dnb.ddb.de* abrufbar.

www.olms.de
Gedruckt auf säurefreiem und alterungsbeständigem Papier
Umschlaggestaltung: Inga Günther, Hildesheim
nach einem Entwurf von Andreas Brylka
KN Digital Print force GmbH, Ferdinand-Jühlke-Straße, 99095 Erfurt
Printed in Germany
ISSN 1436-3526
ISBN 978-3-487-31187-6

INHALT

VORWORT ZUR ZWEITEN AUFLAGE

Mit der inhaltlich und bibliographisch stark erweiterten zweiten Auflage liegt das zwischenzeitig vergriffene und stets nachgefragte Studienbuch in überarbeiteter Form wieder vor. Auf einige Änderungen gegenüber der ersten Auflage möchte ich kurz hinweisen.

Es ist weiterhin Ziel des Buches, die antike Sklaverei und Freilassung in der griechisch-römischen Welt differenziert anhand der zur Verfügung stehenden Quellen darzustellen, wie auch in die Forschungsdiskussionen einzuführen. Nachdem acht Jahre seit dem Erscheinen des Buches vergangen sind, haben sich so viele grundlegende Forschungskontroversen aufgetan und bisher wenig bearbeitete Gebiete und Epochen sind zwischenzeitig neu erforscht worden, dass ihre angemessene Präsentation eine Herausforderung bedeutet, der ich mich bewußt gerne gestellt habe. Liegen doch erstmalig Monographien zur spätantiken Sklaverei und Freilassung vor, sind einige römische Provinzen genaueren Einzeluntersuchungen unterzogen, sind Archäologie und Ikonographie in ihrer Bedeutung für die Thematik neu bewertet und die Grundfrage nach dem Charakter der antiken Wirtschaft für die griechische Staatenwelt und Rom erneut gestellt und teilweise kontrovers beantwortet worden. Dabei hat sich eine etwas abweichende Gliederung des dargebotenen Stoffes ergeben.

Um die gleitenden Übergänge zwischen den einzelnen Epochen besser erfassen zu können, habe ich mich entschieden, auch die Spätantike in der Römischen Sklaverei einzubinden und sie nicht künstlich in einem eigenen Kapitel von ihr loszukoppeln. Das Gleiche gilt für das Christentum, das zunächst im Kontext der antiken Religionen zu betrachten ist und erst in Auseinandersetzung mit seiner Umwelt Originalitäten aber auch Assimilationen entwickelt hat. Die Besonderheit des „römischen Modells" bleibt weiterhin gegenüber den vielfältigen Formen der griechischen und hellenistischen Welt betont, auch wenn es einen selbstverständlichen Austausch zwischen Ost und West gegeben hat.

Im letzten Jahrzehnt hat die antike Sklavereiforschung weltweit große Fortschritte gemacht. Das ist u.a. ein Ergebnis der Globalisierung, die eine engere Vernetzung der Wissenschaftler ermöglicht, zugleich aber auch deutlich macht, wie sehr Sklaverei und sklavenähnliche Verhältnisse erneut im 21. Jh. zu einem sozialen Problem offen oder verdeckt geworden sind. Dadurch erhält die antike Sklavereiforschung eine ungeahnte Aktualität. Diese spiegelt sich in den vielen neuen Publikationen wider, sowie in dem Handwörterbuch zur Antiken Sklaverei (HAS)[1], mit welchem sich das 63 Jahre alte Langzeitprojekt der Akademie der Wissenschaften und der Literatur in Mainz „ Forschungen zur antiken Sklaverei“ verabschiedet. An ihm sind Sklavenforscher vieler Disziplinen und Nationalitäten beteiligt, sodass Sklaverei als Menschheitsgeschichte hierin deutlich wird. Diese abschließende Zusammenschau legt das Projekt nun vor. Als Mitherausgeberin war es mir möglich, relevante Lemmata mit ihren Problemen in meine Darstellung einzubeziehen und bibliographisch auf sie hinzuweisen. Das Studienbuch versteht sich auch als erster Leitfaden zu dem im Druck befindlichen Handwörterbuch.

Bei der Überprüfung der Quellenübersetzungen ist mir aufgefallen, wie unpräzise die antike Terminologie oft im Deutschen widergegeben wird. Daher habe ich öfter in Klammern den antiken Terminus und die adäquate Übersetzung angegeben.

Auch eine zweite Auflage entsteht nicht im luftleeren Raum. Viele Anregungen verdanke ich den Autoren und Kollegen am HAS, an den Universitäten Trier, Bonn und Köln, sowie dem internationalen und interdisziplinären Austausch auf Kongressen und Workshops z.B. in Budapest, Göttingen, Mainz, München, Nijmegen, Köln, Luxembourg, Saarbrücken, Salzburg, Zürich etc.

Ohne intensive technische Unterstützung läge der Band nicht in der gegenwärtigen Gestalt vor. Mein vielfältiger Dank gilt meinen Doktoranden und Mitarbeitern: Christian Altmaier, der alle antiken Quellenstellen überprüft und neue Literaturrecherchen durchgeführt hat, sowie Boris Burch, der mich stets mit schwieriger Literaturbeschaffung unterstützt hat. Korrekturlesen, Aktualisierung der Register sowie die Erstellung der reprofähigen Vorlage des Gesamtmanuskriptes hat meine Tochter, Christiane Otto, übernommen. Allen Beteiligten sei zutiefst gedankt.

Mein besonderer Dank gilt Herrn Dr. Peter Guyot vom Georg Olms Verlag, der erneut mit großer Geduld und steter Ermunterung das Unternehmen begleitet und die neuen Passagen Korrektur gelesen hat. Hierfür danke ich ebenfalls Frau Olena Klejman M.A., die als Nachfolgerin von Herrn Guyot die Endphase des Projektes betreut hat.

Köln, im Frühjahr 2017 Elisabeth Herrmann-Otto

---

[1] Handwörterbuch der Antiken Sklaverei (HAS), hrsg. v. H. HEINEN †, U. EIGLER, P. GRÖSCHLER, E. HERRMANN-OTTO, H. VON HESBERG, H. LEPPIN, H.-A. RUPPRECHT, W. SCHMITZ, I. WEILER, B. ZIMMERMANN, 3 Bde, Stuttgart 2017 (im Druck)

VORWORT ZUR ERSTEN AUFLAGE

Sklaverei ist ein Phänomen der Menschheitsgeschichte und besteht, seit Menschen über Menschen Herrschaft ausüben. Sie ist allen Völkerschaften bekannt und in der Antike von allen Völkern nach dem „Völkergemeinrecht" als Folge von Kriegen anerkannt. Seit Aufklärung und Abolitionismus ist sie als gegen die Menschlichkeit und die Menschenwürde verstoßend verboten. Die Verbote werden gegenwärtig unterlaufen, auch wenn die Völker die Menschenrechte anerkannt haben, in denen die Paragraphen siebzehn und achtzehn gegen Sklaverei, Sklavenhandel und sklavereiähnliche Institutionen und Praktiken verankert sind.

Sklaverei ist mit allen Wirtschaftssystemen vereinbar: vorindustriellen und industriellen, agrarischen und städtischen. Sie scheint auch mit fast allen politischen und gesellschaftlichen Systemen vereinbar zu sein: Demokratie, Monarchie, Diktatur, Bürgertum, Kapitalismus, Kommunismus. Aus diesem Grunde ist das Erscheinungsbild der Sklaverei sehr vielgestaltig. In diesem Buch soll die Beschränkung auf die Antike und ihre Rezeption in der Moderne erfolgen.

Freilassung ist nicht überall da bekannt, wo es Sklaverei gibt. In einigen Sklavereisystemen entwickelt sie sich, in anderen bleibt sie unbekannt. Ihr Charakter ist ambivalent: einerseits beendet sie die persönliche Unfreiheit, andererseits befestigt sie das System der Sklaverei. Auch in diesem Bereich wartet die eintausendjährige antike Geschichte mit sehr unterschiedlichen Antworten auf.

Das vorliegende Studienbuch hat sich zum Ziel gesetzt, ein ausdifferenziertes Bild des vielgestaltigen Phänomens Sklaverei zu präsentieren und zugleich den Leser mit den wichtigsten Forschungsströmungen und Debatten vertraut zu machen. Erst dann wird es möglich, neben der Darstellung eine interpretatorisch kritische Durchdringung des Themas durchzuführen. Erzählende Darstellung und problemorientierte Erörterung lösen sich in dem Buch ab. Auch die antiken Quellen, die in ihrem gesamten Spektrum herangezogen und befragt werden, werden öfter in Übersetzung zitiert und nicht nur referiert. Aus Gründen der Lesbarkeit wurde auf Griechisch verzichtet, und die lateinischen Originalzitate wurden auf ein Mindestmaß beschränkt. Das Literaturverzeichnis enthält alle benutzten Titel und weiterführende Hilfsmittel. Einschlägige Lexikonartikel sind nur in den Fußnoten zitiert. Vollständigkeit ist weder beabsichtigt noch aus Gründen der Umfangsbeschränkung möglich.

Als Herr Dr. Peter Guyot mir vor zehn Jahren anbot, das Thema der Antiken Sklaverei für seine Studienbuchreihe zu schreiben, ahnte ich nicht, welch mühevoller und langer Weg bis zum Erscheinen des Buches zurückzulegen sein würde. Ohne vielfältige geistige Anregungen durch Diskussionen der Kollegen, Stipendiaten und auswärtigen Gäste im Trierer DFG-geförderten Graduiertenkolleg „Sklaverei – Knechtschaft und Frondienst – Zwangsarbeit: Unfreie Arbeits- und Lebensformen von der Antike bis ins 20. Jahrhundert“ hätte das Buch nicht den Zuschnitt erhalten, durch den es über die „Antike“ hinausblickt. Viele Impulse habe ich aus den intensiven Gesprächen mit Egon Flaig (Rostock) gewonnen, für die ich ihm auch an dieser Stelle herzlich danke. Das vorliegende Buch stellt die Summe meiner 30jährigen Studien und kritischen Auseinandersetzungen mit der Thematik und ihrer Forschungsgeschichte in einer auch für interessierte Laien und Studierende lesbaren Form dar.

Ohne intensive technische Unterstützung läge der Band nicht in der gegenwärtigen Gestalt vor. Mein vielfältiger Dank gilt meinen Doktoranden und Mitarbeitern: Marcel Simonis, der das Layout betreut und alle antiken Quellenstellen überprüft hat, Susanne Schake, die die Bibliographie geprüft und das Register erstellt hat, Astrid Weilandt und Christian Grieshaber, die kritisch Korrektur gelesen haben. Ihnen allen sei zutiefst gedankt für die mühevolle Mitarbeit neben laufendem Semesterbetrieb.

Mein besonderer Dank gilt Herrn Dr. Guyot vom Georg Olms Verlag, der stets wohlwollend mit Geduld und Ermunterung das Unternehmen begleitet hat. Ohne die Möglichkeit eines totalen Rückzuges aus der Hektik der studienreformgeplagten Universität wäre das Buch nie fertig geworden: ich danke sehr Dr. Kurt und Erika Petersen für die großzügige und gastfreundliche Bereitstellung ihrer Ferienwohnung im hohen Norden.

Zu tiefer Dankbarkeit bin ich schließlich meiner Familie verpflichtet, die nicht nur an den Korrekturgängen beteiligt war, sondern stets das gesamte Vorhaben unterstützt und mitgetragen hat. Ihr sei das Buch in ganz besonderer Weise zugedacht.

Trier, im Juli 2009 Elisabeth Herrmann-Otto

1. EINLEITUNG
Das Problem der Sklaverei in Antike und Moderne

1.1 Problemstellung, Definition, Terminologie

Es gibt wenige Themen der Alten Welt, die so sehr von politischen neuzeitlichen Veränderungen beeinflusst worden sind und noch immer beeinflusst werden, wie die antike Sklaverei. Es geht dabei nicht allein darum, dass sich politische Theorien und wissenschaftliche Methoden verändern, und infolgedessen die Sklaverei entweder unter einem moralisch abwertenden oder einem möglichst wertneutralen Aspekt beurteilt wird, oder dass bei ihrer Betrachtung entweder ökonomische, soziologische, rechtliche oder kulturelle Gesichtspunkte in den Vordergrund gerückt werden. Das könnte man als rein wissenschaftlichen Methodendiskurs oder Theoriestreit beiseiteschieben. Was das Thema „Antike Sklaverei" jedoch bis heute so brisant macht, ist das Fortleben der Institution Sklaverei im 21. Jh. trotz offizieller Abschaffung und entsprechender Menschenrechtskonventionen aus dem letzten Jahrhundert. Selbst wenn man zwischen modernen Formen der Sklaverei und alten traditionellen, immer noch praktizierten Formen von Sklavenhaltung unterscheiden muss, und dem Phänomen insgesamt in der heutigen modernen Gesellschaft Randständigkeit bescheinigen möchte, so ändert das doch nichts an der Tatsache, dass der große Unterschied zwischen Antike und Moderne nicht mehr länger an der vermeintlichen Absenz von Sklaverei in unserer Zeit festgemacht werden kann. Mit dem Wiederaufblühen von Menschenhandel, Kinderverkauf, Zwangsarbeit und Zwangsprostitution, deren Zunahme seit dem Ende des Kalten Krieges und im Zuge der fortschreitenden Globalisierung der Weltwirtschaft in erschreckendem Maße festzustellen ist, – die geschätzten Zahlen bewegen sich zwischen 12 bis 27, eventuell bis zu 200 Millionen Versklavten – gewinnt die Beschäftigung mit der antiken Sklaverei erneut eine ganz eigene Aktualität. Aber auch in den letzten 300 Jahren ihrer Rezeptionsgeschichte wurde die Auseinandersetzung mit ihr immer wieder zum Spiegel der jeweiligen gesellschaftlichen Anliegen der Zeit.[1]

Es kann nicht Aufgabe dieses Studienbuches sein, der aktuellen Thematik differenziert nachzugehen und die antike Sklaverei in den Gesamtkontext der Weltsklaverei zu stellen, was vorbildhaft ORLANDO PATTER-

---

1 ZEUSKE 2013, 1–3; BALES 2001, 16–51; RUGGIERO 1997, 232; CARTLEDGE 1993, 167.

SON mit seiner komparatistischen Studie *Slavery and Social Death* und EGON FLAIG mit seiner vor allem die islamische Welt miteinbeziehenden Darstellung der *Weltgeschichte der Sklaverei* geleistet haben.[2] Neuerdings hat MICHAEL ZEUSKE mit seinem *Handbuch Geschichte der Sklaverei* erstmalig unter golbalgeschichtlichem Aspekt Sklavereigeschichte als Menschheitsgeschichte geschrieben, die er von 10.000 v.Chr. bis zum 21.Jh. n.Chr. verfolgt. Er betont das Phänomen einer Vielzahl von Sklavereien in der westlichen und der östlichen Hemisphäre der Welt, die er in einer Kombination von makro- und mikrohistorischen Forschungsmethoden untersucht.[3]

Allein die angemessene, einigermaßen ausgewogene Präsentation der griechischen und der römischen Sklaverei sowie der jeweiligen Übergangsphasen in diesem kleinen Büchlein ist schwierig, weil es sich nicht um ein eindimensionales Phänomen handelt. 1.000 Jahre antike Sklavereigeschichte, die hier thematisiert werden sollen, haben mit verschiedenen gesellschaftlichen, rechtlichen, ökonomischen und politischen Systemen zu tun, die mit berücksichtigt werden müssen, soll die Darstellung nicht oberflächlich antiquarisch erscheinen bzw. nur theoretisch bleiben, beides Vorwürfe, die gegen ältere Darstellungen erhoben worden sind. Aus diesem Grunde möchte ich auch für die Antike von Sklavereien sprechen und nicht von einem einzigen griechisch-römischen System.[4]

Da aber jeder Historiker auf Quellenzeugnisse angewiesen ist, stellt sich automatisch die Frage nach der antiken Überlieferung. Sie ist eines der größten Probleme bei jeder Beschäftigung mit der antiken Sklaverei. Warum das so ist, hat KEITH BRADLEY in seinem Aufsatz: *The Problem of Slavery in Classical Culture* auf den Begriff gebracht: „For a thousand years and more slavery was not a problem in classical culture, and therein lies a problem. But the problem is ours, not theirs.“[5]

Folge dieser antiken „Problemlosigkeit“ ist nämlich, dass wir uns nur auf ganz wenige antike Schriften stützen können, die die Sklaverei ausdrücklich zum Thema haben. Und das ist ein großes Problem für jede moderne Darstellung, sowohl objektiv wie subjektiv. Aus dem 4.Jh. v.Chr. ist nur der Titel eines solchen Werkes *Über Freiheit und Sklaverei* bekannt, das der Schüler des Sokrates, Antisthenes, verfasst haben soll,

---

2 PATTERSON 1982; FLAIG 2009; zur antiken Sklaverei s. VOGT 1972, 97–111, 169; GARLAN 1988, 1–14; WIEDEMANN 1997, 1–10.

3 ZEUSKE 2013, 1–26.

4 Kritik: FINLEY 1981, 12–14; 68–71. Antike Sklavereien s. hierzu schon WILLIAM WESTERMANN: *The Slave Systems of Greek and Roman Antiquity,* 1955.

5 BRADLEY 1997, 282.

der selbst Sohn eines athenischen Bürgers und einer thrakischen Sklavin war. Der einzige überlieferte Satz aus diesem Werk: „Der Mensch, der andere fürchtet, ist Sklave, ohne es zu wissen“[6] deutet eher auf eine Abhandlung über innere Freiheit und Unfreiheit hin, ein Thema, das vielfältig in der antiken Philosophie behandelt wurde. Ebenfalls in diesem Kontext stehen drei Reden des kynisch-stoischen Wanderphilosophen Dion von Prusa, auch Chrysostomos genannt, aus dem 1./2.Jh. n.Chr. mit dem Titel: *Diogenes oder über die Sklaven* und die beiden Reden *Über Sklaverei und Freiheit.*[7] Obwohl er sich mit der Unfreiheit durch Sklavenbesitz beschäftigt, eine moralphilosophische Thematik der Kyniker, weist er auch auf die konkrete Sklaverei hin, die gegen das Naturgesetz verstoßend oft nur auf äußerer Gewalt beruhe. Der eigentliche Gegenstand seiner Reden scheint aber weniger die äußere faktische Sklaverei zu sein, die ihm relativ und wandelbar erscheint, sondern eher die innere als die eigentliche Sklaverei. Hierin stimmt Dion von Prusa mit dem moralphilosophischen Ansatz des hellenisierten Juden Philon von Alexandrien überein (1.Jh. n.Chr.), der in seinem Traktat *Jeder rechtschaffene Mensch ist ein freier Mensch*[8] Versklavungen des Körpers auf die Wechselfälle des Schicksals zurückführt, die die Konvention rechtfertigt. Sein eigentliches Thema ist die innere Freiheit. Zusammenfassend kann man sagen, dass all die Werke, die die Sklaverei ausdrücklich zu ihrem Thema machen, sich mit ihr als einem inneren Makel unter moralphilosophischem Aspekt beschäftigen. Das bedeutet, dass die Institution der Sklaverei für die Antike kein Problem darstellt, dass man sie nicht eigens thematisieren muss, weil sie selbstverständlich ist, dass man sie aber auch nicht verschweigt.

Sklaverei und Sklaven werden folglich eher beiläufig erwähnt, z.B. in staatstheoretischen Schriften, bei Historikern, in Gerichtsreden, in der juristischen Kasuistik, in Gesetzestexten, in der Dichtung: den Tragödien, Komödien, Romanen, Satiren etc., aber auch in moralphilosophischen Schriften, in den Predigten der Kirchenväter, in Märtyrerakten und schließlich auf Grab- und Weihesteinen und den dazugehörigen Inschriften, in Verkaufs- und anderen Urkunden, in Inventarregistern, in

---

6 Diog. Laert. 2,31; 6,1; 6,16; Stob. 3,8,14. ZIMMERMANN HAS 2017, s.v. *Antisthenes von Athen*.

7 Dio Chrys. or. 10; 14; 15. Vgl. LOFFREDO 2011, 121–136: Seiner Meinung nach lässt sich bei Dion ein Diskurs über politische, nicht aber über soziale Freiheit und Unfreiheit festmachen.

8 Phil. *quod omnis probus liber sit* 17–19; 37. TAGLIAFERRO HAS 2017, s.v. *Philon von Alexandria* III.

Preislisten und vielem mehr.[9] Es gibt nach dem oben aufgezeigten negativen Befund nicht *die* antike Quelle, die sich mit der Sklaverei beschäftigt, sondern in allen Bereichen der antiken Welt, ob in Familie, Staat, Wirtschaft und Gesellschaft, überall finden sich Sklaven, überall sind sie bezeugt.

Wenn aber die Sklaverei omnipräsent ist in der antiken Welt, dann sind, wie ein großer Teil der modernen Forschung gefolgert hat, die Gesellschaften im antiken Griechenland, vorab im demokratischen Athen sowie im spätrepublikanischen bis frühkaiserzeitlichen Rom neben den frühneuzeitlichen atlantischen Gesellschaften in Brasilien, auf den Inseln der Karibik und im südlichen Nordamerika als die eigentlichen Sklavenhaltergesellschaften zu bezeichnen. Der größte Teil der Arbeit basiere in diesen Gesellschaftssystemen auf unfreier, d.h. Sklavenarbeit. Diese These ist nicht nur von KARL MARX und FRIEDRICH ENGELS und den Anhängern des historischen Materialismus vertreten worden, sondern auch von soziologischer Seite durch MOSES I. FINLEY und seine Schüler teilweise bis auf den heutigen Tag. Macht man die Definition einer Sklavenhaltergesellschaft abhängig von der Anzahl der Sklaven, die mindestens bei 20% der Gesamtbevölkerung liegen muss, dann steht diese These auf tönernen Füßen, weil Zahlenangaben in der Antike schlechterdings nicht gemacht werden können, aufgrund fehlenden statistisch zu verwertenden Materials. Will man qualitativ von einem dominanten Prozentsatz der Sklavenarbeit ausgehen, durch welche vor allem die Oberschicht Gewinn erwirtschaften könne, so ist dagegen einzuwenden, dass zu allen Zeiten in der Antike freie Arbeit neben unfreier Arbeit rangierte, selbst in Athen, wo nur kurzfristige Arbeitsverhältnisse von Freien eingegangen wurden. Sie arbeiteten aber mit den Sklaven Hand in Hand. Die Beschäftigung von Sklavenmassen in Landwirtschaft und Bergbau war außerdem in beiden antiken Gemeinwesen zeitlich und lokal begrenzt. Aus diesem Grunde hat die moderne Forschung die Kategorie der unfreien Arbeit um Schuldknechtschaft und Kolonat erweitert, die aber weder in Griechenland noch in Rom zu allen Epochen bestanden und sich deswegen als Bestimmungskriterien für eine Sklavenhaltergesellschaft wenig eignen. Wegen dieser quantitativen und qualitativen Unsicherheiten hat man

---

9 Quellensammlungen: WIEDEMANN 1981; ECK / HEINRICHS 1993; zu den epigraphischen Quellen s. ECK HAS 2017, s.v. *Epigraphik*; SCHULER / JAKAB/ ALFÖLDY / GRÖSCHLER HAS 2017, s.v. *Inschriften*. Grundlegend zu den archäologischen Quellen: SCHUMACHER 2001. In den letzten zehn Jahren sind vor allem ikonographische Zeugnisse als aussagekräftige Quellen für die Sklavenforschung entdeckt worden. S. hierzu u.a. WEBSTER 2008, 103–123; s.u. Kap.1.3 u. HEINEN 2010, II: 141–222; BÄBLER 1998.

versucht, andere Leitlinien geltend zu machen: Wenn im Selbstverständnis der Bürger verankert sei, wenigstens einen oder zwei Sklaven zu besitzen, auch wenn man sie nicht beschäftigen könne, sozusagen nur aus Gründen des Prestiges, dann könne man mental von einer Sklavenhaltergesellschaft sprechen. Das treffe auf Athen aber auch auf Rom in hohem Maße zu, allerdings nur mit starken zeitlichen Einschränkungen: auf das Athen des 5./4.Jhs. v.Chr. sowie auf das römische Italien und Sizilien vom 2./1.Jh. v.Chr. bis zum 1.Jh. n.Chr.[10] Diese Linie ist von dem französischen Autorenteam JEAN ANDREAU, RAYMOND DESCAT weiterentwickelt worden, indem die beiden Autoren nicht eine sklavische Produktionsweise als Bestimmungskriterium für den sklavenhalterischen Charakter einer Gesellschaft anerkennen wollen, sondern in der sozialen Hierarchie das ausschlaggebende Kriterium sehen: Wenn nämlich die Sklaven ganz außerhalb einer Gesellschaft blieben, und das meinen sie nicht nur im juristischen Sinne, dann könne man von einer Sklavengesellschaft sprechen. Dieser Definition zufolge seien Athen seit dem 4.Jh. v.Chr. und Rom spätestens seit dem 2.Jh. v.Chr. Sklavenhaltergesellschaften und würden dies auch bei sinkenden Sklavenzahlen bleiben, weil der soziale und ökonomische Einfluss der Sklaverei beide antiken Gesellschaften nachhaltig mental geprägt habe.[11]

Ist der Begriff der „Sklaven(halter)gesellschaft" (*slave-society, société esclavagiste*) ein moderner, und ideologisch belasteter, dessen korrekte Anwendung auf die Antike immer umstritten bleiben wird, und der zeitlich wie lokal differenziert durch die Definition „Gesellschaft mit Sklaven" (*society with slaves, société à esclaves*) weitgehend zu ersetzen wäre, so scheinen die Termini Sklaverei und Sklave, die in den antiken Sprachen verankert sind, zunächst eindeutiger zu sein. Der oberflächliche Eindruck täuscht jedoch. Auch hier sind die Definitionen der Moderne – die Antike soll im nächsten Kapitel zu Wort kommen – je nach Standpunkt unterschiedlich. Wählt man eine juristische Definition, so stellt Sklaverei ein Gewaltverhältnis in dem Sinne dar, dass eine Person einer anderen uneingeschränkt physisch und psychisch, auf Leben und Tod, zeitlich unbegrenzt unterworfen ist. Aus soziologischer Sichtweise dagegen ist Sklaverei gleichbedeutend mit dem sozialen Tod, der durch totale

---

[10] OSTERHAMMEL 2009², 26–29 ersetzt im Deutschen den ideologisch belasteten Terminus „Sklavenhaltergesellschaft" durch den neutraleren der „Sklavengesellschaft"; CARTLEDGE / BRADLEY 1996, 1415–1417; FISHER 1993, 1–6; 45–47; BRADLEY 1994, 10–30. ZEUSKE 2013, 68/69 ersetzt den Begriff durch „Hegemonische Sklavereien", denen er innerhalb der Sklavenforschung eine fundamental blickverstellende Bedeutung zumisst.

[11] ANDREAU / DESCAT 2006, 23–26; 49; 63; 65–105.

Entwurzelung aus der Herkunftsgesellschaft, Randständigkeit und Ausgeschlossenheit aus allen grundlegenden Bezügen der neuen Gesellschaft gekennzeichnet ist, verbunden mit fortgesetzter Demütigung und totaler Schutzlosigkeit. Zusätzlich kann die Arbeitskraft des Sklaven zur Gewinnmaximierung herangezogen werden. Die erste Definition wählt den Blickwinkel des Herrn mit seiner possessorischen Verfügungsgewalt, die zweite die des Sklaven und der Gesellschaft mit den Mechanismen von Inklusion und Exklusion, die dritte bevorzugt einen rein ökonomischen Ansatz. An diesen knüpft MICHAEL ZEUSKE an, indem er die „Kapitalisierung des menschlichen Körpers" allen Sklavereien in unterschiedlicher Ausprägung zugrunde legt.[12]

So vielgestaltig die modernen Definitionen sind, von denen hier die augenblicklich gängigsten vorgeführt wurden,[13] so mannigfach ist auch die antike, vor allem die griechische Terminologie. Ich möchte mich im Angesicht der Vielgestaltigkeit der griechischen Sprache nur auf die wichtigsten Begriffe beschränken. Die Sklaventerminologie entwickelt sich im Laufe der mehr als ein Jahrtausend umfassenden Zeitspanne von den mykenischen Linear B Tafeln bis zur griechischen Schrift in klassischer und hellenistischer Zeit (ca. 1400–100 v.Chr.) in sehr differenzierter Weise. *Do-e-ro, do-er-a* auf den mykenischen Tafeln entspricht dem späteren griechischen *doúlos* und *doúle* für Sklave und Sklavin. Weil die griechischen Begriffe weitgehend der Rechtssprache angehören, werden sie in den homerischen Epen gemieden. Adjektivisch tauchen sie jedoch auf in *doúlion émar*, Tag der Versklavung. Die verwendeten Begriffe *dmóes* und *dmoaí* bezeichnen in den Epen das Gesinde in der Umgebung der Hauptakteure und spiegeln die abhängige Zugehörigkeit zum Haus als Sozial- und Wirtschaftseinheit wider. Die Übergänge zwischen freiem Gesinde und Sklaven sind in der homerischen Gesellschaft noch fließend. Der Begriff *oikétes* bezeichnet das Dienstpersonal im Haus und wird später, weil er sich ganz auf Sklaven verengt, durch *doúlos* ersetzt. Als *gynaíkes* können freie Dienerinnen oder Sklavinnen oder im Krieg

---

12 SCHUMACHER 2001, 13; PATTERSON 1982, 45–62; FLAIG 2009, 21–22 zur Kritik an den versuchten Definitionen. ZEUSKE 2013, 174–199.

13 FLAIG 2009, 16–21 stellt den Vorgang der Versklavung in den Mittelpunkt seiner Betrachtung, wodurch andere Aspekte bei der Definition hervortreten wie: Entsozialisierung, Entpersönlichung, Entsexualisierung, Entzivilisierung, die überwiegend bei intrusiver (Import) weniger bei extrusiver (einheimischer) Sklaverei greifen. Diese Kriterien lassen sich nur teilweise auf antike Verhältnisse anwenden. ZEUSKE 2013, 150–173, für den der menschliche Körper als Kapital = Ware grundlegend ist, gelingt eine Abhebung der antiken Sklavereien als haus- bzw. familienzentrierte Sklavereien von den modernen globalen Wirtschaftssklavereien.

geraubte oder erbeutete Frauen bezeichnet werden. *País* steht für das freie Kind, aber zugleich auch für den unfreien Erwachsenen. *Oikogenés* ist der im Hause von einer Sklavin geborene Unfreie, *threptós*, der Zögling, der als Freier oder Unfreier im Hause aufgezogen wurde. Diese Begriffe finden sich neben dem gängigen *doúlos* und *doúle* bis in die römische Kaiserzeit im Osten des Reiches. *Andrápodon*, Menschenfüßler, in Analogie zu *tetrápodon*, Vierfüßler, Tier, bezeichnet den Übergang des Kriegsgefangenen in die Sklaverei, wenn er nicht ausgelöst wird. Der ökonomische Wert steht im Vordergrund, vor allem seit den Massenversklavungen im 4./3. Jh.. Seit dieser Zeit wird der Terminus *sóma*, Körper, auf Sklaven angewendet. Daneben gibt es noch die vielen sogenannten Zwischenformen zwischen Sklaverei und Freiheit, wie die Heloten, Penesten, Klaroten, Paramonarier etc., deren Definition und Rechtslage äußerst kompliziert ist. Sie werden in diesem Studienbuch mitbehandelt (Kap. 2.2), um die gesellschaftliche Eigenart der griechischen Welt klarer im Vergleich zu Rom und seinem Sklavereityp herausarbeiten zu können.[14]

Die römische Terminologie ist weniger differenziert: Mit *servus* werden alle Sklaven bezeichnet. Bei besonderen Sklavenarten wird ein Adjektiv oder ein Substantiv hinzugesetzt (*servus rusticus, urbanus, publicus, ordinarius, poenae, civitatis, servi*). Seltener ist der Begriff *mancipium*, in der Spätantike ist gebräuchlich *famulus*, oder bei Abnahme scharfer Abgrenzungen zwischen Freien und Unfreien *servus quasi colonus*. Die Sklavin wird meistens als *ancilla*, seltener als *serva* bezeichnet. Der Sklave von Geburt kann als *verna*, Hausgeborener, tituliert werden, während die Verwendung von *puer*, griechisch *país,* eine Aussage über den Rechts- und Sozialstatus des Sklaven beinhaltet: Er bleibt immer Kind, d.h. unmündig und ist daher weder geschäfts-, noch ehefähig.[15] Die politische Rechtlosigkeit – zivil und militärisch – gründet in seiner Unfreiheit, die das Bürgerrecht ausschließt. Eine Behandlung der antiken Sklaverei wäre unvollständig, wenn man nicht auf die Möglichkeiten ihrer Beendigung eingehen würde. Gerade an ihrer Handhabung in der

---

[14] SCHMITT HAS 2017, s.v. *Sklaventerminologie I*; WELWEI 2008, 1–5; GORDESIANI 1999, 42–47; FISHER 1993, 6–7; DUCAT 1994, 33–35.; GARLAN 1988, 20–22; BERINGER 1982, 13–32; KÄSTNER 1981, 282–318; MOSSÉ 1981, 354–359; GSCHNITZER 1976; BERINGER 1961, 259–291; LEUJEUNE 1959, 129–144. S. auch u. Kap. 2.1.

[15] BUSCH HAS 2017, s.v. *Sklaventerminologie* II*;* GOLDEN 1985, 99–104; ANDREAU/ DESCAT 2006, 15–16; RIX 1994; HERRMANN-OTTO 1994, 7–21. S. auch u. Kap. 3.1.

Form der Freilassung zeigt sich das unterschiedliche gesellschaftliche Selbstverständnis der Griechen und der Römer.[16]

Aufgrund dieser mentalen Unterschiede, die auf sozialen Differenzen beruhen und teilweise zu unterschiedlichen institutionellen Bildungen geführt haben, scheint es mir gerechtfertigt, in je einem eigenen Kapitel die griechische und hellenistische Sklaverei (Kap.2) sowie die römische Sklaverei von der Republik über die Kaiserzeit bis zur Spätantike (Kap. 3) zu behandeln. Trotz aller Differenzen aber bleibt unveränderlich die Erkenntnis bestehen, dass die Sklaverei in der gesamten Antike, d.h. in einem Zeitraum von 1.000 Jahren, so grundlegend war, dass sie kaum hinterfragt wurde und eine Abschaffung dieser selbstverständlichen Institution nicht gefordert wurde.

Nach Aufklärung und Abolitionismus im 17. und 18. Jh., nach der offiziellen Abschaffung von Sklaverei und Sklavenhandel im 19. Jh. und nach Verkündigung der Menschenrechtskonvention am 10. Dezember 1948, beurteilen wir heute diese Institution als grausam und brutal und können sie nur schlecht mit der Antike vereinbaren, die seit Renaissance und Aufklärung als die Grundlage der westlichen Kultur gilt. Der provozierende Aufsatz von MOSES I. FINLEY *Was Greek civilization based on slave labour?*[17] macht die Schwierigkeiten deutlich, die wir mit dieser sogenannten dunklen Seite der Antike haben. Aber es kommt noch ein anderes, ein ganz aktuelles Problem hinzu.

Vor mehr als 50 Jahren schrieb DAVID BRION DAVIS in seinem Buch *The Problem of Slavery in Western Culture:* „For some two thousand years men thought of sin as a kind of slavery. One day they would come to think of slavery as sin."[18] Dieser Satz, der aus christlichem Denken hervorgegangen ist, findet keine globale Anwendung in der Gegenwart. Das wird überaus deutlich an der Nicht-Akzeptanz der Anti-Sklaverei-Konvention von 1926, die, 1956 ergänzt um entsprechende Erweiterungen bezüglich der neuen Formen der Sklaverei, bis heute immer noch gültig ist. Im Mittelpunkt der Konvention steht die Abschaffung der Sklaverei und aller sklavereiähnlichen Einrichtungen und Praktiken, unter denen zu verstehen sind: Tausch, Verkauf, Vererbung und Adoption von Frauen und Kindern zwecks Eheschließung bzw. Gewinnung von Arbeitskräften, sowie die Abschaffung von Zwangsarbeit und Schuldknechtschaft, die alle gegen die Menschenrechte verstoßen. Des-

[16] KLEES 1998, 297–354; WALDSTEIN 1986; HARRILL 1995. In ungerechtfertigter Weise vereinheitlichend s. ANDREAU / DESCAT 2006, 23–27. Genauer zu dieser Argumentation s.u. Kap. 3.6.

[17] FINLEY 1959, 145–164.

[18] DAVIS 1966, 90.

gleichen sind alle Formen des Menschenhandels verboten, der neuerdings in einer globalisierten Welt jede geographische wie moralische Grenze überschreitet. Nicht nur ökonomische, auch gesellschaftliche und religiöse Gründe haben einige Länder bewogen, die typisch europäisch-amerikanische, humanitär-christliche Konvention der UN nicht zu unterzeichnen bzw. sie stillschweigend zu unterlaufen, weil sie andere Wertvorstellungen haben.[19]

In dem Bewusstsein, dass es auch andere Wertmessungen, ein anderes Verständnis vom Menschen als das humanitär-christliche oder post-christliche gibt, wird die Beschäftigung mit der antiken Sklaverei, einer teilweise vorchristlichen Institution, um so aktueller und dringlicher. In diesem 1. einleitenden Teil soll daher zuerst ein Überblick über die griechisch-römische Theorie der Sklaverei, oder besser ausgedrückt, über theoretische Äußerungen zu dieser Institution geboten werden, und daran im Anschluss die Rezeption von antiker Theorie und Praxis seit dem 17. Jh. in Wissenschaft und Politik in groben Zügen dargestellt werden. Möglicherweise wird sich daraus das Wiederaufleben der Sklaverei in modernem und traditionellem Gewand – trotz Marginalisierung ihrer Existenz in der Gegenwart – erklären lassen. Zumindest wird sich die Stellvertreterdiskussion, die heute um die Antike geführt wird, als eine solche entlarven lassen. Zu allererst aber soll das antike Verständnis von Sklaverei im theoretischen Denken deutlich gemacht werden, um in einem zweiten Schritt in den folgenden zwei Kapiteln seine Übereinstimmung oder Divergenz mit der praktischen Verortung der Sklaverei in Gesellschaft, Wirtschaft und Gemeinwesen der griechisch-römischen Welt herausstellen zu können.

---

19 BGB 1958, II Nr.16, Präambel; I, §§1.2; II, §§3.4; III, §§5.6; IV, §7; zur Relativität der Menschenrechte: u.a. DEMANDT 2002, 262–263. Zu anderen Wertvorstellungen s. z.B. die Kairoer Erklärung der Menschenrechte im Islam von 1990, in der weder Religionsfreiheit noch Individualrechte anerkannt sind, die nicht in der Schari'a verankert sind, ZIRKER 2000, 54–66. S. hierzu FLAIG 2009, 199, der auf das Fehlen eines genuin islamischen Abolitionismus hinweist. Auf diesem Hintergrund ist zu überlegen, ob nicht sklavereiähnliche Verhältnisse, die durch den Menschenhandel = Sklavenhandel entstehen, unter die moderne Sklaverei des 21. Jhs. einzustufen sind. Vgl. BALES 2001, 30–51; SKINNER 2008, 15–19; anders FLAIG 2009, 14–16.

1.2 Die Sklaverei in der antiken Theorie

Zunächst muss man sich jedoch vor Augen führen, dass es in der Antike – wie bereits oben erwähnt – nur wenige Abhandlungen zur Sklaverei gab. Diese haben – soweit sich das heute noch beurteilen lässt – keine zentrale Bedeutung für die Sklavenproblematik gewonnen. Von einem regelrechten antiken Sklavereidiskurs lässt sich nur in eingeschränkter Weise und unter bestimmten Bedingungen sprechen. Im Rahmen staatstheoretischer Schriften finden sich grundlegende Gedanken griechischer und römischer Philosophen über die entsprechende Gesellschaftsstruktur, in der auch die Sklaven meist nicht fehlen. Im Rahmen moralphilosophischer Abhandlungen kann es auch um die praktische Seite der Sklavenbehandlung durch die Herren gehen, um deren sittliche Integrität und moralische Vervollkommnung zu erzielen. Einen weiteren Anlass für einen Sklavereidiskurs können Versklavungen großen Stils im Gefolge kriegerischer Auseinandersetzungen bilden. Sie können sich u.a. in der Rechtstheorie niederschlagen. Alle diese Anlässe haben jedoch, abgesehen von dem oben erwähnten Schrifttum – dessen Zielrichtung aber auch nicht eindeutig ist – keine thematisch gebundenen Abhandlungen hervorgerufen, sondern finden sich über die gesamte antike staats- und rechtstheoretische sowie moralphilosophische Literatur verstreut. Theoretische Stellungnahmen der Sklaven selbst oder ehemaliger Sklaven fehlen fast völlig, sodass die dominante „Herrenperspektive", die auch die „Ehemaligen" einnehmen, stets kritisch zu hinterfragen ist.[20]

An der Wende vom 5. zum 4.Jh. v.Chr., die eine Umbruchszeit in ganz Griechenland, vor allem aber für Athen darstellte, wurde in sophistischen Kreisen das Thema Sklaverei kontrovers diskutiert. Neben der These des Kallikles vom Herrschaftsrecht des Stärkeren über den Schwächeren, dem zufolge der Schwächere von Natur her zum Sklaven bestimmt sei und dies auch gerecht sei, vertrat der Sophist Alkidamas von Eleia in seiner Messenischen Rede anlässlich der Befreiung der messenischen Heloten durch die Thebaner (370) die These: „Die Gottheit gab allen Menschen die Freiheit und die Natur hat niemanden als Sklaven geschaffen." Antiphon schließlich, der wie Alkidamas der Gruppe der gemäßigten Sophisten um Gorgias und Protagoras nahestand, ging von einem Gegensatz zwischen *phýsis* (Natur) und *nómos* (Gesetz) aus. Seiner Meinung nach verstießen alle gesellschaftlichen Unterschiede, auch die zwischen Herren und Sklaven, Griechen und Barbaren, gegen das

---

[20] Epiktet, ehemaliger Sklave, unterscheidet sich in seinen theoretischen Ausführungen zur Sklaverei auch als freigelassener Philosophielehrer nicht vom stoischen „mainstream", vgl. HERSHBELL 1995, 203–204. S.u. genauer.

Naturrecht, da alle Menschen gleich seien. Eine naturgegebene Inferiorität lehnte er ab.[21]

In diese Diskussion scheint Platon zunächst nicht eingetreten zu sein. Jedenfalls wird in der Forschung bezweifelt, ob er sich in seiner *Politeia* bereits mit der Sklaverei befasst habe. Da der beste Staat aus drei „Klassen“ bestehe (den Wächtern, den Kriegern und den Handwerkern) wie auch der Mensch aus drei Teilen, (dem Verstandesartigen, dem Mutartigen und dem Erkenntnisartigen), so sei für ein viertes Element weder im Individuum noch in der Gemeinschaft unter ontologischem Aspekt Platz. Daraus ergibt sich für die Politeia, dass auch die schweren, d.h. die banausischen Arbeiten im platonischen Idealstaat von der dritten „Klasse“ der Handwerker und Gewerbetreibenden verrichtet werden, sodass der platonische Idealstaat nicht der Sklaven bedarf. Da aber diese Forschungsmeinung nicht unbestritten ist,[22] ist es müßig, hieraus weiterreichende Schlussfolgerungen zu ziehen. Das Schweigen Platons zur Sklaverei in der Politeia bedeutet nicht, dass er Kritik an ihr geübt hätte oder sie abschaffen wollte. Sie hatte nur keinen Platz in der Gesellschaftsstruktur seines Idealstaates.[23] In seinem zweitbesten Staat, dessen Verfassung er in den *Nomoi* entwirft, wird die Sklaverei als selbstverständliche Institution voraussetzt. Dennoch ist er sich ihrer Ambivalenz bewusst, vor allem was den Umgang mit den Sklaven und ihre Behandlungsweise betrifft, als auch welchen Nutzen Gesellschaft und Individuum aus dieser Einrichtung gewinnen können. Trotz der zeitgenössischen Kritik und trotz negativer Erfahrungen mit aufständischen Sklaven hält er an der Zulässigkeit und Notwendigkeit der Institution Sklaverei fest:

> „Der Mensch ist ein heikles Geschöpf und will sich offenbar zu der notwendigen Unterscheidung, die wir tatsächlich zwischen einem Sklaven und einem Freien und Herrn machen müssen, ganz und gar nicht verstehen ... ; infolgedessen sind die Sklaven ein beschwerliches Besitztum.“[24] (übers. O. Gigon / R. Rufener)

Platon wendet sich mit aller Entschiedenheit gegen die Aufhebung des Unterschiedes zwischen Freien und Sklaven, wie sie im demokratisch

---

21 Kallikles bei Plat. Gorg. 39,482–484.; Alkidamas bei Aristot. rhet. 1,13, 1373b18 (Frg. 1 p. 154 SAUPPE); Antiphon Frg. B col. II (BATTEGAZORE / UNTERSTEINER, 92–95); FLAIG 1995, 976–977; FLAIG 2009, 75 spricht hier von protoabolitionistischen Tendenzen, dort auch weitere Stellen.

22 Plat. pol. 433a–e; 434–435; hierzu CALVERT 1987, 367–372 mit Darstellung der Forschungskontroverse mit VLASTOS 1968, 140–142.; schwankend, vor allem in Blick auf Plat. pol. 590e, SCHÜTRUMPF 1993, 114–115 Anm.9–10.

23 In diesem Sinne s. SCHÜTRUMPF HAS 2017, s.v. *Platon* V.

24 Plat. nom. 777B.

verfassten Athen oft genug praktiziert wurde. Die Assimilation liegt nicht nur in der gleichen Kleidung vor und der oft großen Handlungsfreiheit, die Sklaven im Handel und Gewerbe haben, um die Geschäfte für ihre Herren und oft auch für sich selbst gewinnbringend abzuwickeln, sondern auch in der Behandlung der Sklaven. Deswegen fordert er gerechte Behandlung des Sklaven, aber nicht aus Humanität, sondern unter dem Aspekt des Tugendverlustes des Herrn. Wer Sklaven grausam behandelt, ist selbst von *hýbris* (Überheblichkeit) und *adikía* (Ungerechtigkeit) befallen und ist daher sklavisch. Dies beinhaltet jedoch nicht eine Verwischung der Grenzen zwischen Herrn und Sklaven, deren Verhältnis auf einer „notwendigen Trennung“ beruht[25]: Denn Sklaven zu besitzen, ist ein schwieriges Geschäft. Daraus folgt, dass man jeden Scherz den Sklaven gegenüber vermeiden muss, dass man mit ihnen nur im Befehlston redet und dass man Sklavenkinder, die mit freien Kindern aufgezogen werden, härter bestraft. Weil dem Sklaven die Einsicht (*epistéme*) fehlt, kann man ihn nur durch Überredung an ihr teilnehmen lassen, ohne dass er weiß, warum das die rechte Einsicht ist. Für Platon stehen die Sklaven auf einer niederen Stufe des Menschseins, weswegen er die Versklavung von Griechen ablehnt. Aufgrund seiner inferioren Natur ist die Leitung des Sklaven durch den Herrn heilsam für beide. Dies wird am besten an dem Vergleich deutlich, den Platon zwischen Hirten und Tieren einerseits und Herren und Sklaven andererseits zieht: Der Sklave ist zumindest reduziert in seinem Menschsein, denn auch über Rinder setzt man keine Rinder, sondern Menschen, die vorausblicken können, eine Eigenschaft, die dem Sklaven mangelt. Die platonische Auffassung vom Sklaven als einem mentalen Mängelwesen beruft sich auf die homerische Äußerung, dass die Versklavung eines Freien diesen um die Hälfte seines Verstandes bringt.[26]

Die bekannteste und zugleich provozierendste antike Theorie zur Sklaverei, die eine gewisse Abhängigkeit von Platon nicht leugnen kann, ist die des Aristoteles über den Sklaven von Natur, den *phýsei doúlos*. Die Auffassung der gemäßigten Sophisten, dass die Sklaverei gegen die Natur sei und nur auf Konvention beruhe, akzeptiert Aristoteles nur inso-

---

[25] Die naturgegebene = soziale Trennung zwischen Freien und Sklaven lässt sich – ähnlich wie beim Alten Oligarchen, einem im 5. Jh. schreibenden athenischen Adligen (s.u. genauer Kap. 2.3), vielleicht auch bei Platon u.a. – auf ein Adelsethos zurückführen. Zu den Kaloikagathoi s. HERRMANN-OTTO 1997, 135–136; WEILER 2002, 11–28. Zur Behandlung der Sklaven und zu ihrer Bewertung s. SCHÜTRUMPF HAS 2017, s.v. *Platon* VI.C.E.

[26] Plat. nom. 777A; Odyssee 17,322–323; zur Uminterpretation des Verses durch Platon s. Forschungsliteratur bei BELLEN 2001, 13. S.u. Kap. 2.1.

fern, als sie sich auf die Sklaverei nach dem Gesetz (*katá nómon*) bezieht, demzufolge Griechen durch Griechen als Kriegsgefangene versklavt werden. Auf diese Sklaven findet das Völkergemeinrecht Anwendung. Aber nicht immer und überall beurteilt Aristoteles die nach Kriegsrecht Versklavten als widernatürlich und ungerechterweise Versklavte. Denn es gibt, seiner Meinung nach „Menschen, die unter allen Umständen Sklaven sind, und solche, die es niemals sind.“[27] (übers. O. Gigon)

In Bezug auf erstere spricht er von einem naturgemäßen Sklaventum, das vornehmlich auf mentalen, teilweise auch auf physischen Mängeln beruhe. Diese haben vorzüglich alle Nicht-Griechen, d.h. die Barbaren aufzuweisen. Ihre Versklavung ist deswegen nicht nur rechtens vor dem Gesetz, sondern zugleich ein Segen für diese Menschen, die ohne die Führung durch die Griechen ihr Leben nicht meistern können.

Im Rahmen der Hauswirtschaft, der Oikonomia, der Urzelle der Gesellschaft und des Staates, schreibt Aristoteles zur Position des Sklaven:

> „Von Natur ist also jener Sklave, der einem andern zu gehören vermag und ihm auch gehört, und der so weit an der Vernunft teilhat, dass er sie annimmt, aber nicht selbständig besitzt. Die andern Lebewesen (scil. zahme Tiere) dienen so, dass sie nicht die Vernunft annehmen, sondern nur Empfindungen gehorchen. Doch ihre Verwendung ist nur wenig verschieden: denn beide helfen dazu, mit ihrer körperlichen Arbeit das Notwendige zu schaffen, die Sklaven wie die zahmen Tiere.“[28] (übers. O. Gigon)

Basierend auf dieser Gleichstellung von Sklave und Haustier, die er zunächst vom Verstand her begründet, dass nämlich der Sklave von Natur her vom Körper und von den Leidenschaften regiert wird, und nicht vom Geist und dem vernunftbegabten Teil der Seele, bedarf er des Herrn, der ihn mit seiner Vernunft regiert. Aber die Unterschiede bestehen nicht nur innerlich bezüglich der Seele und des Geistes, sondern auch physisch:

> „Die Natur hat die Tendenz, auch die Körper der Freien und der Sklaven verschieden zu gestalten, die einen kräftig für die Beschaffung des Notwendigen, die anderen aufgerichtet und ungeeignet für derartige Verrichtungen, doch brauchbar für das politische Leben.“[29] (übers. O. Gigon)

Allerdings ist sich Aristoteles bewusst, dass die Körper der Freien nicht immer ihrer Seelenstruktur entsprechen und man deswegen auch nicht immer erkennen kann, wer herrschen kann und wer beherrscht werden muss. Dennoch geht er davon aus, dass es nur zum Guten des Sklaven

---

27 Aristot. pol. 1255a30.Umfassend zur Sklaverei von Natur bei Aristoteles s. SCHÜTRUMPF HAS 2017, s.v. *Aristoteles*.

28 Aristot. pol. 1254b20.

29 Aristot. pol. 1254b27.

ist, wenn er beherrscht wird, denn: „Der Sklave ist ein Teil des Herrn, gewissermaßen ein beseelter“[30] (übers. O. Gigon) und der Herr bringt den Sklaven erst zu den ihm gemäßen Tugenden, die geringerer Art sind „gerade genügend, damit er nicht aus Zuchtlosigkeit oder Trägheit den Dienst versäumt.“[31] (übers. O. Gigon)

Aristoteles spricht dem Sklaven von Natur zwar nicht jegliche Vernunft ab, aber sie ist doch deutlich geringer als die noch nicht voll ausgebildete des Kindes, da der Sklave viel mehr ermahnt werden müsse als die Kinder. Nach Aristoteles gibt es mithin Sklaven von Natur, für die es ein Segen ist, beherrscht zu werden, weil sie sonst mit ihrem Körper und folglich auch mit ihrem Leben nicht zurechtkämen. Aber das interessiert den Philosophen nur am Rande. Ausschlaggebend ist, dass der Sklave als ein dem Herrn zugeordnetes Werkzeug das tut, was für diesen von Nutzen ist. Auch die Hinführung des Sklaven zu einem beschränkten Maß an Tugend ist dem Herrn selbst dienlich.

PETER GARNSEY hat hervorgehoben, dass Aristoteles’ Theorie von der natürlichen Sklaverei nicht einheitlich sei. Er sieht eine Inkongruenz zwischen dem reinen Herrschaftsverhältnis des Herrn über den minderwertigen Sklaven, das er in der Politika postuliert, und der Möglichkeit einer Freundschaft zwischen Herrn und Sklaven, sofern letzterer Mensch ist, eine Auffassung, die er in der Nikomachischen Ethik vertritt:

> „Wo es nämlich zwischen Regierenden und Regierten nichts Gemeinsames gibt (scil.: Aristoteles denkt hier an die Tyrannis), da gibt es keine Freundschaft und auch keine Gerechtigkeit. Sondern da verhalten sie sich wie der Handwerker zum Werkzeug, die Seele zum Leib und der Herr zum Sklaven. Denn dieses alles erfährt zwar Fürsorge durch den, der es benutzt; aber dem Leblosen gegenüber gibt es keine Freundschaft und keine Gerechtigkeit; und so auch nicht dem Pferd, Rind oder Sklaven gegenüber, sofern er Sklave ist. Denn da gibt es nichts Gemeinsames: der Sklave ist ein beseeltes Werkzeug und das Werkzeug ein unbeseelter Sklave. Sofern er also Sklave ist, gibt es keine Freundschaft zu ihm, sondern nur sofern er Mensch ist.“[32] (übers. O. Gigon)

Wenn man nicht wie GARNSEY von einer erst in der Politik entwickelten Theorie der natürlichen Sklaverei ausgehen will – zumal die Datierungen der Schriften des Aristoteles umstritten sind – könnte man, wenn man nicht unbedingt eine Inkongruenz aufweisen möchte, mit der Existenz einer zweiten Art der Sklaverei, nämlich der Sklaverei *katá nómon*, der Sklaverei nach dem Gesetz, den Widerspruch lösen. Mit Kriegsgefange-

---

30 Aristot. pol. 1255b11.
31 Aristot. pol. 1260a36.
32 GARNSEY 1996, 118–119, 124–125; Aristot. eth. Nic. 1161a30–b5.

nen, die keine wahren Sklaven sondern ihrer Herkunft nach Griechen sind, die infolge von Kriegen versklavt wurden, mit diesen kann der Herr Freundschaft haben, weil sie Menschen sind. Alle anderen Sklaven, die fremden Barbaren, sind subhuman, minderwertige, menschenförmige Werkzeuge, die beherrscht werden müssen und mit denen selbstverständlich keine Freundschaft möglich ist.

Unabhängig von der direkten Wirksamkeit der aristotelischen Theorie vom „Sklaven von Natur" in der griechischen Antike, die nicht so eindeutig nachzuweisen ist,[33] ist sie doch unter doppeltem Aspekt für die weitere Zukunft bestimmend geworden:

1. Der Sklave von Natur ist ein minderwertiger, ein verkrüppelter Mensch, er hat eine verderbte Natur, er ist ontologisch unvollständig, er ist eine Art Untermensch, er steht dem Tier näher als dem Menschen.[34]
2. Natürliche Sklaven sind die Anderen, die Nicht-Griechen, natürliche Sklaverei ist ethnisch bedingt.[35]

Alle Versuche der modernen Forschung, die aristotelische Theorie zu beschönigen und in ihr sogar eine Abschaffung der Sklaverei zu sehen, nehmen die gesellschaftstheoretischen Ausführungen in ihrer realen Wirkmächtigkeit und ihrem sozialhistorischen Hintergrund nicht ernst.[36]

Im 4.Jh. v.Chr. und den darauffolgenden Jahrhunderten gewannen allerdings die Lehren der Epikureer, der Stoiker, der Kyniker und der Kyrenaiker zunächst größere Verbreitung und Popularität in der griechisch-römischen Welt. Dennoch ist es schwierig, ihre Theorie in einzelnen Werken z. B. der älteren und mittleren Stoa zu fassen, da diese uns nur fragmentarisch und sozusagen „aus zweiter Hand" überliefert sind, vor allem durch die römischen vom stoischen Denken beeinflussten Philoso-

---

33 S. hierzu Wöhrle 2005, 39; Schütrumpf HAS 2017, s.v. *Aristoteles;* H.V geht vom fast totalen Vergessen der Politika und folglich auch der Theorie vom Sklaven von Natur bis zum 13. Jh. aus.

34 Baruzzi 1970, 23–25 u. Fortenbaugh 1977, 135–137: defizitärer Mensch; Smith, 1983, 110–122: psychische und geistige Defizite; Schütrumpf 1993, 117–119: ontologische Unvollständigkeit; Papadis 2001, 345–365: verkrüppelter Mensch; Flaig 2001, 37–39: Untermensch.

35 Rosivach 1999, 129–131; Klees 1991, 47–49.; Klees 1992, 9–13; Dihle HAS 2017, s.v. *Barbaren* I.

36 z.B.: Papadis 2001, 361–365; Schütrumpf 1993, 121–122; Ders. HAS 2017, s.v. *Aristoteles* J; Fortenbaugh 1977, 137 etc.; zum Fehlen jeglichen Anti-Sklaverei-Diskurses, selbst in utopischen Theorien s. Garlan 1981, 131–140. Zur neueren Forschung jedoch s.u. Kap. 3.7.

phen Cicero, Seneca, Epiktet und Marc Aurel. Deswegen sollen nur die wichtigsten Gedankenstränge und Modifikationen vorgeführt werden.[37]

Die Stoa kennt keine Sklaverei von Natur und nach dem Gesetz, wie sie Aristoteles konzipiert hat. Sie unterscheidet zwischen einer moralischen und einer faktischen Sklaverei. Sklave wird ein Mensch durch seine inneren Leidenschaften, derer er nicht Herr wird. Dann ist er moralisch ein Sklave, weil er sich Ziele gesetzt hat, die er, wäre er der ihm von Gott gegebenen Vernunft gefolgt, als unerreichbar erkannt hätte. Da er unerreichbaren Zielen nachjagt, wird er zum Sklaven seiner eigenen Affekte. Ein faktisch, d.h. nach dem Gesetz Versklavter dagegen kann innerlich frei sein, wenn er, der Vernunft folgend, die Ziele, die er sich selbst gesteckt hat, erreicht. Er ist ein guter Mensch und glücklich, da er sich selbst beherrscht. So kann der Weise äußerlich unfrei, aber innerlich frei, der faktisch Freie aber moralisch ein elender Sklave sein. Das stoische Paradoxon, das eventuell von dem Begründer der Stoa, Zenon von Kition, z.Z. des Aristoteles verfasst worden sein soll, lautet:

„Jeder gute Mensch ist frei, jeder schlechte Mensch ist ein Sklave".[38] (übers. L. A. Borheck)

Wie einen Kommentar dazu kann man Ciceros Ausführungen in den *Paradoxa Stoicorum* lesen:

> „Also sind alle schlechten Menschen Sklaven, ja Sklaven… das heißt nicht, dass diese Menschen in dem Sinne Sklaven sind wie unsere Sklaven, die aufgrund eines Vertrags oder einer zivilrechtlichen Entscheidung zum Eigentum ihrer Herren wurden; aber wenn Sklavenschaft, wie es der Fall ist, die Unterwerfung einer gebrochenen, zerstörten und der eigenen Urteilsfähigkeit beraubten Seele bedeutet, wer könnte dann verneinen, dass alle verantwortungslosen, alle von Begierden besessenen und schließlich alle schlechten Menschen Sklaven sind?" (übers. R. Nickel)[39]

Durch diese Gedankengänge wurden zwar die Sklaverei und die auf ihr beruhenden Herrschaftsverhältnisse selbst nicht gerechtfertigt, wie dies bei Aristoteles geschieht, aber durch die Konzipierung einer moralischen Sklaverei wird die faktische Sklaverei relativiert, minimalisiert und marginalisiert. Wenn der Weise über die faktischen Verhältnisse durch in-

---

[37] Zur Überlieferung: GARNSEY 1996, 128–131, aufgrund des schlechten Überlieferungsstandes der Alten und Mittleren Stoa nimmt GARNSEY an, dass das Interesse der Philosophen vorrangig auf der moralischen und weniger auf der faktischen Sklaverei beruht habe. Vgl. auch GARNSEY 1997, 159–160 Anm.2. SCHÜTRUMPF HAS 2017, s.v. *Theorien der Sklaverei* I.A.4 *Stoa.*

[38] Zenon bei Diog. Laert. 121–122.

[39] Cic. parad. 5,35; s. hierzu WÖHRLE 2005, 42–43; SAMOTTA HAS 2017, s.v. *Theorien der Sklaverei* I.B.

nere Integrität und Freiheit erhaben ist und dadurch die äußere Diskriminierung nicht mehr empfindet, besteht kein Grund, die Sklaverei aufzuheben. Auch wenn der Stoiker lieber in der sozialen Realität frei wäre, so muss er doch seiner Lehre zufolge, Sklaverei als Schicksal akzeptieren.

Dio Chrysostomos (= Dion von Prusa), der drei Reden über die Sklaverei um 100 n.Chr. geschrieben hat, und von stoisch-kynischem Denken beeinflusst ist, schreibt:

> „Der Terminus ‚Sklave' wurde ursprünglich nicht in der Weise verwendet, dass er für eine Person gebraucht wurde, für die man Geld bezahlt hatte, oder, wie die Mehrheit meint, für jemanden, der von Sklaveneltern abstammt, sondern er wurde auf die Menschen angewandt, denen es an einem freien Geist mangelte und die sklavisch von Natur waren. Denn von denen, die als Sklaven bezeichnet werden, besitzen viele den Geist freier Menschen, und unter den freien Menschen befinden sich viele, die sklavisch sind."[40]
> (übers. W. Ellinger)

Bei der terminologischen Klärung der Anwendung des Terminus „Sklave" unterscheidet Dio Chrysostomos, wie schon andere Stoiker vor ihm, zwischen mehreren Arten von Sklaven: Kaufsklaven, geborenen Sklaven, Sklaven von Natur und moralischen Sklaven. Die Kaufsklaverei, die laut antiker Überlieferung von den Chiern eingeführt wurde, wurde von Stoikern und Peripatetikern gleichermaßen verurteilt, die Chier selbst mit Versklavung und Weiterverkauf bestraft. Natürliche Sklaverei von Völkerschaften, die ihre Freiheit an die Eroberer aufgaben zugunsten eines Verbleibens im Vaterland, wie etwa im Falle der sich den Herakleoten in Thrakien unterwerfenden Mariandynen, wurde vom Stoiker Poseidonius auf deren naturgegebene Schwäche zurückgeführt, eine Position zwischen der aristotelischen natürlichen Sklaverei und der sophistischen Lehre vom Herrschaftsrecht des Stärkeren. Die eigentliche Sklaverei aber, auf die jeder Mensch Einfluss hat, ist die moralische Sklaverei, die jede Form der äußeren, auf der Konvention beruhenden Unfreiheit (auch durch Sklavengeburt) relativiert. Da die innere Freiheit den Sklaven nach dem Gesetz über seinen Herrn erhebt, wenn jener seinen Lastern verfallen ist, ergibt sich durch diese Zweiteilung der Sklaverei eine Marginalisierung der realen Institution, die in ihrer Existenz nicht infrage gestellt wird.[41]

---

40 S.o. Kap. 1.1. Dio Chrys. or. 15,29; LOFFREDO 2011, 126–129; FLAIG 2001, 48 sieht eine direkte Fortwirkung des aristotelischen Sklaven von Natur im stoischen Toren von Natur.

41 Athen. 6,263c–e, 264e (Mariandyner), 265b–266f (Chier); zu den sogenannten Metaxy = Zwischenformen s.u. Kap. 2.2. SCARDINO HAS 2017, s.v. *Dion*

Erstaunlicherweise gilt das auch für Epiktet, dessen philosophische Gespräche sein Schüler Arrian der Nachwelt erhalten hat. Obwohl Epiktet der Sklave eines kaiserlichen Sklaven war, also in der Hierarchie der *familia Caesaris* des Nero ganz unten stand, und später von dem *libertus Caesaris* Epaphroditus freigelassen wurde, hat er trotz dieses Geschicks nie die Freilassung oder gar die Abschaffung der Sklaverei gefordert. Im Gegenteil, er schildert den Lebensweg eines Sklaven, vielleicht handelt es sich dabei um seinen Herrn Epaphroditus, der sich nichts sehnlicher als Freilassung und Karriere gewünscht hat. Beides hat er erreicht, aber nun ist er Sklave seiner Karriere.[42]

Trotzdem enthält die Stoa in römischer Zeit Gedankengänge, die, konsequent zu Ende gedacht, zumindest Kritik an der Sklaverei aufwerfen können.

Die faktische Sklaverei, auch wenn unerheblich, ist immer gegen die Natur gerichtet. Sklave und Freier haben die gleiche Herkunft, sodass schon aus diesem Grunde der Herr den Sklaven gut behandeln soll. Geburt als Sklave und Leben in der Sklaverei beruhen auf den Zufälligkeiten des Geschicks, die jeden treffen können. Der Sklave ist durchaus in der Lage, seinem Herrn eine Wohltat (*beneficium*) zu erweisen, und nicht nur der Herr dem Sklaven, wie außerhalb der Stoa behauptet wurde. Vor diesem Hintergrund können Herr und Sklave, die sich durch Zufall oder durch eine göttliche Vorherbestimmung in unterschiedlichen sozialen Positionen befinden, Freunde sein. Der stoische Philosoph Lucius Annaeus Seneca, Erzieher des jungen Kaisers Nero, schreibt daher in seinen *Moralbriefen* an Lucilius:

> „Ich bin froh zu hören von den Leuten, die von Dir kommen, dass Du deine Sklaven gut behandelst. Das geziemt auch Deiner Klugheit und Deiner Erziehung. Die Leute aber sagen: Sie sind Sklaven. Nein, in erster Linie sind sie Menschen. Sklaven sind sie. Nein Gefährten. Sklaven sind sie. Nein, sie sind niedrige Freunde. Sklaven sind sie. Nein, sie sind Mitsklaven, wenn Du nämlich bedenkst, dass das Schicksal über Dich und über sie die gleiche Macht besitzt. Du sollst bedenken, dass der, den Du deinen Sklaven nennst, aus gleichem Samen hervorgegangen ist, dass er unter demselben Himmel heranwächst, dass er dieselbe Luft einatmet, und dass er lebt und stirbt wie Du. So kannst Du jenen als Freien betrachten, wie jener Dich als Sklaven."[43] (übers. M. Rosenbach)

---

von Prusa II; WELWEI 2008, 30–33; GARNSEY 1997, 165–172; POHLENZ 1970, I 135–136.

42 WÖHRLE 2002, 28–29; WILLMS HAS 2017, s.v. *Epiktetos*.

43 Sen. epist. 47 (1): *Libenter ex his, qui a te veniunt, cognovi familiariter te cum servis tuis vivere. hoc prudentiam tuam, hoc eruditionem decet.* ***servi***

Seneca spricht offen die Zufälligkeiten von Versklavungen an, sei es durch Menschenraub, Kriegsgefangenschaft oder unfreie Geburt, Schicksalsschläge, die jeden Menschen treffen können. Aus diesem Grunde ist es um so wichtiger, dass der Herr, dem diese Sklaven anvertraut sind, sie menschlich behandelt, nicht nur um ihrer, sondern auch um seiner selbst willen. Denn der „Herr nach dem Gesetz", der grausam ist, ist in Wahrheit ein „Sklave nach der Moral":

> „Über Sklaven maßvoll zu gebieten ist ein Lob. Auch bei einem solchen Eigentum muss man bedenken, nicht wie viel es ungestraft erdulden kann, sondern wie viel dir die Natur des Guten und Gerechten gestattet, die befiehlt, auch die Gefangenen und die um Geld Gekauften zu schonen. Mit wie viel mehr Recht heißt es, selbständige, freigeborene, gesittete Menschen nicht wie Sklaven zu missbrauchen, sondern als solche zu behandeln, die du nur der Rangstufe nach überragst, und deren Versklavung dir nicht, sondern deren Obhut dir übertragen ist? … Obwohl dem Sklaven gegenüber alles erlaubt ist, gibt es etwas, was das allgemeine Recht der Lebewesen verbietet, dass es gegen den Menschen erlaubt sei."[44]
> (übers. M. Rosenbach)

Obwohl die Stoa im Sklaven den Menschen erkennt und anerkennt, hat sie nie für die Abschaffung der Sklaverei plädiert, sondern nur für eine humane Behandlung der Sklaven geworben, basierend auf dem *ius commune animantium*. Wie weit stoisches Denken die römische Gesetzgebung und die Rechtsgelehrten beeinflusst hat, da die führenden Kreise in Rom diese griechisch-hellenistische Philosophie übernommen und an römisches Denken und römische Verhältnisse adaptiert hatten, ist in der Forschung sehr umstritten.[45]

Aber auch ohne philosophischen Nachweis von Abhängigkeiten oder Beeinflussungen haben die römischen Juristen eine stringente Theorie entwickelt, die in der neueren Forschung als eigenständiger römischer Sklavereidiskurs bezeichnet worden ist, und wohl, abgesehen von der

sunt. immo homines. servi sunt. immo contubernales. servi sunt. immo humiles amici. servi sunt. immo conservi. *si cogitaveris tantundem in utrosque licere fortunae.* (10): *vis tu cogitare istum,* ***quem servum tuum vocas, ex isdem seminibus ortum*** *eodem frui caelo, aeque spirare, aeque vivere, aeque mori! tam* ***tu illum videre ingenuum potes, quam ille te servum.*** (Hervorhebungen d. Autorin). Zu Seneca s. POHLENZ 1970, I 315–217, 337–338; MANTELLO 1979, 126–134; MANNING 1989, 1525–1529; RICHTER 1958, 196–219; GRIFFIN 1976, 256–285; VERHEIJEN 1994, 359–3671; EIGLER HAS 2017, s.v. *Seneca Minor* B.

44 Sen. clem. 1,18.

45 S.u. Kap. 3.6 Anm.270; MANNING 1989, 1531–1541; WÖHRLE 2005, 46–48.

jüdischen und christlichen Theologie, den einzigen antiken Diskurs zu dieser Thematik darstellen dürfte.[46]

Namhafte römische Juristen des 2. und 3.Jhs. n.Chr., Gaius und Ulpian, geben folgende Definition der Sklaverei:

> „Sklaven befinden sich in der Gewalt ihrer Herren. Diese Gewalt resultiert aus dem Völkergemeinrecht: Denn unterschiedslos bei allen Völkern kann man feststellen, dass Herren Gewalt über Leben und Tod ihrer Sklaven haben; und alles, was durch einen Sklaven erworben wird, wird für den Herrn erworben."[47] (übers. U. Manthe)
>
> „Nach bürgerlichem Recht gelten Sklaven nicht als Personen; dies betrifft aber nicht auch das Naturrecht, weil danach alle Menschen gleich sind."[48] (übers. K. E. Otto / B. Schilling / K .F. F. Sintenis)

Diese grundlegenden Definitionen beschreiben nicht nur die Charakteristika des Instituts der römischen Sklaverei, sondern machen allgemeine Aussagen zu allen Sklavereiverhältnissen in der Antike. Sie gehen davon aus, dass alle Völker, *gentes*, die Sklaverei kennen, dass also die Sklaverei eine Einrichtung des antiken Völkergemeinrechts ist. Nach dem bürgerlichen Recht, dem *ius civile*, hört der Mensch als Sklave auf Person zu sein; nach dem Naturrecht, dem *ius naturale*, aber sind alle Menschen gleich: *omnes homines aequales sunt*.

Dem *ius civile* und dem *ius gentium* zufolge sind Sklaven Eigentum einer fremden Person. Der Sklavenherr hat umfassende Rechte über seinen Sklaven, d.h. er verfügt über dessen Leben und Tod und auch über seine Arbeit, denn alles, was der Sklave erwirbt und erarbeitet, gehört dem Herrn. Ein Mensch verliert mit seiner Versklavung seinen Rechtsstatus als Person, er wird zur Sache. Damit erlöschen alle seine personalen Rechte, die da sind: Besitztumsrecht, Ehe- und Familienrecht, Erwerbs- und Handelsrecht, Prozess- und Zeugnisrecht und jegliches Bürgerrecht. Sofern er aber für seinen Herrn Geschäfte abwickelt, gilt der Sklave als im Auftrag des Herrn Handelnder als Person.

Die Dichotomie zwischen Sache und Person, *res* und *persona* – beides ist der Sklave immer gleichzeitig – beruht auf dem Widerspruch zwischen Naturrecht einerseits und Völkergemeinrecht mit Zivilrecht andererseits. Sie führt in der Praxis zu einer Ambivalenz, die die Forderung nach einer Aufhebung des Sklavenstatus hätte erzeugen können, sie aber nicht hervorgerufen hat, wahrscheinlich weil sie stets theoretisch aufgefangen worden ist. Das soll im Folgenden kurz gezeigt werden.

---

[46] FLAIG 1995, 978; WALDSTEIN HAS 2017, s.v. *Theorien der Sklaverei* II.; vgl. dagegen die systematische, nicht gerechtfertigte Unterbewertung der Originalität römischen Denkens bei ANDREAU / DESCAT 2006, 208–220.

[47] Gai. inst. 1,52.

[48] Dig. 50,17,32 (Ulpianus).

Die Römer waren davon überzeugt, dass Sklaven aufgrund ihrer intellektuellen und ökonomischen Fähigkeiten – sie haben ihnen nie das volle Menschsein abgesprochen – in der Lage waren, Wirtschaftsunternehmen ihrer Herren und das ihnen zugestandene Sondervermögen (*peculium*) zum Nutzen ihrer Herren führen zu können, obwohl sie wegen ihres Status weder geschäfts- noch vermögensfähig waren. Zur Behebung dieses rechtlichen Mangels wurden sie mit der Geschäftsführung (*praepositio institutoris*) bzw. mit der eigenen Bewirtschaftung ihres Sondervermögens (*libera administratio peculii*) durch die Herren beauftragt. Diese Beauftragung (*iussus*) schloss die volle Haftbarkeit des Herrn für alle geschäftlichen Aktionen seines Sklaven, meist in der Höhe des Sondervermögens, aber je nach Fall auch darüber hinausgehend, mit ein. Nur die Sicherheit durch die Haftung des Herrn und deren Bekanntmachung zusammen mit der Beauftragung konnte die mangelnde Geschäftsfähigkeit des Sklaven gegenüber seinen Geschäftspartnern ausgleichen. Sie verhandelten nun mit ihm wie mit einem freien, voll geschäftsfähigen Partner, mit einer *persona*. Denn die fachliche Befähigung fehlte ihm ja nicht, nur die rechtliche, die durch den Herrn und seine Haftung beseitigt wurde.[49]

In Kap. 3 wird genau dargelegt werden, wie umfassend Sklaven in allen Wirtschaftszweigen im Römischen Reich unternehmerisch handelnd tätig waren, wie sie in allen Bereichen des antiken gesellschaftlichen Lebens oft eigenverantwortlich handeln mussten. An dieser Stelle im Rahmen des Theoriekapitels stellt sich vorrangig die Frage, warum die Römer diese Dichotomie zwischen *res* und *persona*, die sie in weiten Teilen des Wirtschafts- und Soziallebens immer wieder ausgleichen mussten, nicht durch eine Abschaffung der Institution aufgehoben haben. Überwogen die ökonomischen Vorteile für beide Seiten so sehr? Oder gab es auch andere Gründe für das Festhalten an der Sklaverei, die durch das Mensch-Sein des Sklaven stets widerlegt wurden?

---

49 RAINER 2015, 10–22, Nr. 53. 133. S. auch CHIUSI 1991, 155–186 zur selbstständigen Geschäftsführung des Landgutes durch den *vilicus* im Auftrag seines Herrn. S.u. Kap. 3.3 zur Landwirtschaft Vgl. auch HARKE 2013, 18–20, Nr. 266. 247 zur Injurienklage, bei der nicht eindeutig ist, ob sie sich allein gegen die Herabwürdigung des Herrn durch die Verletzung seines Sklaven / seiner Sklavin richtet, oder ob es bei den Spätklassikern nicht auch um die Verletzung der vergewaltigten Sklavin und ihre Herabwürdigung geht, wenn sie noch Jungfrau war, bzw. um die Erniedrigung des misshandelten Sklaven. Die Spannung zwischen *persona* und *res* würde dabei wieder deutlich werden.

Nach der Dreiteilung des Rechts in Naturrecht, Völkergemeinrecht und bürgerliches Recht ist die Sklaverei je anders zu bewerten. Die Aussage über die natürliche Gleichheit aller Menschen führt mitten in die antike theoretische Auseinandersetzung um die Rechtmäßigkeit der Sklaverei.

> „Die Sklaverei ist eine Einrichtung des Völkergemeinrechts, wonach ein Mensch gegen die Natur (*contra naturam*) einem fremden Gewaltverhältnis (Herrschaft) unterworfen wird."[50] (übers. O. Behrends u.a.)

Gehen die römischen Rechtsgelehrten von der natürlichen Gleichheit aller Menschen aus, so müssten sie von der Sklaverei als einer widernatürlichen Institution sprechen, die aber deswegen nicht gegen jedes Recht verstößt. Alle Völker kennen sie, wie aus den Statuten des Völkergemeinrechts ersichtlich ist, und auch die meisten Staaten praktizieren sie. Limitierungen inhumaner Herrengewalt werden in der Gesetzgebung der einzelnen Staaten festgeschrieben. Wenn es darüber hinaus Situationen gibt, in denen Unklarheit bezüglich der Freiheit oder Unfreiheit eines Menschen besteht, dann wird der römische Richter im Sinne des *favor libertatis* entscheiden, im Zweifelsfalle für die Freiheit. Da die Sklaverei eine Einrichtung des Völkergemeinrechts und nicht des Naturrechtes ist, kann sie durch entsprechende Bestimmungen jederzeit beendet werden, denn auch die römische Freilassung ist eine Institution des *ius gentium*.

> „Freigelassene sind diejenigen, die aus einem rechtmäßigen Sklavereiverhältnis (*ex iusta servitute*) freigelassen wurden."[51] (übers. O. Behrends u.a.)

Die theoretisch bestehende zeitliche Begrenzung aller Sklavereiverhältnisse beruht darauf, dass die Institution Sklaverei widernatürlich ist, aber zugleich in menschlichen Rechtssetzungen verankert ist. Daher ist ihre Abschaffung vom Standpunkt der römischen Juristen und nicht nur vom moralischen Standpunkt der Stoiker aus irrelevant, weil der römische Sklave jederzeit in einer der vielen Freilassungsformen rechtskräftig freigelassen werden kann, wenn er zu Recht Sklave ist. Liegt kein rechtmäßiges Sklavereiverhältnis vor, ist er ein freier Mensch, dessen Freiheit vom Richter gegen alle Übergriffe bestätigt wird.

Die römischen Juristen haben mit der Widernatürlichkeit der Sklaverei den Sklavereidiskurs sehr weit vorangetrieben. Dennoch ergibt sich hieraus nicht die Schlussfolgerung einer Aufhebung der Institution, obwohl die Sklaverei das einzige Institut ist, bei dem sich Naturrecht und Völkerrecht widersprechen. Das wird besonders deutlich an der Sklavengeburt

---

[50] Dig. 1,5,4,1 (Florentinus).

[51] Dig. 1,5,6 (Gaius).

fassbar: Wird ein Kind von einer unfreien Mutter geboren, so gilt es, dem *ius gentium* zufolge, als Sklave. Nach dem Naturrecht jedoch sind alle Menschen frei geboren. Sklavengeburt ist folglich inexistent. Justinian scheint diese Diskrepanz erfasst zu haben, indem er die Sklavengeburt aus dem Zivil- und dem Völkergemeinrecht herausnahm, ohne eine andere rechtliche Zuweisung anzubieten. Es ist nun der jeweiligen Interpretation überlassen, in der Sklavengeburt den aristotelischen Sklaven von Natur zu sehen, oder aus der Widernatürlichkeit Konsequenzen zu ziehen. Diese sind – trotz gewisser Relativierungen durch den *favor libertatis* (im Zweifelsfalle für die Freiheit) – in der Antike unterblieben. Selbst die ständig auszugleichende Diskrepanz zwischen *res* und *persona* beim je einzelnen Sklaven bewirkte keine Infragestellung oder Aufhebung der Sklaverei. Die Parallelexistenz dreier Rechtssysteme einerseits und ein weitgefächertes attraktives Freilassungswesen andererseits haben diese verhindert bzw. überflüssig gemacht.[52]

Bleibt schließlich noch die Einstellung des Christentums zur Sklaverei zu überprüfen, zunächst in apostolischer Zeit, dann in den Jahrhunderten seiner Ausbreitung innerhalb einer ihm feindlich gesinnten Gesellschaft und schließlich nach seiner staatlichen Anerkennung. Vor allem in der älteren Forschung ist die mittlerweile widerlegte These vertreten worden, dass das Christentum zur Abschaffung der Sklaverei beigetragen habe.[53] Trotz dieses allgemein akzeptierten Forschungsstandes bleibt das Verhältnis Christentum–Sklaverei weiterhin ein ambivalentes und wird innerhalb dieses Buches noch öfters thematisiert werden. An dieser Stelle beschränke ich mich zunächst nur auf einige grundlegende theoretische Positionen, da in einem späteren Kapitel (3.7) das Problem Christentum und Sklaverei vor einem realen historischen Hintergrund nochmals ausführlich behandelt wird.

Die wesentlichen Hauptaussagen des frühen Christentums zu dieser Problematik finden sich in den Paulusbriefen.

> „Denn ihr alle seid Kinder Gottes durch den Glauben an Christus Jesus. Ihr alle, die ihr auf Christus getauft seid, habt Christus angezogen. Jetzt gibt es nicht mehr Juden oder Heiden, nicht mehr Sklaven oder Freie, nicht mehr Mann noch Weib, denn ihr alle seid Einer in Christus Jesus."[54] (übers. P. Riessler / R. Storr)

---

52 WIELING 1999, 1–3; HERRMANN-OTTO 1994, 21–28; MODRZEJEWSKI 1976, 353–384. Zu Justinian s. ausführlich Kap. 3.8.

53 Forschungsüberblick s. RITTER HAS 2017, s.v. *Christentum* II. Zu ALLARD 1914[5] und WALLON 1879[2] s.u. Kap. 1.3; Gegenposition u.a.: GÜLZOW 1969; HERRMANN 1980, 116–149, bes. 148–149.

54 Gal 3,26–28.

> „Jeder lebe so … wie Gott ihn berufen hat... Ein jeder bleibe in dem Stande, in dem er berufen ward. Du wirst vielleicht als Sklave berufen? Das soll dir keine Sorgen machen. Selbst wenn du frei werden kannst, bleibe erst recht dabei. Ein Sklave, der im Herrn berufen ist, ist ja ein Freigelassener des Herrn, so wie auch, wer als Freier berufen ward, ein Sklave Christi ist.“[55] (übers. P. Riessler / R. Storr)

Alle Menschen sind gleich vor Gott: religiöse, geschlechtliche und soziale Unterschiede heben sich durch die Taufe völlig auf. Aufgrund dieser Gleichheit und der damit verbundenen Irrelevanz der Unterschiede soll niemand versuchen, seinen Stand, den er bei der Taufe hatte, zu wechseln. D.h. wenn jemand als Sklave zum Christentum kommt, soll er Sklave bleiben, und nicht um seine Freilassung nachsuchen. Paulus scheint die Sklaven geradezu zum Verzicht auf die Freilassung aufzufordern. Seine Begründung dieses Verzichts ist rein moralischer Natur: „Um einen Preis seid ihr erkauft. Werdet nicht zu Menschensklaven.“ (übers. P. Riessler / R. Storr). Allerdings ist die Forschung über die Exegese dieser Stelle und die weiteren Schlussfolgerungen in höchstem Maße zerstritten.[56]

Die Diskrepanzen in der Interpretation ergeben sich nicht zuletzt durch den metaphorischen neben dem realsozialen Gebrauch der Sklaventerminologie bei Paulus. Im Angesicht der Naherwartung der Wiederkunft Christi (Parusie) sind die hiesigen sozialen Gegebenheiten, auch die Sklaverei, irrelevant geworden, da der Sklave durch Christi Opfertod bereits freigekauft, ein Freigelassener ist. Christus selbst hat Sklavengestalt angenommen, um im Kreuzestod, den in der Antike aufsässige Sklaven erlitten, die Menschen zur Freiheit von der Sünde und zur Sohnschaft Gottes zu erlösen. Aus diesem Grunde ermahnt Paulus die Sklaven, ihren Herren gehorsam zu sein, und die Herren, ihre Sklaven gut zu behandeln, weil sie alle Brüder in Christus sind und gleich sind vor Gott. Durch die Taufe hat in der Gemeinde der Neue Mensch bereits angefangen zu existieren und dieses neue Menschsein wird sich vollenden, wenn Christus in Bälde wiederkommt. Das, so hofften Paulus und viele um ihn, werden sie noch erleben. Aus diesem Grunde haben sich die frühen Christen nicht um eine Aufhebung der Sklaverei kümmern brauchen, weil sie mit der Wiederkunft Christi beendet gewesen wäre. Die konkreten nur noch vorübergehend bestehenden Verhältnisse sollten allein moralisch durch ein Miteinander von Herren und Sklaven, durch eine Art

---

55 1 Kor 7,17, 20, 21, 22. (GUYOT / KLEIN 1994, II, 8a: 122–123).

56 1 Kor 7,23; Kommentar GUYOT / KLEIN 1994, II, 308–310; dagegen HARRILL 1995, 68–128, der von einer Aufforderung zur Nutzung der Freiheit = Freilassung ausgeht. S. dort auch Forschungsüberblick zur Paulusstelle, ebenfalls bei ZELLER 2010, 253–257.

Bewusstseinsveränderung verbessert werden, wie sie bereits in der Stoa zu finden war. Dieses Gedankengut war auch Paulus bekannt.[57]

Obwohl sich die Naherwartung als Irrtum erwies und der Verzicht auf Freilassung eine Zumutung darstellte, blieben auch die Gemeinden der ersten drei nachchristlichen Jahrhunderte – bei allen Abweichungen einzelner Kirchenväter – auf den paulinischen Positionen stehen: Weder wurde die Abschaffung der Sklaverei gefordert, noch wurden die Herren aufgefordert, ihre Sklaven freizulassen. Dagegen wurde Gehorsam der Sklaven, gute Behandlung durch die Herren und Gleichstellung in der Gemeinde als Brüder in Christo und Kinder Gottes verlangt. Die absolute Gehorsamspflicht bestand auch dem heidnischen Herrn gegenüber, die erst bei der Aufforderung zum sogenannten Götzendienst endete. Nur in diesem Punkt war Widerstand erlaubt, der im schlimmsten Fall zum Tod des Sklaven führen konnte. Gleichberechtigte Verehrung als Märtyrer war dem Unfreien neben dem Freien gewiss.[58]

Das Christentum erkannte die bestehende Sozialordnung und die staatliche Ordnung als eine von Gott gegebene an, der es sich nur dann widersetzen durfte, wenn seine Gesetze gegen den christlichen Kult verstießen. Dennoch bestanden, auch unabhängig von der staatlichen Anerkennung des Christentums, theoretische und praktische Probleme mit der Institution Sklaverei innerhalb der Gemeinden. Eine der grundlegenden Fragen war, wie ein Mensch an einem Menschen Besitz haben konnte, der als Ebenbild Gottes galt und als Bruder in Christus. Die Kirchenväter sahen durchaus die Problematik, und versuchten diese in einer Verbindung von jüdischer und christlicher Theologie mit stoischem und aristotelischem Gedankengut zu lösen. Einer der großen Vordenker für östliche und westliche Kirchenväter in vor- und in nachkonstantinischer Zeit war der jüdische Philosoph Philo von Alexandrien.

Philo unterscheidet zunächst wie die Stoiker zwischen einer physischen und einer moralischen Sklaverei. Auf die erstere hat der Mensch

---

[57] Phil 2,7; GARNSEY 1996, 173–188; HERRMANN-OTTO 2008, 356 ff.; DIES. 2017a, 249–267 mit weiterführender Literatur zur Parusie. S. dagegen RITTER HAS 2017, s.v. *Christentum* B.

[58] Zur Kritik an einer zu großen Pauschalisierung der Position der frühen Kirche zur Sklaverei s. KLEIN 1988, 9; HARRILL 1995, 193–194; RITTER HAS 2017, s.v. *Christentum* D; zu Sklaven als Märtyrer: GUYOT / KLEIN 1994, II 8k: 130–133, 317–318.; BAUMEISTER HAS 2017, s.v. *Martyrium, Märtyrer.* Sabina, christliche Sklavin, wurde, wegen ihres Bekenntnisses von ihrer heidnischen Herrin, gefesselt in den Bergen ausgesetzt. Ob sie, im Zuge der decischen Maßnahmen später zusammen mit dem Christen Pionius ergriffen und den Märtyrertod erlitten hat, ist ungewiss. SCHEELE 1970, 47–75, 132–144; 35–37.; 61–63.

keinen Einfluss, weil sie schicksalsbedingt ist. Gegen die moralische Sklaverei kann er sich zur Wehr setzen, indem er von Leidenschaften frei wird. Aus dem Alten Testament jedoch kennt Philo Beispiele von Sklaverei, die weder mit der körperlichen noch der moralischen Sklaverei zu verbinden sind, sondern die von Geburt her vorherbestimmt ist, wie etwa die Unterordnung des Esau unter seinen jüngeren Bruder Jakob.

> „Gott sagt zu Rebecca: Zwei Nationen sind in deinem Leib, und zwei getrennte Völker werden aus dir hervorgehen, und ein Volk wird über das andere herrschen, und das ältere wird dem jüngeren dienen (Gen. 25,23). Denn es ist Gottes Ratschluss, dass das, was niedrig und töricht ist, von Natur her Sklave ist, und das, was einen guten Charakter hat und Verstand und Vernunft besitzt, Leiter (*hegemon*) ist und frei."[59] (übers. I. Heinemann)

Diese Sklaverei von Geburt, die Philo eindeutig Gottes Ratschluss zuweist, verbindet er mit dem aristotelischen Sklaven von Natur. Für Esau ist es wegen seiner Dummheit, aber auch wegen seiner Bosheit – er hatte sich gegen Gottes Ratschluss aufgelehnt – notwendig und besser, wenn er der Sklave seines Bruders ist, der ihn lenkt.

So finden sich bei Philo mehrere Kriterien, die in die spätere christliche Sklaventheorie eingehen sollten:

1. Die körperliche Sklaverei ist die real bestehende, die aber dem sittlich Guten nichts anhaben kann.
2. Die moralische Sklaverei ist die eigentlich wahre Sklaverei, die man in sich entweder bekämpfen kann, oder, wenn man von Geburt her sittlich verderbt und dumm ist, mündet sie in die körperliche Sklaverei, die von Gott in diesem Falle gewollt ist.
3. Esau als Exponent des Sklaven von Geburt, und Kanaan, der wegen eines Frevels seines Vaters Ham von Noah Verfluchte, sind zu Prototypen der aufgrund körperlicher, geistiger und moralischer Minderwertigkeit versklavten Fremden geworden, die zu Recht und nach göttlichem Schöpfungsplan zur Sklaverei bestimmt sind. Die Verbindung zwischen Sklaven und Nicht-Juden ist hier zumindest angedacht.[60]

Gestützt auf die Erzählung in der Genesis und die Kommentare des Philo hat sich Origines mit dem Fluch Noahs und der Rechtfertigung der Sklaverei aus dem Alten Testament auseinandergesetzt. Seine Überlegungen

---

[59] Phil. Legum allegoria 3,88–89, 105.

[60] Zu Kanaan, dem Sohn Hams oder Chams s. Gn 9,18–27; GARNSEY 1996, 157–172. Ausführlich zur Verbindung zwischen den zur Sklaverei verfluchten Nachkommen Hams mit einem sich im Islam entwickelnden Hautfarbenrassismus FLAIG 2009, 131–136.

sind allerdings nur in der Überlieferung des Rufin in Latein erhalten. Dort heißt es:

> „Schaue auf den Ursprung des Volkes (scil. der Ägypter) und du wirst erkennen, dass ihr Stammvater Cham, der sich über die Nacktheit seines Vaters lustig gemacht hatte, folgendes Urteil verdient hat, dass nämlich sein Sohn Chanaan seinen Brüdern als Sklave dienen solle, damit der Stand der Sklaverei die Verworfenheit seiner Sitten deutlich mache. Nicht nämlich unverdientermaßen spiegelt sich in der „verdunkelten" (*decolor*) Nachkommenschaft die niedrige Herkunft des Volkes (der Ägypter) wider." (übers. E. Herrmann-Otto)[61]

Ob alle Sklaven Kanaaniter sind, oder die Ägypter als Nachfahren des Kanaan zu Sklaven nach Gottes Ratschluss geworden sind, und ob bereits im spätantiken Denken dunkle Hautfarbe mit Sklaverei verbunden wurde oder erst später im babylonischen Talmud bzw. in islamischen Quellen, das ist im Blick auf das frühe Christentum nicht ausschlaggebend. Hier ist allein von Bedeutung, dass es neben den klassischen Entstehungsformen der Sklaverei aus Kriegsgefangenschaft, Geburt von einer Sklavenmutter und Verkauf in die Sklaverei eine von den Menschen unabhängige, von Gott vorherbestimmte und gebilligte Sklaverei gibt. In Verbindung mit der Sklaverei der Sünde konnte sich daraus eine ewige, natürliche und gottgewollte Institution im christlichen Denken entwickeln, ein Gegenentwurf, nicht nur zum Diskurs der römischen Juristen, sondern auch zur Stoa und anderen christlichen Denkansätzen, von denen weiter unten noch die Rede sein wird.[62]

Ambrosius, Bischof von Mailand in der 2. Hälfte des 4. Jhs., ehemaliger römischer Statthalter der italischen Provinz Aemilia Liguria, unterscheidet in Anlehnung an Philo und Aristoteles sowie im Rückgriff auf die biblische Erzählung von Ham und Kanaan, zurecht Versklavte, zu denen alle Barbaren aufgrund moralischer und mentaler Defekte gehören. Er bezeichnet sie als *insipientes*, die der Führung durch die *sapientes*, die Weisen, bedürfen. Aber auch Letztere können durch den Zufall wie Krieg, Piraterie etc. versklavt werden. Auch sie müssen das Sklavenlos akzeptieren, indem sie sich ähnlich wie der stoische Weise über die körperliche Sklaverei innerlich frei und erhaben erweisen. Für sie ist das Sklavenlos eine von Gott geschickte Prüfung, deren Lohn, wenn sie sie bestehen, in einem jenseitigen Leben winkt. Die soziale Institution der Sklaverei wird nicht nur akzeptiert, sondern auf diesem Wege sogar

---

61 Ruf. ad Originem, hom. 16 Gen. S. Philo de sob. 6–8, 31–33, 44–46 zu Ham und seiner kindlichen Unvernunft, die dennoch nicht entschuldbar ist, sondern auf seinen moralisch defizitären Charakter schließen läßt.

62 Braude 2002: 101–117, Goldenberg 2003: 141–194, Whitford 2009: 19–42.

christlich begründet. Da Ambrosius in den Sklaven intellektuell und moralisch defizitäre Wesen sieht, spiegelt sich seine Einstellung in einer Geringschätzung dieser Menschen im Alltag wider.[63]

Noch eindeutiger äußerte sich Augustinus, Bischof von Hippo in Nordafrika, jüngerer Zeitgenosse des Ambrosius, zur Sklaverei. Er sah im Sündenfall Adams und Evas die Sklaverei der Sünde begründet, aus welcher Christus die Menschheit durch den Kreuzestod losgekauft hat. Alle diejenigen, die die wahre Erkenntnis des Christentums nicht haben, sind der göttlichen Vorsehung zufolge Sklaven von Natur, so die Juden und die Heiden, die gerechterweise der Herrschaft der Römer unterworfen sind. Während Augustinus einerseits die christliche Lehre von der Erbsünde mit der aristotelischen Theorie von der natürlichen Sklaverei verbindet, bekennt er sich beim einzelnen, auch ungerechterweise Versklavten zur stoisch-paulinischen Linie. Das weitere Wirken der Sünde in der Welt trotz der Erlösung Christi, wird in der je individuellen Sklaverei einzelner gesühnt, die dieses Joch im Blick auf die Belohnung im Jenseits tragen müssen. In dem Los des Ham sieht er nicht wie Ambrosius eine gottgewollte Sklaverei defizitärer Menschen sondern eine individuelle Verschuldung. Da die Sklaverei zur Tilgung des Unrechts in der Welt notwendig ist, ist sie selbst kein Unrecht sondern Strafe für begangenes Unrecht. Im Mittelalter wurden seine Ansichten richtungsweisend für den ganzen lateinischen Westen.[64]

Die östliche Kirche hat bereits im 3. Jh. begonnen, kritisch über die Sklaverei nachzudenken. Sie fordert zwar nicht ihre direkte Abschaffung, aber ihre Kritik und ihre praktischen Vorschläge zur Reduzierung der Sklavenmassen weisen auf eine langsam intendierte Aushöhlung der Institution Sklaverei hin. Solche Tendenzen sind u.a. bei Clemens Alexandrinus zu finden, der sich mit seinen Argumenten ganz im Rahmen der von den römischen Stoikern gerne geführten Luxuskritik befindet. So geht es ihm auch nie um die Aufhebung der Sklaverei, sondern um die moralische Besserung der Herren.[65]

Vor allem für Johannes Chrysostomos stellen das absolute Verfügungs- und Besitzrecht des Herrn einen Affront auf die Gottesebenbild-

---

63 Klein, Kessler HAS 2017, s.v. *Ambrosius*; Klein 1988, 17–19; 42–51; Garnsey 1996, 189–205.

64 Klein, Kessler HAS 2017, s.v. *Augustinus* I; Klein 1988, 87–115; 217–225; Garnsey 1996, 206–219; Flaig 2009, 81–82; zur Rezeption in Mittelalter und Neuzeit: Joly HAS 2017, s.v. *Augustinus* II.

65 Clem. Al. paed. 3,49–52 (GCS 12, 264–266); Pujiula HAS 2017, s.v. *Clemens von Alexandreia*; Guyot / Klein 1994 II, 8h: 128–131, 315–316; Herrmann 1980, 122–124.

lichkeit des Menschen, auch des Sklaven dar. Zwar ist diese durch die Sünde verschleiert, aber durch die Versklavung eines Menschen, Ebenbild Gottes, macht sich der Herr neuer Sünde schuldig.

> „Obwohl er dein Sklave ist, ist er doch ein Mensch, hat eine unsterbliche Seele, und ist mit denselben Gaben durch Gott ausgestattet wie du. Und wenn er, dir im Geiste gleich, aufgrund armseliger, eitler menschlicher Überlegenheit unsere Ungerechtigkeit so geduldig erträgt, welche Verzeihung können wir verlangen, welche Entschuldigung können wir vorbringen, die wir durch Furcht vor Gott nicht so weise sind, wie er durch Furcht vor uns. Indem wir unsere eigenen Verfehlungen und die gleiche Natur aller Menschen im Gedächtnis behalten, sollen wir uns bemühen, immer freundlich mit ihm zu sprechen.“[66] (übers. E. Herrmann-Otto)

Johannes Chrysostomos appelliert an eine gute Behandlung der Sklaven durch die Herren, an deren Verantwortung für einen sittlichen Lebenswandel und eine bessere Bewertung der Handarbeit, die es möglich macht, nicht nur die Arbeit der Sklaven und diese selbst besser zu bewerten, sondern auch selbst Arbeiten durchzuführen, die zu einer Reduzierung der Sklavenmassen führen könnte. Dennoch handelt es sich nur um Kritik an Auswüchsen des Sklavereisystems, nicht um eine Theorie zur Abschaffung der Sklaverei. Die Rede vom Sklaven als Menschen und der natürlichen Gleichheit aller Menschen vor Gott geht auf stoisches und christlich-jüdisches Gedankengut zurück und wird mit konkreten Sozialprogrammen zur Verbesserung der Lage der Sklaven verbunden. So ist seine Aufforderung, Sklaven zu kaufen, diese auszubilden und dann freizulassen, nicht als Aufforderung zur Abschaffung der Sklaverei zu bewerten, sondern Programm gegen Verarmung von Menschen durch Bildung, ein ganz moderner Ansatz.[67]

Basilius, Bischof von Caesarea in Kappadokien, rekurriert ähnlich wie Ambrosius auf die alttestamentarische Erzählung von Ham und Kanaan sowie Jakob und Esau, um neben den konventionellen Ursprüngen der Sklaverei, wie Krieg und Armut, die zu Verschuldung und Selbstverkauf führt, auch von Sklaverei aufgrund fehlender Vernunftbegabung und moralischer Defizite sprechen zu können. Das führt ihn als Besitzer von Sklaven dazu, Fürsorge und Führung dieser Menschen zu übernehmen, ihnen zugleich aber negative Eigenschaften zu unterstellen. Die Institution der Sklaverei stellt er auch deswegen nicht in Frage, weil sie für

---

66 Ioh. Chrys. hom. in Joh. 26 (PG 59, 156–157).

67 Klein HAS 2017, s.v. *Johannes Chrysostomos*; ders. 1999, 338–341; Jaeger 1974, 120–132.

viele eine Wohltat ist, für die Weisen eine moralische Prüfung. Für Basilius ist sie Teil der Schöpfungsordnung.[68]

> „Und so sind wir alle doch, auch wenn der eine Herr, der andere Haussklave genannt wird, auf Grund unserer Gleichwertigkeit und weil wir Eigentum dessen sind, der uns geschaffen hat, untereinander Mitsklaven. So gesehen gibt es nichts, was uns aus der Sklaverei herausführen könnte. Mit dem Geschaffensein ist zugleich das Sklavesein mitgegeben." (übers. H. J. Sieben)[69]

Als frühchristlicher Aufruf zur Abschaffung der Sklaverei ist in der bisherigen Forschung immer die 4. Homilie des kappadokischen Bischofs und Kirchenvaters Gregor von Nyssa, Bruder des Basilius, bewertet worden:

> „Ich kaufte männliche und weibliche Sklaven. Was meinst du damit? Du verurteilst Menschen zur Sklaverei, deren Natur frei ist und die einen freien Willen haben, und du gibst Gesetze im Wettstreit mit Gott, indem du sein Gesetz für die Menschheit umstürzt. Ein Gesetz, das er speziell zu diesem Problem erließ, lautete, dass der Mensch sich die Erde untertan machen sollte, und diesen Menschen beugst du unter das Joch der Sklaverei, als ob du das göttliche Dekret bekämpfen und abschaffen wolltest?
>
> Alle Dinge sollen dem Menschen untertan sein, erklärt das Wort des Propheten, und im Text werden diese Dinge aufgelistet: Vieh und Ochsen und Schafe. ... Nur vernunftlose Tiere sollen Sklaven der Menschen sein. Aber für dich zählt das ja alles nicht ... Indem das Menschengeschlecht in zwei Teile geteilt wird, in Sklaven und Besitzer, bist du selbst dazu versklavt, der Besitzer in diesem System zu sein.
>
> ... Gott sagte, lasst uns den Menschen nach unserem Ebenbild machen. Wenn der Mensch nach dem Ebenbild Gottes geschaffen ist und die ganze Welt regiert, und Herrschaft über alles nach Gottes willen ausübt, wer ist dann sein Käufer? Wer ist sein Händler? Gott allein gehört diese Gewalt... Gott aber hat die Menschen nicht in die Sklaverei zurückgeführt, nachdem er uns durch seinen Tod aus der Sklaverei der Sünde in die Freiheit zurückgerufen hat. Aber wenn Gott nicht versklavt, was frei ist, wer ist dann derjenige, der seine Gewalt höher als die göttliche setzt?"[70] (übers. E. Herrmann-Otto)

RICHARD KLEIN hat in seinem Buch zur *Haltung der kappadokischen Bischöfe zur Sklaverei*[71] eine neue Interpretation dieser äußerst kunstvoll

---

68 KLEIN / KESSLER HAS 2017, s.v. *Basilius von Caesarea*; KLEIN 2000, 35–115; HASSE-UNGEHEUER 2016, 25–53.

69 Basilius, de spiritu sancto 20,51 (PG 32, 160–161).

70 Greg. Nyss. hom. in eccles. 4,2,7 (PG 44, 663–666).

71 KLEIN 2000, 205–215. S. auch KLEIN / KESSLER HAS 2017, s.v. *Gregor von Nyssa*.

aufgebauten Predigt vorgelegt und sie nicht nur in den Gesamtzusammenhang anderer Predigten gestellt, sondern sie auch auf dem Hintergrund der konkreten sozialen Gegebenheiten der Christen und ihrer aus der städtischen Munizipalaristokratie stammenden Bischöfe in der Provinz Kappadokien neu ausgewertet. Er kommt dabei zu dem Ergebnis, dass es Gregor nicht um die Abschaffung der Sklaverei generell gehe, sondern um die Geißelung spezifischer Praktiken, hier beim Verkauf von Sklaven auf dem Markt und ihrer in abstoßender Weise vollzogenen Zurschaustellung als menschliche Ware. Fehlende praktische Vorschläge zur Abschaffung oder Reduzierung der Sklaverei, wie sie bei Johannes Chrysostomos zu finden seien, wie auch negative Aussagen über die sittlichen Qualitäten von Sklaven veranlassen RICHARD KLEIN dazu, der Rede des Nyssener Bischofs den revolutionären Charakter abzusprechen und sie relativierend auszuwerten. Dagegen schreibt PETER GARNSEY zum Abschluss seines Buches *Ideas of Slavery from Aristotle to Augustine*: „It will surprise no one that the Hero of my narrative is Gregory of Nyssa who, perhaps uniquely, saw that slavery itself is a sin.“[72]

Festzuhalten ist Folgendes: Ob Gregor nun gegen die Sklaverei insgesamt oder nur gegen bestimmte Praktiken gepredigt hat, als Institution blieb sie sowohl in Kirche und Gesellschaft wie in der Gesetzgebung der christlichen Kaiser bis einschließlich Justinian und darüber hinaus weiterhin verankert und akzeptiert. Sie bestand unangefochten fort, auch wenn es vereinzelte Stimmen gab. die eine langsame Aushöhlung oder völlige Beseitigung der Sklaverei forderten. Sie blieben aber alle randständig, und wenn sie überhaupt gehört wurden, wurden sie schnell von der Amtskirche als häretisch abgestempelt.[73]

Theoretisch wurde die Sklaverei durch theologisch-philosophische bzw. juristische Lehren bestätigt: Entweder galt sie als von Gott gewollte Einrichtung u. a. auch zur Buße für die Sünden oder als Folge der Sklaverei der (Erb-)Sünde bzw. als Einrichtung des antiken Völkergemeinrechts und des römischen Zivilrechts. Allerdings widersprach sie dem Naturrecht, eine Problematik, der sich die Naturrechtler des 17. Jhs. erneut und grundlegend zugewandt haben, ohne jedoch zur Forderung

---

72 GARNSEY 1996, 243.

73 FLAIG 2009, 80–81 zu den Eusthatianern; ANDREAU / DESCAT 2006, 219–220 zu jüdischen Essenern und Therapeuten, die mit ihren antisklavistischen Auffassungen marginale Gruppen in der Antike blieben. S. auch NEUTEL 2015, 162–183. Theodor, Bischof von Mopsuestia (392–428) berichtet in ep. ad Philem. arg. (PG 66, 249) von Forderungen zur Abschaffung der Sklaverei. S.u. Kap. 3.7.

einer Abschaffung der Sklaverei zu gelangen.[74] Welche Rolle antike Theorien bei der Verteidigung oder der Bekämpfung der Sklaverei in späteren Jahrhunderten gespielt haben, soll im folgenden Kapitel kurz angeleuchtet werden.

1.3 Die antike Sklaverei und ihre Rezeption

In den vorhergehenden Unterkapiteln ist bereits mehrmals darauf hingewiesen worden, dass das Phänomen der antiken Sklaverei, vor allem ihre Theorie in der Neuzeit rezipiert worden ist. Es lassen sich zwei Wege der Antiken-Rezeption aufweisen:

1. Die antike Sklaverei als Gegenstand der Wissenschaft.
2. Die antike Sklaverei als Bestandteil des politischen Diskurses, der jeweils zeitbedingt, entweder ökonomisch, gesellschaftspolitisch, christlich-moralisch oder juristisch und unter dem Aspekt der Menschenrechte fokussiert geführt wurde.

Nicht immer lassen sich diese beiden Wege fein säuberlich voneinander trennen, vor allem nicht in den Ländern, in denen die Sklaverei existierte, wie in den Südstaaten von Nordamerika, bzw. in den Ländern, die eine dezidierte Kolonialpolitik betrieben und am Sklavenhandel beteiligt waren wie Portugal, Spanien, Frankreich, Belgien, die Niederlande und Großbritannien. In solchen Fällen wird das rein wissenschaftliche Interesse durch die Tagespolitik verdrängt und von ihr zuweilen in Dienst genommen.[75]

Es werden im Folgenden nur die wichtigsten Stationen erörtert, in denen sich der politische Sklavereidiskurs zwischen Abolitionisten und Verfechtern der Sklaverei dezidiert auf die antiken Theorien berief und wo die Forschungsdiskussion grundlegende gesellschaftspolitische Positionen deutlich machte. Im Anschluss daran wird ein struktureller Überblick über die Erforschung der antiken Sklaverei in den letzten 70 Jahren gegeben, die man getrost als die intensivste Phase der wissenschaftlichen Auseinandersetzung mit der Thematik bezeichnen kann. In dieser Zeit ist die Sklaverei offiziell weltweit verboten. Da es sich insgesamt nur um einen kurzen Abriss und darüber hinaus eine durchaus subjektive Auswahl der sehr komplexen Strömungen handeln kann, wird stets zur wei-

---

[74] S. hierzu FRANKE 2009, 314; s.u. Kap. 1.3.

[75] S.u. z.B. zu HENRI WALLON.

terführenden vertiefenden Auseinandersetzung auf entsprechende Literatur verwiesen.[76]

Warum und seit wann wurde die antike Sklaverei zum Gegenstand eines wissenschaftlichen Diskurses? Die Beschäftigung mit der Thematik geht bis in das 16. Jh. zurück und war in ihrer ersten Phase rein antiquarischer Natur. Dennoch ist es nicht ausgeschlossen, dass das Interesse an ihr durch die beginnende Kolonialpolitik und den verstärkt aufblühenden Sklavenhandel geweckt wurde, auch wenn dies nicht ausdrücklich erwähnt wird.

Am Beginn der antiquarischen Phase stehen die Studien des Friesen TITUS POPMA, *De operis servorum liber* (Über die Tätigkeiten der Sklaven), Leiden 1608 (mit zwei weiteren Auflagen in Amsterdam 1672/1674) und des italienischen Klerikers und Antiquars LORENZO PIGNORIA, *De servis et eorum apud veteres ministeriis commentarius, in quo familia, tum urbana tum rustica ordine producitur et illustratur*. (Ein Kommentar zu den Sklaven und ihren Berufen bei den Alten, im städtischen und im ländlichen Haushalt, an Texten und Abbildungen dargestellt), Augsburg 1613 (mit drei weiteren Auflagen in Amsterdam 1674 und Padua 1656/1694).

Das 280 Seiten starke Buch von PIGNORIA enthält neben literarischen und juristischen Texten auch Inschriften und Zeichnungen und bringt eine detaillierte Betrachtung der städtischen und ländlichen Sklavenberufe, eine Darstellung, die bis ins 19. Jh. ohne Nachahmung geblieben ist. Aus der Tatsache der Neuauflagen allein kann man schließen, dass beide Untersuchungen im 17. Jh. als Standardwerke galten.[77] Da das Interesse der deutschen Humanisten an der antiken Sklaverei zunächst rein antiquarisch blieb, hielt man sich mit moralischen Äußerungen zurück, wenn auch die Tendenz der Beurteilung insgesamt eher negativ war.

Neben den Altertumswissenschaften waren in Deutschland von Anfang an die Rechtswissenschaften an der Thematik interessiert, die teils antiquarisch teils komparatistisch im Blick auf die koloniale Sklaverei argumentierten. Sie berücksichtigten jedoch viel intensiver die in

---

76 Bibliographische Überblicke s. in: SCHULZ-FALKENTHAL 1985; BIBLIOGRAPHIE 2003, deren Fortsetzung bis 2010 online – Bibliographie zur Antiken Sklaverei (BASO) unter der Akademie der Wissenschaften und der Literatur, Mainz, Projekt: Forschungen zur Antiken Sklaverei – zu finden ist. S. auch die einschlägigen Artikel zur Forschung in HAS 2017.

77 FINLEY 1981, 25–26; William Blair (1799–1873) benutzte beide Werke für seine Monographie: *An Inquiry into the State of Slavery amongst the Romans*, 1833. S. WEILER HAS 2017, s.v. *Blair (of Avontoun), William.*

Deutschland immer noch bestehende Leibeigenschaft. Eine eigentliche Verbindung zwischen historischen und aktuellen Abhängigkeitsformen herzustellen und eine daraus erfolgende Wertung, gelingt – JOHANNES DEISSLER zufolge – allerdings kaum.[78]

Die römische Sklaverei wurde bevorzugt betrachtet, weil sie für die Rechtswissenschaften ein hervorragender Forschungsgegenstand aufgrund der juristischen römischen Quellen darstellte. Allerdings kamen die Naturrechtler des 17. Jhs. wie FRANCISCO SUÁREZ, HUGO GROTIUS, THOMAS HOBBES und SAMUEL VON PUFENDORF zu ganz anderen Ergebnissen als die römischen Juristen, auf die sie zurückgriffen. Sie gingen zwar auch von der Sklaverei als einer von Menschen geschaffenen Institution aus, erkannten aber die Selbstversklavung unter naturrechtlichem Aspekt als einwandfrei an, wenn sie auf vertraglicher Basis beruhte. Der Sklave wurde dadurch zum ewigen Lohnarbeiter (*mercennarius perennis*). Folglich blieb für sie die menschliche Freiheit ein disponibles Gut, das zu veräußern der Mensch die Freiheit habe. Die römischen Juristen dagegen erklärten die vertragliche Selbstversklavung als rechtlich irrelevant, weil die angeborene Freiheit in diesem Fall unveräußerlich sei. Kriegsgefangenschaft und Strafsklaverei werden von den Naturrechtlern wie im römischen Recht akzeptiert, allerdings mit bestimmten Nuancierungen: Für JOHN LOCKE, der die Sklaverei insgesamt für eine verabscheuenswürdige Institution hielt, war nur die Versklavung von Gefangenen in einem gerechten Krieg naturrechtlich einwandfrei. Auch die Versklavung des Verbrechers war für ihn eine gerechte Sanktion als Ersatz für die Todesstrafe. Die Sklavengeburt wurde von allen Naturrechtlern abgelehnt, nicht jedoch die Möglichkeit, in die Sklaverei geboren zu werden. So müssen die Kinder entweder für den Arbeitsausfall ihrer Mutter während der Schwangerschaft oder für ihren eigenen Unterhalt und Kleidung dem Herrn der Eltern eine Entschädigung leisten. Die Naturrechtler haben in Auseinandersetzung mit dem römischen Recht zwar eine gewisse Eingrenzung der Sklaverei auf bestimmte Situationen entwickelt. Die Institution als solche aber sahen sie unter bestimmten festgelegten Regeln als mit dem Naturrecht durchaus vereinbar an und verfestigten sie dadurch.[79]

Praktisch instrumentalisiert wurde das römische Recht, indem entsprechende Bestimmungen zur Sklaverei in den Code Noir auf den An-

---

[78] DEISSLER 2000, 86–116, 145. Zum ersten Rechtsbuch der Weltgeschichte, dem Sachsenspiegel des Eike von Repgow (1235), das Leibeigenschaft qua Sklaverei als Unrecht verwirft s. DORN 2005, 178–185.

[79] DORN 2011, 97–104; FRANKE 2009, 309–321. Zum römischen Recht s.o. Kap. 1.2 s.u. Kap. 3.6.

tillen aufgenommen wurden (1685). Neben zahlreichen Übernahmen gab es jedoch auch Unterschiede: Freilassungen waren schwieriger zu erlangen, schwarze Sklaven lebten kaserniert und durften nur niedere Handarbeiten ausführen. Beide Aspekte, Rassismus und sogenannte sklaventypische Arbeiten, waren dem römischen Recht fremd, was die kolonialen Gesetzgeber allerdings ignorierten. Der größte Unterschied bestand aber hinsichtlich seiner Geltung: Das römische Recht war im gesamten Römischen Reich während Kaiserzeit und Spätantike verpflichtend; der Code Noir galt nur in den Kolonial-, nicht aber in den Mutterländern. Die Ambivalenz der Europäer zur Sklaverei wird daran besonders deutlich.[80]

Nicht nur antike Rechtstexte wurden rezipiert. Die Altertumswissenschaften stützen sich gerne auf lateinische literarische Zeugnisse, in denen vor allem der ökonomische Einsatz von Sklaven und die Art der Behandlung durch die Herren untersucht wurde. Philosophen, Theologen und Mediziner waren in unterschiedlicher Intensität, jedoch überwiegend antiquarisch an der Thematik beteiligt.[81]

Konkrete sozial-politische Erfahrungen waren dagegen in Portugal, Spanien, Frankreich, den Niederlanden und Großbritannien durch die Einrichtung von transatlantischen Kolonien und ihrer wirtschaftlichen Nutzung maßgebend und bestimmten die Diskussion um die Sklaverei. Der Einsatz von Sklavenarbeit auf den neugeschaffenen Plantagen, auf denen zunächst Zuckerrohr, später Baumwolle und Tee angebaut wurden, schien sich als höchst rentabel zu erweisen, wenn man nicht die einheimische indianische Bevölkerung sondern aus Afrika importierte Sklaven dazu nutzte. Dennoch gerieten der transatlantische afrikanische Sklavenhandel und die mörderische Sklavenarbeit auf den karibischen Zuckerrohrplantagen aufgrund der immens hohen Sterberaten in die Kritik, sodass es zu grundlegenden Auseinandersetzungen um die Rechtmäßigkeit von Sklavenhandel und Sklavenhaltung kam.[82]

Befürworter wie Gegner haben die Antike, die für die damalige zivilisierte und gebildete Welt als vorbildhaft galt, für ihre Argumentationen

---

80 KORZILIUS HAS 2017, s.v. *Sklavenrecht, neuzeitliches* II. III. VI.; DUMONT 1988, 173–194; STAHLMANN 1992, 448–453; HARMS 2004, 49–57; positiv: FLAIG 2009, 183.

81 DEISSLER 2000, 116–145; DERS. HAS 2017, s.v. *Deutschsprachige Sklavereiforschung* IV.

82 Zur Debatte über den aristotelischen Sklaven von Natur zwischen LAS CASAS und SEPÚLVEDA im Blick auf die Indianer s. FLAIG 2009, 164–178, 199–202; PRIESCHING 2017, 155–162; DELGADO HAS 2017, s.v. *Las Casas*; DERS. HAS 2017, s.v. *Sepúlveda*; zur weiteren Entwicklung s. DELACAMPAGNE 2004, 147–207.

in Anspruch genommen. Bereits die Humanisten hatten zwar die Diskrepanz, die zwischen dem griechischen Menschenbild und den künstlerischen und philosophischen Errungenschaften einerseits und der Grausamkeit der Sklaverei andererseits bestanden, erkannt. Trotzdem waren viele von ihnen geneigt zuzugestehen, dass die Errungenschaften der Zivilisation mit der Sklaverei bezahlt werden mussten. Das bedeutete zwar keine Verharmlosung des Instituts, aber man nahm es in Kauf: „...die Sklaverei musste sein, damit die Griechen sein konnten.“, auf denen die gesamte abendländische Kultur basierte. Man kritisierte zwar die Sklaverei moralisch, entschuldigte sie aber historisch.[83]

Diese Einstellung war umso bedenklicher, als sie den Befürwortern der Sklaverei Vorschub leistete, indem auch sie sich auf die Antike beriefen und sie für ihre Politik instrumentalisierten. Sowohl die aristotelische These von der Sklaverei von Natur in Verbindung mit der augustinischen These von der Sklaverei der Sünde wie auch die herodoteische Überlieferung vom negroiden Ursprung der Ägypter, sinnfällig für alle in der großen Sphinx, mussten dafür herhalten, die schwarzafrikanische Sklaverei sowohl auf den karibischen Inseln wie auch in den nordamerikanischen Südstaaten zu rechtfertigen. Aber eben diese selben antiken Belege wurden auch von den Abolitionisten benutzt und so interpretiert, dass sie ihre These von der Verwerflichkeit der Versklavung der Schwarzafrikaner als Urväter der europäischen Zivilisation glaubhaft machen konnten. Hieran wird deutlich, dass alle beteiligten Interessenvertreter auf beiden Seiten über eine dezidierte humanistische und christliche Bildung verfügten, die sie jederzeit für ihre sozial- und machtpolitischen, vor allem auch ökonomischen Zwecke ausnutzen konnten. Die Überlieferung der alten Schriften der Griechen und Römer bildeten neben der Bibel einen verbindlichen Kanon, an den man sich orientieren konnte. Ethnische oder geographische Irrtümer des Herodot z.B. waren trotz andersartiger empirischer Erfahrungen schlechterdings nicht möglich, und wurden als falsche Interpretationen beiseitegeschoben. Die Aktualität der Antike für die Rechtfertigung oder Verwerfung der afrikanischen Sklaverei kann nicht hoch genug eingeschätzt werden.[84]

---

83 Zitat: VOGT 1972, 128; VOGT (97–98; 126–127) macht bereits die italienischen Humanisten für das Versäumnis verantwortlich, auf die Neugestaltung von Politik und Gesellschaft ihrer Zeit nicht eingewirkt zu haben (121); zu Montesquieu und Rousseau ebd. 122–123 u. BIEZUŃSKA-MAŁOWIST 1968, 163 zur Rechtfertigung durch Humboldt.

84 HARRINGTON 1989, 60–72; WIESEN 1980, 3–16. Zur Bedeutung der einschlägigen Passagen im Alten Testament (s.o. Esau, Jakob, Ham, Kanaan: Kap.

Sie spiegelt sich auch ganz maßgeblich in der schottischen Aufklärung wider. Diese stand der klassischen Antike überwiegend kritisch gegenüber. Auf der Grundlage sozialwissenschaftlicher, ökonomischer und demographischer Studien, für die vor allem DAVID HUME, ADAM SMITH und JOHN MILLAR als Protagonisten neuer wissenschaftlicher Methoden zu gelten haben, verlor die Antike ihren Modell- und Vorbildcharakter. Als Agrargesellschaft stellte sie eine primitivere ökonomische Entwicklungsstufe dar als die zeitgenössische auf Handel, Handwerk und Industrie basierende Wirtschaft, deren Rentabilität und Prosperität auf freier Arbeit und dem anzustrebenden Glück aller beruhte. Die zivilisatorische Überlegenheit der eigenen Zeit berechtigte dazu, die Antike mit primitiven Völkern in Afrika zu vergleichen, und ihr Sklavereisystem als entwicklungsgeschichtlich rückständig, ökonomisch unrentabel, gesellschaftspolitisch parasitär und moralisch verwerflich zu kritisieren und abzulehnen. So vertritt ein Teil der modernen Forschung die These, dass unter den Philosophen der Aufklärung erst den Schotten das Verdienst zukomme, „kohärente philosophische Kritiken an der Sklaverei" entwickelt zu haben, denen sich die Franzosen anschlossen.[85]

Teils gegenwartsbezogen, teils der Historie verpflichtet, schrieb der deutsche Altertumswissenschaftler und Jurist JOHANN FRIEDRICH REITEMEIER die erste wissenschaftliche Untersuchung zur griechischen Sklaverei als Preisschrift für die Kasseler Gesellschaft der Altertümer mit dem Titel: *Geschichte und Zustand der Sklaverey und Leibeigenschaft in Griechenland*, Berlin 1783, die nach einer Überarbeitung 1789 veröffentlicht wurde.

In seiner Beobachtung, dass die Zunahme von Luxus mit der Entwicklung der Sklaverei in Zusammenhang stand, und dass im Absterben des Mittelstandes aufgrund der wachsenden Sklavenarbeit der Verfall der griechischen Stadtstaaten eingeleitet wurde, konnte er an die schottische Aufklärung anknüpfen. Wie ADAM SMITH erkannte er in der Sklaverei eine Bedrohung des freien Arbeitsmarktes. Dass seine Forschungsergebnisse nur zwei Jahrzehnte fortwirkten und in Deutschland bald vergessen wurden, hing wahrscheinlich mit der Gräkophilie der Neuhumanisten um Humboldt, der Abwendung von sozialwissenschaftlichen Forschungs-

1.2) und des Neuen Testamentes für die Sklavereidiskussion bereits in der Spätscholastik s. PRIESCHING 2017, 73–145.

85 FLAIG 2009, 201; zur schottischen Aufklärung und ihrer Antikenrezeption s. BIEZUŃSKA-MAŁOWIST 1968, 161–175; SCHNEIDER 1988, 431–464; GRIESHABER 2011, 164–177; DERS. 2012, 155–242; DERS. HAS 2017, s.v. *Abolitionismus.*

methoden und mit fehlenden einschlägigen politisch-sozialen Erfahrungen zusammen.[86]

Ende des 18. Jhs. trat die Abolitionismusdebatte in eine neue Phase, indem sie zur Untermauerung der eigenen Thesen noch stärker und gezielter die Forschung miteinbezog. 1794 war bereits die Freiheit aller Sklaven im Zuge der Revolution im französischen Herrschaftsbereich proklamiert, aber erst 1848 endgültig realisiert worden. Um dieses politische Ziel zu erreichen, versicherte man sich wissenschaftlichen Beistandes. 1837 hat die *Académie des Sciences morales et politiques* in Paris die Preisaufgabe gestellt, die Ursachen für die Abschaffung der antiken Sklaverei in der ausgehenden Spätantike und den Prozess der Umwandlung der Sklaverei in die Leibeigenschaft im westlichen frühmittelalterlichen Europa zu untersuchen. Man hoffte, auf dieser wissenschaftlichen Grundlage Erkenntnisse für die eigene Gegenwart zu gewinnen, um endgültig zur Abschaffung der Sklaverei in den französischen Kolonien zu gelangen, einer Einrichtung, die den Grundsätzen der französischen Revolution diametral zu widersprechen schien. Daher konnten auch nur *die* Revolutionäre abolitionistische Forderungen vertreten, die den Modellcharakter der Antike aufgrund der Existenz der Sklaverei in Zweifel zogen.[87]

Gewinner der Preisaufgabe war HENRI WALLON, der eine bis heute benutzte, jedoch nicht umfassend rezipierte, wissenschaftlich teilweise überholte dreibändige Sklavereigeschichte mit dem Titel *Histoire de l'esclavage dans l'antiquité*, Paris 1847 verfasst hat. WALLON wurde daraufhin zu einem Mitglied der Kommission bestimmt, die 1848 in einem Dekret die Abschaffung der Sklaverei in Frankreich und in seinen Kolonien anordnete. In der zweiten Auflage seines dreibändigen Werkes 1879 wies WALLON stolz auf sein politisches Wirken hin. Als Wissenschaftler sah er in der Sklaverei die Ursache für den Untergang der griechischen Poleis und auch des römischen Staates. Er verband alles Schlechte mit dieser Institution: vor allem Sittenverfall und Bevölkerungsschwund. Den Rückgang der römischen Sklaverei in der Spätantike sah er ökonomisch und finanzpolitisch begründet. Zu einer völligen Ab-

---

86 Ob REITEMEIER die bahnbrechende Bedeutung zukommt, wie VOGT 1972, 97 und FINLEY 1981, 41 sie ihm zuschreiben wollten, ist nach der differenzierten Untersuchung von DEISSLER 2000, 153–290 zu bezweifeln. DERS. HAS 2017, s.v. *Reitemeier, Johann Friedrich.* Kritisch auch in diesem Sinne NIPPEL 2002, 129–131; ANNEQUIN 2001, 582–583. Zur Aufgabe von Forschungsmethoden: SCHNEIDER 1988, 432–433.

87 STAHLMANN 1992, 449–450; KEMPF HAS 2017, s.v. *Französische Revolution.*

schaffung der Sklaverei hätten die christlichen Gleichheitsvorstellungen führen müssen. Dass dies nicht geschah, führt WALLON auf die Angst der kirchlichen Führung zurück, ihre Forderungen gegen den Gesetzgeber durchzusetzen. Zur Vermeidung von Revolution und Tumulten hätten sich Kirchenväter und Bischöfe auf eine innere moralische Transformation der Gesellschaft beschränkt. Da sie keine Forderung zur Freilassung der Sklaven ausgesprochen hätten, sei es nur zur Abschaffung der Sklaverei zugunsten der Leibeigenschaft gekommen, einer Art Zwangsarbeit aller bisher auch freien Menschen. Auf diesem historischen Hintergrund fordert WALLON als Wissenschaftler, Jurist und Politiker die direkte Abschaffung der in der Neuzeit erneut eingeführten Sklaverei.[88] Die These von der Beendigung der Sklaverei durch das antike Christentum, die WALLON bereits indirekt widerlegt hatte, wurde von einigen Forschern im 19. und 20. Jh. wieder aufgegriffen. Sie hat sich jedoch auf der Grundlage einer genauen Analyse der antiken Quellen als unhaltbar erwiesen.[89]

Im Rahmen seiner dreibändigen Römischen Geschichte hat sich auch THEODOR MOMMSEN mit der Sklaverei auseinandergesetzt. Unter juristischem Aspekt sieht er in ihr eine Institution des öffentlichen Rechts und untersucht sie nicht privatrechtlich, was notwendig gewesen wäre. Seine Blickrichtung ist einseitig moralisierend, weil er sich überwiegend auf literarische Quellen stützt. Wenn er, der Begründer und große Kenner der Epigraphik, überhaupt Inschriften heranzieht, dann macht er das nur für die griechische Geschichte und Griechenland, die er seiner hellenophilen Zeit gemäß positiv bewertet. Insgesamt verurteilt er die Sklaverei in der Antike, vor allem aber in Rom, da sie zu seinem Untergang durch Sittenverderbnis, Korrumpierung der freien Arbeiter, Verarmung der römischen Bauern und Entvölkerung beigetragen habe. Durch sie habe Rom sein eigentliches Ziel, die Begründung eines italischen Nationalstaates, verpasst. Geprägt vom Standesdenken seiner eigenen Zeit kann MOMMSEN weder in der Freilassung, der Verleihung des Bürgerrechts, noch dem Aufstieg der Freigelassenen etwas Positives erkennen. Als Folie dient ihm die Negersklaverei in den Südstaaten von Amerika, wodurch er die antike Sklaverei verzerrt und folglich dem römischen Wirtschafts-

---

[88] DUMONT HAS 2017, s.v. *Wallon, Henri Alexandre*; HERRMANN-OTTO 2016, 89–97; FINLEY 1981, 36/37; VOGT 1972, 98–100; BIEZUŃSKA-MAŁOWIST 1968, 164–165.

[89] ALLARD 1884 (1914^5) dazu: RITTER HAS 2017, s.v. *Allard, Paul*; BABINGTON 1845; BIOT 1840 dazu WEILER HAS 2017, s.v. *Biot, Eduard*; NESTORIDES 1879; RÖTTSCHER 1887 s. zu diesen Titeln BIBLIOGRAPHIE 2003, Nr.371, 392, 613, 654. S.u. genauer Kap. 3.7.

und Sozialsystem nicht gerecht wird. Mit KARL CHRIST kann man sagen: „Mommsens begriffliches Instrumentarium bleibt in diesem Sektor inadäquat und hat vielen Missverständnissen Vorschub geleistet."[90]

War die moralische Kritik zunächst durch die vielen Gegenargumente aus antiker Philosophie und Theologie noch ambivalent gewesen, so stellten die ersten demographischen und ökonomischen Untersuchungen die Sklaverei bezüglich ihrer Rentabilität infrage. Sie stellten einen Zusammenhang zwischen dem Bevölkerungsrückgang allgemein und der Sklaverei her, und kamen zu der Überzeugung, dass Sklavenarbeit nicht nur die Zahlen der freien Bevölkerung durch das sich entwickelnde Luxusleben, sondern auch die der Sklaven durch zu harte Arbeits- und Lebensbedingungen senkte und dadurch ökonomisch völlig unrentabel war. Diese bereits in der schottischen Aufklärung und von REITEMEIER vertretenen Thesen, wurden im 19. Jh. u. a. von KARL MARX und FRIEDRICH ENGELS wieder aufgegriffen.[91]

MARX und ENGELS konzipierten einen teleologischen Gang der Geschichte, in welchem sich in einem dialektischen Stufenprozess die Entfremdung der Produktionskräfte von den Produktionsmitteln letztendlich aufheben würde. In diesem Geschichtsprozess bekam die antike Sklaverei als eine eigene Entwicklungsstufe eine zentrale Bedeutung zugewiesen. Zum Zweck der fortschreitenden Aufhebung jeglicher Entfremdung und Ausbeutung der Arbeiter = Produktionskräfte wurde die Geschichte in fünf Abschnitte geteilt, 1. die archaisch-patriarchalische Gesellschaft, 2. die antike Sklavenhaltergesellschaft, 3. den Feudalismus, 4. den Kapitalismus der Bourgoisie und 5. die kommunistische Arbeiter- und Weltgesellschaft.[92] Der Übergang auf die nächst höhere Formationsstufe vollzog sich nicht in einem Entwicklungsprozess, sondern infolge eines revolutionären Umsturzes, der voraussetzte, dass die sich selbst entfremdete Klasse – für die antike Sklavenhaltergesellschaft waren dies die

90 Zitat: CHRIST 1984, 35; unter juristischem Aspekt s.: EL BEHEIRI 2015, 105–114; DEISSLER HAS 2017, s.v. *Mommsen, Theodor*; DERS. HAS 2017, s.v. *Deutschsprachige Sklavereiforschung* V.

91 FINLEY 1981, 28–35; BINSFELD 2015, 262–266, 278–279. In der Diskussion der französischen Nationalversammlung galt die Sklavenarbeit als rentabel. Ihre Abschaffung konnte nur durch eine moralische und juristische Argumentation, etwa als Verstoß gegen die Menschenrechte, erzielt werden. HERRMANN-OTTO 2016, 83–86. DELACAMPAGNE HAS 2017, s.v. *Menschenrechte*.

92 Zur Diskussion, ob es fünf oder sechs Formationsstufen gab (einschließlich der asiatischen Produktionsweise) s. WILLING HAS 2017, s.v. *DDR*; WEILER HAS 2017, s.v. *Materialismus, historischer* II. IV; FLORATH 2005, 184–200; s.u. HEINEN Anm.99; s. auch NIPPEL HAS 2017, s.v. *Marx, Karl*; DERS. HAS 2017, s.v. *Engels, Friedrich*.

Sklaven – zum Bewusstsein ihrer selbst gelangte und in einem revolutionären Akt die nächste gesellschaftliche Formationsstufe herbeiführte. Diese These, die für die Forschungen des historischen Materialismus in der UdSSR und den von ihr abhängigen östlichen Staaten verbindlich wurde, bedeutete in Bezug auf die antike Sklaverei Folgendes:

Die gesamte Antike war eine Sklavenhaltergesellschaft, in der die Arbeit der Sklaven dominierte. Da die Sklaven nicht an ihrer Arbeit interessiert waren – sie waren sich selbst entfremdet und hatten keinen Nutzen von ihrer Arbeit – verhinderten sie durch Sabotage ihrer Werkzeuge jeglichen technischen Fortschritt in der Antike. Diese sogenannte Sabotagethese hatte FRIEDRICH ENGELS aus Schilderungen der amerikanischen Negersklaverei gewonnen, die von ungebildeten, grobschlächtigen Sklaven ausging, die nur grobes Handwerkszeug nicht zerstören konnten. Diese Beobachtungen wurden unreflektiert auf die antiken Verhältnisse übertragen, die ENGELS, ohne Kenntnis der wenigen antiken Quellen zur Thematik, als verbindlich und übertragbar annahm. Dass Sklaven in verschiedenen Gesellschaften und Zeiten sehr unterschiedlich sein können, war ihm noch nicht bewusst. Aufgrund der Sabotage sei es nicht zur Weiterentwicklung des technischen Fortschritts in der Antike gekommen, obwohl theoretisch die Griechen und Römer dazu in der Lage gewesen wären. Weil MARX und ENGELS den Anteil der Sklavenarbeit am Produktionsprozess überschätzten, gingen sie auch von ganz falschen Vorstellungen einer Sklavenklasse aus. Zwischen den Sklavenaufständen in den beiden letzten Jahrhunderten der Republik und dem Beginn des spätantiken Kolonats, der Kennzeichen der nächsten Gesellschaftsformation des Feudalismus war, lagen mehrere Jahrhunderte, die überbrückt werden mussten, sollten sich nicht die MARX'schen Thesen als falsch erweisen.[93]

Trotz einiger fehlerhafter Vorstellungen, die die beiden Denker von der Antike hatten, vor allem was die „Klasse“ der Sklaven, ihr Klassenbewusstsein, die Sabotagethese und die Beendigung der Sklaverei durch die Sklavenaufstände betrifft, sind doch ganz wesentliche Impulse von der ökonomischen Betrachtungsweise durch MARX und ENGELS für das 20. Jh. ausgegangen. Allerdings ist lange nicht erkannt worden, wie sehr sie an einige schottische Abolitionisten angeknüpft haben.[94]

---

[93] Differenzierte Auseinandersetzung mit den MARX'schen Thesen und teilweise Kritik s. bei EICH 2006, 75–94.

[94] BACKHAUS 1974; VITTINGHOFF 1960, 171ff.; BELLEN 1989, 198–200; NIPPEL 2005, 323–334; SCHNEIDER 1988, 432–433, 442–444 zeigt deutlich, wie ihre Formationslehre auf die von ADAM SMITH entwickelte Dreistufenlehre der menschlichen Zivilisation zurückgreift. GRIESHABER 2012, 228–229.

Die Kanonisierung ihrer Schriften hat eine unfruchtbare Verengung des wissenschaftlichen Diskurses in der UdSSR und den von ihr abhängigen Staaten herbeigeführt. Diskrepanzen, die sich zwischen den antiken Quellen und den kanonisierten MARX'schen Aussagen ergaben, konnten nur langsam eingestanden werden, weil jede Abweichung von der kanonischen Lehre ein Politikum darstellte. So gewann die antike Sklaverei nochmals einen fundamentalen politischen Stellenwert im 20. Jh.[95]

Angeregt durch die Thesen von KARL MARX, entstanden vor allem an der Wende vom 19. zum 20. Jh. verstärkt ökonomische und soziale Untersuchungen, die sich vornehmlich mit der griechischen Geschichte und ihrer Oikenwirtschaft auseinandersetzten. Exemplarisch für diese Forschungsrichtung wurde die sogenannte BÜCHER-MEYER-Kontroverse, in der es um die grundlegenden Merkmale der antiken Wirtschaft ging und in diesem Zusammenhang auch um den Stellenwert der antiken Sklaverei. Der Nationalökonom KARL BÜCHER ging in seiner 1893 erschienenen Schrift *Die Entstehung der Volkswirtschaft* von einer Oikenwirtschaft, d.h. Hauswirtschaft in der Antike aus, in der sich Gütererzeugung und Güterproduktion in einem internen Kreislauf vollzogen, und der Handel noch äußerst begrenzt war (Subsistenzwirtschaft). Zu diesem Wirtschaftssystem gehörten die Sklaven grundlegend dazu. Der Althistoriker EDUARD MEYER erkannte in der Sklaverei ebenfalls ein wichtiges Element der antiken Wirtschaft, die er jedoch als eine kapitalistische mit Großindustrie, Bergwerken und landwirtschaftlichen Großbetrieben beschrieb, für die man Sklavenmassen benötigte. In seinen Entgegnungen auf die Thesen von BÜCHER (1895 u. 1898) lehnte er dessen rein ökonomische Erklärung für das Ende der Sklaverei und den Niedergang des Reiches ab, die er eher auf einen kulturellen Niedergang und auf politische denn auf wirtschaftliche Faktoren zurückführte. MEYER ist vor allem wegen seiner stark modernistischen Betrachtungsweise angegriffen worden, in welcher er antike und moderne Wirtschaftsformen gleichsetzte. Einer seiner schärfsten Kritiker war MAX WEBER.[96]

---

95 WEILER HAS 2017, s.v. *Materialismus, historischer* III. IV; WILLING HAS 2017, s.v. *DDR*.

96 SCHNEIDER DNP 13, 1999, *s.v. Bücher-Meyer-Kontroverse*; DERS. HAS 2017, s.v. *Bücher-Meyer-Kontroverse*. FINLEY 1981, 52–58 hat im Anschluss an die Kritik MAX WEBERS in MEYER einen Opponenten des Marxismus gesehen, ihm Verharmlosung der antiken Sklaverei vorgeworfen und ihn eines reaktionären humanistischen Geschichtsbildes geziehen. S. kritisch zu dieser Pauschalverurteilung MEYERS durch FINLEY: BADIAN 1981, 52–53; positive Wertung MEYERS bei VOGT 1972, 103–104.

Die größte, bis heute noch nicht voll rezipierte Bedeutung für die römische Wirtschaftsgeschichte kommt MAX WEBER zu, der sich bereits in seiner Habilitationsschrift *Die römische Agrargeschichte in ihrer Bedeutung für das Staats- und Privatrecht*, 1891 und in seiner für die Antike kaum ausgewerteten Schrift aus dem Nachlass *Wirtschaft und Gesellschaft. Die Wirtschaft und die gesellschaftlichen Ordnungen und Mächte* mit der römischen Sklaverei auseinandersetzte.

Die antike römische Gesellschaft ist für ihn eine Städtekultur, Küstenkultur und Sklavenkultur und in höchstem Maße kapitalistisch. Der Sklavenhalter war für WEBER zum ökonomischen Träger der antiken Städtekultur geworden, der Sklave, der nur in der auf die Stadt bezogenen Landwirtschaft tätig war, war ein sich nicht selbst reproduzierender Kasernensklave. Der Zerfall des Römischen Reiches, das auf der kapitalistischen Sklavenarbeit beruhte, trat ein mit dem Ende der römischen Expansion und des Importes neuer Sklaven, sowie der fortschreitenden Naturalwirtschaft, die die Städtekultur zerstörte. Neu im Vergleich zu MARX war vor allem die Verbindung von Sklaverei und Kapitalismus, einer vormodernen Form desselben, die allerdings wegen der fehlenden Unternehmermentalität der Eliten nur beschränkt ausbaufähig war. WEBERS Zuordnung zu den grundlegenden Wirtschaftsformen, modernistisch oder primitivistisch, kann nicht eindeutig erfolgen. Sein antiker Kapitalismus muss vom derzeitigen (Turbo-) Kapitalismus klar geschieden werden. Auf dem Hintergrund der Globalisierung stellt sich die Sklavenfrage heute jedoch erneut.[97]

In den 20er Jahren des 20. Jhs. erlosch das Interesse der Forschung in Deutschland an sozialen Fragen und machte anderen Themen ethnisch-rassischer, religiöser und militärischer Provenienz Platz. Sowohl die russischen Forschungen zur Thematik wie auch die neuen anthropologischen Ansätze der Annales-Schule in Frankreich wie auch die angelsächsischen Untersuchungen zur Sklaverei blieben im nationalsozialistischen Deutschland unbeachtet. Erst nach dem Zweiten Weltkrieg erreichte die wissenschaftliche Auseinandersetzung mit der antiken Sklaverei ihre bisher intensivste Phase.

In den ersten ca. 40 Jahren nach dem Zweiten Weltkrieg zwischen 1950 und 1989 war die Sklavereiforschung nicht frei von politischen Einflüssen. Ein Charakteristikum ist darüber hinaus die institutionalisierte Blockbildung und die damit verbundene ideologische und methodi-

---

97 HEUSS 1965, 539–545; LOVE 1991, 110–153; NIPPEL 1990, 365–374; DERS. 2005, 336–348; DERS. HAS 2017, s.v. *Weber, Max*; DEISSLER HAS 2017, s.v. *Deutschsprachige Sklavereiforschung* V mit weiterführender Literatur. Zu Sklaverei und globalisiertem Kapitalismus BALES 2001, 35–39.

sche Polarisierung. Vier mehr oder minder organisierte Forschungsverbünde bzw. Forschungsrichtungen lassen sich auf dem Gebiet der Sklavenforschung in dieser Zeitspanne ausmachen:

1. Die AKADEMIE DER WISSENSCHAFTEN UND DER LITERATUR IN MAINZ (1950–2012) mit ihrem von dem Tübinger Althistoriker JOSEPH VOGT begründeten Projekt zur Erforschung der Antiken Sklaverei. Dieses Unternehmen trat mit der Zielsetzung an: a) die damals noch ungeklärte Bedeutung der Sklaverei für die Antike auf allen Gebieten zu erforschen, vor allem wie diese „Schattenseite" der antiken Gesellschaft mit ihren kulturellen und politischen Leistungen zu vereinbaren seien, und b) die Durchbrechung der Monopolstellung des historischen Materialismus im Bereich der sozialen Fragen zu erreichen, dessen geistige Inflexibilität und Pragmatik klar erkennbar waren. Die erste Zielsetzung ist über das Jahr der Wende 1989 hinaus bestehen geblieben. Die zweite Zielsetzung, die politisch-ideologisch gewertet nicht nur vom östlichen sondern auch vom westlichen Ausland kritisiert wurde, hat den Begründer und die Mitarbeiter des Projektes in einen fundamentalen Misskredit gebracht. Fehlende sachliche Gegendarstellungen haben den Mainzer Forschungen eine adäquate internationale Rezeption lange verwehrt. Erst im letzten Jahrzehnt seines Bestehens ist ihm aufgrund veränderter interner und externer Rahmenbedingungen die angemessene Wahrnehmung zuteil geworden. Das Projekt, das der Grundlagenforschung verpflichtet war, präsentiert sich in mehreren Reihen und einem Handwörterbuch der wissenschaftlichen Öffentlichkeit.[98]

2. Die AKADEMIE DER WISSENSCHAFTEN DER UDSSR IN MOSKAU (1960–1977) mit ihrem projektiertem Siebenjahresplan zur Erforschung der antiken Sklaverei unter dem Aspekt des historischen Materialismus und der Erhärtung seiner Thesen. Das Unternehmen verstand sich von Anfang an als direkte Maßnahme, der „Initiative der bürgerlichen Historiker entgegenzuwirken". Das Projekt war die Antwort auf das Mainzer Unternehmen, das man als Herausforderung bewertete. Es stieß selbst bei russischen Forschern auf ein geteiltes Echo. Schon vor dem Zusammen-

---

98 VOGT 1974, 34; Überblick über die Publikationen des Projekts in den Kommissionsberichten der Jahrbücher der Mainzer Akademie, sowie in den Publikationsverzeichnissen der Akademie, besser zugänglich in HEINEN 2005, 388–394. Für die Entstehungsgründe der Verwerfungen zwischen anglophoner und deutscher Forschung s. DEISSLER 2010, 77–93. S. außerdem: LOSEMANN / HERRMANN-OTTO / DEISSLER HAS 2017, s.v. *Forschungen zur antiken Sklaverei, Mainz*; DEISSLER HAS 2017, s.v. *Forschergruppen*; LOSEMANN HAS 2017, s.v. *Vogt, Joseph*; HERRMANN-OTTO HAS 2017, s.v. *Bellen, Heinz*.

bruch der Sowjetunion war die osteuropäische Sklavenforschung in eine Krise geraten, der ihr „lautloser Fall“ als Konsequenz der Perestroika folgte.[99]

3. Die 1970 in Besançon von PAUL LEVEQUE begründete GROUPE INTERNATIONAL DE RECHERCHES SUR L'ESCLAVAGE DANS L'ANTIQUITE (GIREA). Sie ist ein loser Zusammenschluss europäischer und außereuropäischer Forscher unterschiedlicher ideologischer, politischer und wissenschaftlicher Ausrichtungen. Über diese Grenzen hinweg wurde auf mittlerweile 37 internationalen Sklavereisymposien, die seit 1981 von Kolloquien zu Formen der sozialen Abhängigkeit in der antiken Welt abgelöst worden sind, ein reger interdisziplinärer wissenschaftlicher Austausch gepflegt. Neben den Symposien ist eine der zentralen methodischen Aufgaben dieses Verbundes die Erstellung eines Index thématique (10 Bde), in welchem alle Aussagen zur Abhängigkeit aus den antiken literarischen Texten mit Hilfe eines über sie gestülpten Rasternetzes herausgefiltert und in einer Datenbank verfügbar gemacht werden. Der Index bildet die philologische Grundlage für alle weiteren soziologischen Untersuchungen, die sowohl monographisch wie in Einzelaufsätzen bis heute erfolgen.[100]

4. Der Soziologe, Wirtschafts- und Althistoriker MOSES I. FINLEY, der seit 1954, aus Amerika in der McCarthy-Ära vertrieben, bis 1979 in Cambridge lehrte, hat einen großen Schülerkreis herangebildet, der, wenn auch nicht organisatorisch zusammengefasst, eine bedeutende Rolle in der internationalen Sklavenforschung – nun bereits in der „Enkelgeneration“ – bis heute spielt. Die Frontstellung, die FINLEY gegen VOGT und das Mainzer Projekt aufbaute, indem er ihm einen dritten Humanismus und eine beschönigende Verharmlosung der wahren gesellschaftlichen Zustände in der Antike vorwarf, war zunächst auch nach dem Tod (1986) der beiden Kontrahenten nicht wirklich überwunden. Das FINLEY'sche Verdikt, das sich öffentlichkeitswirksam zu platzieren verstand, hat sich dahingehend ausgewirkt, dass die anglophone Sklavenforschung – bis auf einige wenige Ausnahmen – die deutschen Forschungen nicht mehr zur Kenntnis genommen hat, was nicht nur ein sprachli-

---

[99] VDI 1960,4 S. 3–8. Über die im Rahmen des Mainzer Projektes übersetzten Bände s. BELLEN 1989, 206f.; zur weiteren Entwicklung s. HEINEN 2010a, 95–183. DEISSLER HAS 2017, s.v. *Forschergruppen;* HEINEN HAS 2017, s.v. *Russland / Sowjetunion / UDSSR* II.

[100] S. zum Index thématique: GARRIDO-HORY 1999; MCKEOWN 2007, 41–51; ANNEQUIN HAS 2017, s.v. *Groupe internationale de recherches sur l'Esclavage dans l'Antiquité (GIREA)*; DEISSLER HAS 2017, s.v. *Forschergruppen.*

ches Problem war.[101] Dabei sind die Verdienste, die FINLEY für die antike Sklavenforschung geleistet hat, vor allem durch die starke Einbeziehung von soziologischen und ökonomischen Fragestellungen, von komparatistischen Vorgehensweisen und Ausformulierungen von theoretisch begründeten konzeptionellen Schemata, Modellen und Typen, besonders bei unzureichender antiker Quellenlage, unverkennbar. Sie werden in diesem Buch noch öfter gewürdigt, bisweilen auch kritisch bewertet werden.[102]

Auf dem Hintergrund der in den letzten 20 Jahren immer heftiger werdenden Kritik an dem FINLEY'schen Modell und seiner Methode, die gerade auch von seinen Schülern formuliert wird, sodass man von einer Art Befreiung aus der Dominanz des Lehrers zu sprechen versucht sein könnte, soll an dieser Stelle ein kritischer Blick auf sein Konzept der antiken Wirtschaft geworfen werden, das die gesamte Antike umfasst und mithin auch bestimmend für seine Bewertung der antiken Sklaverei ist. Als Ökonom nimmt er die Diskussionen, die am Ende des 19. und zu Beginn des 20. Jhs. geführt worden sind, wieder auf und stellt sich auf die Seite der Primitivisten. Dabei verarbeitet er Gedankengänge von MAX WEBER, indem er die Konsumentenstadt in den Mittelpunkt stellt, und ihr wie auch den Eliten mangelnde Fähigkeit zur Produktivität und zur Investition nachweist. Er spricht dem antiken Menschen jegliches ökonomische Denken zugunsten von persönlichem Prestige und politischen Strategien ab. Aus diesem Grunde seien auch nicht die Eliten in Handel, Manufaktur und Bankwesen tätig gewesen, sondern Sklaven, Freigelassene und Freie, die politisch und gesellschaftlich ohne Bedeutung waren. Weil sich Politik nicht mit Wirtschaft verband, sei letztere primitiv geblieben und habe sich weder ein Mittelstand noch eine freie Marktwirtschaft mit Angebot und Nachfrage entwickeln können. Dominanz des Grundbesitzes, Fehlen eines Arbeitskonzeptes, das zu Sklaven-

---

101 S. hierzu ausführlich MCKEOWN 2007, 30–41. Versuche zur Überwindung dieses Zustandes wurden und werden auf beiden Seiten unternommen, z.B. zwischen Edinburgh und Mainz durch die Table Ronde on Ancient Slavery (TRAS). Für die Beiträge mit forschungsgeschichtlichem und archäologischem Schwerpunkt: s. HEINEN 2010, für die wirtschaftshistorischen Beiträge: s. ROTH 2010. MCKEOWN 1999, 103–128 mit Thematisierung der Konfrontation zwischen marxistischer und „Mainzer" Forschung: „someone is possibly asking the wrong questions" (123); MORLEY 1999, 151–164; DEISSLER 2010, 77–93.

102 Zu FINLEY s. CHRIST, 1990, 295–237; TSCHIRNER 1994, 251–259; DIES. HAS 2017, s.v. *Moses I. Finley*; SHAW 1998, 3–73; S.u. Register s.v. *Finley, Moses* I.

arbeit und mangelndem technischen Fortschritt führte, hätten die antike Wirtschaft auf dem Stand einer Subsistenzwirtschaft festgeschrieben.[103]

Viele der FINLEY'schen Thesen werden im Laufe der folgenden Darstellung widerlegt. Dennoch sollen an dieser Stelle die Hauptkritikpunkte gebündelt kurz aufgeführt werden:

1. Von einem einheitlichen antiken Wirtschaftssystem kann nicht die Rede sein. Es ist sowohl nach Epochen wie nach Regionen zu unterscheiden.
2. Status der Händler, Handwerker, Bankiers etc. haben keinen Einfluss auf die Fortschrittlichkeit oder Rückständigkeit eines Wirtschaftssystems.
3. Gewarnt sei vor allen deduktiven Methoden und Modellen, die den antiken Quellen widersprechen. Komparatistische Methoden sind nur auf wirklich Vergleichbares anwendbar.[104]

Abgesehen von der obigen Kritik drehen sich die z.Z. geführten Diskussionen in seinem Schülerkreis um die Existenz einer griechisch-römischen Sklaven(halter)-gesellschaft und den damit verbundenen demographischen und ökonomischen Fragen, sowie um die sogenannte Widerstandsthese.[105]

Auch nach dem Zusammenbruch der kommunistischen Staatenwelt kam es weiterhin zu institutionellen Zusammenschlüssen unter maßgeblicher Beteiligung der *antiken* Sklavenforschung.

1998 begründete der Althistoriker THOMAS WIEDEMANN in Nottingham ICHOS = *International Centre for the History of Slavery* mit der Zielsetzung, einen internationalen und interdisziplinären Diskurs zur Erforschung der Weltsklaverei von der Antike bis zur Gegenwart anzustoßen. Nach seinem frühen Tod hat sich das Zentrum in: *Institute for the Study of Slavery* (=ISOS) umbenannt und setzt die interdisziplinäre und internationale Zielsetzung seines Begründers mit stärkerer Tendenz zur neuzeitlichen Sklaverei in Konferenzen (11), Annual Lectures und Ausbildungsprogrammen für den wissenschaftlichen Nachwuchs fort.[106]

---

[103] EICH 2006, 42–55, 61–63; RUFFING 2012, 10–11 spricht vom Neo-Primitivismus (auch Cambridge School genannt), der von 1970 bis Ende des 20. Jhs. dominant war. S. auch DERS., 2015, 3–27.

[104] S. hierzu ANDREAU 2002, 33–49.

[105] CHRISTIANSEN 2002, 23–24, 26; zur Widerstandsthese MCKEOWN 2007, 77–96, zu diesen Forschungskontroversen s. HERRMANN-OTTO 2013, 13–16, 73–117, 132–146.

[106] DEISSLER HAS 2017, s.v. *Forschergruppen;* ROTH HAS 2017, s.v. *International Centre for the History of Slavery (ICHOS)*

Der Ausbildung des wissenschaftlichen Nachwuchses war ebenfalls das Trierer von der DFG geförderte Graduiertenkolleg *Sklaverei – Knechtschaft und Frondienst – Zwangsarbeit. Unfreie Arbeits- und Lebensformen von der Antike bis zum 20. Jahrhundert* (2003–2010) gewidmet. Es hat sich zum Ziel gesetzt, einen nationalen und internationalen transepochalen sowie interdisziplinären Diskurs auf dem Gebiet der Sklaverei als einer historischen globalen Institution mit longue-durée-Charakter zu führen. Die aus dem Kolleg hervorgegangene und weiterhin bestehende Reihe *Sklaverei – Knechtschaft – Zwangsarbeit* umfasst derzeit 17 Bände. Drei weitere kleinere Forschergruppen sind zu bestehenden Forschungslücken begründet worden: Zum Verhältnis von Christentum und Sklaverei das Mainz-Paderborner DFG Projekt *Theologie und Sklaverei von der Antike bis zur frühen Neuzeit* (2011–2015), zu Fragen von Gerechtigkeit und Freiheit die vom Schweizer Nationalfond geförderte Forschergruppe in Bern *Eine Frage der Ungerechtigkeit? Sklaverei und Freiheitsdiskurse zwischen Antike und Moderne* (2012–2016) und zum bisher vernachlässigten Aspekt der Archäologie der Sklaverei das von der Université du Luxembourg finanzierte Projekt *Slavery in the Socio-Economic Context of the Roman Provinces of Germania inferior and Germania superior, and the Neighbouring Areas* (2014–2017). Zielsetzung ist die Erstellung eines Corpus der ikonographischen, archäologischen und epigraphischen Zeugnisse von Sklaven und Freigelassenen zur Dokumentation ihrer Selbstdarstellung und wirtschaftlichen Bedeutung in den nordwestlichen Provinzen.[107]

Fragt man sich, warum es zu dieser institutionalisierten Forschung in Gruppen gekommen ist und sich auch Neugründungen in dieser Form bis heute vollziehen, so kann man zwei Gründe nennen: Zum einen ist die Erforschung allein der antiken Sklaverei vom Orient bis in die Spätantike ein so komplexes Unterfangen, dass ein einziger Forscher kaum eine solche Aufgabe alleine lösen kann. Die Neugründungen, die Epochen übergreifend auch das Mittelalter und die Neuzeit bis ins 20./21. Jh. miteinbeziehen, machen diesen Aspekt noch uneingeschränkter deutlich.[108]

Als zweiten Grund speziell für die Gruppenbildungen zwischen 1950–1989 sind die scharfen politisch-ideologischen Konfrontationen nach

---

[107] Deissler HAS 2017, s.v. *Forschergruppen*.

[108] Die letzten Monographien dieser Art: Buckland 1908 (juristisch), Pennitz HAS 2017, s.v. *Buckland, William Warwick*; Westermann 1955; Kleijwegt HAS 2017, s.v. *Westermann, William Linn*; neuerliche Versuche: Schumacher 2001 (ikonographischer Schwerpunkt); Andreau / Descat 2006 (Autorenteam).

dem Krieg zu nennen, die sich auch in der Wissenschaft niedergeschlagen haben. Auf dem 11. internationalen Historikerkongress in Stockholm 1960 kam es zu einer Auseinandersetzung zwischen westlichen und östlichen Wissenschaftlern vor allem um die Thesen des Klassenkampfes, des Klassenbewusstseins und der Sabotage der Sklaven. Die Auseinandersetzung gipfelte in der Feststellung PAVEL OLIVAS, dass die bourgeoisen Historiker nicht imstande seien, die Bedeutung der antiken Sklaverei objektiv zu beurteilen. Damit war die Phase des Kalten Krieges auch in der Wissenschaft eingeleitet. Kaum ein Jahr später wurde er auf der politischen Bühne im Berliner Mauerbau für jeden unübersehbar demonstriert.[109]

Einen der größten Impulse, der ein fundamentales Umdenken auslöste und dem Sklavereidiskurs eine neue Richtung gab, war die bereits erwähnte Untersuchung des jamaikanischen Soziologen ORLANDO PATTERSON, *Slavery and Social Death*, Cambridge 1982. Durch seinen soziologischen Ansatz und seine komparatistische Betrachtungsweise von 66 „Sklavengesellschaften“ gelang es ihm, erstens die drei damals vorherrschenden Grundpositionen: Sklaverei rassistisch zu erklären, Sklaverei allein juristisch zu definieren und Sklaverei als ökonomisches Erfordernis zu beschreiben, infrage zu stellen, und zweitens die Grundstruktur von Sklaverei unabhängig von allen historisch bedingten gesellschaftlichen und wirtschaftlichen Besonderheiten herauszufiltern. Sein Ergebnis war, dass der Sklave sozial tot sei, d.h. dass der Akt der Versklavung einer totalen Entwurzelung aus seiner Herkunftsgesellschaft gleichkomme, und dass er in der neuen Gesellschaft ein Außenseiter, Fremder, Vereinzelter bleiben müsse, damit Sklaverei funktioniere. Durch den Akt der Versklavung sei er seiner Familie, seiner Sprache, seiner Religion und seiner Kultur, d.h. seiner gesamten Identität beraubt worden. Seine Integration in die neue Gesellschaft bedeute zugleich die Transformation oder gar Beendigung der Sklaverei. Die einzige soziale Realität des Sklaven bestehe darin, seinem Herrn als Eigentum zur totalen Verfügung zu stehen.[110]

Nach PATTERSON, der auch die Antike neben anderen Gesellschaften behandelt, stellt sich die Frage, ob die wissenschaftliche Erforschung der antiken Sklaverei bzw. ihrer Theorie und Praxis eine Bedeutung für die

---

109 VITTINGHOFF 1960, 89–130; VITTINGHOFF 1962, 279–286; LAUFFER 1961, 370–395; BROCKMEYER 1979, 70–72; DEISSLER 2010, 77–93; DERS. HAS 2017, s.v. *Historikerkongresse* II.

110 VAN DEN BERGHE 1984, 301–305; SCHWARTZ 1986, 357–359; TESTART 1998, 31–65. Zum Vergleich zwischen dem Soziologen PATTERSON und dem Anthropologen MEILLASSOUX 1989, s. FLAIG 2009, 16–17.

Probleme einer eigenen nationalen Sklavereigeschichte gewinnen kann.[111]

Das starke Engagement und die Dominanz anglophoner Wissenschaftler an der Erforschung der antiken Sklaverei scheint ursächlich mit der eigenen nationalen Geschichte zusammenzuhängen, die entweder selbst z.T. Sklavereigeschichte ist oder eine entsprechende Kolonialgeschichte aufweist. Eine der führenden Theorien der letzten 30 Jahre ist sicherlich die von KEITH BRADLEY vertretene Widerstandsthese, der zufolge alle Sklaven in ständiger Opposition zu ihren Herren leben, die hinwiederum in ihrer Brutalität und ihrem Kontrollgehabe von der Furcht vor ihren Sklaven bestimmt seien. Durch die starke Betonung der Opferrolle der Sklaven, die nicht unbedingt passiv sein muss und die These PATTERSONS vom sozialen Tod modifiziert, wollte BRADLEY der stummen Mehrheit der Versklavten eine Stimme verleihen. Wie weit diese These, die vor dem Hintergrund der US-Sklaverei zu sehen ist und Elemente der marxistischen Theorie von Klassenkampf und Klassenbewusstsein aufnimmt, auf die römische Sklaverei anwendbar ist, ist in der letzten Zeit in Zweifel gezogen worden.[112]

Aber nicht nur die Thesen BRADLEYs sondern auch die von PATTERSON sind in Zweifel gezogen und durch neue Thesen ersetzt worden. So hat u.a. MICHAEL ZEUSKE kritisiert, dass durch die These vom sozialen Tod alle Sklaven zu passiven Opfern gemacht würden. Im Gegenteil seien sie als Akteure zu fassen, die aktiv und sehr lebendig ihre Lebenswelt mitgestalteten. Auch lehnt er die Einschränkung des Blicks auf Sklaven nur als Zombies und Verlierer ab, und stellt dagegen die global und transepochal vorhandenen Elite-Sklaven.[113]

Ziehen wir ein Resümee aus dem bisherigen Forschungsbericht: So gering die Auseinandersetzung in der Antike mit dem Institut der Sklaverei war, die als selbstverständliche Einrichtung der Gesellschaft galt und auf der ein Teil der antiken Wirtschaft beruhte, so kontrovers wurde sie spätestens seit der Abolitionismusdebatte unter Einbeziehung der Antike bis in unsere Zeit diskutiert. MOSES FINLEY behauptet sogar, dass je demokratischer ein Gemeinwesen in der Antike war, je grösser die politische Freiheit seiner Bürger war, desto grausamer sei seine Sklaverei und um so größer sei das Maß seiner sozialen und rechtlichen Unfreiheit

---

[111] Vgl. hierzu OSTERHAMMEL 2009, 7–13, speziell 12.

[112] MCKEOWN 2007, 77–96, 119–120, 160–162; DERS. HAS 2017, s.v. *Englischsprachige Sklavereiforschung* I; HERRMANN-OTTO 2013, 16; S. auch u. Kap. 3.

[113] ZEUSKE 2013, 19, 58, 200–223. Zu seinen Hauptthesen s.o. Kap. 1.1.

gewesen.[114] Vielleicht ließe sich im Analogieschluss zu unserer heutigen Zeit sagen: Je globaler, freier, ungebundener, von allen ethischen Normen losgelöst die kapitalistische Wirtschaft im 21. Jh. wird, umso härtere Formen der neuen verdeckten, weil ja gegen die Menschenrechte verstoßenden Sklaverei können entstehen.

Die Menschenrechtsdiskussion, in deren Rahmen das Sklavereiproblem seit der Abolitionismusdebatte eingebettet ist, hat seine Wurzeln in der Antike. Aber in ihrem Kontext ist die Sklaverei höchstens widernatürlich, nicht widerrechtlich. Sie ist eine in den antiken Gesellschaften tief verwurzelte, kaum hinterfragte Institution. Aus diesem Grunde scheint es wenig angebracht, um die Versäumnisse und Fehler der Antike unter dem Blickwinkel der heutigen Erkenntnisse eine endlose moralische Debatte zu führen. Sie scheint verfehlt und weist nur darauf hin, dass sie eine Art Stellvertreterfunktion für die eigenen Versäumnisse in Geschichte und Gegenwart zu übernehmen hat.

Mit diesem ambivalenten theoretischen Ansatz im Gedächtnis, sollen die verschiedenen historischen Erscheinungsformen der Sklaverei in der griechischen und der römischen Welt getrennt voneinander genauer untersucht und vorgestellt werden. Dabei wähle ich eine überwiegend chronologische Vorgehensweise, weil die unterschiedlichen Arten der griechischen und der römischen Sklaverei nur aus ihren jeweiligen Gesellschaftssystemen und deren jeweiligen Entwicklungen verstanden werden können. Die Sklaverei ist ein soziales Phänomen, das nur z.T. ökonomisch bedingt ist. Deswegen bilden für mich die Einteilungen in Haus, Handel, Handwerk, Gemeinwesen, Religion, familia etc. die verbindlichen Leitlinien, die das antike Denken und Lebensgefühl bestimmten und widerspiegeln.

---

[114] FINLEY 1981, 107–108, 154. Kritisch hierzu s.u. Kap. 2.3 u. 3.4.

2. DIE SKLAVEREI IN DER GRIECHISCHEN UND HELLENISTISCHEN WELT

2.1 Die Ursprünge

Über die Anfänge der Sklaverei in Griechenland wissen wir wenig und viel zugleich: wenig, weil wir nur seltene und schwierige Zeugnisse für die archaische Zeit (750–480 v.Chr.) haben, viel, weil uns aus der Zeit der mykenischen Palastwirtschaft (1400–1200 v.Chr.) in den Linear-B-Täfelchen eine unschätzbare Quelle zur Verfügung steht, die uns einen tiefen Einblick in eine hochentwickelte Gesellschaft gibt, die kurz danach plötzlich untergegangen ist. Sie ist durch die sogenannten Dark Ages (1200–750 v.Chr.) von der griechischen Archaik getrennt. Wenn auch eine direkte Kontinuität der mykenischen Palastwirtschaft zu späteren Herrschafts- und Gesellschaftsformen in Griechenland fehlt, so scheinen sich doch Erinnerungen an sie in den homerischen Epen erhalten zu haben.[1]

Unsere Kenntnis über die mykenische Kultur, über ihren staatlichen, gesellschaftlichen und wirtschaftlichen Aufbau, beruht jedoch nicht allein auf den Täfelchen und den eventuellen Erwähnungen in den späteren Epen, sondern wurde wesentlich durch Ausgrabungen riesiger Palastanlagen und verschiedenartiger Grabstätten (Schacht- und Kuppelgräber) zunächst in Knossos auf Kreta und später auf der Peloponnes in Pylos, Mykene, Tiryns und Mideia ergänzt. Sowohl die Bewirtschaftung der großen Paläste, wie auch Funde von Gerippen rituell getöteter Menschen bei den Grabanlagen, wie auch das ausgedehnte Straßennetz in der Argolis und die Deichbauten im Kopaisgebiet ließen bereits darauf schließen, dass es Sklaven, zumindest unfreie Abhängige in der mykenischen Zeit gab. Diese Vermutungen fanden ihre volle Bestätigung durch die Entzifferung der eben dort gefundenen Linear-B-Täfelchen. Die ersten wurden 1894 auf Knossos ausgegraben, konnten aber aufgrund ihrer Einmaligkeit und damit verbundenen Unauflösbarkeit erst 1952–1955 entziffert und veröffentlicht werden. Neben die in Knossos auf Kreta gefundenen Dokumente traten weitere im Jahr 1939 in Pylos und in Mykene auf der Peloponnes entdeckte Tafeln. Insgesamt belaufen sich die ausgegrabenen

---

[1] Zu den Datierungen s. HIESEL, DNP 8, 2003/12, s.v. *Mykenische Kultur und Archäologie* II; FISCHER, HAS 2017, s.v. *Sklavenhandel* II.III; DERS. 2010, 22–78.

Tafeln auf mehrere 1.000 Zeugnisse.[2] 1964 wurden die ersten Linear-B Tafeln aus dem sogenannten Arsenal des mykenischen Palastes in Theben (Böotien) geborgen. Zwischen 1993 und 2000 wurden in mehreren Grabungskampagnen dort weitere Tafeln und Fragmente entdeckt.[3] Solange die Linear-A-Schrift der minoischen Kultur auf Kreta unentziffert bleibt, stellen die Tontäfelchen in Linear B das älteste Schriftzeugnis für die gesellschaftlichen Verhältnisse in Griechenland dar.[4]

Fundort der Tafeln ist in Pylos der Palast selbst, in Mykene die um den Palast liegenden Häuser, die wahrscheinlich von Palastbeamten bewohnt wurden. In beiden Fällen handelt es sich um Dokumente aus dem sogenannten Palastarchiv: Denn die Tafeln beinhalten u.a. Aufstellungen über Arbeitskräfte und deren Verpflegung, die für die Palastverwaltung bestimmt waren. Die Tafeln stammen aus dem 13.Jh. v.Chr., der Zeit kurz vor dem Untergang der mykenischen Kultur, und bieten mithin eine Momentaufnahme der gesellschaftlichen Verhältnisse dieser Zeit, zumal der Inhalt der Täfelchen, der auf frischem Ton eingeritzt, nur für die tägliche Information bestimmt war, durch den Palastbrand auf den nun gebrannten Tafeln über die Jahrtausende konserviert wurde.[5]

Auf den Tafeln von Pylos finden sich 639 Frauen zusammen mit ihren kleinen Kindern: 407 Mädchen und 275 Knaben aufgeführt. Von ihnen arbeiten 480 im Palast selbst, während die anderen in einem Handwerk als Spinnerinnen, Weberinnen und Müllerinnen an den Handmühlen und auch in der Landwirtschaft in der näheren Umgebung beschäftigt sind. Die erwachsenen Söhne dieser Frauen sind auf gesonderten Tafeln verzeichnet, und zwar 247 insgesamt, von denen 176 im Palast, jedoch getrennt von ihren Müttern arbeiten. 234 Männer, von denen 100 in der Position von Aufsehern tätig sind, sind außerdem bezeugt. Da man vom

---

2 LENCMAN 1966, 151–202: Die Zahlenangaben differieren je nach Zusammenstellung der Gruppen und des damit verbundenen ideologischen Hintergrundes. HOOKER 1995, 8–12, in Pylos wurden 1.000, in Knossos 3.000 Tafeln gefunden.

3 ARAVANTINOS / GODART / SACCONI 2001, 9–23; Zusammenfassung aller ausgegrabenen Funde bei NAKASSIS 2013. Die Anzahl der gefundenen Tafeln ist umstritten (250). Die Zahlen schwanken zwischen 123 bis 18 fragmentierten Tafeln. Zum Wiener Kolloquium 2002 anlässlich der Neufunde s. DEGER-JALKOTZY / PANAGEL 2006.

4 GODART 1999, 187–191, bes. 189ff.

5 GSCHNITZER 2013[2], 10–13; CHADWICK 1987, 33–43, bes.37/38. Einen umfassenden Überblick über die Forschungsdebatte zum plötzlichen Untergang der mykenischen Kultur und dem Kollaps noch weiterer hochentwickelter Kulturen zur gleichen Zeit s. bei CLINE 2015, 201–243, speziell zu Pylos, Mykene und Tiryns 186–191.

Verlust einiger Tafeln auszugehen hat, wird sich die Gesamtbelegschaft auf über 750 Frauen mit ebenso vielen Kindern sowie ca. 300 Männern belaufen haben. Der rechtliche – wenn überhaupt bestimmbar – und soziale Status des Personals ist in der Forschung umstritten, ebenfalls die verwandtschaftlichen familialen Verhältnisse. Bei vielen Frauen fehlt jede Erwähnung eines Individualnamens, wie auch die Erwähnung einer Familie. Es könnte möglich sein, dass die Kinder aus Verbindungen unfreier, zum großen Teil auf Kriegs- und Raubzügen erbeuteter Frauen mit freien Männern stammen. Die Kleinkinder – eventuell unfrei geboren – werden bis zu einem bestimmten Alter bei der Mutter belassen. Dann werden die Jünglinge zu bestimmten Arbeiten inner- und außerhalb des Palastes herangezogen, von der Mutter getrennt. Über den Verbleib der jungen Mädchen sind wir nicht unterrichtet. Ob sie als junge Mütter sich wieder in den Listen befinden, ist möglich, aber nicht beweisbar.[6]

Eine neuere Interpretation geht von einem unterschiedlichen Status der Frauen von Pylos aus, der mit ihrer Herkunft und Abstammung zu tun habe und nicht mit ihrem Beruf und der Anzahl der Kinder. KLAUS TAUSEND unterscheidet zwischen Frauen, die von zwei Sklaveneltern stammen, Frauen, die aus gemischten Beziehungen stammen, und Frauen, die auf Raubzügen gefangen genommen worden waren. Letztere hätten den sozial höchsten Stand gehabt und wären fast den freien Arbeiterinnen gleichgestellt gewesen. Es scheint insgesamt ratsam zu sein, einen nicht zu scharfen Kontrast zwischen Freien und Sklaven in der mykenischen Gesellschaft ausmachen zu wollen.[7]

Die längst nicht abgeschlossene Auswertung der Tafeln hat bisher u.a. erbracht, dass es in Knossos in der Textilherstellung ein differenziertes Ausbildungssystem von Kindern und Frauen gab, das sich über mehrere Lehrjahre erstreckte. Der jeweilige Ausbildungsstand einer Person ist genau auf den Tafeln festgehalten. In Pylos dagegen fehlen Hinweise auf ein solches System. Dagegen ist die Textilherstellung hier vielfältiger: Neben Bearbeiterinnen von Wolle finden sich auch solche von Flachs sowie Flickerinnen und Stickerinnen.[8]

Die Termini *do-er-o*, *do-er-a* (Sklave, Sklavin) mit einem Herrennamen verbunden bei 29 Männern und 7 Frauen und *te-o-jo do-er-o*/ *do-er-a* (Gottessklave/ -sklavin) des Poseidon, der Artemis oder der Diwya (Dia = Hera) lassen darauf schließen, dass es sich eher um private und öffentliche Raub- oder Kaufsklaven handelt, als um Flüchtlinge oder

6 GARLAN 1988, 25–29; FISCHER 2007, 28.

7 TAUSEND, 2013 II, 525–534. Zu den gleitenden Übergängen s. bereits CHADWICK 1988, 90.

8 FISCHER 2007, 25–32.

Zwangsarbeiter. Allerdings ist nur bei einer kleinen Anzahl von Personen deren unfreier Status gesichert. Das übrige Personal wird allerdings in Abhängigkeit vom Palast gestanden haben.[9] Die ökonomische Bedeutung dieser Personen war groß, da sie in der Landwirtschaft, der Textilherstellung und der Metallurgie, manchmal zusammen mit, manchmal ohne ihren Herrn, tätig waren. Vor allem in den Kultgemeinschaften scheinen Freie neben Unfreien erwähnt zu sein. Geographische Namen, die auf eine fremde Herkunft der Arbeiter und Arbeiterinnen schließen lassen, sind kein endgültiger Beweis für ihren unfreien Status.[10] Dieser muss weiterhin als ungesichert gelten. Eine Verbindung zwischen der mykenischen Palastwirtschaft und den späteren in den homerischen Epen geschilderten Fürstenhöfen lässt sich über das Arbeitspersonal insofern schwierig führen, als die Anzahl der Beschäftigten in Pylos und Mykene die der Sklaven in den Epen um ein vielfaches übersteigt. Aber wenn man sich die Größe der Palastanlagen und des von ihnen abhängigen Landes vor Augen führt, – in Pylos allein 16 Verwaltungsbezirke – sind die Zahlen angemessen und erzwungene Arbeit Unfreier bzw. Abhängiger wahrscheinlich. Solche ökonomischen Bedürfnisse bestanden im archaischen Griechenland nicht, in dem sich nach den „dunklen Jahrhunderten" langsam eine Adelsschicht mit Höfen mittlerer Größe konstituierte.

Neuere Forschungen haben ergeben, dass die „Dark Ages" regional sehr unterschiedlich verlaufen sind. Es ist zwar ein allgemeiner kultureller Niedergang zu verzeichnen, der nach und nach zum Untergang der minoisch-mykenischen Kultur führte. Aber in Mykene und Tiryns beispielsweise kommt es zunächst noch zu einer nachpalatialen Blüte, und Städte wie Athen und Amyklai bleiben bestehen. Anstelle des nach und nach überall zusammenbrechenden mykenischen „großköniglichen" Herrschaftssystems entwickelt sich eine regionale Führungsschicht, in der die einzelnen Persönlichkeiten, nicht das Amt im Vordergrund stehen. Die kleineren bis mittleren Fürsten, die nun in einem *oíkos*, Haus, zusammen mit ihrer Familie und ihrem „Gesinde" leben, werden in den homerischen Epen greifbar.[11]

---

9 LEJEUNE 1959, 129–144; GSCHNITZER 1976, 2–8; FISCHER, HAS 2017, s.v. *Mykene*, *Mykenische Kultur*. SCHMITT, HAS 2017, s.v. *Sklaventerminologie* I.

10 ANDREAU / DESCAT 2006, 29–32. FISCHER 2007, 31/32. Vgl. CHADWICK 1988, 89–93, der von Sklavenhandel und Kaufsklaverei, weniger von Flucht freier bedrohter Frauen ausgeht. FISCHER, HAS 2017, s.v. *Sklavenhandel* II.

11 Differenziert zu der vielschichtigen Übergangsphase der sogenannten Dark Ages in die Archaik s. WEILER 2001, 1–6; 57–67.

Die frühesten eindeutigeren Aussagen über die Existenz der Sklaverei in Griechenland finden sich in der Ilias und der Odyssee. Von der Antike bis heute dauert die Kontroverse um Herkunft, Entstehungszeit und Einheit der Werke sowie um die Identität des Autors an.[12] Geht man von dem kleinsten gemeinsamen Nenner der divergierenden Forschungsmeinungen aus, so kann man wohl von „den homerischen Epen" sprechen, ohne sie einem Autor alleine und einem gemeinsamen Entstehungsdatum zusprechen zu müssen. Wie auch immer ihr Entstehungsprozess gewesen sein mag, hat „eine schriftliche Fassung der beiden Großepen, die die handlungstragenden Abschnitte bereits umfasste, mit hoher Wahrscheinlichkeit in der ersten Hälfte des 7. Jhs. vorgelegen." [13] Sie sind beide im ionischen Sprachraum Kleinasiens und der Ägäis entstanden, und enthalten Elemente der Zeit ihrer Verschriftlichung im 8. Jh. Für frühere Zeiten, in denen sich die geschilderten mythischen Ereignisse zugetragen haben sollen, lassen sich nur marginale Verbindungen zur Palastwirtschaft der mykenischen Zeit ausmachen. Ob sich in den Epen die Übergangszeit der „Dark Ages" eventuell stärker widerspiegelt, lässt sich nicht beurteilen, weil keine anderen Quellen zur Überprüfung existieren. Veränderungen haben sich auch im Übergang von der Ilias zur Odyssee vollzogen, und zwar nicht nur infolge der äußeren Rahmenbedingungen (Krieg, Frieden) und deren unterschiedlicher Darstellung, sondern auch das Gesellschaftssystem hat sich im Laufe von ein bis zwei Generationen gewandelt.[14]

Bei der Verwendung der beiden Epen als historische Quelle muss man sich stets bewusst bleiben, dass neben Historischem auch immer Fiktives bis Märchenhaftes in einem dichterischen Werk anzutreffen ist, sodass man stets kritisch die Aussagen hinterfragen muss. Außerdem muss stets die Intention der Epen im Blick gehalten werden. Sie wollen sicher nicht ein Bild der Sozialgeschichte ihrer Zeit übermitteln, sondern mythische Heldengeschichte erzählen, Adelsgeschichten, die sie teils im Gewand ihrer Zeit, teils im Kolorit früherer Zeiten darstellen, um ihre Zuhörer, die Adelswelt, zu unterhalten. Wenn sie sich über die Sklaven äußern, dann geschieht das nur im Blick auf die Herren, deren Stilisierung als gute, gerechte oder siegreiche und kompromisslos starke Fürsten die Zielrichtung der Erzählung ist, und nicht, wie die Sklaven gelebt haben,

---

12 DEGANI 1997, 172–176; BERNARD, Lexikon antiker Autoren 1997, s.v. *Homer*; LATACZ, DNP 5, 2003/2012, s.v. *Homeros* II. III.B. IV–V. Ein ausgezeichneter Forschungsbericht findet sich bei WEILER 2001, 14–23.

13 Zitat s. WEILER 2001, 20.

14 SCHMIDT HAS 2017, s.v. *Ilias*; DERS. HAS 2017, s.v. *Odyssee*; WEILER 2001, 25–33; WELWEI 2011a, 67–71.

wie sie behandelt wurden und ob Sklaverei überhaupt zu rechtfertigen ist. Das sind nicht die Anliegen der Autoren, sondern unsere heutigen Fragen, auf die Antworten in dichterischen Texten zu finden nicht immer einfach ist.[15]

In der Ilias haben wir das Modell eines adligen Lebensstils vor uns, dessen Handlung der Krieg ist. Zwei Zeitschichten sind im Epos gut zu fassen: Die erste Phase ist gekennzeichnet durch die Eroberung von Städten, die Tötung der männlichen Bevölkerung, teilweise auch der Kinder. Die Frauen werden nicht versklavt, sondern zu Ehefrauen der Sieger, die Städte werden von ihnen eingenommen und bewohnt. Dieser ersten Phase gehört, in abgewandelter Form, der Raub der Helena durch Paris an. Da der Königssohn allein als Gast im fremden Land weilt, kann er die männlichen Verwandten der Geraubten nicht töten, wodurch ihm keine Freude an seinem Besitztum beschieden ist. Die Rache des Menelaos ist der auslösende Faktor für den Trojanischen Krieg.

In der zweiten Phase nach der Landnahme steht Stadt gegen Stadt. Auch jetzt geht es um die Eroberung der Frau, jedoch als Beutestück neben anderen Kostbarkeiten. Die männliche Bevölkerung wird weiterhin getötet, die Kinder werden bei Bedarf an Arbeitskräften teilweise zusammen mit den Frauen versklavt. Die Städte werden dem Erdboden gleichgemacht. Achill ist vor seiner aktiven Teilnahme am Trojanischen Krieg der große Beutemacher, der Städte erobert und zerstört, um Frauen und Reichtümer zu erbeuten, die als Ehrengeschenke unter den Fürsten verteilt werden.[16] Andromache, die Frau des Trojaners Hektor, verliert auf diese Weise den Vater und ihre Heimatstadt in Kilikien, während die Brüder außerhalb bei ihren Herden getötet werden. Die versklavte Mutter wird durch Verwandte ausgelöst.[17] Andromache aber, der Eltern und Brüder beraubt, kann nach dem Tod Hektors und seiner Brüder – ein Ereignis, das gleichbedeutend ist mit der Eroberung Trojas – nicht mehr befreit werden. Ihr Los ist dann unwiederbringlich die Sklaverei:

> „Doch nicht kümmert mich der Troer künftiges Elend...
> als wie deins (scil. Leid), wann einer der erzumschirmten Achäer
> dir den Tag der Freiheit (*eleútheron émar*) raubt
> und die Weinende wegführt...“[18]
> (übers. H. Rupé)

Solange Hektor, der Städteverteidiger, lebt, stehen auch die Frauen unter seinem Schutz, der sie vor der Sklaverei bewahrt. Ähnlich geht es Bri-

---

15 SCHMITZ 2014, 15–31, bes. 15. HUNT 2011, 25–30.
16 Ilias 8,173–195; 6,35–71; SCHMIDT HAS 2017, s.v. *Ilias* I.
17 Ilias 6,413–428.
18 Hektor zu Andromache in Ilias 6,450; 454–455.

seis, die Eltern, Bruder und schließlich den Mann durch Achill verliert und von ihm versklavt wird, in Patroklos einen Beschützer findet, der sie als Ehefrau seines Freundes, nicht als dessen Sklavin sehen will. Durch seinen Tod und den des Achill verliert Briseis jeden männlichen Schutz, der sie vor weiterer Versklavung bewahren könnte. Sie wird nun von Hand zu Hand wandern.[19] Das einzige, was einer adligen Frau bleibt, um einem solchen Schicksal zu entgehen, ist der Selbstmord:

„Für mich wohl wäre das beste,
Deiner beraubt, in die Erde zu sinken;
Bleibt mir sonst kein anderer Trost,
wenn du selbst dein trauriges Schicksal vollendest“ [20]
(übers. H. Rupé)

Was aber ist so demütigend und schmerzlich an der Sklaverei? Es ist nicht die Art der Arbeiten, die in Weben und Wasserholen besteht, Tätigkeiten, die in der Frühzeit durchaus von freien Frauen durchgeführt wurden. Demütigend allein ist, dass die adlige Versklavte diese Arbeit für eine fremde Herrin tut, und dass sie einem anderen Mann, eventuell dem Mörder ihres Ehemannes, zu willen sein muss.[21] Gefangennahme und Unterwerfung bedeuten Verlust des halben menschlichen Wertes, Verkauf oder anderweitige Veräußerung an einen anderen Menschen, einen totalen Bruch mit dem bisherigen und den Beginn eines neuen, fremdbestimmten Lebens.

Vorrangige Quelle der Sklaverei in der Ilias ist die Kriegsgefangenschaft. Der Sklavenhandel ist höchstens als Tauschhandel von Beute bekannt. Die Hausgeburt von Sklaven wird nicht erwähnt. In Troja selbst gibt es bereits Sklavinnen, über deren Herkunft nichts bekannt ist.[22] Es ist naheliegend, in ihnen kriegsgefangene Beute zu sehen. Von männlichen Sklaven ist keine Rede: Die Brüder der Andromache weiden selbst die Herden, eine Tätigkeit, die bereits in der einige Zeit später niedergeschriebenen Odyssee von unfreien Hirten durchgeführt wird. Die Freilassung ist unbekannt. Es gibt allein die Auslösung, falls eine adlige Versklavte nicht Reichtum und Verwandte bereits durch den Eroberer verloren hat. In diesem Fall wird sie als Ehrengeschenk bei Wettkämpfen verlost oder verschenkt. Kriegsgefangene Männer werden nur dann nicht getötet, wenn ein hohes Lösegeld erwartet werden kann. Allerdings scheint bereits in dieser Zeit der Handel mit männlichen Gefangenen

---

[19] Ilias 18,28–31; 19,282–302.

[20] Ilias 6,410–413.

[21] Ilias 6,456–458. SCHMIDT HAS 2017, s.v. *Ilias* IV.

[22] Ilias 6,323–324; 376–389. SCHMIDT HAS 2017, s.v. *Ilias* II–III; FISCHER, HAS 2017, s.v. *Sklavenhandel* III.

begonnen zu haben. Ob es sich dabei um besonders junge Männer gehandelt hat, deren man durch Raub und nicht nach einer Niederlage im Kampf habhaft wurde, scheint naheliegend, aber nicht eindeutig lösbar.[23]

Ein völlig anderes Bild bietet die Odyssee. An den Fürstenhöfen des Odysseus und des Phäakenkönigs Alkinoos gibt es je 50 Sklavinnen und eine große Anzahl an Sklaven. Der Vater des Odysseus, Laertes, dagegen, lebt mit wenigen Sklaven und einer Sklavin als „Verwalterin" zusammen in einer Hütte. Ein Teil der Forschung hat diese geringen Zahlen denen der beiden Fürstenhaushalte vorgezogen. Sieht man einmal von aller Ideologisierung der Frage ab, die stets mit Sklavenzahlen verbunden ist, dann könnte die Überlieferung der historischen Wirklichkeit aus doppeltem Grunde entsprechen: Der Luxus an den Fürstenhöfen ist bereits groß, wenn auch nicht übermäßig, die Arbeitsteilung ausgeprägt. Dazu bedarf man einer größeren Anzahl von Sklaven. Andererseits lebt Laertes das Leben eines Alten, der sich schon auf sein Altenteil mit wenigen Sklaven zurückgezogen hat, aber immerhin noch unabhängig wirtschaften kann.[24]

Die adligen Frauen Penelope, Nausikaa und deren Mutter Arete beaufsichtigen nicht nur die Arbeiten der Dienerinnen, sondern beteiligen sich selbst am Weben und Wäschewaschen. Andere Tätigkeiten wie Herrichtung des Lagers, Säubern des Bodens, Bereitung der Tafel, Mahlen des Getreides und Wasserholen werden überwiegend von Sklavinnen durchgeführt. Ließ sich in der Ilias ein soziales Gefälle nur hinsichtlich der adligen Kriegsgefangenen und der einfachen versklavten Troerinnen erkennen, so liegt hier bereits eine dreifache Staffelung vor, die teils durch die Herkunft der Sklaven und Sklavinnen, teils durch ihre Stellung zur Herrschaft, sowie durch die Art der Arbeit bedingt ist.

An der Spitze der Sklavinnen im Hause des Odysseus stehen die beiden Alten: die *tamía*, Verwalterin Eurynome und die *trophós*, Amme Eurykleia. Sie beaufsichtigen beide die Arbeiten der übrigen Sklavinnen und geben dem zurückkehrenden Herrn einen Rechenschaftsbericht. Eurykleia denunziert die untreuen Sklavinnen, die sich mit den Freiern eingelassen haben. Da dieses Verhalten der Sklavinnen als Beeinträchtigung des Besitztums gilt, müssen sie bestraft werden. Die Arbeit der

---

[23] Ilias 21, 77–79; 22, 45;24, 751–753. WICKERT-MICKNAT 1983, 32–39; SCHMIDT HAS 2017, s.v. *Ilias* II.

[24] SCHMIDT HAS 2017, s.v. *Odyssee* III. A. B. C. Zur Sklavendemographie und -statistik und deren Bedeutung für die Frage nach der Sklavenhaltergesellschaft s.o. Kap. 1.3. Zur Altersproblematik in Griechenland s. SCHMITZ 2007, 14; DERS. 2014, 23.

beiden Alten besteht überwiegend in persönlichen Diensten an ihrer Herrschaft wie Baden, Einölen und Herrichtung des Lagers.[25]

Die Doppelung ihrer Position entspricht nicht der historischen Wirklichkeit, sondern wurde aus dichterischen Gründen vorgenommen: Die Amme des Odysseus, Eurykleia, zog auch den Sohn Telemach auf und ist ihm zugeordnet. Eurynome ist die Vertraute der Penelope, der Frau des Odysseus. Am Hof des Alkinoos findet sich nur eine Aufseherin. Zwischen ihr und den einfachen Sklavinnen (*oikées, dmóes*) stehen die *amphípoloi*, persönliche Gespielinnen der Fürstentochter Nausikaa. Obwohl sie in einem Nahverhältnis zu ihrer jungen Herrin stehen, sind sie dennoch Sklavinnen, die zu allen Arbeiten herangezogen werden können.

Neben die Haussklavinnen (*gynaíkes*) treten die männlichen Sklaven, die inner- und außerhalb des Hauses in Viehzucht und Landwirtschaft als Arbeitskräfte eingesetzt werden. Unter den männlichen Sklaven gibt es eine entsprechende, durch die Arbeit bedingte Hierarchie wie unter den Frauen. Odysseus besitzt drei Oberhirten: Eumaios für die Schweine, Philoitios für die Rinder und Melantheus für die Ziegen. Ihnen unterstehen jeweils drei bis vier Hirten und zwölf Herden. Diese Oberhirten, die außerhalb des Hauses leben, sind sehr selbstständig. Sie können Sklaven kaufen, Verbesserungen in der Aufzucht und Haltung der Tiere durchführen und einen Fremden mit dem bewirten, was einem Sklaven an Nahrungsmitteln zusteht: Wein und Fleisch.[26]

Aufgrund dieser gehobenen Stellung ist es dem Ziegenhirten Melantheus möglich, mit den Freiern zu sympathisieren und sich wie ein Pseudoadliger in ihrem Kreise aufzuführen und den Bettler Odysseus zu beschimpfen. Sein Vater Dolios, der Penelope als Mitgift in die Ehe gegeben wurde, ist in der Landwirtschaft tätig, wo überwiegend freie Arbeiter anzutreffen sind, die unter seiner Leitung arbeiten. Er ist vor allem für die Baumzucht verantwortlich. Aus seiner Verbindung mit einer sikelischen Sklavin stammen viele Kinder: u.a. der Sohn Melantheus, der Ziegenhirte, und die Tochter Melantho, die als enge Vertraute der Penelope zu ihren Dienerinnen (*amphípoloi*) gehört. Beide, im Hause geborene Sklaven, verdienen als Erwachsene nicht das Vertrauen ihrer Herrschaft. Wie ihr Bruder sympathisiert auch Melantho mit den Freiern, tadelt sogar ihre Herrin, dass sie den unerkannten und unbekannten Bettler Odysseus empfängt, den sie verhöhnt und mit einem Holzscheit körperlich bedroht. Die untreuen Sklaven und Sklavinnen werden in einem vom Herrn angeordneten und von den Sklaven durchgeführten Strafge-

---

[25] Odyssee, 18,158–186; 23,289 (Eurynome); 1,427–435; 2,345–380 (Eurykleia); SCHMIDT HAS 2017, s.v. *Eurykleia*.

[26] Odyssee 14,5–27. 80. 452. SCHMIDT HAS 2017, s.v. *Eumaios*.

richt hingerichtet. Zwölf Sklavinnen werden gehängt, Melantheus wird grausam verstümmelt: Nase, Ohren, Hände, Füße und Genitalien werden ihm abgeschnitten und an die Hunde verfüttert. Die Strafen für Illoyalität sind brutal und demütigend zugleich. Das Vertrauensverhältnis ist besonders verletzt, wenn es sich, wie bei Melantheus und auch seiner Schwester Melantho, um hausgeborene Sklaven handelt, die überwiegend in einem besonderen Nahverhältnis zu Herr und Herrin stehen.[27]

An der absoluten Strafgewalt des Odysseus wird aber auch die Inferiorität der Sklaven deutlich, die bereits im Epos thematisiert wird und zwar von dem treuen Sklaven Eumaios selbst:

> „So hält es der Knecht (*dmóes* = Sklave): wenn der Herrscher nicht mehr die Macht hat, dann hat auch er keinen Trieb mehr zu tun, was an Leistung ihm zukommt. Denn mit dem Tag, da der weithin blickende Zeus ihn versklavte (*doúlion émar*= Tag der Versklavung), läßt er am Manne auch immer die Hälfte des Besten (*areté* = Tugend, Mannbarkeit) verkümmern."[28]
> (übers. A. Weiher, Komment. Autorin)

Der traumatische Schock der Versklavung spiegelt sich in dieser vom Versklavten empfundenen Wertminderung deutlich wieder. Nicht nur er, alle Sklaven sind in ihrer Menschlichkeit, Mannbarkeit und ihrem sittlichen Verhalten reduziert. Die Untreue der Sklaven gegenüber dem abwesenden Herrn ist kein Protest gegen die Sklaverei an sich, sondern beruht auf einem Mangel an Einsicht in das richtige Handeln. In den Freiern sehen die Untreuen die neuen Herren, denen sie sich möglichst früh andienen.[29]

Neben der Hausgeburt ist die häufigste Quelle der Sklaverei in der Odyssee der Kauf. Die Amme Eurykleia wurde als junges Mädchen ihrem Vater sofort von Laertes für 20 Rinder abgekauft. Sie stammt aus einem Adelsgeschlecht. Der Verkauf der eigenen Kinder in die Sklaverei ist in Griechenland zu allen Zeiten praktiziert worden.[30] Der Schweinehirt Eumaios aus königlichem Geschlecht von der Insel Syros stammend, ist zunächst, zusammen mit seiner Amme, die aus einer Adelsfamilie in

---

[27] Odyssee 18,310–345; 22,419–434; 446–477. Zur sexuellen Symbolik der Strafen s. GUALERZI 2005, 21–24, 29–30; vgl. dagegen MÜHLESTEIN 1979, 149–152, der versucht, die Grausamkeit der Strafe mythologisch-poetisch zu (v)erklären. SCHMIDT HAS 2017, s.v. *Melantheus*; DERS. HAS 2017, s.v. *Melantho*, die er als „schönes Biest" bezeichnet. Vgl. auch HUNNINGS 2011, 51–71, bes. 59–65.

[28] Odyssee 17,320–323.

[29] GARLAN 1988, 12–13; WEILER 2004, 272–273: ökonomische Wertminderung; zur Umdeutung durch Platon s.o. Kap. 1.2.

[30] Hierzu s.u. Kap. 2.3 u. 2.4.

Sidon geraubt und an den Vater des Eumaios verkauft worden war, ein Opfer des Menschenraubs (*andrapodismós*). Nach der Tötung der Amme durch die räuberischen Händler wird das Kind von phönizischen Kaufleuten an Laertes verkauft. Durch die Versklavung ist Eumaios auf eine tiefere Stufe des Menschseins herabgesunken. Als versklavter Mann ist er der Waffenfähigkeit für immer beraubt. Er bedarf nun der Leitung durch seinen Herrn. Sein höchster Wunsch bei der Rückkehr des Odysseus ist nicht die Freilassung, die unbekannt zu sein scheint, sondern eine Frau, ein Häuschen und ein Stück Land.[31]

Wie sehr auch der Oberhirte in Abhängigkeit lebt, zeigt die Gefährdung seiner Stellung durch seine Kritik an den Freiern. Um einem ungerechten Herrn in Zukunft zu entgehen, zieht der Oberhirte Philoitios sogar die Flucht in Erwägung. Seine Treue zu Telemachos, dem jungen Herrn, verbietet ihm jedoch die Ausführung des Planes.

Die Staffelung innerhalb der Sklavenschaft beruht z. T. auf sozialen Kriterien der Herkunft, vorrangig aber auf denen der Arbeitsteilung und des persönlichen Verhältnisses zwischen Herrn und Sklavem. Daraus ergeben sich jedoch keine rechtlichen Unterschiede. Alle Sklaven sind in gleicher Weise auf die Gnade ihrer Herren angewiesen und vollständig ihrer Strafgewalt ausgeliefert.

In der Ilias und der Odyssee ist die Behandlung der Sklaven gut. Ihre Arbeit, die sie auch mit Freien zusammen verrichten, ist nicht zu schwer. Trotz des oft herzlichen Verhältnisses zu ihren Herren und einem gewissen Maß an Redefreiheit, wird die Sklaverei allgemein in der Odyssee als Minderung der Menschenwürde, wenn auch nicht direkt als Unglück aufgefasst wie in der Ilias. Die Freilassung bleibt weiterhin unbekannt, die Flucht als Möglichkeit, sich einem ungerechten Herrn zu entziehen, besteht. Größer als der Wunsch nach eigener Freiheit ist für den Kaufsklaven die Integration in die Familie des Herrn in Verbindung mit der Gründung einer eigenen Familie. Nicht immer lassen sich freie von unfreien Arbeitenden (*dmóes* / *dmoaí*) klar unterscheiden.

Die Fortentwicklung der Sklaverei in der Odyssee im Vergleich zur Ilias lässt sich an folgenden Tatsachen erkennen: Als Quelle der Sklaverei tritt die Kriegsgefangenschaft hinter der Kaufsklaverei zurück. Aus anderen Zeugnissen wissen wir, dass seit dem 7. Jh. von Chios aus der

---

[31] Adlige Herkunft der Versklavten: Odyssee 14,115; 15,380–414; 425–484; SCHMIDT HAS 2017, s.v. *Eurykleia*; DERS. HAS 2017, s.v. *Eumaios*. Belohnung des Eumaios: 21,214–216. Zur fehlenden Freilassung in der homerischen Gesellschaft s. WEILER 2004, 282. Zum Menschenhandel s. RUFFING HAS 2017, s.v. *Andrapodismós*; DE SOUZA HAS 2017, s.v. *Menschenraub* I; DERS. HAS 2017, s.v. *Piraterie* I.

Sklavenhandel betrieben wurde.[32] Es ist möglich, dass er bereits im 8. Jh. von Sikyoniern, Phöniziern und Sidoniern, die im Epos als Sklavenhändler erwähnt werden, durchgeführt wurde. Dabei handelt es sich noch um reinen Tauschhandel mit Tieren, Stoffen und Juwelen gegen Sklaven. Der Wert der Sklaven bewegt sich, den Angaben der Epen zufolge, zwischen vier bis 100 Ochsen. Die Geldwirtschaft existiert noch nicht.[33] Daneben tritt als weitere Quelle die Aufzucht von Sklaven, wie sie in der Odyssee anhand einer Sklavenfamilie vorgeführt wird. Ob zur Demonstration der Untreue von Sklaven bewusst vom Autor des Epos Sklaven von Geburt gewählt wurden, weil diese immer, von Geburt an „halbe Menschen“ d.h. sittlich eingeschränkte Menschen waren, muss dahingestellt bleiben.[34]

Sklavenaufzucht lässt sich bereits in Mykene nachweisen. Die „im Hause geborenen“ Knaben ließ man heranwachsen und setzte sie in der Landwirtschaft, bei Bauarbeiten und Viehzucht ein, ähnlich wie ihre Mütter und Großmütter. Von geschlossenen Sklavenfamilien, wie sie in der Odyssee zu finden sind, gibt es hier noch keine Spur.[35]

Weder in homerischer Zeit noch in der Zeit der klassischen Polis des 5./4. Jh. v.Chr. stoßen wir auf vergleichbar große Sklavenzahlen wie in Pylos, Knossos und Mykene im 13.Jh. v.Chr. Mit dem Untergang der Paläste ist auch ihr Bewirtschaftungspersonal verschwunden. Eine vergleichbare Erscheinung der Abhängigkeit unfreier Menschen von einem Eigentümer, hier dem König, in so großer Zahl, findet sich in späterer Zeit in Kleinasien auf den großen Tempeldomänen wieder. Allerdings lässt sich dort die Frage nach dem Status der Personen noch schwieriger beantworten.[36]

Die Sklaven der homerischen Fürstenhöfe stellen eine überschaubare Gruppe dar, die durch Arbeitsteilung und Nahverhältnisse zu ihren Herren hierarchisiert ist. Ob man allerdings so weit gehen darf, dass man die Freilassung, die unbekannt war, deswegen für verzichtbar erachtet, weil die Sklaven als Gefährten (*hetaíroi*) in die Familie und Gesellschaft ihrer Herren integriert waren, ist in Zweifel zu ziehen.[37] Wie eng verbunden

---

32 S. hierzu genauer Kap. 2.2 u. 3.1.

33 ANDREAU / DESCAT 2006, 37.

34 BELLEN 2001, 13; WICKERT-MICKNAT 1983, 55. 132/133. 231–237; BÖMER 1963, 55–56.

35 Zur Förderung von Sklavenfamilien im Haus des Odysseus s. SCHMITZ 2012, 70–75.

36 S.u. 2.5.

37 Vgl. ANDREAU / DESCAT 2006, 40–42 zu: Odyssee 21,212–216. Paternalistische Sklaverei: GARLAN 1988, 35.

auch immer der Sklave mit seinem Herrn war, wie nahe er am Hause seines Herrn in einem eigenen, ihm vom Herrn zum Lohn geschenkten Haus lebt, er bleibt ein Sklave, nach uralter, im Mythos verankerter Auffassung: ein halber Mensch.

2.2 Sonderformen der Unfreiheit

Im Rahmen der mykenischen Palastwirtschaft sind wir auf Abhängige gestoßen, die man nicht als Sklaven einstufen kann, die aber auf der Grundlage von Kriegswirren oder wirtschaftlichen Miseren in ihrer persönlichen Freiheit eingeschränkt sind. Das betrifft vor allem ihre Arbeit, die sie für einen König oder Adligen verrichten und diesem dann von ihren Erträgen einen Teil abliefern müssen. In der Terminologie späterer Zeiten sind diese Gruppen von Abhängigen oft als *doúloi*, Sklaven, bezeichnet worden. Dennoch ist es stets im Gedächtnis der antiken Autoren geblieben, dass diese Gruppen nicht so einfach unter die Sklaven subsumiert werden können, da ihnen das für die Sklaverei typische Charakteristikum fehlt, nämlich die totale Rechtsunfähigkeit. Eine späte Erinnerung an diese Besonderheit lässt sich bei dem Lexikographen Pollux fassen, der schreibt:

> „Zwischen Freien und Sklaven aber stehen die Heloten der Lakedaimonier, die Penesten (Dienstmänner) der Thessaler, die Klaroten und Mnoiten (abhängige Bauern) der Kreter, die Dorophoroi (Sackträger) der Mariandyner, die Gymneten (Leichtbewaffnete) der Argeier und die Korynephoroi (Schafpelzträger) der Sikyonier.“[38] (übers. E. Herrmann-Otto)

An dieser Definition des im 2. nachchristlichen Jahrhundert unter römischer Herrschaft schreibenden Autors[39] ist in der Forschung mannigfache Kritik geübt worden: zum einen, dass seine Liste nicht vollständig sei, zum anderen, dass seine Definition juristisch unhaltbar und darüber hinaus völlig anachronistisch sei, und eher das Denken seiner Zeit als das des archaischen und klassischen Griechenlands wiederspiegele.[40] Zur Ehrenrettung des Pollux lässt sich vorbringen, dass die Definition des

---

[38] Pollux, Onomastikon 3,83.

[39] Chronopoulos HAS 2017, s.v. *Pollux* I. II.10.

[40] Welwei 2008, 1–5 mit Forschungsüberblick. Auf diesen Anachronismus des Pollux, der römischen Verhältnissen unter Commodus geschuldet ist, hat bereits der Philologe Carl Julius Schläger (1706–1786) in seiner Dissertation zu den spartanischen Heloten verwiesen. S. Samotta HAS 2017, s.v. *Halbfreiheit* II.

Status der oben aufgeführten Gruppen bis heute, d.h. rund 2.000 Jahre später, immer noch nicht gelöst ist, und dass – wenn auch juristische Einwände bestehen – Pollux eventuell sozial eine Differenzierung erfasst hat, die nur durch eine Art Zwischenstellung wiederzugeben war. Juristisch allerdings, das muss von vorne herein festgehalten werden, existiert die Kategorie der „Halbfreiheit" nicht in der Antike. Alle Assoziationen mit Hörigkeit, Knechtschaft etc., die aus Mittelalter und Neuzeit bekannt sind, sind nur irreführend, und von der neueren Forschung längst widerlegt. Allerdings gibt es keinen präzisen antiken Sammelbegriff für diese „Metaxy-Gruppen" (Zwischengruppen), die Pollux aus der Dichotomie von Frei und Unfrei herausheben wollte, ohne sie mit den Freigelassenen zu identifizieren.[41] Ob der Lexikograph mit seiner Terminologie eine zutreffende Charakteristik dieser Personengruppe gegeben hat, soll im Folgenden gezeigt werden. Dabei wird der Schwerpunkt der Darstellung auf der bekanntesten und am besten bezeugten Gruppe, nämlich den Heloten liegen. Die anderen werden in ihrer Besonderheit, soweit das aufgrund der schlechten Quellenlage überhaupt möglich ist, kurz skizziert werden.

Wer waren die Heloten Spartas, die dessen Geschichte seit dem 8.Jh. v.Chr. bis in römische Zeit mitgestaltet haben? Handelt es sich um Staatssklaven, die den Privatleuten zugewiesen wurden? Stellen sie die durch Unterwerfung versklavte Urbevölkerung dar? Oder handelt es sich gar nicht um Sklaven, sondern um an die Scholle gebundene Leute, die an sich frei sind, aber bestimmte Abgaben leisten müssen? Oder sind sie sogar Schuldknechte, ethnisch derselben Herkunft wie die Spartaner, die aber durch Misswirtschaft und Zahlungsunfähigkeit in Knechtschaft geraten sind? Ähnliche Phänomene lassen sich im archaischen Athen nachweisen.[42] Außerdem scheint Helote nicht gleich Helote gewesen zu sein. Unter ihnen lässt sich eine Unterscheidung treffen, nämlich zwischen den lakonischen und den messenischen Heloten, zwei voneinander zu unterscheidenden ethnischen Gruppen, die sich in sehr unterschiedlicher Weise zum spartanischen Staat und seinen Bürgern verhalten haben.[43]

Dass bereits die Antike Schwierigkeiten mit der Einordnung und dem Rechtsstatus der Heloten sowie der Bewertung der Helotie hatte, wird besonders deutlich von Platon zum Ausdruck gebracht:

---

41 Genauer zur Problematik und zur alten Forschung s. WELWEI / SAMOTTA HAS 2017, s.v. *Halbfreiheit.*

42 S.u. Kap. 2.3.

43 CLAUSS 1983, 113–114; WELWEI 2004, 41/42.

> „Es gibt doch kaum etwas, das bei allen Griechen so viel Meinungsunsicherheit und Streit verursacht wie das Helotentum bei den Lakedaimoniern, von dem die einen behaupten, es sei eine gute Einrichtung, während die anderen das bestreiten. Wegen der Versklavung durch die Herakleoten, nachdem sie die Mariandyner unterjocht haben, wird man sich schon weniger streiten, und ebenso wenig wegen derjenigen der Penesten von Thessalien.“[44]
> (übers. O. Gigon / R. Rufener)

Und Plutarch meint:

> „Es scheint also, dass die Leute, welche sagen, in Lakedaimon sei der Freie im vollsten Sinne frei und der Knecht (*doúlos* = Sklave) im vollsten Sinne Knecht (*doúlos* = Sklave) gewesen, den Unterschied recht wohl erkannt haben.“[45] (übers. K. Ziegler, Komment. Autorin)

Warum stellt die Helotie das schlimmste Sklaven- bzw. sklavenähnliche Los in ganz Griechenland dar?

Bereits Platon stellt einen Zusammenhang zwischen der Versklavung der Mariandyner und der Penesten und derjenigen der Heloten her, die er jedoch am umstrittensten und am problematischsten von allen diesen Unterwerfungsakten bewertet. Die Diskussion ist eingebettet in seinem Alterswerk, den Nomoi (Gesetzen), in einen Dialog über Besitz an Sklaven und dessen besondere Beschwerlichkeit.[46]

In der antiken Überlieferung handelt es sich sowohl im Falle der Heloten wie dem der Penesten und Mariandyner um die Unterwerfung und Versklavung ortsansässiger Urbevölkerung durch überlegene Invasoren, die die im Kampf unterlegenen Männer nicht wie üblich töten, sondern sie am Leben lassen und sie unter ihren Schutz stellen, indem sie von ihnen Tribute fordern. Solange sie diese Abgaben zahlen, werden sie weder von ihrem Land vertrieben, noch werden sie außer Landes als Sklaven verkauft. Sie haben Besitz, den sie mehren können, und der ihnen nicht genommen wird, sie leben weiter in ihren Familienverbänden und können sich ungehindert fortpflanzen. In der Bewirtschaftung der Güter haben sie so weite Eigenständigkeit, wie sie die geforderten Abgaben erwirtschaften. Diese Rechte, vor allem das Besitztums-, Ehe- und

---

44 Plat. nom. 776C–D. Zur erst langsam sich ausbildenden Kritik an der Helotie als Versklavung von Griechen durch Griechen s. KLEES 1991, 27–51. Lange wurde die Befreiung der Bürger von banausischen Arbeiten durch die Heloten betont s. KLEES 1992, 1–31.

45 Plut. Lykurgos 28 (Zitat aus Myron von Priene FGrHist 106 F2).

46 S. in diesem Zusammenhang zur Uminterpretation der Homerstelle (o. Kap. 2.1) bei Platon u. Anm.117, 150. Zu den unterschiedlichen Überlieferungssträngen u.a. hinsichtlich der Mariandyner, die bei Platon und bei Pollux greifbar sind, WELWEI 2008, 30–31.

Familienrecht haben Sklaven normalerweise nicht.[47] In diesem Punkte wird die antike Überlieferung nicht von der modernen Forschung kritisiert, sondern darin wie und wann sich der Akt der Versklavung vollzogen hat.

Die Annahme, dass in den Dark Ages größere Invasorengruppen unter Leitung eines Königs oder Heer- und Stammesführers die ansässige Urbevölkerung unterworfen hätten, wird von einem Teil der neueren Forschung sowohl im Falle der thessalischen Penesten wie der lakonischen Heloten abgelehnt. Man geht für die Frühzeit viel mehr davon aus, dass nach einer anfänglichen Koexistenz zwischen Ureinwohnern und Einwanderern erst allmählich soziale Differenzierungen stattfanden, die einzelnen mächtigen Oikosherren erlaubten, kleinbäuerliche Ureinwohner in Abhängigkeit zu bringen, die sich bis zur Unfreiheit entwickelte.[48] Da wir so wenig über die Dark Ages wissen, ist es letztlich eine Frage der Plausibilität, ob man die Entstehung einer unfreien Urbevölkerung mit dem Eindringen der Invasoren plötzlich oder erst mit der sozialen Ausdifferenzierung der zweiten Generation im Zuge eines längeren Entwicklungsprozesses verbinden möchte. Ergebnis dieses Prozesses ist jedenfalls, wie auch immer er sich vollzogen hat, dass die nun abhängige Urbevölkerung gegen Vertreibung oder vor Verkauf geschützt ist. Was die thessalischen Penesten betrifft, kann man in der antiken Überlieferung beide Versionen verankert finden.[49]

In anderen Zusammenhängen sind die Mariandyner in Herakleia Pontica am Schwarzen Meer zu sehen. Ihre Unterwerfung hat sich der antiken Überlieferung zufolge im Zuge der großen Kolonisation um 750 v.Chr. ereignet. Die sogenannten Herakleoten sind Kolonisten aus Megara, die zunächst friedlich mit den Ureinwohnern kooperiert haben, indem eine gleichmäßige Aufteilung des Landes stattfand. Erst bei weiterer Expansion der Kolonisten kommt es zur teilweisen Unterwerfung der Mariandynen, die nun als Unfreie auf den Ländereien der megarischen Großgrundbesitzer, einer dominierenden Schicht unter den Kolonisten,

---

47 Garlan 1988, 16. Eine systematische Zusammenstellung dessen, was Sklaven nicht zusteht, findet sich weder in den antiken Quellen noch in der modernen Forschung. Die oben aufgeführten Grundrechte haben allen Sklaven in der griechischen Welt gefehlt, unabhängig von speziellen Einschränkungen in den verschiedenen Stadtstaaten. Speziell zu Athen s.u. Kap. 2.3.

48 Welwei 2008, 7–14 (Penesten); 6 (lakonische Heloten). S. auch ders. HAS 2017, s.v.*Heloten* I. II; Schmitz 2014, 215–218, spricht von einer „Form kollektiver Sklaverei“ erst in Bezug auf die messenischen Heloten. Zu Kreta s. Timmer HAS 2017, s.v. *Mnoiten*.

49 Welwei 2008, 28; ders. HAS 2017, s.v. *Penesten*.

arbeiten. Ein Teil der mariandynischen Urbevölkerung ist jedoch immer frei geblieben.[50]

Ein indirekter Zusammenhang mit der großen Kolonisation (750–550 v.Chr.) besteht auch bei der Helotie. Die moderne Forschung geht davon aus, dass nicht Bevölkerungs- und Versorgungsprobleme die sich über zwei Jahrhunderte erstreckenden Wanderbewegungen ausgelöst haben, sondern dass gesellschaftliche und politische Spannungen innerhalb der führenden Schichten zur Auswanderung geführt haben. Konkret gab es Rivalitäten um die Herrscherwürde, die auf diesem Wege gelöst werden sollte. Bedrohungen der Freiheit durch die Expansion der Perser, deren Tyrannis man sich nicht beugen wollte, entzog man sich ebenso.[51] Auf dem Wege der Auswanderung und der Gründung von neuen Kolonien, d.h. von neuen Siedlungen, sollten diese Probleme gelöst werden. Wie im Fall der Mariandyner sind auch die Neuansiedlungen der Spartaner nicht ohne Gewalt- und Versklavungsakte vor sich gegangen. Man kann zwei Phasen der Ansiedlung und Unterwerfung ausmachen: zum einen nach Südlakonien und zum anderen später im Westen nach Messenien. Zieht man die neuesten Grabungsergebnisse hinzu, so ergibt sich für das südliche Eurotastal ein Ablauf der Ereignisse, der sich nicht unwesentlich von der antiken literarischen Überlieferung unterscheidet: Nicht schon im 8. sondern wohl erst im 7. Jh. haben nicht alle Spartiaten, sondern zunächst einzelne reiche, nach und nach aber immer mehr Stammesgenossen nach Süden expandiert, indem sie neue Ländereien in Südlakonien in Besitz genommen haben. Sie haben die dort ansässige Urbevölkerung zur Abgabe von Tributen aus ihrer landwirtschaftlichen Produktion gezwungen. Wenn diese die ihnen überlegenen Invasoren als ihre neuen Herren anerkannten, konnten sie auf ihrem Land (*kláros*) bleiben, und waren sicher vor Vertreibung und Verkauf ins Ausland. In einem zweiten Schritt, dem vermutlich eine demographische und wirtschaftliche Expansion Spartas vorausgegangen war, wurde Messenien am Ende des 7. Jhs. in gezielten kriegerischen Auseinandersetzungen unterworfen, das Land unter den Siegern aufgeteilt und die Urbevölkerung nicht ausgerottet oder vertrieben, sondern zu ähnlichen Bedingun-

---

50 Welwei 2008, 30–33; ganz auszuscheiden aus der Gruppe der Unfreien sind die bei Pollux aufgezählten waffentragenden Gruppen der Gymneten, eventuell auch der Korynephoroi, s. hierzu Welwei 21–24. Nach Paradiso 2005, 32/33 sind die Mariandyner Halbbarbaren, die als Schwächliche zu Recht versklavt seien. Zu weiteren „Zwischengruppen“ (Metaxy-Gruppen), die Pollux nicht erwähnt, Welwei 18–20; 24–30; 33–42.

51 Schmitz 2014, 42–56. Zur Problematik des Begriffes „Kolonisation“ s. ebd. 54.

gen versklavt wie die Ureinwohner von Südlakonien. Der Unterwerfungsprozess wird als Helotisierung bezeichnet.[52]

Die antiken Schriftsteller leiten den Terminus von der Stadt Helos ab, die an der Südküste Lakoniens als eine der letzten Städte der achäischen Urbevölkerung unterworfen wurde. Fortan seien alle von den Spartanern unterworfenen Völkerschaften, die sie in eine sklavenähnliche Abhängigkeit herabdrückten, als Heloten bezeichnet worden. Die moderne Sprachwissenschaft vermutet hinter dem Wort Heloten eher das griechische Verb *halískomai*, „fangen". Heloten wären dann die Kriegsgefangenen der Spartaner gewesen. Diese haben sie weder getötet, noch auf dem Sklavenmarkt verkauft, wie das bisher üblich gewesen war, sondern auf dem eroberten Land, den *klároi* angesiedelt, bzw. sie auf ihrem eigenen Land belassen, welches nun in die Hände der Eroberer übergegangen war. Die unveräußerlichen *klároi* wurden mit den Heloten zusammen den einzelnen Spartiaten zugewiesen. Sie konnten auch nur zusammen mit den Heloten, die weder freigelassen noch verkauft werden konnten, vererbt oder verschenkt werden.[53] Der Helote war nicht persönlicher Sklave des jeweiligen Spartiaten, sondern eine Art „Schollegebundener" des spartanischen Gemeinwesens. Dennoch hatte der einzelne Spartiate über den Heloten volles Straf- und Züchtigungsrecht. Das Tötungsrecht dagegen musste auf andere Weise geregelt werden. Hieran wird besonders deutlich, dass der Terminus „Sklave" *doúlos*, der für den Heloten in antiken Quellen benutzt wird, oder „Staatssklave", der in der modernen Forschung, aber auch schon in der Antike manchmal auftaucht, nicht zutreffend ist. Dass die Heloten nicht mit Sklaven gleichzusetzen sind, ist an der jährlichen Kriegserklärung ablesbar: Einem Sklaven kann man nicht den Krieg erklären, da er keine Rechtsperson ist. Der Spartaner kann den Heloten, seinen unterjochten Feind, auch nur auf der Grundlage der staatsrechtlichen Ermächtigung durch die Ephoren töten, und nicht auf der Grundlage eines privatrechtlichen Herrenrechtes. Sowohl die lakonischen wie auch die messenischen Heloten – auch diese wurden mit dem Terminus Heloten belegt – waren ehemals freie Leute gewesen, wahrscheinlich die vordorische Urbevölkerung, die von den Spartanern besiegt und unterworfen worden waren. Diese Unterwerfung schien aber nicht abgeschlossen zu sein; denn in jedem Jahr erklärten die Ephoren, die fünf aus dem Volk gewählten Jahresbeamten, bei ihrem Amtsantritt den Heloten erneut in einer Eidesleistung den Krieg. Durch diese permanente Kriegserklärung waren die Heloten rechtlich schutzlos wie Feinde

[52] WELWEI HAS 2017, s.v. *Heloten* II.III; CARTLEDGE 2011, 74–90; SCHMITZ 2014, 215–218.

[53] Aristot. pol. 1269a–b.

im fremden Feindesland.[54] Jeder Spartiate und nicht nur der, auf dessen *kláros* der Helote lebte und arbeitete, konnte jeden verdächtigen Heloten straflos umbringen. Diese waren nicht bewaffnet, hatten nur ihre Ackerwerkzeuge und waren den voll ausgerüsteten spartiatischen Hopliten hoffnungslos unterlegen. Vor allem nachts gingen die jungen Spartiaten auf die Felder und töteten in einer Art Mutprobe jeden Heloten, der sich dort aufhielt.[55] Starke und mutige Heloten waren immer wieder der *krypteía*, sogenannten Ausrottungs- und Säuberungskampagnen, bevorzugt ausgesetzt.[56] In diese Strategie passt auch folgende, von Thukydides überlieferte Begebenheit, die sich im Jahr 424 v.Chr. zur Zeit des Peloponnesischen Krieges ereignet haben soll:

> „Die Spartaner hatten bekannt gemacht, diejenigen Heloten, die sich am bravsten gehalten zu haben meinten im Krieg für sie, wollten sie prüfen, ihnen die Freiheit zu schenken – dies nur, um zu sehen, in der Meinung, diejenigen, die zuerst die Freiheit beanspruchten, würden in ihrem Stolz auch die ersten sein, sich zu erheben. Und als sie gegen zweitausend ausgewählt, bekränzten sie die und zogen bei allen Tempeln umher als Befreite, nicht viel später aber schafften die Spartaner sie beiseite und wußte niemand zu sagen, auf welche Weise jeder umkam."[57] (übers. G. P. Landmann)

Weder ökonomisch noch ethisch ist ein solches Vorgehen vertretbar, das aber strategisch durchaus Sinn macht, wenn der Feind als solcher im eigenen Land wohnt und man durch die Verweigerung seiner gesellschaftlichen und rechtlichen Integration den Kriegszustand durch die jährliche Kriegserklärung permanent aufrechterhalten möchte. Die moderne Forschung hat allerdings die Überlieferung bei Thukydides als tendenziös und anachronistisch eingestuft und sie in ihrer Historizität angezweifelt,[58] sicher nicht zu recht, was sich im Folgenden zeigen lässt:

---

[54] Einige Forscher nehmen an, dass die Kriegserklärung erst eine spätere Entwicklung sei, und zwar als Antwort auf den großen Helotenaufstand 464 im Zusammenhang mit dem desaströsen Erdbeben in Sparta. DUCAT 1990, 132.

[55] Plut. Lykurgos 28.

[56] Plat. nom. 633B–C; Plut. Lykurgos 28. Zielrichtung, Alter und Grausamkeitsgrad der *krypteía* sind in der Forschung umstritten. S. z.B. WHITBY 1994, 105–106; WELWEI HAS 2017, s.v. *Heloten* VII mit weiterer Literatur. Vgl. HANDY 2005, 99–120, der in der *krypteia* eine Grenzaufsicht zwischen Messenien und Arkadien sieht, um Helotenflucht duch direkte Tötung zu verhindern. Dagegen s. FLAIG 2009. 39/40, der von einem rituell praktizierten selektiven Terror als Inszenierung ewiger Feindschaft ausgeht.

[57] Thuk. 4, 80, 3–4.

[58] FISHER 2006, 330. WELWEI HAS 2017, s.v. *Heloten* VII schreibt von antispartanischer Propaganda während des Peloponnesischen Krieges, der Thukydides aufgesessen wäre. Vgl. auch SCHMITZ 2014, 217.

Seit der Unterwerfung Lakoniens und noch intensiver seit der Unterwerfung Messeniens ist das Leben der Spartiaten ein rein militärisches geworden. Ihre fortwährende, lebenslängliche militärische Schulung – man kann von einem 53 Jahre dauernden Militärdienst (nämlich vom 7. bis zum 60. Lebensjahr) sprechen – zu welcher sie sich in den fünf spartanischen Dörfern, die Sparta ausmachen, aufhalten, gilt zunächst der Aufrechterhaltung der Herrschaft der Spartiaten über die Unterworfenen, von denen die Heloten nur eine, wenn auch die größte Gruppe bilden. Bei der Schlacht von Plataiai im Jahr 479 befinden sich siebenmal so viele Heloten wie Spartiaten im Heerlager, nämlich neben 5.000 Periöken (Umwohner) 5.000 Spartiaten, die 35.000 leichtbewaffnete Heloten zu ihrer Bedeckung mitgebracht hatten.[59] Die Spartiaten haben sicher nicht alle Heloten mit in die Schlacht genommen, sondern viele mussten auf den Äckern bleiben, um die Verproviantierung der Kämpfer und der Alten, Frauen und Kinder zu gewährleisten. Nur Schrecken und Terror, der ständige Kriegszustand, die permanente Rechtsunsicherheit und Rechtlosigkeit konnten die parasitäre Oberherrschaft der spartiatischen Minderheit über die erdrückende Mehrheit der Bevölkerung sichern.

Dass Sparta ein „Heerlager in Permanenz" werden und auch bleiben konnte, hängt damit zusammen, dass der männliche Spartiate von allen handwerklichen und landwirtschaftlichen, d.h. banausischen Tätigkeiten entbunden war. Diese verrichteten für ihn die unterworfenen Bevölkerungsgruppen, Periöken und Heloten. Letztere waren als abhängige Bauern zu einer bestimmten Abgabe dem spartiatischen Klarosinhaber gegenüber verpflichtet. Die Höhe dieser Abgabe ist umstritten. Der älteste Beleg findet sich bei dem spartanischen Dichter Tyrtaios, der während des sogenannten Zweiten Messenischen Krieges in der zweiten Hälfte des 7. Jhs. geschrieben hat:

> „Wie ein Esel, der schleppt eine gewaltige Last,
> Ebenso sind sie bedrückt: von jeglichem, was auch der Boden
> trägt, die Hälfte der Frucht liefern den Herren sie ab."[60]
> (übers. F. Eckstein)

Weniger dichterisch ausgedrückt bedeutet dies, dass die Heloten die Hälfte ihres Bodenertrages abzugeben hatten. Die andere Hälfte bleibt zu ihrer eigenen Verfügung, für ihre Familie oder in guten Erntejahren zum Handel und Verkauf. Ob Plutarch einen festen Abgabensatz von 82 Scheffeln Gerste und eine entsprechende Menge an flüssigen Früchten

---

59 Hdt. 9,28,2. Die Funktion der Heloten ist umstritten. Vgl. HUNT 1997, 130–131, 143–144.

60 Fragment 5: Pausanias 4,14,5.

voraussetzt, ist zweifelhaft.[61] Es ist wohl eher von einer Quote auszugehen, die in der neuesten Forschung nicht mehr als so horrend eingestuft wird wie früher. In einem Vergleich mit sharecropping-Sätzen, die sich zwischen 10–80% bewegen, liegen die spartanischen Heloten in der Mitte dieser Forderungen. Deswegen kann man wohl kaum von sehr hohen Abgaben sprechen, sondern von einem normalen Abgabensatz.[62] Erhöhung der Abgaben durch den Herrn wurde sakralrechtlich geahndet, ein Indiz für das hohe Alter des Abgabensystems. Da in anderen Quellen die Rede davon ist, dass die Heloten reich sind und es ihnen wirtschaftlich gut geht, ist nicht davon auszugehen, dass sie am Existenzminimum dahinvegetiert sind. Sowohl das Eurotastal in Lakonien wie auch die Pamisosebene in Messenien waren fruchtbare Landschaften, von denen Spartiaten und Heloten in Prosperität neben- und miteinander leben konnten.[63]

Dennoch war die Unzufriedenheit der Heloten, vor allem der messenischen Heloten, wegen der fortgesetzten Demütigungen und der gesellschaftlichen Ausgrenzung und Rechtlosigkeit riesengroß. Sie schlug sich in mehreren Aufständen oder Aufstandsversuchen nieder und endete schließlich 371 mit der Befreiung der messenischen Heloten durch die Thebaner. Seit dieser Zeit war Messenien wieder unabhängig von Sparta, ein ökonomischer, machtpolitischer, strategischer und mentaler Schlag für die Spartiaten, von dem sie sich niemals mehr erholten.[64] Bereits ein Jahrhundert früher, als sich 464 ein großes Erdbeben in Lakonien ereignet hatte und ganz Sparta bis auf wenige Häuser zerstört danieder lag, hatten die unzufriedenen messenischen Heloten diese chaotische Situation für sich zum Aufstand benutzt und sich mit militärischer Unterstützung freier Messenier auf der Festung Ithome verschanzt. Für die Spartiaten entstand dadurch eine unglückliche Situation, waren sie doch ungeübt in der Belagerung von Festungen und Städten. Nur mithilfe ihrer Verbündeten waren sie 460 siegreich und gewährten den messenischen Besatzern freien Abzug, auch den Heloten unter ihnen. Diese mussten allerdings die Peloponnes unter Androhung erneuter Versklavung für

---

61 Plut. Lykurgos 8: Jedes Los war so groß, dass es einen Ertrag von 70 Scheffeln Gerste für den Mann und zwölf für die Frau erbrachte. Das bedeutet nicht, dass Heloten diese Menge abgeben mussten.

62 Hodkinson 2000, 125–131, ebenso Fisher 2006, 329; vgl. dagegen Welwei 2008, 44–45; ders. HAS 2017, s.v. *Heloten* IV; hohe Abgabe s. stellvertretend: Schmitz 2007, 45.

63 Link 1994, 3, 7.

64 Aristot. pol. 1270a 31–34: „Der Staat war nicht fähig, einen einzigen Schlag zu ertragen." (übers. O. Gigon); Hierzu: Herrmann-Otto 1998, 29.

immer verlassen. Die Athener nahmen sich der Flüchtlinge an und siedelten sie als ihre neuen Verbündeten in Naupaktos an.[65]

Die Einmaligkeit dieser staatlichen Hilfen – im Rahmen der antiken Sklavereigeschichte gewertet – wirft die Frage nach dem Status der Heloten, aber auch der Mariandyner, die von dem Tyrannen Klearchos befreit wurden, und anderer vergleichbarer Bevölkerungsgruppen erneut auf.[66] Da die lakonischen Heloten sich immer loyaler verhalten haben als ihre messenischen Schicksalsgenossen, hat man dies auf unterschiedliche Weise zu erklären versucht: dass sie weniger Abgaben zu leisten hatten, dass sie stets unter der Kontrolle der Spartiaten in Lakonien standen, dass sie schon in mykenischer Zeit eine abhängige Bevölkerungsschicht waren. Alle diese Argumente lassen sich entkräften bzw. widerlegen. Ob das Terrorregime für die Lakonier noch unmittelbarer war als für die Messenier, ob ihre Loyalität ein Produkt der völligen Auslöschung einer eigenen Identität und eines selbstbestimmten Willens war, oder ob ihre Bindung an den Klarosbesitzer eine persönlichere war als im entfernten Messenien, wir wissen es nicht. Wir haben aber auch keine Belege dafür, dass sie besser behandelt wurden als die messenischen Heloten. Ihre militärische Bewaffnung und Ausbildung waren gleich schlecht. Bei Berichten über die Demütigung der Heloten, dass sie Tierfelle tragen mussten, betrunken gemacht wurden und obszöne Lieder vor den Spartiaten zu singen gezwungen wurden zur Demonstration ihrer Inferiorität, wird nicht zwischen Messeniern und Lakoniern unterschieden. Die siegreichen Neodamoden, ehemalige Heloten, wurden nie in den Spartanischen Staat integriert, sondern möglichst außerhalb desselben, weit entfernt z.B. in Lepreon angesiedelt. Auch hier wird nicht zwischen Messeniern und Lakoniern unterschieden. Bei der Verschwörung des Kinadon im Jahre 397 v.Chr., an der Heloten beteiligt waren, wissen wir ebenfalls nicht, ob Lakonier unter den Verschwörern waren. Der Denunziant allerdings gibt an, dass alle Heloten den Minderberechtigten (Hypomeionen) Kinadon unterstützt haben.[67]

Betrachtet man die Messenier, so ist ihre Unterwerfungsgeschichte von Anfang an, d.h. seit dem Zweiten Messenischen Krieg, durch Aufstände gekennzeichnet.[68] Ihr Identitäts- und Freiheitsbewusstsein bleibt

---

65 Clauss 1983, 43–44; Welwei 2004, 176–180 mit Forschungsüberblick.

66 Zu weiteren offiziell unterstützten Befreiungsaktionen z.B. der Kyllyrier in Syrakus s. Welwei 2008, 29ff. Schmitz 2014, 51.

67 Plut. Lykurgos 28; Thuk. 5,34; Xen. hell. 3,3,4–11; Fisher 2006, 330–331.

68 Eine Zusammenstellung aller Bewegungen s. bei Talbert 1989, 22–40, der ihnen allerdings wenig Bedeutung beimisst und eher ein kooperatives Miteinander von Spartiaten, Heloten und Neodamoden betont. Seine Meinung ist

stets erhalten und wird von freien Stammesgenossen unterstützt. Einen solchen Rückhalt hat es in Lakonien nicht gegeben. Vielleicht ist das der Schlüssel für die unterschiedliche Geschichte und das unterschiedliche Verhalten der messenischen und der lakonischen Heloten. Eventuell lässt sich daraus auf die von einander abweichenden Unterwerfungsarten schließen, wie sie die neueste Forschung in der Form einer langsamen gesellschaftlichen Differenzierung in der zweiten Einwanderergeneration für Lakonien vorschlägt, während Messenien in mehreren Kriegsgeschehen gewaltsam unterworfen wird. Letztlich lässt sich das aber nicht belegen, sondern nur als plausibel erklären. Plausibilität ist die generelle Leitlinie bei der Beschäftigung mit dem spartanischen Kosmos und der Stellung der Helotie in diesem System, über das wir viel zu wissen glauben, was aber ein Trugschluss ist: Durch die „Geheimniskrämerei“ Spartas bleibt uns vieles verborgen. Darüber klagte bereits der Athener Thukydides.[69]

In zunehmendem Maße hat die Archäologie versucht, die Lücken zu schließen, die die literarische Überlieferung zurückgelassen hat. Surveys in Messenien haben eine ganz unterschiedliche Verwaltungsstruktur im Vergleich mit Lakonien aufzeigen können. *Mnoiómenoi* = Führer der Heloten haben von Helotendörfern aus ihre bisherige Oberaufsicht mit Zustimmung der Spartiaten weiter fortgeführt, und sowohl ein soziales Management für ihre helotischen Dorfgenossen durchgeführt, als auch die Erfüllung der geforderten Abgaben für Sparta organisiert. Über diese Strukturen, die wegen der Abwesenheit der Spartiaten von Messenien erhalten blieben, und in dieser Form wegen der direkten spartanischen Kontrolle in Lakonien nicht anzutreffen sind, konnten Identitäten bewahrt werden. Sie ermöglichten es den messenischen Heloten, Aufstände zu organisieren, die als die einzigen wirklich erfolgreichen „Sklavenaufstände“ in der Antike zu gelten haben.[70]

In der jüngeren Forschungsliteratur ist die Frage gestellt worden, ob es neben den Heloten noch regelrechte Privatsklaven bei den Spartanern gegeben hat, da die Sklaverei in den anderen griechischen Stadtstaaten einen selbstverständlichen und zugleich unverzichtbaren Wirtschaftsfaktor bildete.[71]

---

nicht unwidersprochen geblieben s.o. Anm.56. Forschungs- und Quellenüberblick zum Verhältnis Heloten – Spartiaten s. WELWEI HAS 2017, s.v. *Heloten* V.

69 Thuk. 5,68,2.

70 HODKINSON 2008, 285–320 = HODKINSON 2003, 248–286.

71 LINK 1994, 19-21; SCHMITZ 2007, 122.

In Sparta sah die Situation durch die Heloten, die Landwirtschaft betrieben, und die Periöken, die u.a. in Handwerk und Handel zu finden sind, anders aus. Außerdem scheint das Leben in Sparta, zumindest auf den ersten Blick, anspruchslos gewesen zu sein, sodass es für regelrechte Sklavenarbeit wenig Verwendung gab. Sie konnte sich höchstens auf den Haushalt beschränken, falls nicht auch dieser Sektor von den Heloten und ihren Frauen mit bedient wurde.

Eine klare Entscheidung zu fällen ist auch deswegen schwer, weil die antiken Schriftsteller manchmal terminologisch ungenau verfahren, und auch die Heloten als *doúloi*, Sklaven, bezeichnen. Der einzige Anhaltspunkt, der sich ergibt, wäre die Existenz weiblicher Kaufsklaven, vor allem Ammen, die die spartanischen Kinder großzogen. Sie sind aufgrund ihres fortschrittlichen eugenischen Erziehungssystems die meist gepriesenen und auch am teuersten bezahlten Kinderfrauen in ganz Griechenland. Bei ihnen kann es sich aber durchaus auch um freie Frauen, oder um Frauen aus dem Periökenstand, vielleicht aber auch um Frauen der Heloten gehandelt haben. Kaufsklavinnen oder Sklavinnen von Geburt sind ebenfalls nicht auszuschließen. Auf unfreie Ammen weist die Einstufung der *Mothákes*, der Milchgeschwister der Spartiaten, als Sklavenkinder hin. Wer auch immer in Sparta als Amme tätig war – und das waren nicht die Spartiatinnen – der wurde in dem staatlich vorgeschriebenen Erziehungssystem ausgebildet, das selbst für die Erziehung der Babys und Kleinkinder existiert haben muss.[72] Mehr lässt sich nicht zur Verbreitung der sonst in den anderen griechischen Staaten üblichen Sklaverei in Sparta sagen.

Die *Mothákes* scheinen aber nicht die einzige Personengruppe in Sparta gewesen zu sein, deren Herkunft mit den Heloten in Verbindung gebracht wurde. Eine andere sind die *Parthénier*, sogenannte Jungfrauensöhne. Über sie kursieren zwei Versionen in den antiken Quellen, die bei dem römischen Geographen Strabo überliefert sind: Während der langen Abwesenheit der Spartiaten in den messenischen Kriegen wurde es den Spartanerinnen erlaubt, dass sie Kinder von freigelassenen Heloten, die kein Bürgerrecht hatten, oder aber (in der zweiten Version) von ganz jungen, aus dem Krieg zurückgeschickten Spartiaten empfangen durften, deren volle bürgerliche Anerkennung offiziell zugesichert wurde. Dieses Versprechen wurde später nicht eingehalten, was wirklich darauf schlie-

---

[72] Plut. Lykurgos 16. Der unfreie Status der *Mothákes*, auch als *Nóthoi* oder *Motónes* bezeichnet, ist umstritten. Sie können auch Bastarde aus gemischten, aber freien Beziehungen sein oder verarmte und daher minderberechtigte Spartiatenkinder. CLAUSS 1983, 101–102; LINK 1994, 25–27; SCHMITZ 2014, 210/211.

ßen lässt, dass Heloten die Väter der *Parthénier* waren. Denn an sich ist das Argument der Unehelichkeit der Kinder, das gegen die Söhne der jungen Spartiaten erhoben wurde, in Sparta nicht überzeugend: Die Kinder folgen der Mutter, Familienverbände sind aufgelöst und folglich gibt es auch keinen Ehebruch. Als die *Parthénier* mit einem Putschversuch gegen die Ausgrenzung aus der spartiatischen Gesellschaft protestierten, wurden sie aus der Stadt ausgewiesen. Legitimiert durch das delphische Orakel gründeten sie Tarent in Süditalien, die einzige Kolonie Spartas. Im Rahmen der Thematik des Buches interessiert die „Helotenversion".[73]

WINFRIED SCHMITZ hat sich mit der gesamten Überlieferung um die *Parthénier* auseinandergesetzt, was hier nicht einzeln dargelegt werden kann. Sein Fazit lautet jedoch, dass die oben bereits angedeutete außergewöhnliche Struktur von Ehe und Familie in Sparta auf ein historisches Ereignis zurückzuführen ist: nämlich auf den Versuch einer Integration der *Parthénier*, Söhne von ehemals Unfreien und Nichtbürgern mit freien Bürgerinnen, als Vollbürger in den vom Männermangel nach den verlustreichen Messenischen Kriegen bedrohten spartanischen Kosmos. Der historische Anlass der „Besuchsehe" sei in Vergessenheit gerat, sodass das außergewöhnliche Hochzeitsritual verbunden mit allen juristischen Konsequenzen zum spartanischen Sonderweg geworden sei.[74]

Wenn das Ergebnis der differenzierten Untersuchung haltbar ist, dann hätte es zu einem kurzen Zeitpunkt in der frühen Geschichte Spartas einmal den Versuch gegeben, besonders hervorragende Heloten voll in die Bürgerschaft zu integrieren zur Behebung demographischer Probleme. Der Verlust der Erinnerung an diese Episode, die bald bewusst verschleiert wurde, zeigt jedoch, dass die Spartiaten diese Integration nicht wollten und sie schnell vertuschten.

Wer auch immer in Sparta Helote gewesen war, wie die Neodamoden, oder halbhelotischer Herkunft war, wie die *Parthénier* oder die *Mothákes*, *Motónes* oder *Nóthoi*, der hatte keine Chance, je in die spartiatische Gesellschaft als Vollbürger aufgenommen zu werden. Selbst in Zeiten extremen Männermangels (Oligandrie), wies König Kleomenes III. (235–222 v.Chr.) die 4.000 neugeschaffenen *klároi* (Landlose) nicht Heloten, sondern lakedaimonischen Periöken und befreundeten Bürgern

---

[73] SCHMITZ 2014, 48, 221/2; Strabo, geogr. 6,3,2 p. 278–279 u. 6,3,3 p. 279–280. Die Quellen des Strabo sind Antiochos von Syrakus (5.Jh. v.Chr.) und Ephoros von Kyme (4.Jh. v.Chr.). Die ältere Version ist die Helotenversion. Zur Familienstruktur in Sparta s. SCHMITZ 2007, 127–133.

[74] S. hierzu demnächst SCHMITZ 2017, 2 , Klio: Die Gründung der Stadt Tarent und die Gesetze des Lykurg. Eine neue Sicht auf Spartas Geschichte in archaischer Zeit.Vgl. andere Interprationsmöglichkeiten bei MEIER 1998, 120–136.

anderer Städte zu, die dadurch Spartiaten wurden. Selbst die 2.000 helotischen Kombattanten, die sich freigekauft hatten, blieben vom Bürgerrecht ausgeschlossen. Erst unter König Nabis befanden sich im spartanischen Aufgebot gegen die Römer freigelassene Heloten mit Bürgerrecht (197 v.Chr.). Zu diesem Zeitpunkt waren die Tage der Helotie aber sowieso gezählt.[75]

Abschließend bleibt festzuhalten, dass die Heloten und einige von Pollux, Platon und anderen antiken Autoren erwähnten Bevölkerungsgruppen zwar keine Sklaven waren, dass aber ihre raffinierte Ausgrenzung aus der sie umgebenden Gesellschaft bei gleichzeitiger Beibehaltung ihrer privaten Rechte sie in die Nähe von Unfreien rückte, und sie als sklavenähnlich erscheinen ließ. Das ist wohl auch der Grund für Pollux gewesen, die so schillernde soziale Einstufung besagter Gruppen, für die es keinen eigentlichen Begriff in der griechischen Sprache gab, als „zwischen Sklaverei und Freiheit" stehend zu definieren.[76]

Die Helotie, das hervorstechendste Abhängigkeitssystem unter den oben behandelten, hat Sparta nachhaltig geprägt. Das Helotentum war die Achillesferse Spartas, an der es verwundbar war und letztendlich auch im Kontext flankierender Entwicklungen in die Knie gezwungen werden konnte. Seine Gegner haben diese Schwäche oft auszunutzen verstanden.

Gesellschaftspolitisch stieß die Helotie teils auf Bewunderung, teils auf Ablehnung und Kritik und hat zumindest auf der Diskursebene, wenn nicht sogar darüber hinausgehend, die Sklaverei in den anderen griechischen Staaten mit beeinflusst.

2.3 Sklaverei und Demokratie

Am Vorabend des Peloponnesischen Krieges, etwa um 431 v.Chr. hat ein als Alter Oligarch bezeichneter, nicht namentlich bekannter Spartaverehrer (= Lakonist), der in Athen – vielleicht im Untergrund – lebte und schrieb,[77] folgenden Vergleich zwischen spartanischen Heloten und athenischen Sklaven formuliert:

---

[75] Zur Entwicklung der Helotie nach Leuktra, dem Verlust Messeniens s. WELWEI HAS 2017, s.v. *Heloten* IX; SCHMITZ 2014, 218; KENNELL 2003, 81–105.

[76] WELWEI 2008, 43 schreibt von einer Rechtsstellung sui generis, die er aber doch unter dem Oberbegriff „Unfreiheit" subsumiert wissen will. URBAINCZYK 2008, 98/99 betont, dass die privaten Rechte zum Erfolg ihrer Erhebungen mit beigetragen haben.

[77] Zu Autor, Schrift und Datierung s.o. Kap. 1.2 u. HERRMANN-OTTO 1997, 133–134.

> „(10) Bei den Sklaven wiederum den Metöken herrscht in Athen die größte Zuchtlosigkeit, und es ist hier weder erlaubt, sie zu schlagen, noch wird der Sklave dir (auf der Straße) aus dem Weg gehen. Weswegen dies aber landesüblicher Brauch ist, werde ich erklären: Wenn es Gesetz wäre, dass der Sklave von einem Freien geschlagen würde, oder der Metöke oder der Freigelassene, hätte er (sc. der Freie) schon oft geglaubt, der Athener sei ein Sklave, und zugeschlagen. Denn was die Kleidung angeht, so ist das Volk hier nicht besser als die Sklaven und die Metöken, ebenso wenig in ihrem allgemeinen Erscheinungsbild. ... (11) Wo es nämlich eine Seemacht gibt, ist es aufgrund des Geldes notwendig, den Sklaven zu dienen, damit wir von den Einnahmen erhalten, die er (sc. der Sklave) erwirtschaftet, und sie freizulassen. Wo es aber reiche Sklaven gibt, dort bringt es keinen Nutzen mehr, dass mein Sklave dich fürchtet. In Sparta freilich hätte mein Sklave (*doúlos*) dich gefürchtet ... (12) Deshalb also haben wir auch für die Sklaven gleiches Recht auf Rede (*isegoría*) eingeführt gegen die freien Männer und für die Metöken gegen die Bürger der Stadt,...“[78] (übers. G. Weber)

Der Autor, sehr wahrscheinlich ein Angehöriger der Oligarchen, die seit 443 v.Chr., seit der Ostrakisierung des Anführers ihrer Hetairie, Thukydides Melesiou, im perikleischen Athen im Untergrund lebten, stellt klar die für ihn kritikwürdigen Charakteristika attischer Sklaven heraus: Diese sind reich, deswegen unterscheiden sie sich weder in Kleidung noch in ihrem Verhalten von attischen Bürgern. Sie gehen selbstständig einer beruflichen gewinnbringenden Tätigkeit nach. Davon müssen sie ihrem Herrn eine Abgabe leisten. Der verbleibende Gewinn ist aber so groß, dass sie sich damit freikaufen können, oder im Namen des Herrn ein Geschäft betreiben können. Dieses ist im Bereich von Handel und Gewerbe angesiedelt, wo die größten Gewinne in der Seemachtmetropole Athen zu erzielen sind. In diesen Zusammenhang, als von ihrem Herrn beauftragte Geschäftspartner, ist nämlich auch die Redefreiheit der athenischen Sklaven einzuordnen. Ängstliche Sklaven sind schlechte Vertreter ihrer Herren, wenn es um den Abschluss von Geschäften und Verträgen mit Gewinn geht. Das weiß der Alte Oligarch sehr genau, auch wenn ihm das Selbstbewusstsein der Sklaven nicht passt, wie ihm die gesamte gesellschaftliche und politische Ordnung Athens, nämlich die Herrschaft des Volkes, die Demokratie, verhasst ist.[79]

Wenn die Darstellung auch zugunsten Spartas überzeichnet ist, wo die Heloten klar erkennbar von jedem gezüchtigt werden können, so gehören die geschilderten Verhältnisse in Athen doch nicht in den Bereich der

---

[78] Ps.-Xen. Ath. Pol. 1,10–12.

[79] S. HERRMANN-OTTO 1997, 134–140.

puren Fiktion, sondern entsprechen – abgesehen von einigen Übertreibungen – der Realität. Vor diesem Hintergrund stellt sich die Frage: Wie konnte sich die Sklaverei in Athen zu dieser Form entwickeln, wie lassen sich Sklaverei und Demokratie überhaupt miteinander vereinbaren, und was sind das für Sklaven, die sich in nichts von ihren Herren, den Bürgern und Metöken unterscheiden, und die von niemandem außer ihrem eigenen Herrn gezüchtigt werden dürfen? Sind auch sie Griechen? Und welche Rechte haben sie?

Wir befinden uns hier an einem der zentralen Punkte der antiken Sklavereigeschichte, nämlich der Hochblüte der sogenannten „klassischen Sklaverei", d.h. der auf Kauf beruhenden Sklaverei (*chattel slavery*) im Athen des 5. und 4. Jhs., als die Demokratie voll entwickelt war, als Athen auf dem Höhepunkt seiner politischen, wirtschaftlichen und geistigen Macht stand, von der prägende Auswirkungen nicht allein auf das zeitgenössische Griechenland ausgegangen sind, sondern später auch auf die Römer und über sie hinaus über die Jahrtausende hinweg bis in unsere heutige Zeit. Und doch wird dieses Athen in der neueren Forschung als Sklavenhalterstaat und Sklavenhaltergesellschaft bezeichnet.[80] Warum das so ist und inwieweit dieses Etikett passend ist, lässt sich nur beantworten, wenn wir einige Jahrhunderte in der gesellschaftlichen und politischen Geschichte des antiken Athen zurückgehen, als die Voraussetzungen zu dieser demokratischen Entwicklung geschaffen wurden. Zuvor müssen noch ein paar Erläuterungen zur Fokussierung der Darstellung auf athenische Verhältnisse gemacht werden.

Athen ist nicht die einzige griechische Stadt, in der sich eine demokratische Verfassung ausgebildet hat. Athen besitzt auch nicht als einzige Polis in Griechenland eine Gesellschaft, in der die Sklaverei anzutreffen ist. Auch in anderen demokratischen Städten gab es Sklaven, sodass auch sie auf die obigen Fragestellungen hin untersucht werden müssten. Allerdings ist die Quellenlage dafür kaum ausreichend, weshalb man sich stellvertretend auf Athen beschränken muss. Obwohl der größte Teil der antiken Zeugnisse aus Athen selbst stammt, u.a. von attischen Autoren, aus Inschriften etc., wird sich zeigen, dass sich dennoch nicht alle Fragen aus ihnen beantworten lassen. Es wird ein ungeklärter Rest bleiben, ähnlich wie schon zuvor in Sparta.

Im 8. und 7. Jh. kam es in Griechenland zu großen politischen und sozialen Umbrüchen. Profiteure der Umwälzungen waren die Adelsgeschlechter. Das Anwachsen der wirtschaftlichen Macht des Adels beruhte u.a. auf einer sozialen Krise: Landbesitzende Bauern und weniger mäch-

[80] S.o. Kap. 1.1.

tige Adlige verarmten. Ein exemplarisches Bild für diese Vorgänge in Mittelgriechenland lässt sich aus der Dichtung des Hesiod gewinnen, speziell seinen „Werken und Tagen“, in welchen er das Leben der Bauern in Böotien um 700 v.Chr. schildert.

Hesiod selbst war zweiter Sohn eines durchaus vermögenden Bauern, der aus Kyme in Ionien auf das griechische Festland eingewandert war. Die Aufteilung des Besitzes unter den beiden Erben war strittig. Der ältere Bruder hatte, um seinen landwirtschaftlichen Ertrag zu steigern, versucht, in den Exporthandel einzusteigen, d.h. im Überschuss zu produzieren. Hesiod warnt ihn vor solch gewagten Geschäften, die auf jeden Fall ein größeres Startkapital erforderten und sehr risikoreich waren. Verschuldung war eine der Konsequenzen, wenn das Geschäft sich als Verlustunternehmen herausstellte. Das Borgen auf den Leib, weil der Boden in archaischer Zeit unveräußerlich war, später die Verpfändung des Bodens und schließlich das persönliche Absinken in die Schuldknechtschaft oder sogar die Sklaverei waren die wirtschaftlichen und rechtlichen Folgen, die sich immer häufiger bei den bisher wohlhabenden Bauern einstellten. Nutznießer einer solchen krisenhaften Entwicklung waren der potentere Nachbar und die adligen Großgrundbesitzer.[81] Vor allem letztere waren daran interessiert, ihren Landbesitz zu vergrößern, weil die Bekleidung staatlicher Ämter von der adligen Herkunft, aber auch vom Reichtum, vor allem in Grundbesitz, abhing.

Hesiod und sein Bruder gehören der mittleren bäuerlichen Schicht an. Sie betreiben Subsistenzwirtschaft, d.h. dass sie selbst mitarbeiten müssen und freies Gesinde aus der unterbäuerlichen Schicht für ein Jahr beschäftigen. Ob die *dmóes*, männliche und weibliche, die Hesiod erwähnt, Sklaven sind, da sie nach der Ernte und auch im Winter auf dem Hof bleiben, ist in der Forschung umstritten.[82]

Die wirtschaftliche Krise hatte tiefgreifende soziale und politische Spannungen zur Folge, die sich bis zum Verfassungsumsturz und zum Bürgerkrieg auswachsen konnten. In Adelskämpfen versuchten nämlich einzelne Adlige sich zu Tyrannen aufzuschwingen. Sie waren vor allem dann erfolgreich, wenn sie das unzufriedene Volk für sich gewinnen konnten, indem sie ihm die Behebung der sozialen Not u.a. durch eine Neuaufteilung des Bodens versprachen. Die Verpfändung freier Bauern in die Schuldknechtschaft, ihre Entfernung aus der Volksversammlung,

---

81 Hes. erg. 298–382; WELWEI 2002, 72–75. SCHMITZ 2014, 31–38; SCHMIDT HAS 2017, s.v. *Hesiod*.

82 *Dmóes* ist bereits z.Z. der homerischen Epen nur noch ein poetisch verwendeter Begriff für Sklaven, den auch Hesiod in seiner Dichtung benutzt. S. SCHMIDT HAS 2017, s.v. *Hesiod* III; NDOYE 2010, 109–135; 278–280.

ihr Recht- und Schutzloswerden gegenüber den Eupatriden, die sie jederzeit ins Ausland verkaufen konnten, dies alles entfachte einen Aufruhr (*stásis*) im Volk, der in dem Augenblick zum Umsturz der Verfassung führen konnte, wenn ein starker Adliger die soziale Unzufriedenheit und Rechtlosigkeit des Volkes sich für seine eigenen machtpolitischen Ziele zu Nutze machte. Die Tyrannen von Megara und Sikyon hatten auf diese Weise vorübergehend Erfolg gehabt.[83] So stellte sich die Lage in Mittelgriechenland seit der zweiten Hälfte des 7. Jhs. dar, und griff schließlich zu Beginn des 6. Jhs. auch auf Attika über. Hierzu schreibt Plutarch:

> „Denn das ganze niedere Volk war den Reichen verschuldet. Entweder bearbeiteten sie das Land für sie und lieferten den Sechsten der Erträge ab, wonach sie Hektemorier und Fronbauern hießen, oder wenn sie unter Verpfändung ihres Leibes Schulden aufgenommen hatten, so wurden sie von den Gläubigern abgeführt und dienten teils im Lande als Sklaven, teils wurden sie in die Fremde verkauft. Viele waren auch genötigt, ihre eigenen Kinder zu verkaufen – denn kein Gesetz verbot das – und vor der Hartherzigkeit der Gläubiger das Land zu verlassen."[84] (übers. K. Ziegler)

Hektémoroi sind freie verschuldete Bauern, die ein Sechstel oder fünf Sechstel ihrer Ernteerträge an ihre Gläubiger zahlen mussten. Den Rest konnten sie für sich zum Unterhalt ihrer Familie behalten. Die Forschung ist sich weder über die Höhe der zu zahlenden Abgaben noch über die Deutung dieser Personengruppe im Klaren.[85] Die Not der Betroffenen schien aber in jedem Fall groß gewesen zu sein.

Aristoteles zeichnet folgendes Bild von den gesellschaftlichen und politischen Verhältnissen in Attika an der Wende vom 7. zum 6. Jh.:

> „In der Folgezeit kam es dazu, daß sich die Vornehmen und die Menge über lange Zeit hinweg bekämpften. Denn ihre Staatsordnung war auch in jeder anderen Hinsicht oligarchisch, und insbesondere lebten die Armen in sklavischer Abhängigkeit von den Reichen – sie selbst, ihre Kinder und Frauen. Sie hießen Abhängige (*pelátai*) und Sechstler (*hektémoroi*); denn für diese Pacht bestellten sie die Felder der Reichen. Das gesamte Land war in den Händen weniger; und wenn sie ihre Pacht nicht abführten, konnte auf sie selbst und ihre Kinder zugegriffen werden. Die Darlehen wurden bis zu Solons Zeit

---

83 WELWEI 2002, 90–93; Aristot. Pol. 1305a.

84 Plut. Solon 13,2-3.

85 S. WELWEI 2011, Athen 154–161 mit Überblick über die ältere Forschung: 1/6 sichere Arbeitskräfte, gesunder Menschenverstand – 5/6 höchste Not, baldige Versklavung u. Annexion des Bodens; OSBORNE DNP 5, 1998, s.v. *Hektemoroi;* SCHMITZ HAS 2017, s.v. *Hektémoroi*: Überblick über die neuere Forschung.

an alle unter der Bedingung vergeben, daß sie mit ihrem Körper dafür hafteten...“[86] (übers. M. Dreher)

Bei der rechtlichen Unveräußerlichkeit des Bodens kann man sich den Vorgang der Verschuldung kleiner Bauern folgendermaßen vorstellen: Der Bauer, der das Saatgut für seinen Boden nicht mehr bezahlen konnte, nahm bei einem Eupatriden, einem der reichen und mächtigen Adligen, einen Kredit auf und zwar auf seinen eigenen Leib. Er bebaute dann als Freier weiterhin seinen eigenen Boden. Konnte er nach einer vereinbarten Zeit das Darlehen nicht zurückerstatten, dann hatte der Gläubiger volle Gewalt über ihn: Er konnte ihn entweder als Sklaven verkaufen, was zu diesem Zeitpunkt selten geschah, oder ihn auf seinem Boden belassen, den er dann weiter bebaute, aber nicht mehr als unabhängiger Bauer, sondern als *hektémoros*, der einen bestimmten Betrag von seinen Ernteerträgen an den Gläubiger abzuführen hatte. Zum Zeichen dafür, dass der Boden mit einer Abgabe belastet war, wurden Hypothekensteine auf dieses Land gesetzt. Diese Steine, *hóroi*, zeigten an, dass der Boden bereits für einen Gläubiger bewirtschaftet wurde, und nicht noch für einen zweiten Kreditgeber einsetzbar war. Die Institution der *hektémoroi* war zu dem Zweck eingerichtet worden, dass nicht sofort eine Personalexekution bei Zahlungsunfähigkeit erfolgte, sondern dem Schuldner durch ein längerfristiges Abzahlungssystem (ein Sechstel) die Möglichkeit gegeben wurde, irgendwann einmal wieder schuldenfrei zu werden. Wenn er den vereinbarten Verpflichtungen überhaupt nicht nachkommen konnte, drohte eine sogenannte „gestaffelte“ Versklavung: Bei fortschreitender Zahlungsunfähigkeit wurden erst die Kinder, dann die Frau und schließlich der bäuerliche Schuldner selbst in die Sklaverei verkauft. Der Boden fiel dann faktisch und rechtlich an den Gläubiger.[87]

Beide Seiten, Adel und Volk, waren mit der gegenwärtigen Situation unzufrieden, die Adeligen, weil sie befürchteten, dass einer der Standesgenossen sich gegen sie mit dem Volk verbündete und die Tyrannis errang, das Volk, weil es nicht länger in Armut und Rechtlosigkeit für den Adel arbeiten wollte. Als Mittler (*diallaktés*) von beiden und zwischen beiden Parteien bestellt, konnte Solon die Krise lösen.[88]

Sein Reformprogramm bestand zum einen in einer Schuldentilgung, der *seisáchtheia*, durch welche er den Boden befreit hat: Er hat die Schuldsteine weggeschafft. Zum anderen hat er die in die Fremde Verkauften ausgelöst und die im Lande „Versklavten“ – denn die persönliche Freiheit ist in der Schuldknechtschaft eingeschränkt – aus der

86 Aristot. Ath. pol. 2.

87 WELWEI 2011, Athen 156–161; SCHMITZ 2014, 61.

88 WELWEI 2011, Athen, 161–163; SCHMITZ HAS 2017, s.v. *Solon*.

Knechtschaft befreit.[89] Die Lastenabschüttelung des Solon bedeutete eine Befreiung von Land und Leuten. Gleichzeitig hat er das Borgen auf den Leib verboten. Seit Solon ist der Boden nicht mehr unveräußerlich, wodurch die Schuldknechtschaft aufgehoben und verboten ist. Außerdem war es untersagt, die eigenen Mitbürger zu versklaven und ins Ausland zu verkaufen. So bildete sich allmählich die Tendenz heraus, nicht mehr Griechen, sondern nur noch Barbaren in die Sklaverei zu ziehen, was Aristoteles später philosophisch mit der Lehre vom „Sklaven von Natur", dem *phýsei doúlos*, untermauert hat.[90]

Die äußeren Umstände zur Umwandlung der Rekrutierung von Arbeitskräften für die Reichen waren außerdem günstig: Ende des 6. Jhs. ist bereits der erste Sklavenhändler mit Namen Panionios von Chios bezeugt, der in Kleinasien mit Eunuchen handelte.[91] Der Tauschhandel mit Sklaven, der schon in homerischer Zeit bezeugt ist, beginnt sich wahrscheinlich bereits im 7. Jh. auf Chios zum Kaufhandel mit Sklaven zu wandeln. Fraglich ist allerdings, ob man schon von regelrecht funktionierenden Märkten sprechen kann.[92] Durch auswärtige Kriege (z.B. die Perserkriege) standen außerdem genügend Kriegsgefangene als potentielle Barbarensklaven zur Verfügung. Umschichtungen im Sklavenerwerb werden sich in diesen beiden Jahrhunderten langsam vollzogen haben. Mit Solon, so lautet die These eines Teiles der Forschung, habe nicht nur Athens Entwicklung zur Demokratie begonnen, sondern durch seine sozialen Reformen bedingt, die die Schuldsklaverei athenischer Bürger vollkommen abgeschafft haben, sei die Polis zwangsläufig auf den Weg zur Sklavenhaltergesellschaft geleitet worden.[93] Da die Anzahl der Sklaven sowie die Mentalität der Herren eine fundamentale Bedeutung für die Stützung dieser These haben, soll beiden Aspekten genauer nachgegangen werden.

Eine klare Aussage über die Sklavenzahlen für Athen im 5./4. Jh. v.Chr. ist äußerst schwer. Ob die z.T. in der Forschung vertretenen Angaben zwischen 70.000 bis 100.000 Sklaven bzw. zwischen 60.000 bis

---

89 Aristot. Ath. pol. 12,4; Plut. Solon 14–15. WELWEI 2011, Athen 161–163.

90 S.o. Kap. 1.2.

91 Hdt. 8,105.

92 ANDREAU / DESCAT 2006, 43: Sklaven werden als *argyrónetoi*, „mit Silber Gekaufte", bezeichnet. Vgl. dagegen WELWEI 2008, 19. Zu den Märkten s. FINLEY 1981, 102/103 u. SCHUMACHER 2001, 46; Theop. bei Athen. 6,265b: Chios Handel u. Steuer; Thuk. 8,40,2: viele Sklaven auf Chios Ende 5. Jh. Kritisch: FISCHER HAS 2017, s.v. *Sklavenhandel* IV.

93 U.a. FINLEY 1981, 93, 103–110; MACTOUX 1988, 331–354; FLAIG 2001, 28–32.

150.000 Sklaven der historischen Wirklichkeit entsprechen, ist fraglich.[94] Kommt nach den obigen in der Forschung diskutierten Zahlenangaben auf jeden Bürger der Stadt ein halber bis dreiviertel Sklave, wenn sich die freie Gesamtbevölkerung einschließlich Frauen, Kinder und Fremde auf 200.000 bis 250.000 Personen in Attika belief, was aber ebenfalls nicht gesichert ist, so könnte man sich leicht ausrechnen, wie sehr die Wirklichkeit von dem Idealwunsch des Atheners abwich, mindestens einen Sklaven zu besitzen. Allerdings gibt es auch ganz andere Zahlen.[95]

Lassen sich in Athen Sklaven in allen Wirtschaftszweigen, sei es im Handwerk als Schuster, Metallarbeiter (Schmiede und Goldschmiede), Töpfer und Weber, im Handel als Händler und Bankleute, im Transportwesen, in der Landwirtschaft und im Bergbau nachweisen, ganz zu schweigen von den Haussklaven und denen, die zu häuslichen Verrichtungen als Köche, Pädagogen, Ammen, Schreiber etc. nach auswärts vermietet wurden, so bestätigt dies noch nicht die Angabe des Athenaios, der zufolge es nach der Zählung des Demetrios von Phaleron im Jahr 317 v.Chr. 400.000 Sklaven in Athen gegeben haben soll. Im Vergleich dazu werden für Korinth 460.000, für Ägina 470.000 und für das sizilische Agrigent bereits im 5. Jh. 200.000 Sklaven erwähnt. Eine ähnlich hohe Sklavenzahl findet sich bei Hypereides, der meint, dass nach der Schlacht von Chaironeia 338 v.Chr. 150.000 Sklaven aus den Bergwerken von Laureion freigelassen worden seien.[96] Die Zahlen vor allem für Korinth, Ägina und Agrigent können nicht den dort lebenden und arbeitenden Sklaven entsprochen haben. Wo sollte man diese alle beschäftigen? Wahrscheinlich sind, so ein Vorschlag in der Forschung, damit auch die gemeint, die auf dem Sklavenmarkt „umgeschlagen“ wurden, eventuell sind sie sogar doppelt gezählt worden: beim Eintritt in die Stadt bzw. Insel und bei der Ausfuhr, denn alle erwähnten Orte sind Handelsstädte, in denen auch mit Sklaven gehandelt wurde. Jedenfalls sind alle

---

94 ANDREAU/DESCAT 2006, 72–74; FISHER 1993, 34–36; zur weiteren Zahlendiskussion SARGENT 1924 (ND1973), 126–128: 93.000 freie Einwohner u. 60.000–70.000 Sklaven Ende d. 4. Jhs.

95 BANNERT 1998, 68: 150.000 Athener u. Athenerinnen, 80.000 Sklaven, 70.000 Metöken. SARGENT 1924 (ND1973), 128: kommt zu dem Ergebnis, dass etwa 7.800 vermögende Familien (1.–3. Schatzungsklasse, einschl. entsprechender Metöken) je 8 Sklaven gehabt hätten, und der Rest sich auf die Theten verteilte, von denen nicht jeder einen Sklaven besaß. SCHUMACHER 2001, 50: wohlhabende attische Bürger zwischen 5–10 Sklaven.

96 Athen. 6,272 c: Die Zahl ist anzuzweifeln, da ihre Überlieferung umstritten ist: 40.000 Sklaven. Volkszählungen wie Besteuerungen der Athener haben kaum stattgefunden. Agrigent: Diod. 13,84; Laureion: Hypereides, gegen Aristogeiton fr. 29.

diese pauschalierenden Angaben mit großer Skepsis zu betrachten und als Grundlage für weitreichende Thesen abzulehnen. [97]

Konkretes Zahlenmaterial lässt sich aber für Athen im 5./4.Jh. durchaus zusammenstellen, allerdings nicht flächendeckend. Für die Stadt und das Land sind insgesamt 160 Berufe inschriftlich bezeugt, davon zwölf Landwirtschaftsberufe.[98] Die unten aufgeführten Zahlen erheben keinen Anspruch auf Vollständigkeit, sondern sollen exemplarisch zeigen, in welchen Wirtschaftszweigen tendenziell mit vielen und wo mit wenigen Sklaven zu rechnen ist. Die Glaubwürdigkeit auch dieser Zahlen hängt von der Art der Quelle ab, ob sie zeitgenössisch ist oder nicht, ob es sich um private, z.B. literarische, oft tendenziöse Schriften handelt oder um öffentliche, eventuell inschriftliche Zeugnisse. Unter letzteren sind als besonders ergiebig hervorzuheben: die Vermögensversteigerungslisten anlässlich des Hermokopidenfrevels 415/414 v.Chr., die Entlohnungslisten der am Bau des Erechtheion beschäftigten Arbeiter aus perikleischer Zeit und die Mannschaftslisten der athenischen Schiffsbesatzungen zur Zeit des Peloponnesischen Krieges. Wie zuverlässig auch diese öffentlichen Zeugnisse sind, so geben sie uns doch aufgrund ihrer Lückenhaftigkeit nur einen fragmentarischen Einblick in die wahren Verhältnisse. Das sollte bei den folgenden Angaben, die oft zufällig überliefert sind und darüber hinaus nur eine kleine Auswahl darstellen, immer mit berücksichtigt werden:

Haussklaven:[99] Philosophentestamente: Aristoteles: annähernd 20 Sklaven; Platon: 5 Sklaven u. Sklavinnen; Theophrast: 1 Sklavin u. 8 Sklaven; Straton: 7 Sklaven; Lykon: 12 Sklavinnen u. Sklaven; Epikur: 3 Sklaven, 1 Sklavin.

Handwerkssklaven:[100] Vater des Demosthenes: 33 Messerschmiede und 20 Klinenhersteller; Metöke Kephalos, Vater des Lysias: 120 Waffen-

---

97 ANDREAU / DESCAT 2006, 74. HANSEN 1995, 94–95 bewertet die Zahlen als unmöglich, geht für die Zeit zwischen 317–307 allerdings von 150.000 Sklaven, 80.000 Metöken und 100.000 Bürgern (Gesamtbevölkerung) aus. Dem widersprechen die bei Ktesikles überlieferten Zahlen für den Zensus des Demetrios von Phaleron 317. Zu diesen und anderen umstrittenen Zahlen, s. SCHMITZ 2014, 112/113.

98 ANDREAU / DESCAT 2006, 110–113, FISHER 2006, 337 geht von 170 identifizierbaren unterschiedlichen Berufen aus. S. Tabellen der Berufe und Berufsgruppen bei HARRIS 2002, 88–99. Einen Überblick s. bei SCHMITZ HAS 2017, s.v. *Berufe / Tätigkeiten* I.

99 ANDREAU / DESCAT 2006,73; KLEES 1998, 299–300.; SCHMITZ HAS 2017, s.v. *Haushalt* I.

100 Demosth. or. 27,9–11; Lysias 12,19; Demosth. or. 36,11–13; Aischin. or. 1,97–99; GARLAN 1988, 65; Entlohnungsliste: IG I^3 474–479, vgl. SCHUMA-

schmiede (Schilde); Pasion, freigelassener Bankier: 60 Waffenschmiede (Schilde); Timarchos: 9–10 Lederverarbeiter; Leokrates: 8–9 Kupferschmiede; der Bronzeschmied Charias; Aristarchos und Satyros, zwei Schuster; 16 Bauarbeiter = Maurer und 4 Zimmerleute am Erechtheion, die Sklaven verschiedener privater Herren sind; Moschion, Aufseher über Sackwebersklaven und Hauspersonal; Vater des Demosthenes: Sklave Milyas, Aufseher über Ergasterien und Betriebsverwalter.
Handel:[101] 50 Bankangestellte des Phormion, Bankier und ehemaliger Sklave des Pasion, der auch Sklave gewesen war; Sokrates, Satyros, Timodemos, alle in Bankgeschäften tätige Sklaven, alle später freigelassen; Lampis, Sklave des Dion, Geschäftsführer auf Handelsschiff.
Bergwerkssklaven:[102] 1.000 des Nikias; 600 des Hipponikos; 300 des Philemonides; der thrakische Sklave Sosias: Geschäftsführer des Großunternehmers Nikias.
Landwirtschaftssklaven:[103] der Eseltreiber Alexitimos (Hausgeborener); Perikles: sein Aufsehersklave (*epítropos*) Euangelos; Timesios: sein Aufsehersklave Antidoros
Militär:[104] mehr als 95 Rudersklaven verschiedener auf denselben Schiffen tätiger Athener.
Staatssklaven:[105] 19 im Heiligtum von Eleusis; 9 Transporteure und 17 Bauarbeiter bei Arbeiten am Tempel von Eleusis; Vater des Hyberbolos ehemaliger Sklave in der Münzprägewerkstätte; 8 Gehilfen der Bouleuten;

CHER 2001, Kupferschmiede 155; Tabelle (Erechteion) 134–135, Auswertung 131–133, 136; BRODERSEN / GÜNTHER/ SCHMITT I 1992, NR.132, 113; Demosth. or. 29,25; Demosth. or. [48] 12-14; Überblick: SCHMITZ HAS 2017, s.v. *Handwerk* I.

101 Demosth. or. 45; Demosth. or. 36,28-29; zu den Bänkern u.a. FISHER 2006, 341–342, EICH HAS 2017, s.v. *Bankwesen / Finanzen* I.B.; SCHUMACHER 2001, 163–168 unter Einschluss von Banken und unfreien Bänkern außerhalb Athens. S.u. Kap. 2.4. Demosth. or. 34,5; 10; SCHMITZ HAS 2017, s.v. *Handel* I.

102 Xen. poroi 4,14–15. SCHNEIDER HAS 2017, s.v. *Bergbau / Bergwerke* III.

103 IG I^3, 421; Plut. Perikles 16, 3–5; ANDREAU / DESCAT 2006, 116; AMELING HAS 2017, s.v. *Landwirtschaft* I.C; SCHMITZ HAS 2017, s.v. *Berufe / Tätigkeiten* I.

104 IG 1^3, 1032; FISHER 2006, 333; SCHUMACHER 2001, 186–187; WELWEI HAS 2017, s.v. *Öffentliche Sklaven* I.

105 Andocides fr. 5; FISHER 1993, 55–56; SEG XXIV, 163; SCHUMACHER 2001, 157, 181–183; Aristoph. Thesm. 997–1007; 1176–1225: Der Staat brauchte diese Fremden als Polizei, Scharfrichter, Folterknechte etc., weil sie als Unfreie und Fremde – ohne Bindung an die Bürger – Strafexekutionen besser ausführen konnten. Vgl. hierzu FISHER 1993,64–6. Aischin. 1,54–59; Lys. 30,2. Mit der weiteren Ausgestaltung der Polisinstitutionen wuchs auch der Bedarf an staatseigenen Sklaven (*demósioi*). S. hierzu WELWEI HAS 2017, s.v. *Öffentliche Sklaven* I.

300 skythische Bogenschützen (städtische Polizei); Pittalakos überaus reicher Staatssklave; Vater des Nikomachos.

Brechen wir hier die Zusammenstellung ab[106] und halten Folgendes als Ergebnis aus den vorgeführten Quellen fest: Sklavenmassen gab es weder im Haushalt, noch im kleinen Handwerksbetrieb und schon gar nicht in der Landwirtschaft, die von freien Arbeitskräften, vorrangig den Mitgliedern der eigenen Familie, in Hochzeiten landwirtschaftlicher Arbeit z.B. bei Aussaat, Ernte etc., zusätzlich mit freien Tagelöhnern und im Notfall mit Nachbarschaftshilfe betrieben wurde.[107] Für die Landwirtschaft fehlen einfach die Zahlen, wenn man nicht die Komödien als Ersatzquelle hinzuziehen möchte, die aber in gleicher Weise für den Haushalt genutzt werden müssen. Außerdem sollte man diese literarische Quelle nur dann für die historische Fragestellung hinzuziehen, wenn Sklaven nicht aus dramaturgischen sondern sachlichen Gründen im Bühnengeschehen auftauchen. [108] In den Komödien handelt es sich stets um mittlere bis kleinere Gutsbesitzer. Zu den Großgrundbesitzern lassen sich keine Angaben machen.

Obwohl sich aus den literarischen Quellen keine großen Zahlen ermitteln lassen, ist die Diskussion um den Umfang des Einsatzes von Sklaven in der Landwirtschaft, dem vorrangigen Wirtschaftszweig im antiken Griechenland, bisher nicht verstummt. Hängt doch von der Beantwortung dieser Frage ab, ob Athen zur Hochblüte seiner Demokratie als „Gesellschaft von Sklavenhaltern“ charakterisiert werden kann oder eher als „Gesellschaft mit Sklaven“ zu gelten hat. Nach MOSES FINLEY, der von großen Sklavenmassen ausgeht, gehört das klassische Athen zu

---

106 Weitere bei SCHUMACHER 2001, der die Berufstätigkeiten der Sklaven und Freigelassenen nach den modernen ökonomischen Klassifizierungen in primären, sekundären und tertiären Wirtschaftssektor zusammmenstellt: 91–238. Zur Kritik an diesem Einteilungsschema s. ANDREAU / DESCAT 2006, 109.

107 OSBORNE 1995, 33; AMELING 1998, 301–302; DERS. HAS 2017, s.v. *Landwirtschaft* I.C; CARTLEDGE 2002, 163; SCHMITZ 2014, 36–38, 154–158; Hes. erg. 405–409; Aristot. pol. 1323a. Der neuesten Forschung zufolge hatten Kleinbauern ca 3 Hektar Land, Großgrundbesitzer zwischen 28–30 Hektar.

108 In den Komödien des Aristophanes treten insgesamt 37 Sklaven auf, die sich auf neun Herren verteilen, die alle Bauern sind, zwei von ihnen vermögend mit jeweils acht, die restlichen mit drei bis vier Sklaven. Deren Tätigkeiten sind unspezifisch im Haushalt und auf dem Land. Daraus auf mangelnde berufliche Qualifikation der Sklaven in Athen zu schließen, ist aufgrund des Genres der Quelle abzulehnen. In diesem Sinne GARLAN 1988, 60. Zur Benutzung der Komödie als historische Quelle s. SCHMITZ 2013, 544.

den fünf „Sklavenhaltergesellschaften“ der westlichen Weltgeschichte der Sklaverei.[109]

Alte Argumente auf beiden Seiten kann man in einschlägigen Forschungsberichten nachlesen.[110] Ich möchte mich hier auf neuere Thesen beschränken. WINFRIED SCHMITZ geht von einem zeitlich und regional differenzierten Entwicklungsprozess in Griechenland aus: Während in archaischer Zeit freies Gesinde, unverheiratete und kinderlose Männer und Frauen, in kleiner Zahl von ein bis zwei Personen auf ein Jahr auf dem Gutshof verpflichtet wurde, wie wir es bei Hesiod in Böotien gesehen haben, haben mittelständische Bauern in Attika, vor allem nach den solonischen Reformen im 6./5. Jh. begonnen, gekaufte Sklaven einzusetzen. Bei prosperierender Wirtschaft konnten das auch mehrere sein. Andere Gebiete, z.B. Lokris und Phokis im Mittelgriechenland folgten erst im 4. Jh. mit dem Einsatz von Kaufsklaven.[111]

Der Mangel an freien Arbeitskräften, falls er nicht demographisch bedingt ist, lässt sich aus der Scheu der Griechen vor abhängiger Arbeit erklären, die man nur kurzfristig übernehmen wollte. Andererseits stellt sich die Frage, ob Sklaven, die man anstelle der Freien einstellte, in der Landwirtschaft ganzjährig beschäftigt werden konnten. Dieses Problem ließ sich mit der Vermietung in andere Erwerbszweige lösen und ist in den Gruppen der *misthophoroúntes* und auch der *chorís oikoúntes*, der außerhalb des Hauses des Herrn arbeitenden und wohnenden Sklaven, zu fassen. Sie waren sehr selbstständig und eigenverantwortlich und mussten ihren Herren einen bestimmten Prozentsatz ihres Lohnes abliefern. Die äußere Sichtbarkeit freier und unfreier Arbeiter wird gering gewesen sein, da es auch in Griechenland keine ausgesprochenen Sklavenberufe gab.[112] Das hat sich mit Sicherheit auf die geringe Widerspiegelung der Sklaven in den literarischen Quellen ausgewirkt. Da auch Konkurrenzverhältnisse zwischen freien und unfreien Arbeitern selten überliefert sind,[113] scheint es sinnvoller zu sein, von einem Nebeneinander verschie-

---

[109] Zu FINLEY s.o. Kap. 1.3 (weitere Stellen in 2.3.) u. s.u. 3.1, 3.2, 3.3, 3.8.

[110] SCHMITZ 2014, 175–178; DERS. 2013, 535–537; EICH 2006, 305–321; AMELING 1988, 281–284.

[111] SCHMITZ 2013, 538–550.

[112] EICH 2006, 329–342; SCHMITZ HAS 2017, s.v. *Chorís oikoúntes*; DERS. HAS 2017, s.v. *Misthophoroúntes*; DERS. HAS 2017, s.v. *Berufe / Tätigkeiten* I.

[113] EICH 2006, 329–342; S. dagegen das Verbot des Tyrannen von Korinth, Periander, Sklaven zu kaufen, weil sonst die freie Bevölkerung (Theten und Tagelöhner) arbeitslos würden. S. hierzu SCHMITZ 2013, 548/549; auch Dion von Prusa klagt in der römischen Kaiserzeit über Sklaven, die den städtischen Armen die Arbeit wegnehmen (Dion Chrys. or. 7, 107) S. hierzu HERRMANN-

dener Arbeitsverhältnisse auszugehen, und vor allem nicht weitreichende theoretische und ideologische Gebäude auf unsicheren Grundlagen zu errichten.

Sklavenmassen wurden in den Bergwerken eingesetzt, eine mittlere Anzahl von Sklaven in den größeren Handwerksbetrieben und im Handel. Belege aus den Freilassungsinschriften zeigen, dass Sklaven in diesen Berufen viel zahlreicher vertreten sind als in der Landwirtschaft. (s.u. Kap. 3.4). Ähnliches gilt für den Staat selbst. Wenige Sklaven sind im Haushalt tätig. Nimmt man aus den Hermokopidenlisten noch die Sklaven hinzu, bei denen kein Beruf angegeben ist, dann kann man sehen, dass sich hier die Zahlen des einzelnen Sklavenbesitzers in Attika zwischen 16 Sklaven als Höchstgrenze und einem Sklaven als Untergrenze bewegen.[114] Die bekannten konkreten Zahlen erlauben es folglich nicht, von einer Sklavenhaltergesellschaft zu sprechen, die mindestens zwischen 20–30% Sklaven aufweisen müsste. Die oben aufgeführten pauschalen Zahlen dagegen sind widersinnig. Wahrscheinlich wussten die Athener selber nicht, wie viele Sklaven sie hatten, denn es gab keine offiziellen Listen. Da es sich wohl um antike Schätzungen – wahrscheinlich Verschätzungen – handelt, sollten wir ihnen keinen verbindlichen Aussagewert beimessen.[115]

Aufgrund dieses Negativergebnisses hat man versucht, an der Mentalität der Herren die These von der athenischen Sklavenhaltergesellschaft festzumachen. Wenn die Bürger immer mehr Sklaven haben wollen, die sie seit Solon aus dem Ausland kaufen müssen, wenn die Sklaven weder in die Familie noch in die Gesellschaft integriert sind und ihnen das nicht nur ideologisch durch Vorurteile, Verunglimpfungen, sondern auch faktisch durch Schläge, Folter und totale Kontrolle ständig demonstriert wird, dann handle es sich um eine Sklavenhaltergesellschaft.[116]

OTTO 2012, 220–222. Zur Konkurrenz auf dem Land in repubikanischer Zeit s.u. Kap. 3.2.

114 16 Sklaven des Metöken Kephisodoros; 9 Sklaven des Adeimantos; 7–8 Sklaven des Axiochos; 1 Sklave des Polystratos; 10 Sklaven unbekannter Herren. Auf dieser Grundlage ließe sich von einem Mittelwert zwischen 3–4 Sklaven sprechen. Vgl. SCHMITZ 2014, 158, der in einem solchen Fall von 30.000 statt 10.000 Sklaven in Athen ausgeht, zugleich aber vor diesen Gesamtzahlen warnt wegen zu vieler „Unbekannten" in dieser Berechnung.

115 S.o. Kap. 1.1; HANSEN 1995, 94–95; CARTLEDGE 2002, 159: „the crucial distinction between a society with slaves and a slave society, also insisted upon by Finley, is sometimes subtle and hard to draw."

116 ANDREAU / DESCAT 2006, 26, 49; RIHLL 2011, 48–73, bes. 69–72.

Die griechischen Herren haben ein gespaltenes Verhältnis zu ihren Sklaven. Am deutlichsten hat das Platon in seinen *Nomoi* ausgesprochen, indem er dem athenischen Gesprächspartner bei der Planung eines neuen Staates, des zweitbesten Staates nach der Politeia, folgende Worte in den Mund legt:

> „Wir wissen, dass wir alle sagen möchten, man sollte möglichst gut gesinnte und tüchtige Sklaven besitzen; es hat ja auch schon viele Fälle gegeben, wo Sklaven an jedweder Tugend die Brüder und Söhne ihrer Herren übertrafen und diese selbst und ihr Besitztum und ihr ganzes Haus gerettet haben. ... Aber auch das Gegenteil sagt man: es gebe in der Seele der Sklaven überhaupt nichts Gesundes und ein Mensch mit Verstand dürfe zu diesem Geschlecht nie auch nur das geringste Vertrauen haben.... sondern als ob es Tiere wären, machen sie mit Stacheln und Peitschen die Seelen ihrer Sklaven ... ohne Unterlass zu Sklavenseelen; die anderen machen ganz das Gegenteil davon. ... Infolgedessen sind die Sklaven ein beschwerliches Besitztum.“[117] (übers. O. Gigon / R. Rufener)

Trotzdem will auch Platon in seinem zweitbesten neuen Staat nicht auf die Sklaverei verzichten:

> „Nehmen wir nun an, es sei einer so gut, als das möglich ist, mit Sklaven versehen, sowohl ihrer Zahl nach als auch nach ihrer Eignung zur Dienstleistung bei allen Arbeiten.“[118]
> (übers. O. Gigon / R. Rufener)

Und ziemlich gleichzeitig betont Lysias in seiner Verteidigungsrede für den Metöken Kallias, einen reichen, verdienstvollen und älteren Mitbewohner, dass fast jeder in der Stadt, Athener und Metöken, Sklavenbesitzer sei.[119] Allerdings ist es nicht immer einfach, einen geeigneten Menschen, Sklaven oder Metöken, für die Geschäfte zu finden, die man zur Existenzsicherung zu verrichten habe.[120] Andererseits hat nicht jeder genügend Geld, um sich einen Sklaven als Arbeitskraft zu kaufen, und handwerkliche Arbeiten sind in Athen keinesfalls auf unfreie Arbeiter oder Metöken und Fremde beschränkt. Viele Athener sind in Handwerk und Handel tätig, auch wenn die Landarbeit als ehrenwerter gilt.[121] Es ist eine Idealvorstellung nicht nur der Philosophen, dass das vollständige

---

117 Plat. nom. 776D–777B. Zur Ambivalenz der Griechen gegenüber den Sklaven s. McKeown 2011, 153–175.

118 Plat. nom. 778A.

119 Lys. 5,5. Zur Stellung der Metöken in der athenischen Gesellschaft s. Schmitz 2014, 141–154.

120 Lys. 24,6. Zu Lysias, der selbst Metöke war, s. Scardino HAS 2017, s.v. *Lysias*.

121 Xen. mem. 3,3,9; 2,7,4–5; Plat. nom. 919E. Bewertung der Arbeit: von Reden HAS 2017, s.v. *Arbeit* I.A; Kyratatas 2011, 91–111.

Haus aus Sklaven und Freien besteht. Obwohl die Sklaverei bereits als widernatürlich in die Kritik geraten ist, ist nach der Konvention die Scheidung in Unfreie und Freie anerkannt.[122]

Ist es richtig, auf diesem Hintergrund von einer Sklavenhaltermentalität der Athener zu sprechen? Vieles spricht dagegen, manches dafür. Im Laufe des Peloponnesischen Krieges ist nicht nur die Demokratie in die Kritik geraten, sondern auch die Sklaverei. Anknüpfend an die solonischen Gesetze betont u.a. Platon deswegen, dass auf keinen Fall Landsleute, d.h. Griechen, zu Sklavendiensten gezwungen werden dürfen, sondern Fremde und Barbaren, die möglichst nicht dieselbe Sprache sprechen.[123] Ein Blick auf die Hermokopidenstelen zeigt, dass sich die Athener und auch die Metöken an dieses Verbot gehalten haben: Thraker, Karer, Phryger, Illyrer, Lyder, Skythen und Kolcher finden sich in großer Zahl in den Versteigerungslisten.[124]

Die Versklavung von Griechen durch Griechen war in der Archaik nicht allein auf dem Wege der Schuldknechtschaft geschehen, sondern auch in Folge der Kriege durch Kriegsgefangenschaft. Lag man mit griechischen Städten im Krieg, so wurde die Bevölkerung seit den solonischen Gesetzen nicht mehr getötet oder versklavt, sondern es bestand entweder die Möglichkeit ihrer Auslösung vor Einnahme der Stadt, oder nach deren Eroberung die Auswanderung (*anástasis*), die man allerdings als Zwangsvertreibung bezeichnen muss. Diese relative Verbesserung der Kriegsführung dauerte bis zum Peloponnesischen Krieg, genau bis zum Stichjahr 427 v.Chr. an: Mit der Kapitulation Mytilenes auf Lesbos, einer abgefallenen Bündnispartnerin Athens, wurde auf Volksbeschluss hin die Tötung aller erwachsenen Männer und die Versklavung der Frauen und Kinder erneut eingeführt. Die Praktiken der Frühzeit kehrten aber nicht einmalig zurück, sondern wurden immer wieder während des ganzen Peloponnesischen Krieges ausgeübt, wobei als einzigartiger Höhepunkt die totale Vernichtung der neutralen Insel Melos im Jahr 416 v.Chr. zu gelten hat, deren männliche Bevölkerung ebenfalls hingerichtet und deren Frauen und Kinder in die Sklaverei verkauft wurden.[125] Die Kritik an der Praxis der Versklavung von Griechen durch Griechen ließ nicht auf sich warten: Der Dichter Euripides rüttelte die Athener mit seinen Dramen *Hekuba*, zwei Jahre nach Mytilene, und den *Troerinnen*,

---

[122] Aristot. pol.1253b4; 1254a20.

[123] Plat. nom. 777D: nur Barbaren können freiwillig Sklavendienste leisten.

[124] BRODERSEN / GÜNTHER / SCHMITT I, 1992, Nr. 132, 112, 115.

[125] Thuk. 3,36,2 (Mytilene); 5,84–113 (Melierdialog); 5,114–116 (Vollstreckung des Volksbeschlusses). Zur Auswirkung dieser Ereignisse auf die innenpolitische Diskussion s. WELWEI 1998, 229, 234.

ein Jahr nach der Vernichtung von Melos, auf.[126] Tragödie und Komödie hatten stets eine politische Funktion in Athen.

Kriegsgefangene Frauen als Sklavinnen stehen im Mittelpunkt des Bühnengeschehens der beiden erwähnten Tragödien. In den früheren Dramen des Aischylos, des Sophokles und auch des Euripides spielten Sklaven nur eine untergeordnete Rolle z.B. als Boten, Ammen oder Pädagogen und alte Haussklaven. Sie sind jedoch als Nebenfiguren manchmal auch aufgrund charakterlicher Defizite vom Bereich des Tragischen ausgeschlossen und bleiben von den Freien – trotz aller inneren Anteilnahme am Geschick ihrer Herrschaft – durch eine Kluft geschieden.[127]

Das ist in den erwähnten Dramen anders. Trotz Sklaverei bleiben Andromache und ihre Schwiegermutter Hekabe innerlich frei. Auch als Kriegsgefangene können sie mental nicht in die Sklaverei absinken. Die Kriegsgefangenschaft, die jeden freien Bürger neuerdings wieder treffen kann, wird auf dem Hintergrund des Mythos des Trojanischen Krieges abgehandelt, aber aufgrund der Aktualität im Peloponnesischen Krieg in viel schonungsloserer Weise als bei Homer geschildert. Eindringlich stellt Euripides seinen Mitbürgern die Sinnlosigkeit des maßlosen Vorgehens der Sieger und die sich daraus ergebende Erniedrigung der Besiegten an der Gestalt der versklavten Hekabe vor Augen, die altersschwach auf einen Stock gestützt, nun als Türwächterin oder in der Küche dienen soll. Die Vergangenheit als Freie und Adlige in einem Palast wird mit der Zukunft als armselige und zerlumpte Sklavin in fremdem Haus kontrastiert.[128] Bis zur Unerträglichkeit gesteigert, zeigt der Dramatiker die hybride Grausamkeit der Sieger in den Menschenopfern, an Frauen vollzogen, und der Tötung von Kindern. Beide Praktiken weisen in die Frühzeit zurück und werden nun wieder auf Volksbeschluss – die Anspielung des Euripides auf Mytilene ist unüberhörbar – eingeführt, eine Bankrotterklärung der Demokratie, die sich doch der Freiheit verschrieben hat! Das von Euripides gezeichnete Bild der Sklaverei infolge von Kriegsgefangenschaft ist – abgesehen von mythischen Elementen – typisch für die bestimmte Kriegssituation. Es zeigt aber im Vergleich mit anderen Dramen, dass der Dichter keine Kritik an der Sklaverei allge-

---

[126] Zu Euripides als dem Dichter des (Peloponnesischen) Krieges und zu den Troerinnen als dem politisch aktuellsten Drama des Euripides s. WILL 2006, 31–41; ZIMMERMANN HAS 2017, s.v. *Euripides* IV.

[127] BRANDT 1973, 7–15, ZIMMERMANN 2005, 30–32; DERS. HAS 2017, s.v. *Tragödie*.

[128] Eur. Tro. 140–142; 300–305; 489–499; 677–680; Hec. 332–333; 345–378; 864. RABINOWITZ 1998, 56–68.

mein übt, sondern nur an einer ganz bestimmten Form: der durch Kriegsgefangenschaft bedingten Versklavung von Griechen durch Griechen.[129]

Auch die Komödien haben bei allem Unterhaltungswert für das Publikum eine politische und gesellschaftliche Aussage. Ohne Sklavenfiguren sind sie nicht denkbar. Allerdings sind diese Bühnenfiguren zu dramaturgischen Zwecken stark typisiert und haben mit der Realität nur wenig zu tun. Aus diesem Grunde sind die Komödien, vor allem die Alte, hochpolitische Komödie des Aristophanes[130] kaum für die Ergründung einer Sklavenhaltermentalität der Athener brauchbar. Die Neue Komödie des Menander ist mit ihrem Rückzug ins Private – nach der makedonischen Eroberung – da schon eher nutzbar. Nur einige wenige Facetten sollen daher genauer betrachtet werden.[131]

Kennzeichnend für alle Sklaven in der Komödie ist das Nahverhältnis zu ihrem Herrn, meist dem jungen Herrn, oder auch die Mitwisserschaft der Sklavin, Amme, um die Liebesgeheimnisse ihrer Herrin. Dieses Nahverhältnis lässt auf eine weitgehende Integration der Sklaven in die Familie schließen, was für den kleinen Stadthaushalt möglich erscheint. Außerdem beschränken sich die Dichter auf die Darstellung von Haussklaven, was dramaturgische Gründe haben kann, oder durch die andauernden Kriegssituationen bedingt sein könnte, in der die Arbeit von Sklaven auf den Äckern teils unmöglich, teils wegen Fluchtgefahr nicht ratsam war. Die Komödien können aber weder als Beleg dafür dienen, dass jeder athenische Bauer mehrere Sklaven besaß, noch dass es nur Haus- und keine Landsklaven gab.[132]

Publikumswirksame Klischeevorstellungen werden in allen Komödien bedient: einzige Leidenschaften des Sklaven scheinen gutes Essen und kleine Diebereien zu sein.[133] Prügelszenen, die für die Ahndung von Belanglosigkeiten eingesetzt werden, können nicht als Beweis herhalten,

---

129 S. Kuch 1978, 32–50, 70–77, dessen ideologische Positionen (Klassen, Humanisierung) so allerdings nicht mehr haltbar sind. Zur Problematik, dass bei Versagen im Krieg die Versklavung von Griechen droht und die Dichotomie von Griechen = Freien und Sklaven = Barbaren „aufbricht“, s. Hunt 1998, 128–129. Zur Lösung s. Aristoteles, der zu diesem Zweck die Kategorie des Sklaven *katá nómon* entwickelt, s.o. Kap. 1.2. Zur Kritik von Dichtern und Philosophen s. Ducrey 1999, 67, 71, 76–78; zu Menschenopfer und Sklaverei s. Daitz 1971, 219–220.

130 Henderson 2003, 63–73; Zimmermann HAS 2017, s.v. *Aristophanes* II.

131 Wilamowitz-Moellendorff 1974, 164; Hofmeister 1997, 316–332; Krieter-Spiro HAS 2017, s.v. *Menander*.

132 Schmitz 2007, 109 (Forschungsüberblick).

133 Aristoph. Plut. 6–7; Men. Dysk. 567b–570a.

dass Athen von den Peitschenhieben gezüchtigter Sklaven widerhallte.[134] Zwar ist die Feststellung, die Aristophanes dem Sklaven Karion in den Mund legt, zutreffend:

„So will's das Schicksal! Meines Leibes Herr
Bin nicht ich selber, sondern wer ihn kauft."[135] (übers. L. Seeger)

Außerdem ist die totale Schutzlosigkeit des Sklavenkörpers das deutlichste mentale, aber auch rechtliche Unterscheidungskriterium zwischen Freien und Unfreien trotz Redefreiheit – die sich Karion gegenüber seinem Herrn erlaubt – und anderer Privilegien und Annehmlichkeiten der Sklaven im demokratischen Athen, von denen der Alte Oligarch spricht.[136] Aber obwohl der Sklave im Strafprozess buchstäblich seine Strafe für ein Vergehen mit seinem Körper zahlte – so viele Schläge wie der Freie Drachmen zahlte – so kann die Ruinierung des Sklaven als wirtschaftliches Gut und ökonomische Investition kaum im Interesse der Herren gelegen haben.[137] Gleiches wird für die Anwendung der Folter gegolten haben, die viele Herren ablehnten, auch wenn die Aussagen ihrer Sklaven vor Gericht dann nicht als vertrauenswürdig galten und unberücksichtigt blieben.[138]

Kehren wir aber zurück zur Komödie. Für Aristophanes und auch noch für Menander ist die Sklaverei etwas Natürliches. Eine Kritik an dieser Institution liegt ihnen fern. Dennoch lässt sich eine Entwicklung in der Komödie im Blick auf die Sklaverei feststellen, die nicht allein dra-

---

[134] KLEES 1998, 178–185; FLAIG 2001, 38–42 ist zuzustimmen, dass Hdt. 4,1–4 genau der athenischen Ideologie vom geborenen (Barbaren)sklaven entspricht, aber die an sich schlecht erfundene Erzählung sagt nichts über die athenische Wirklichkeit aus.

[135] Aristoph. Plut. 6.

[136] Demosth. or. 22,55; Aristoph. Plut. 17–23, 45–50. Zum Alten Oligarchen s.o.

[137] Aristoph. Vesp. 428–429, 1292–1298; Equ. 53–57; vgl. auch FISHER 2006, 335–336; anders KLEES 1998, 178–180, der vom Realitätsgehalt der Szenen ausgeht. Die Prügelstrafe unterscheidet den erwachsenen Freien einschl. der Nichtbürger = Metöken und Fremden vom Unfreien, der auf einer Stufe mit dem noch unreifen Kind steht, das gezüchtigt werden darf. Der Herr hatte kein Tötungsrecht. Ebd. 182–185. Vgl. u. 3.4 die Vollgewalt des römischen *pater familias*. Zur Strafpraxis im ptolemäischen Ägypten s.u. Kap. 2.5.

[138] Demosth. or. 59, 124. KLEES 1998, 396–409 kann in einer umfassenden Zusammenstellung von Anforderungen bzw. Bereitstellungen von Sklavenfoltern nur zwei durchgeführte nachweisen (Demosth. or. 40,41; 49,56). 40 mal wurde das Angebot zurückgewiesen. Ob dieser Tatbestand mit der Furcht vor Ruinierung der Sklaven zusammenhängt oder eher mit Zweifeln an der Nützlichkeit des Verfahrens, ist schwer aufgrund der Quellenlage zu beurteilen. S. auch FISHER 1993, 59–62; DU BOIS 1991, 90–92.

maturgisch bedingt ist. Selbst in der späten sozialkritischen Komödie *Plutos* lässt Aristophanes den Sklaven nicht teilhaben an der abschließenden Utopie einer Neuen Welt: Der Sklave wird nicht freigelassen und behält seinen sklavischen Charakter bei, den Klischeevorstellungen der Zeit entsprechend. Die Sklaven bei Menander werden im Zuge eines Happy End, das für alle am Bühnengeschehen Beteiligten kommt, freigelassen.[139] Diese und andere Veränderungen haben sich in Athen und nicht nur dort im Laufe des 4. Jhs. vollzogen und werden im nächsten Kapitel genauer thematisiert.

Haben die Athener und die Metöken – denn diese besitzen nicht weniger Sklaven – eine Sklavenhaltermentalität? Jeder Athener hätte gerne einen Sklaven, ein sogenanntes Alter Ego, gehabt, auf den er sich voll hätte verlassen können und der ihn überall hin völlig unauffällig begleitet hätte. Aber das ist nicht nur eine kaum realisierbare Vision, was jeder Athener wusste, auch konnte sich nicht jeder einen Sklaven leisten.[140] Der Kleinbauer und der kleine Handwerker mussten alleine ihren Lebensunterhalt verdienen. Ihre Situation verschärfte sich sogar durch den Peloponnesischen Krieg, durch den viele Nichtbürger zu Geld kamen und dagegen mancher Bürger verarmte.[141] Dass Arbeit keine Schande ist, erwähnt bereits Perikles bei Thukydides:

> „Reichtum dient bei uns der wirksamen Tat, nicht dem prahlenden Wort, und Armut einzugestehen ist keinem schimpflich, ihr nicht tätig zu entgehen schimpflicher."[142] (übers. G. P. Landmann)

Wer allerdings durch Alter und Krankheit dazu nicht mehr in der Lage war, der erhielt vom Volk eine Invalidenrente von zwei Obolen pro Tag zugewiesen.[143] Der einzelne Athener konnte auch ohne Sklaven leben und überleben, zwar nicht üppig, aber ausreichend. Von einer Sklavenhaltermentalität des einzelnen Atheners kann man wohl kaum sprechen.

Wie sah es aber mit dem Staat aus oder noch konkreter gefragt: Wodurch wurde die Demokratie mit ihrem Diäten- und Fürsorgesystem finanziert? Das ist schwer zu sagen: jedenfalls nicht durch die Steuern der Bürger, die wenige zahlten, dagegen teilweise sicher durch die Steu-

---

139 OLSON 1989, 193–199; Men. Epitr. 585–595; EDER 1974, 94–100. Nicht immer wird bei Menander ganz deutlich, ob die Sklaven zum Schluss freigelassen werden. Mindestens eine Freigelassene (Amme) gehört zum Dienstpersonal. S. hierzu KRIETER-SPIRO 1997, 11, 27–28, 77.

140 Preise: 5–6 Minen Schmiede, 130 Dr. Messenerin, 310 Dr. Makedonin. S. auch HARRIS 2002, 81–82.

141 Zu den ökonomischen Auswirkungen des Peloponnesischen Krieges s. SPIELVOGEL 2001, 44–46, 50–52, 63–68, 171–172.

142 Thuk. 2,40,1.

143 Athen. Polit. 49,4. Zur Problematik SCHMITZ 2014, 128.

ern der Metöken, *metoíkion*, das jeder Fremde zahlen musste, der sich länger als einen Monat in Athen aufhielt. Auch die Handelszölle sind unter die staatlichen Einnahmen zu verbuchen. Ob die Einkünfte aus den Silberbergwerken von Laureion zur Finanzierung beitrugen, ist eher zweifelhaft. Diese Gewinne beruhten eindeutig auf Sklavenarbeit. Der Staat scheint aber an ihnen nicht direkt beteiligt gewesen zu sein, sonst hätte Xenophon nicht in seinen *Poroi* zur Maximierung der Staatseinnahmen den Kauf staatseigener Sklaven zur Vermietung an die privaten Unternehmer vorgeschlagen.[144] Dagegen aber flossen Athen die Tribute der Seebundmitglieder und die Prozessgebühren zu, die diese in Athen vor den dort ansässigen Gerichten zahlen mussten. Als Ressourcen für die Finanzierung der Demokratie dürfen diese Gelder nicht unberücksichtigt bleiben.[145]

Selbst besaß der Staat wenige Sklaven.[146] Er schützte die Rechte seiner Bürger gegen alle Nichtbürger, denen er nur beschränkten Schutz gewährte. Die Sklaven in Athen fanden Asyl vor einem grausamen Herrn im Theseion. Grundlose Tötung durch den Herrn war verboten, wurde aber selten gerichtlich verfolgt. Meistens blieb es bei der sakralrechtlichen Entsühnung des Mörders.[147]

Die anfänglich dargestellte Forschungsthese, dass Demokratie und Sklaverei sich gegenseitig bedingen, kann nach dem bisher Dargelegten nicht aufrechterhalten bleiben. Die Verhältnisse sind viel komplizierter. Die attische Demokratie lebt von den Nichtbürgern, d.h. den Metöken, den Fremden, den Seebündnern und den Sklaven, die nur eine Gruppe von mehreren darstellen. Die Metöken haben Sklaven und sind oft reicher als die Bürger, mit denen sie zusammen in den Krieg ziehen. Die Beisassen haben nur in Ausnahmefällen das Recht, Haus- und Grundbesitz zu erwerben und sind von allen politischen Rechten ausgeschlossen.

---

[144] Xen. por. 4,13-27. 33. GHETTA HAS 2017, s.v. *Laureion* III; SCHNEIDER HAS 2017, s.v. *Bergbau / Bergwerke*. Zu Xenophons Vorschlägen: „Ziel ist es, auf diese Weise für jeden Athener durch öffentliche Zuwendungen ein für die Existenzsicherung ausreichendes Einkommen zu gewährleisten. Das Ideal einer Versorgung freier Bürger durch Sklavenarbeit ist wohl nie so klar formuliert worden wie in dieser Schrift.“ (Sp. 365/6).

[145] HERRMANN-OTTO 1997, 136–137; dagegen FLAIG 2009, 48–50.

[146] S.o. Anm.105.

[147] CHRISTENSEN 1984, 23–32. Zum Asyl der Bergwerkssklaven s.u. Kap. 2.4. HELMIS 2005, 95–97: Wenn der Herr selbst der Mörder war, hätten nur „Eltern“ oder „Geschwister“ des Sklaven einen solchen Mordprozess anstreben können.

Auch können und dürfen sie keine Ehe mit einem Athener bzw. einer Athenerin eingehen.

Die attische, direkte Demokratie ist eine elitäre Demokratie, in der nur der männliche erwachsene Bürger, Sohn eines Atheners und einer Athenerin, alle bürgerlichen Rechte hat. Ausgeschlossen sind: Fremde, Metöken, Sklaven, Frauen und Kinder. Alle athenischen Bürger, wie unterschiedlich auch ihre ökonomische Lage war, wachten eifersüchtig über die Unverletzlichkeit ihrer demokratischen Rechte, deren Schädigung schwer geahndet wurde. Da die Sklaven in allen diesen grundlegenden Konstellationen immer nur eine Gruppe neben anderen darstellten, ist es der damaligen gesellschaftlichen Realität entsprechender, von einer „Gesellschaft mit Sklaven“ als von einer „Sklaven(halter)gesellschaft“ im klassischen Athen zu sprechen.[148]

2.4 Berufe, Karrieren und Freilassungen

Durch den Peloponnesischen Krieg (431–404 v.Chr.) war, nach der Meinung des Historikers Thukydides :

> „bei weitem die gewaltigste Erschütterung für die Hellenen und einen Teil der Barbaren, ja sozusagen unter den Menschen überhaupt“[149] (übers. G. P. Landmann)

ausgelöst worden. Diese Erschütterung beschränkte sich nicht allein auf machtpolitische Umwälzungen, aus denen nach endlosen Kriegen der Griechen untereinander die Makedonen als strahlende Sieger hervorgingen. Auch tiefgreifende innenpolitische und gesellschaftspolitische Veränderungen vollzogen sich in ganz Griechenland und seinen Nachbarländern, die ihre Auswirkungen auch auf das Institut der Sklaverei hatten. Das hing nicht nur damit zusammen, dass durch die Existenz griechischer und barbarischer Sklaven nebeneinander die bisherige Dichotomie zwischen freien Griechen und von Natur aus sklavischen Barbaren ad absurdum geführt wurde. Es traten vereinzelt Zweifel auf, ob die Sklaverei nicht insgesamt widernatürlich sei, da alle Menschen von Natur aus gleich seien, auch die Barbaren. Die theoretischen Erörterungen dieser Probleme, das ansatzweise Aufkommen eines „Sklavereidiskurses“ wurden im einleitenden Kapitel (1.2) bereits dargestellt. Hier soll es um die praktischen Auswirkungen gehen, ob die kritischen Diskussio-

---

[148] HANSEN 1995, 98–101, 119–126. Zur Forschungsthese s.o. Anm.115.

[149] Thuk. 1,1.

nen und die Umwälzungen in der Gesellschaft sich auf die Sklaverei überhaupt in irgendeiner Weise ausgewirkt haben.

Mit der Relativierung der Naturgegebenheit der Sklaverei und der Betonung ihrer Schicksalhaftigkeit, die der Mensch äußerlich zwar zu ertragen habe, die ihn aber innerlich und mental nicht zum Sklaven machte, verlor der homerische Satz „vom halben Menschen mit halbem Verstand als Folge der Versklavung“ [150] seine Gültigkeit. Nun war es in fortschreitendem Maße möglich, dass der Versklavte unter Anleitung oder ganz selbstständig Leistungen erbrachte, die nicht allein dem Herrn von Nutzen waren, sondern auch für ihn selbst, wenn man ihm nur die Freiheit als erstrebenswertes und durchaus erreichbares Ziel vor Augen stellte. Die Freilassung als höchste zu gewinnende Prämie bildete sich erst langsam am Ende des 5. Jhs. aus, und setzte sich dann im 4. und den folgenden Jahrhunderten in der hellenistischen Welt immer mehr durch. Um welche Arten der Freilassung es sich dabei handelt, und welche Rechtswirkungen sie hatten, wird im Folgenden teils allgemein, teils fallgebunden konkret dargestellt werden.

Unter dem Aspekt der möglichst gewinnbringenden Bewirtschaftung landwirtschaftlicher Güter bei Abwesenheit des für die Polis tätigen Herrn vermittelt Xenophon in seinem Oikonomikos, den er zwischen 387 und 371 v.Chr. geschrieben hat, psychologische Methoden bei der Sklavenbehandlung. Um die Sklaven allgemein geht es ihm wenig, sondern vorrangig um die Erziehung des *epítropos*, des Sklavenaufsehers, oder der *tamía*, der Aufseherin, zu eigenverantwortlichen Geschäftsführern. Das setzt voraus, dass es Unterschiede unter den Sklaven gibt. Normalerweise ist nach der Vorstellung vieler Griechen die Natur der Sklaven animalisch, weil allein auf Nahrung fixiert. Der Ehrgeiz aber, der den Menschen anspornt, die Dinge um ihrer selbst willen zu tun, z.B. Lob vom Herrn zu ernten und dafür auf vieles andere zu verzichten, hebt den Vorsteher-Sklaven über die Masse der anderen empor, macht ihn zum Menschen. Ein solcher Unfreier ist geeignet, die Führung über andere zu übernehmen. Es liegt ganz am Herrn, ihm die Kunst des Herrschens über andere beizubringen. Anhänglichkeit, Eifer und Ehrlichkeit sind die Tugenden, die besonders gefördert werden müssen. Als Stellvertreter seines Herrn handhabt der Aufseher ein Prämien- und Strafsystem, das darauf ausgerichtet ist, mit wenigen willigen Sklaven einen möglichst großen wirtschaftlichen Gewinn zu erzielen.[151]

---

[150] S.o. Kap. 2.2, Anm.46; Kap. 2.1, Anm.28 u. 29.

[151] Xen. oik. 13,12; 3,4; 20, 16–20; SCARDINO HAS 2017, s.v. *Xenophon* II; SCHMITZ HAS 2017, s.v. *Haushalt* I; FISHER 1993, 65–66; KLEES 1975, 79–85; 93–96.

Ähnliche Ziele verfolgt auch die peripatetische Oikonomika, die um 320 v.Chr., wahrscheinlich von einem Schüler des Aristoteles, geschrieben wurde. Im Vergleich zu Xenophon hat der Verfasser jedoch das Prämiensystem weiter entwickelt. Nicht nur Nahrung, Freizeit und Kleidung sollen dem Sklaven gewährt werden, auch die Freilassung soll als Anreiz für gute Arbeit eingebaut werden. Das Zugeständnis des Geschlechtsverkehrs und der Arbeitsruhe werden nicht allein unter dem Aspekt des Interesses des Herrn an Sklavenaufzucht[152] bzw. qualitativ guter Arbeit eines ausgeruhten Sklaven gesehen, sondern unter dem Aspekt des dem Sklaven Zukommenden, das ihm auch Freude bereiten darf. Durch diese neue Akzentsetzung in der psychologischen Menschenführung wird deutlich, dass der Peripatetiker den Sklaven nicht in den Bereich des Animalischen verweist. Er ist zwar Eigentum (*ktésis*) seines Herrn, aber auch Mensch (*ánthropos*). Als Eigentum ist er ein Instrument zum Nutzen des Herrn, als Mensch hat er Ansprüche und der Herr ihm gegenüber Verpflichtungen. Allerdings steht auch hier immer der Vorteil des *despótes* im Vordergrund. Einen sogenannten Interessenkonflikt zwischen Herrn und Sklaven gibt es nicht. Dies ist bedingt durch die Natur des Unfreien, die sich am besten mit dem lapidaren Satz umschreiben lässt: „Ein guter Sklave ist ein schlechter Freier" d.h. der Sklave darf nicht zu wenig und nicht zu viel Mut und Antriebskraft (*thymós*) haben. Er muss stets durch den Herrn lenkbar sein und bleiben, aber doch auch genügend psychische Dynamik für seine Arbeit entwickeln, allerdings nur so viel, wie der Herr will. Der Sklave steht folglich auch für den Peripatetiker auf einer niedrigeren Stufe des Menschseins, denn er bedarf immer noch der Leitung durch den Herrn.[153]

Beide ökonomischen Schriften wenden sich an eine kleine landbesitzende Oberschicht in Athen und können nicht als Beleg für eine Art Latifundienwirtschaft im Attika des 4. Jhs. gewertet werden. Sie entbehren außerdem einer ökonomischen Theorie, sodass alle Fragen nach einem bestimmten Wirtschaftssystem offen bleiben.[154] Sie wollen lediglich zeit- und ortsneutral als Anweisungen an reiche Herren zur psychologischen Betriebsführung gelesen werden.

Weniger psychologisch, aber hart an der ökonomischen Realität ausgerichtet, ging es höchst gewinnbringend in den attischen Silberbergwerken von Laureion zu, dem Wirtschaftszweig, in dem eine große Anzahl von Sklaven tätig war. Durch das Silber dieser Bergwerke und die

---

[152] Ps.-Aristot. oik. 1,5.

[153] FISHER 1993, 66; KLEES 1975, 102–131.

[154] Zur Forschungsdiskussion über Sklaven in der Landwirtschaft s.o. Kap. 2.3 Anm. 107.

damit abgeschöpften Gewinne wurde u.a. die athenische Kriegsflotte finanziert.

Die Silberbergwerke von Laureion liegen im Südosten Attikas und erlebten ihre höchste Blüte im 5./4. Jh. v.Chr. Unter den Bergwerkssklaven sind Gruben-, Aufbereitungs- und Hüttenarbeiter zu verstehen. Aus der antiken Überlieferung geht hervor, dass der überwiegende Teil der Belegschaft aus unfreien Arbeitern bestand. Es gab natürlich auch freie Athener, die sich in die Bergwerke verdingten. In den Gruben, Aufbereitungswerkstätten und Schmelzhütten, die selbstständige Betriebe kleineren bis mittleren Umfangs bildeten, arbeitete der Unternehmer an der Seite seiner Arbeiter mit. So entwickelte z.B. der Athener Kallias ein eigenes Verfahren zur Gewinnung von Zinnober. Die Belegschaftsstärke betrug für die Gruben ca. 50 Mann, für die Aufbereitungswerkstätten ca. 33 Arbeiter und für die Schmelzhütten ca. 20 Leute. Da die Stollen sehr eng gebaut waren (90 cm Höhe, 60 cm Breite) – das Holz für die Abstützung breiter Stollen hätte importiert werden müssen – können für den eigentlichen Abbau des Erzes nur wenige Arbeiter eingesetzt worden sein, um so mehr jedoch für den Abtransport des Fördergutes. Eine Schicht betrug zehn Stunden. Das entspricht der Brenndauer der speziell angefertigten Grubenlampen. Da ein Arbeiter nicht ununterbrochen zehn Stunden hauen konnte, wechselte er mit einem zweiten Stollenarbeiter mehrmals während der Schicht ab. Während der Ablösung räumte der andere die geschlagenen Brocken zum Abtransport weg. So entstand eine pausenlose Schichtarbeit. Die Förderarbeit musste in den engen Stollen von Hand zu Hand erfolgen. Hier wurden oft auch Kinder eingesetzt. Frauen und Alte waren an den Waschanlagen der Aufbereitungsstätten beschäftigt. Aus den Anlagen der erhaltenen Wohnhäuser, die dicht neben den Arbeitsstätten lagen, kann man erschließen, dass ganze Sklavenfamilien im Bergbau tätig waren.[155]

Die Meinung des Plutarch, dass in den Gruben nur Kriminelle, Räuber und Verbrecher arbeiteten, ist zu korrigieren. In klassischer griechischer Zeit wurden hochausgebildete Fachkräfte, Sklaven, die selbst aus Bergbaugebieten wie Thrakien, Bithynien und Paphlagonien kamen, beschäftigt. Ihr Preis belief sich auf 150 Drachmen. Eine Ausnahme

---

[155] LAUFFER 1979, 5–8; 14–52; 172; SCHUMACHER 2001, 112–115, vgl. dort auch die Abbildung von Grubenarbeitern bei der Erz- oder Tongewinnung auf einem Pinax von Penteskouphia bei Korinth um 600 v.Chr. Abb.49. Unhaltbar ist die Interpretation des Täfelchens als erste Darstellung von Kinderarbeit, s. CHATZIDIMITRIOU 2005, 139–140; s.o. Kap. 2.3 Anm.96, 102. RIHLL 2010, 203–220; SCHNEIDER HAS 2017, s.v. *Bergbau / Bergwerke* III; GHETTA HAS 2017, s.v. *Laureion.*

bildet der Kauf des thrakischen Sklaven Sosias durch den Bergwerksunternehmer Nikias für ein Talent (= 6.000 Drachmen). Dieser horrende Preis ist mit der hohen fachlichen Qualifikation des Sklaven zu erklären, der sich gut auf das Aufsuchen von Lagerstätten verstand, und aus der besonderen Aufgabe, die Nikias ihm zugedacht hatte: Sosias wurde Vorsteher (*epistátes*) der 1.000 Sklaven des Nikias, die ihm der Großunternehmer unter bestimmten Bedingungen vermietete. In einem Vertrag verpflichtete sich der neue Unternehmer, Nikias für jeden Sklaven pro Tag eine Obole zu zahlen, d.h. jährlich für 1.000 Sklaven 60.000 Drachmen = zehn Talente. Außerdem verpflichtete er sich, die Zahl der Sklaven auf der von ihm übernommenen Höhe zu erhalten. Durch diese Bestimmungen verhinderte Nikias, dass Sosias die Arbeitskraft der Sklaven ausbeutete und Ausfälle durch Flucht oder Krankheit unersetzt ließ. Nur unter Ausschaltung dieser Faktoren hatte der Eigentümer eine gesicherte Rente und konnte durch Abwälzung des Risikos auf Sosias sich ganz seiner politischen Betätigung in Athen widmen.[156]

Wie Nikias gab es auch andere Großunternehmer, z.B. Hipponikos mit 600 Sklaven und Philemonides mit 300 Sklaven, die ihre Arbeiter an mehrere Betriebe vermieteten. Gerade bei der Einrichtung einer neuen Grube war es wirtschaftlich klüger, zunächst Sklaven zu mieten. Erst wenn man fündig geworden war, war es ratsam, eigene Sklaven zu kaufen. Der Kaufpreis amortisierte sich in ca. zwei bis drei Jahren.[157]

Die spätere antike Überlieferung berichtet, dass die Unternehmer aufgrund unmenschlicher Ausbeutungsmethoden der Arbeitskräfte hohe Gewinne hätten erzielen können. Für die klassische Zeit ist belegt, dass auf Betriebssicherheit, geregelte Arbeitszeiten, ausreichende Nahrung, zweckmäßige Kleidung und gute Wohnverhältnisse geachtet wurde. Die Bewachung war bis zum Dekeleischen Krieg (414/413), in dem sich auch Bergwerkssklaven der allgemeinen Sklavenfluchtbewegung – 20.000 sollen es gewesen sein – anschlossen, nicht sehr streng. Auch in späterer Zeit befürchtete man weniger die Flucht, als vielmehr die Eroberung des Bergbaugebietes und die Abwerbung der Fachkräfte durch den Feind. Mit Mauern und Wällen legte man ein Verteidigungssystem an. Auch die Fesselung der Sklaven war in klassischer Zeit eine Ausnahme. So weit es sich nicht um Disziplinarmaßnahmen handelte, wäre es äußerst unrentabel gewesen, Sklaven in engen Gängen gefesselt arbeiten zu lassen.[158]

[156] Plut. Nikias & Crassus Vergleich 1; DORNMEYER 2006, 63; LAUFFER 1979, 77–115; GHETTA HAS 2017, s.v. *Laureion* V.

[157] Xen. por. 4,14–15.

[158] LAUFFER 1979, 217–227; RIHLL 2010, 211–217.

Später unter der Römerherrschaft, als auch Strafsklaven in die Bergwerke geschickt wurden, mag die Fesselung die Regel gewesen sein. Trotz Überangebot an Arbeitskräften, die jedoch ungelernt waren, trotz schlimmster Ausbeutungsmethoden und trotz schärfster Überwachung, die Aufstände nicht zu verhindern vermochte, erreichten die Bergwerke in späthellenistischer und römischer Zeit nicht mehr die Blüte, die sie im 5./4. Jh. besessen hatten. In der klassischen griechischen Zeit war der attische Bergbau trotz chronischem Mangel an Fachkräften, jedoch wegen hoher Kaufkraft des Geldes, fachgerechter Ausstattung der Arbeitsstätten und auf höchst mögliche Rentabilität ausgerichteter Arbeitsteilung ein hoch effizientes Unternehmen.[159]

Die laurischen Bergwerkssklaven waren eine Sondergruppe innerhalb der attischen Sklavenschaft. Ihr Eigenleben war gekennzeichnet durch Isolation von der Außenwelt. Aus Kleinasien und den Balkanländern stammend, auf den großen Sklavenmärkten von Sunion und Athen gekauft, blieben sie meist ein ganzes Leben im Bergbaugebiet, auch wenn es ihnen gelang, sich freizukaufen. Sie wohnten entweder mit ihrer eigenen Familie oder mit Kollegen der Belegschaft in Häusern nahe bei den Arbeitsstätten. Die Besitzer befürworteten die eheähnlichen Verbindungen ihrer hoch spezialisierten Sklaven, einmal wegen des Nachwuchses (Reproduktion der Sklavenschaft) aber auch wegen der Möglichkeit, Familienangehörige als Geiseln bei Fluchtversuchen zurückzubehalten. Bei schlechter Behandlung durch den Herrn fanden sie Asyl im nahe gelegenen Tempel auf Sunion. Den Verkauf an einen anderen Herrn konnte der Asylsuchende erzwingen.[160]

Finanziell war es diesen Facharbeiter-Sklaven möglich, sich loszukaufen. Für besonders gute Arbeiten wurden Prämien ausgesetzt, die sie für sich behalten konnten. Nur den regulären Lohn, die *apophorá*, mussten sie ihrem Herrn in der Stadt abliefern. Aufgrund ihrer fachlichen Qualifikation konnten sie sich hocharbeiten und es bis zum Werkstättenleiter und zum Subunternehmer wie Sosias bringen. Das über das Prämiensystem gesparte Geld verwandten die Sklaven auch für würdige Grabstätten. Solche sind ebenfalls in der Nähe der Häuser ausgegraben worden. Die Grabinschriften, die, wie überall in Griechenland, nur selten den Stand des Verstorbenen erkennen lassen, zeigen Selbstbewusstsein und Berufsstolz, wie in dem folgenden Epigramm aus der zweiten Hälfte des 4.Jhs. v.Chr. sichtbar wird:

---

[159] Allerdings klagt bereits Xenophon um 350 über die sinkende Risikobereitschaft der attischen Unternehmer, neue Gruben zu eröffnen (por. 4,27–29). GHETTA HAS 2017, s.v. *Laureion* IV.

[160] DORNMEYER 2006, 57–58, 62; RIHLL 2010, 207–211.

„Der Bergmann Atotas. Vom Pontus Euxinos ein Paphlagoner, der großgesinnte Atotas, ließ fern seiner Heimat den Leib von Mühen ruhen. An Kunst nahm es keiner (mit mir) auf; von des Pylaimenes Stamme bin ich, der von Achilleus´ Hand bezwungen fiel."[161]
(übers. S. Lauffer)

Die Arbeit des *metalleús*, der Gruben- oder Hüttenarbeiter gewesen sein kann, war schwer. Aber in seiner Kunst (*téchne*) war er Meister. Atotas sagt zwar nichts über seine Stellung, ob er Werkstättenleiter oder gar Unternehmer wie Sosias war. Aber das von einem Dichter verfasste Epigramm und „die Qualität der palmettenbekrönten, noch Bemalungsspuren aufweisenden Grabstele aus weißem Marmor"[162] lassen auf Vermögen und gehobene Stellung des Atotas schließen. Neben dem Stolz auf seine paphlagonische Herkunft und die mythische Einordnung seines Geschlechts in die homerische Heroenwelt ist es besonders der Berufsstolz, der aus dem Grabepigramm hervortritt. Von banausischer körperlicher Arbeit, wie es die Meinung bestimmter Adelskreise war, ist hier nichts zu spüren. Atotas ist sich seines Wertes als hochqualifizierter Arbeiter voll bewusst. Ob er Sklave, Freigelassener oder Freier war, spielt dabei keine Rolle. Die Möglichkeit des sozialen Aufstiegs als Folge von Leistung war in diesem Umfeld in hohem Maße gegeben.

Außer von der eigenen Leistungsbereitschaft und -fähigkeit war es sehr von der Arbeitsorganisation abhängig, ob ein Sklave den Aufstieg bis zur Freilassung schaffte. Drei bis vier Arten der Arbeitsorganisation lassen sich feststellen:[163]

1. Entweder arbeitete der Sklave unter der direkten Aufsicht des Herrn im Haus, auf dessen Äckern oder im eigenen Handwerksbetrieb, den der Herr mit wenigen Arbeitern führte. Ein solcher Sklave war dann mehr oder weniger in die Familie des Herrn integriert (s.o. Kap. 2.3: Komödien).
2. Oder der Sklave arbeitete unter der Aufsicht eines Sklavenaufsehers (*epítropos*), der ihm Nahrung, Kleidung und Prämien zukommen ließ. Die Verbindung zum Herrn war distanzierter (s.o.: Xenophon, Oikonomikos).
3. Der Herr kann seinen Sklaven einem anderen Arbeitgeber gegen Lohn vermieten, z.B. in die Bergwerke oder in einen größeren Handwerksbetrieb. Die Sklaven wohnen dann meist außerhalb des Hauses (*chorís oikoúntes, misthophoroúntes*). Sie müssen sich

---

[161] IG II/III^2 10051, heute leider verschollen s. SCHUMACHER 2001, 114–115; LAUFFER 1979, 199.
[162] LAUFFER 1979, 199.
[163] KYRTATAS 2005, 72–74, spricht nur von drei Arten.

entweder selbst versorgen oder werden durch den Mieter beköstigt. Ihren Herren liefern sie einen bestimmten Prozentsatz ihres Lohnes, selten den ganzen Lohn (*apophorá, misthós*) ab. Oft kennt der Herr seine Sklaven gar nicht persönlich (s.o. Bergwerke).

4. Ausgestattet mit allen Vollmachten und entfernt vom Herrn lebend, fallen auch einzelne Sklaven unter die Gruppe (3) der *misthophoroúntes* und *chorís oikoúntes*,[164] obwohl sie nicht vermietet sind, sondern eigenständig und selbstverantwortlich in bestimmten Berufssparten (Handel, Finanzen) arbeiten. In der letzten Gruppe finden sich die meisten Freigelassenen, die in der ersten Phase des zweistufigen Freilassungsverfahrens ihrem Herrn-Patron auch weiterhin einen Teil des Lohnes abliefern müssen.[165]

Eigenständigkeit und Bewegungsfreiheit waren vor allem im Bankgewerbe erforderlich. Sklaven, die für ihre Herren dort tätig waren, wurden mit großen Vollmachten ausgestattet. Sie hatten gute Möglichkeiten, soviel Geld zu erwerben, dass sie sich bald freikaufen konnten. Sie gründeten entweder ein eigenes Bankgeschäft, in dem sie wiederum eigene Sklaven beschäftigten, oder führten als Compagnon das Geschäft ihres früheren Herrn weiter. Die Veträge mit ihnen wurden als voll rechtsgültig anerkannt, für Geschäftsschulden waren sie haftbar [166] Eine der spektakulärsten Karrieren hat die Bankiersdynastie des Pasion gemacht, eine „Sklavendynastie".

Pasion arbeitete als Sklave in der Bank der athenischen Bürger Antisthenes und Archestratos, deren gemeinsamer Besitz er war. Er erwies sich in den verschiedenartigen Bankgeschäften – Geldwechsel, Geldanlagen und Kreditgeschäften – als so professionell, dass die beiden Besitzer nicht ihre Söhne, sondern Pasion als ihren Erben in der Bank einsetzten. Zuvor hatten sie ihn freigelassen, was ihm allerdings zunächst nur den Metökenstand einbrachte, da die Freilassung in Athen ein privater Akt war. Pasion, nun ein freier Mann, der die Metökensteuer bezahlte, in der Deme, in der er wohnte, eingetragen war, und seine Patrone als Beschützer (*prostátai*) gegenüber der Bürgerschaft hatte, war mit den Bankgeschäften so erfolgreich, dass er in einen Handwerksbetrieb zur

---

[164] Zur Abgrenzung beider Gruppen voneinander s. PEROTTI 1974, 47–56; DERS. 1976, 181–191.

[165] FISHER 1993, 52/53; 69/70; s. z. B. Lampis, Sklave des Dion, der als Schiffsbetreiber in der ganzen Ägäis und im Bosporus unterwegs war: Demosth. or. 34, 5.10. Zur vollständigen Bewegungsfreiheit vieler Sklaven in Athen: Plat. pol. 563b. Zur Freilassung s.u. genauer.

[166] EICH HAS 2017, s.v. *Bankwesen / Finanzen* I.

Schildherstellung investierte, in dem er 60 Sklaven beschäftigte.[167] Auf der Grundlage seines Reichtums konnte er sich der Stadt gegenüber als Wohltäter erweisen: Er machte Geld- und Sachstiftungen (1.000 Schilde, Finanzierung von Besatzung und Unterhalt von fünf athenischen Kriegsschiffen). Auf diese Wohltaten hin erhielt er auf Volksbeschluss das volle athenische Bürgerrecht, eine Ehre, die nur ganz wenigen freigeborenen Metöken und noch seltener ehemaligen Sklaven zuteil wurde. Als Bürger war es ihm nun erlaubt, auch in Landbesitz zu investieren. Auf dieser Basis stieg er erfolgreich in das Hypothekengeschäft ein. Unter seinen vielen Sklaven hatte er einen äußerst fähigen Mann mit Namen Phormion, den er ausgebildet, später freigelassen und als Treuhänder der Bank eingesetzt hatte mit der Auflage, dass er nach seinem Tod seine Witwe Archippe, die eine reiche Mitgift mitbrachte, heiraten musste. Mit dieser testamentarischen Bestimmung schloss Pasion seine freigeborenen Söhne Apollodoros und Pasikles als ungeeignet für den Finanzsektor von der direkten Verwaltung der Bank aus. Da die Nachkommen zusammen mit dem Vater durch Volksbeschluss das athenische Bürgerrecht erhalten hatten, waren ihre Eltern bei ihrer Geburt wahrscheinlich noch Metöken gewesen. Apollodoros, der nach dem Tod des Vaters ein reicher Bürger war, auch wenn er die Bank nicht selbst verwalten durfte, stieg in die Politik ein, und machte sich neben Demosthenes einen Namen als Prozessredner und Schreiber von Prozessreden. Zwei der vielen von ihm angestrengten Prozesse sind in unserem Zusammenhang der Sklaverei voll einschlägig und zugleich spektakulär: der eine gegen seinen Stiefvater Phormion, den er der Veruntreuung von Geldern bezichtigte, der andere gegen Neaira, eine Edelprostituierte.

Alle Angriffe, die Apollodoros gegen seinen Stiefvater Phormion, der mittlerweile auch das athenische Bürgerrecht erhalten hatte, sowie gegen seine Mutter Archippe und seinen Bruder Pasikles startete, waren ehrenrührig und diffamierend und entlarvten ihn, den athenischen Bürger, als Sohn eines Sklaven. Den Makel seiner niederen Herkunft vermochte er nicht abzustreifen, was in seinen gehässigen Angriffen auf seine Verwandten allzu deutlich wurde. Die alteingesessenen athenischen Bürger wurden in ihren Vorurteilen gegenüber den neureichen Emporkömmlingen durch ein solches Verhalten nur bestätigt.[168]

Apollodoros scheint mit seinen Klagen nicht erfolgreich gewesen zu sein. Unabhängig davon wurden als Nachfolger des Phormion in der

---

[167] S.o. Kap. 2.3, Anm.100; zu Pasion und seinen Tätigkeiten als Trapezit s. SCHMITZ DNP 2, 1997, s.v. *Banken*; LEPPIN HAS 2017, s.v. *Pasion*.

[168] Demosth. or. 36 (für Phormion); 45; 46 (beide gegen Stephanos); HAMEL 2004, 152–156.

Bank, als dessen Pacht ausgelaufen war, vier Treuhänder eingesetzt, von denen mindestens einer ein Sklave war, der als erfahrener und gut ausgebildeter Bankier (Trapezit) bereits vorher dort tätig gewesen war. Die häufige Verwendung unfreien Personals im Finanzsektor zeigt, dass die Athener ihren Sklaven mehr vertrauten als ihren Standesgenossen. Der Erfolg wies sie darüber hinaus als hoch qualifizierte Fachleute aus, die den freien Bürgern nicht selten überlegen waren. Das Ziel „Freilassung“ zwang die Sklaven darüber hinaus zu Integrität und Loyalität gegenüber dem Herrn und dem Geschäft.[169]

Der zweite spektakuläre Prozess, den Apollodoros aus politischen Gründen gegen den athenischen Bürger Stephanos anstrebte, interessiert in diesem Zusammenhang nur deshalb, weil er uns einen tiefen Einblick in die sozialen Verhältnisse im Umfeld der Prostitution erlaubt, und zwar nicht beschränkt auf Athen, sondern exemplarisch für ganz Griechenland.[170] Im Prozess sollte untersucht werden, ob der Bürger Stephanos mit der Edelprostituierten Neaira in einer Ehe lebte, was ihm gesetzlich verboten war, wenn die Frau eine Metökin war. Interessant sind an diesem Prozess die verschiedenen Statusfragen, die gelöst werden mussten: Ist Neaira, die als Kind in Korinth in die Sklaverei verkauft und prostituiert wurde, wirklich eine Freigelassene und Metökin, obwohl sie ihrem Freikäufer Phrynion, einem ehemaligen Liebhaber und athenischen Bürger, das Geld vielleicht nie ganz zurückerstattet hat? Hat sie dieses bei ihm durch „Liebesdienste“ abgearbeitet?[171] Sind die vier Kinder, drei Söhne und eine Tochter, die sie mit Stephanos, ihrem späteren Lebenspartner, zusammen großgezogen hat, ihre eigenen Kinder mit Stephanos oder ihre Kinder von diversen Liebhabern oder sind sie die Kinder des Stephanos aus einer früheren legitimen Ehe mit einer athenischen Bürgerin? Wenn Neaira die Mutter der Kinder wäre, dann wären alle Kinder zu Unrecht von Stephanos in die Demen- bzw. Phylenlisten als attische Bürger eingetragen worden. Dann nämlich wären die Kinder entweder unfrei oder als Metöken geboren. Stephanos würde bei einem solchen Vergehen, der Täuschung der Bürgerschaft, mit Konfiskation und Ver-

---

169 Fisher 1993, 77/78; Schumacher 2001, 163, 166; Trevett 1992, 1–49. Zu den vielen kontroversen Rechtsfragen um Status, Besitz- und Prozessfähigkeit von Frauen, Sklaven und Metöken im Zusammenhang mit dem Bankenwesen s. die Diskussion zwischen Cohen 1991, 240–258 und Ober 1991, 265–271.

170 Brodersen, 2004, 29-34; Hartmann HAS 2017, s.v. *Hetären* II; Dies. 2002, 183–189; Dies HAS 2017, s.v. *Prostitution.*

171 Vgl. Phila, eine Edelprostituierte, die von dem Redner Hypereides für viel Geld freigekauft wurde und fortan als Freigelassene galt: Athen. 13, 590d.

steigerung seiner Güter sowie dem Verkauf seiner eigenen Person in die Sklaverei bestraft werden.[172] Noch heikler wäre aber für die Tochter Phano der Nachweis der unfreien oder unstandesgemäßen Geburt gewesen: Sie hatte in zweiter Ehe einen Hochadligen geheiratet, mit dem zusammen sie als Frau des Archon Basileus kultische Zeremonien vollziehen musste. War sie keine athenische Bürgerin und keine Jungfrau, was sie erwiesenermaßen nach der Geburt ihres Kindes nicht war, hatte sie ein Sakrileg begangen. Der Fall wurde heruntergespielt, die Frau aus der Ehe entlassen.[173]

Schwierig ist auch der Lebensweg der Neaira selbst. Zweimal haben zwei Männer gleiche sexuelle Anrechte auf sie: die beiden korinthischen Liebhaber Timanoridas und Eukrates, die sie aus dem Bordell der Nikarete in Korinth gemeinschaftlich gekauft hatten, und die athenischen Bürger Stephanos und Phrynion, die sich ebenfalls auf eine gemeinsame Nutzung der Frau einigten, da der Loskäufer Phrynion vielleicht noch alte Anrechte auf Neaira hatte. Mit seiner finanziellen Unterstützung nämlich hatte Neaira nur die Summe für ihren Freikauf von den beiden korinthischen Liebhabern aufbringen können. Im Gegenzug hatte Phrynion die Frau in Athen uneingeschränkt als Prostituierte gebraucht. Sie entzog sich ihm durch Flucht nach Megara. Ihre Kleider, Schmuck, Hausrat und ihre beiden Sklavinnen nahm sie mit. In Megara konnte sie kaum von der Prostitution leben. Korinth war das Zentrum des leichten Gewerbes zur damaligen Zeit, das sie aber nicht betreten durfte, weil dieses Verbot eines der Bedingungen in ihrem Freilassungsvertrag mit ihren korinthischen Patronen war.

Ihr sozialer Aufstieg vom Sklavenkind zur freien wohlhabenden angesehenen Metökin in Athen wurde immer wieder bedroht, zuletzt von Apollodoros, Sohn des Bankiers und ehemaligen Sklaven Pasion. Er war ein erklärter politischer und persönlicher Feind des Stephanos, ihres Beschützers, Ernährers und Lebenspartners. Dieser hatte u.a. für den Stiefvater Phormion gegen Apollodoros ausgesagt, und sollte nun durch eine Art Rufmord politisch zu Fall gebracht werden. Da es keine zentralen Geburtsregister gab, sondern nur die Demenlisten, in denen Frauen sowieso nicht eingetragen waren, konnte der Status vieler Personen, vor allem der Metöken, Freigelassenen, Fremden, Sklaven und Frauen jeder Zeit angegriffen und in Zweifel gezogen werden. Es kam sehr auf die Zeugen an, die man im Prozess beibringen konnte. Aussagen der Sklaven auf der Folter waren nie im Voraus berechenbar. Deswegen wurde ihr

---

172 HANSEN 1995, 96; SCHMITZ HAS 2017, s.v. *Neaira*.

173 HAMEL 2004, 110–130; SCHUMACHER 2001, 231/232.

Zeugnis meistens als Beweismittel abgelehnt. Wichtig war ebenfalls, wie man die Richter, Laienrichter, für die eigene Sache gewinnen konnte. Die meisten Statusprozesse waren Gratwanderungen mit hoher Absturzgefahr. Wenn wir auch nicht den Ausgang des Prozesses kennen – wie übrigens meistens bei den uns überlieferten Prozessen aus dem 4. Jh. in Athen – so scheinen doch die Argumente des Apollodoros nicht stark genug gewesen zu sein, um Neaira, Stephanos und den Kindern im Sinne der Anklage zu schaden.[174]

Werfen wir abschließend einen Blick auf das sich in ganz Griechenland seit dem 4. Jh. verstärkt ausbreitende Freilassungswesen, das eventuell eine gewisse soziale Mobilität in die damaligen Gesellschaften bringen konnte. Obwohl die Sklaverei bis in mykenische Zeit zurückreicht, sind die ersten Freilassungszeugnisse erst vom Ende des 6. Jhs. an überliefert.[175] Die Freilassungsarten sind in Griechenland genauso vielgestaltig wie die Rechtssysteme der vielen Städte, Völkerschaften und regionalstaatlichen Zusammenschlüsse, und können hier nicht einmal annäherungsweise vorgeführt werden.[176] Der Schwerpunkt wird weiterhin in Athen liegen, aber auch Mittelgriechenland soll mit in die Betrachtungen einbezogen werden. Ein Vergleich mit römischen Formen wird erst an späterer Stelle erfolgen (Kap. 3.6; 4).

In Athen und auch im übrigen Griechenland gibt es weder religiös noch ethnisch motivierte Freilassungen, sondern, wie wir bereits in den ökonomischen Schriften gesehen haben, psychologisch bedingte Freiheitsversprechen zur Hebung der Arbeitsleistung der Sklaven.[177] Das staatliche Freilassungswesen in Athen war beschränkt auf Notsituationen wie Schuldsklaverei und Kriege.[178] Zurückgekaufte ehemals freie Bürger sowie auf den Schiffen als Ruderer und im Heer als Leichtbewaffnete eingesetzte Sklaven erhielten dann nicht nur die Freiheit, sondern auch das Bürgerrecht.[179] Sie hatten volle politische Rechte wie auch die in Einzelfällen auf besondere Leistungen hin privat Freigelassenen, die auf Volksbeschluss zusätzlich das athenische Bürgerrecht verliehen beka-

---

174 Hamel 2004,177–179; Trevett 1992, 15–17.

175 Thalheim RE 7,1, 1910, s.v. *Freigelassene* ; Weiler 2003, 180/181.

176 Weiler 2003, 180–189.

177 Aristot. pol. 1330a 32–34; Klees 1998, 307–311; Weiler 2003, 186.

178 Zur Schuldsklaverei s.o. Kap. 2.3; zu den Kriegen: Thuk. 8,15,2; Diod. 14,58; Iust. 22,4,5; Klees 1998, 409–431.

179 Die Forschung ist uneins, ob viele Sklaven regulär in den Aufgeboten mitgekämpft haben und die athenischen Geschichtsschreiber das verschwiegen haben, oder ob sich der Einsatz auf Notsituationen beschränkte: Hunt 1998, 53–143; Welwei 2001, 456–459.

men, wie wir dies im Falle der Bankiersdynastie des Pasion bereits gesehen haben.[180]

Es überwiegen aber eindeutig die privaten Freiheitserklärungen der Herren, die nur die persönliche Freiheit verliehen. Sie beruhten auf einer formlosen einseitigen Äußerung des Herrn, die von ihm jederzeit widerrufen werden konnte, auch wenn es sich um eine Freilassung auf der Grundlage eines Freikaufs des Sklaven handelte. Einen staatlichen Schutz des Sklaven gab es in diesem Fall nicht. Daher versuchte man, die Freilassung zu einem formalen Akt vor Zeugen auszugestalten. Die Publizität dieses rein privaten Aktes war gewährleistet, wenn die Freilassung im Theater, bei Heiligtümern z.B. den Apollotempeln in Delphi oder auf Kap Sunion, vor dem Gerichtshof oder durch Heroldsruf öffentlich gemacht wurde.[181] Regelrechte Freilassungsregister gab es nicht, vielleicht mit einer eventuell zeitlich begrenzten Ausnahme in Athen, nämlich den Freigelasseneninschriften mit der Dedikation von silbernen Freiheitsschalen an die Göttin Athena aus den Jahren 330–320 v.Chr.[182] Wie auch immer man diese Listen bewerten mag, ob sie das Ergebnis von echten oder fiktiven Freiheitsprozessen wiedergeben oder ob sie nur wirklich Freigelassene auflisten, die eine Stiftung machen, so tun sie doch öffentlich kund, wer unangefochten als Freigelassener in Zukunft zu gelten hat. 140 Männer und Frauen sind mit ihren Berufen aufgeführt, die der vierten Gruppe der Beschäftigungsverhältnisse zuzuweisen sind (s.o. Anm.164, 165). Die Silberschalen im Wert von 100 Drachmen sind wahrscheinlich eine Art Verwaltungsgebühr. Die knapp zehnjährige Publikation der Listen dürfte mit Reformmaßnahmen des athenischen Politikers Lykurg zu tun haben.[183]

Von den 413 Einträgen seien zwei stellvertretend zitiert:

> „Kittos, wohnhaft im Piräus, (Bronze) Schmied, freigesprochen (vom Herrn) Dionysios, einem isoteles (Metöke). Eine Silberschale im Wert von 100 (Drachmen). Mnesithea, wohnhaft im Piräus,

---

[180] Demosth. or. 36; IG IX 109; s.o. Anm.167.

[181] Aesch, 3,41–42; Is. Fr. 15; Aristot. rhet. 3,8.

[182] IG II/III^2 1553–1587; KLEES 1998, 334–354. Vgl. die abweichende Datierung auf 333–317 v.Chr. bei DARMEZIN HAS 2017, s.v. *Phiálai exeleutherikaí.*

[183] Kürzlich hat E. A. MEYER 2010, 11–80 den Zusammenhang der Schalen im Wert von 100 Drachmen mit fiktiven oder echten Freiheitsprozessen (*díke apostasía*) in Zweifel gezogen und stattdessen in ihnen Prozesse (*graphé apostasiou*) bzw. eine Abwehr von Prozessen gegen Metöken sehen wollen, die angeblich ihre Steuern nicht bezahlt hatten oder sich keinen Prostátes als Vertreter gegenüber der Bürgerschaft gewählt hatten. Da sowohl die Anzahl der Prozesse wie auch die angedrohten Strafsummen als unrealistisch hoch zu bewerten sind, gilt die These als widerlegt. S. hierzu SCHMITZ 2014, 153/154.

> Hausfrau / Wollweberin, freigesprochen (vom Herrn) Dionysios, einem isoteles. Eine Silberschale im Wert von 100 (Drachmen).“[184] (übers. W. Schmitz)

Aus der Inschrift wird deutlich, dass ein Mann und eine Frau von ihrem Herrn, dem Metöken Dionysios, nun endgültig (in einem sogenannten Scheinprozess) freigesprochen wurden, und dafür wohl eine Verwaltungsgebühr von 100 Drachmen, dem Wert der Silberschalen, zahlen mussten. Wahrscheinlich haben sie in einem eheähnlichen Verhältnis schon als Sklaven gelebt. Beide sind wohnhaft im Piräus, dem Hafen von Athen. Mit ihren beruflichen Tätigkeiten als Schmied und Wollweberin konnten sie vermutlich die Forderungen erfüllen, die ihr Herr ihnen als Bedingung für die endgültige Freilassung auferlegt hatte. Als Freigelassene haben sie nun auch den Metöken-Status.

In 32 weiteren Fällen sind ebenfalls familiäre Gruppen, bestehend aus Männern, Frauen und Kindern belegt. Ein breites Berufsspektrum ist bei diesen außerordentlichen zweiphasigen Freilassungen überwiegend für Frauen bezeugt: Ammen, Flötenspielerinnen, Salbenköchinnen, Kleider-, Honig-, Salz-, Salben- und Weihrauchverkäuferinnen, Lederbearbeiterinnen, Amphorenträger, Schuster, Bohnenverkäufer etc. Es handelt sich insgesamt um gut ausgebildete, spezialisierte Sklaven, die eigenständig ihrem Gewerbe nachgehen konnten und deswegen die Mittel erwirtschaften konnten, um sich endgültig von ihrem Herrn freizukaufen.[185]

Auch die erst später in Mittelgriechenland aufkommenden sakralen Freilassungen mit Weihungen oder Scheinverkäufen an eine Gottheit dienten allein der Absicherung des Freigelassenen gegen unrechtmäßige Ansprüche und Übergriffe des ehemaligen Herrn oder dritter, und waren nicht religiös motiviert. Der Gott, an den der Sklave das Geld für seinen Loskauf gab, kaufte, vertreten durch die Priesterschaft, dem früheren Herrn den Sklaven symbolisch ab, und bezeugte diesen Kauf auf einer Inschrift. Konnte der Sklave die Gesamtsumme nicht aufbringen, so trat die Priesterschaft als Darlehensgeber auf. Bisweilen konnte der Freigelassene seine Schulden im Tempel abarbeiten. Der Gott galt jedenfalls als Garant der Freiheit des Sklaven, er war nicht Besitzer des Sklaven. Falls reelle Weihungen vorlagen, wurde dies auch durch die Aufführung von kultischen Verpflichtungen deutlich gemacht.[186]

Die über 1.000 überlieferten delphischen Freilassungsinschriften aus hellenistisch-römischer Zeit (201 v.Chr.–126 n.Chr.) enthalten alle Variationen an Bestimmungen, nach denen ein Mensch rechtlich frei, aber

---

184 Schmitz 2014, 171 u. Anm.306.

185 Schmitz 2014, 160, 169–173; Weiler HAS 2017, s.v. *Freigelassene* I.C.

186 Klees 1998, 308; Darmezin 1999, 187–193, 219–222.

sozial abgestuft weiterhin unfrei sein kann. „Unter Auflagen Freigelassene“, sogenannte Paramonarier, mussten mit ihren Kindern dieselben Sklavenarbeiten eventuell bis zum Tod ihrer Freilasser bzw. deren Kinder verrichten. Sie unterlagen weiter der Züchtigungsgewalt ihres ehemaligen Herrn und konnten bei Verletzung der vertraglich festgelegten Bedingungen in die Sklaverei zurückgerufen werden. Die Dienstleistungen erstreckten sich von der Unterhaltspflicht des Herrn-Patron bis zur Pflege seines Grabes. So wurde der Freigelassene, oft auch seine ganze Familie, nie richtig frei, und der Herr hatte für sich und seine Nachkommen eine Art Rente geschaffen.[187] Testamentarische Freilassungen sind im gesamten Zeitraum überliefert.[188]

Für die Freilassung, die der Sklave nie vom Herrn erzwingen konnte, war der Marktwert des Unfreien zu entrichten, eine Summe, die entweder vom Freizulassenden selbst erarbeitet worden war oder von einem Dritten, Freund, Tempel, Verein, aufgebracht wurde. Teilweise erwuchsen daraus wieder Rechte über den Losgekauften.[189] Arme Leute und Sklaven waren in sogenannten Eranoi, Unterstützungs- und Begräbnisvereinen, organisiert. Durch die Gewährung eines Darlehens, des Eranos, kaufte der Verein den Sklaven seinem Herrn ab. Konnte der Freigekaufte die Summe nicht binnen einer bestimmten Frist zurückzahlen, so wurde er nicht Sklave des Vereins, sondern der Eranos forderte vom Herrn das Darlehen (= die gezahlte Summe) zurück, woraufhin dieser den Freigelassenen erneut versklavte und aus seiner Arbeit die Forderungen des Vereins beglich. Auch ein Dritter konnte einen Sklaven unter der Bedingung der Freilassung freikaufen. Der Athener Phrynion hatte so seine Geliebte Neaira freigekauft. (s.o.)

Nach neuesten Forschungserkenntnissen werden die griechischen Freigelassenen als „not wholly free“ eingestuft.[190] Diese These gilt es kurz zu überprüfen.

Hans Klees hat auf der Grundlage der Listen, der Freilassungsschalen und einem Gesetz des Lykurg ein doppeltes Freilassungsverfahren in Athen rekonstruiert. In einer ersten Etappe seien die Sklaven nach Zahlung ihres Marktpreises mit allerlei Auflagen freigelassen worden. Nach einer geraumen Zeit, nachdem sie diese meinten erfüllt zu haben, sei in einem zweiten Schritt dann gerichtlich ihre volle Freiheit festgestellt worden. Die Wege des Patrons und des Freigelassenen hätten

---

187 Calderini 1908, 175–177; Klees 1998, 325–328; Zelnick-Abramovitz 2005, 222–248.

188 Diog. Laert. 3,30 (42); Klees 1998, 329–330.

189 *Prásis épi lýsei*: Hyp. 5,5; Athen. 13,590,d.

190 Zelnick-Abramovitz 2005, 265–272, 343.

sich dann für immer getrennt, d.h. der Freigelassene konnte dann frei seinen Wohnort wählen.[191] Der in Athen weiterhin wohnhafte Freigelassene wurde zum Metöken und musste sowohl die Metökensteuer wie auch die Freigelassenensteuer zahlen. Als Beisasse unterlag er den Restriktionen bezüglich Eherecht und Grundbesitzerwerb, im Kriegsfall hatte er Waffendienst zu leisten, aber ohne je politische Rechte einfordern zu können. Aus diesem Grunde gab es kaum einen Anlass für die griechischen und hellenistischen Stadtstaaten, regelnd in die Freilassungen einzugreifen.[192] Das griechische Freilassungswesen war überwiegend privatrechtlich geregelt. Die Mobilität, die es hätte auslösen können, blieb in allen Staatswesen, wie auch immer diese verfasst waren, auf den ökonomischen und sozialen Sektor beschränkt, da die Bürgerrechte nur in Ausnahmefällen tangiert waren.

2.5 Sklaverei und Freilassung in der östlichen Mittelmeerwelt

Die Sklavereigeschichte des Hellenismus ist bisher noch nicht geschrieben worden, weil sie in weiten Teilen unerforscht ist.[193] Es ist kaum davon auszugehen, dass die im klassischen Griechenland entwickelten Formen sich in den Diadochenreichen unverändert fortgesetzt haben. Zu differenziert waren die gesellschaftlichen Strukturen des Orients, die entweder von den neuen griechisch-hellenistischen Formen überlagert wurden oder sich in einem längeren Transformationsprozess mit ihnen verbanden oder neben ihnen weiterexistierten. Schuldknechtschaft und Selbstverkauf, verbreitete Formen der Unfreiheit im Orient, blieben beispielsweise im Judentum bis in römische Zeit bestehen, trotz mannigfacher Verbote.[194] Ausgangspunkt für diesen Themenkomplex verschie-

---

191 KLEES 1998, 308, 334ff.; ANDREAU / DESCAT 2006, 240–245.

192 GARLAN 1988, 80–83; KLEES 1998, 306.

193 SCHMITT Lexikon des Hellenismus 2005, s.v. *Sklave, Sklaverei*.

194 Das Judentum ist aufgrund von Privilegien ausgenommen, s.u. Kap. 3.7. Zum Verbot von privater Schuldknechtschaft und -sklaverei im hellenistischen Ägypten s. GARLAN 1988, 91–92. Vgl. auch OELSNER 1995, 107–127, der nachgewiesen hat, dass griechisch-hellenistisches Recht nicht in die Keilschrifturkunden Babyloniens unter der Seleukidenherrschaft eingegangen ist, dass aber die Sklaverei in achämenidischer Zeit vorrangig auf den Tempeldomänen bereits voll entwickelt war und wahrscheinlich ein bestimmender Wirtschaftsfaktor unter den Seleukiden blieb, obwohl für Letzteres Zeugnisse fehlen.

dener Rechtssysteme und ihres Verhältnisses zueinander ist die bis heute kontrovers beantwortete Frage „inwieweit die sozialen Strukturen der nach den Eroberungen Alexanders entstandenen Staaten wie auch Griechenlands selbst durch die bloße Tatsache der Eroberung und die folgende Entstehung der griechischen Diaspora beeinflusst worden sind."[195] HEINZ HEINEN meint im Blick auf die unterschiedlichen hellenistischen größeren und kleineren monarchischen Herrschaften und kleinasiatischen Tempelstaaten, die sich nach dem Zusammenbruch des Alexanderreiches herausgebildet haben: „Die Nachrichten über die Sklaverei in diesen sozioökonomisch unterschiedlich strukturierten Gebieten sind thematisch, chronologisch und geographisch sehr verstreut, sodass sich ein konsistentes Gesamtbild nicht nachzeichnen lässt."[196]

Dabei spielt zunächst die Existenz der Sklaverei in Makedonien, konkret am Hof Alexanders des Großen, eine nicht unwesentliche Rolle: Gab es dort bereits vor dem Perserfeldzug Sklaven, oder entwickelte sich die Sklaverei am Alexanderhof erst unter persischem Einfluss? Die Bewertung der *basilikoí paídes* ist in diesem Zusammenhang von zentraler Bedeutung, ob man in ihnen adlige junge Makedonen sieht, die am Königshof ausgebildet wurden und zugleich als Geiseln für die Loyalität ihrer Väter hafteten, oder ob es in diesem Corps von Anfang an auch Sklaven gab, die zur persönlichen Bedienung des Herrschers eingesetzt waren. Die Unsicherheiten, die sich in diesem Bereich einstellen, hängen einmal mit der griechischen Terminologie und ihrer Übersetzung ins Lateinische zusammen, zum anderen sind sie durch die Tendenz der Quellen bedingt. Die antimakedonische Opposition in Griechenland nämlich unterstellte Philipp II., den sie als Barbaren einstufte – also weit entfernt von allem Hellenentum –, dass er seine Pagen sexuell missbrauchte, charakterlich korrumpierte und sie in der Art eines Tyrannen zu Sklaven herabstufte.[197] Diese kritische Sichtweise übernahm auch der lateinisch schreibende Alexander-Biograph Curtius Rufus, bei dem sich allerdings zusätzlich in anachronistischer Weise römische Verhältnisse in seine Schilderungen des Makedonenhofes eingeschlichen haben. Doppeldeutig ist auch die Terminologie: *país* (Kind) wird sowohl auf freie Kinder und Jugendliche angewendet, wie auf Sklaven jeglichen Alters. REINHOLD SCHOLL[198] hat versucht, in den Quellen eine genaue Trennung zwischen *paídes* als freie königliche Pagen und *paídes basilikoí* als unfreie Sklaven-Pagen zu rekonstruieren. Dass diese terminologische Fein-

---

195 BIEZUŃSKA-MAŁOWIST 1988, 765.
196 HEINEN HAS 2017, s.v. *Sklaverei, regional* II.B.
197 KOULAKIOTIS 2005, 171–173.
198 SCHOLL 1987, 110–119.

differenzierung nicht überall durchgehalten wurde, liegt auf der Hand, zumal wenn Alexander nachgewiesen werden sollte, dass er im Laufe der Eroberung immer mehr unter persischen Einfluss geriet und seine nächste Umgebung aus Sklaven und Eunuchen bestand. Durch sie ersetzte er mit der Zeit systematisch seine freien makedonischen Pagen, die ihm mangels Loyalität und in Opposition gegen seine Politik nach dem Leben trachteten. Aufgrund der ideologischen Tendenz der Quellen ist es kaum eindeutig zu entscheiden, ob bereits Philipp und in Anknüpfung an diese Tradition auch Alexander Hofsklaven vor dem Perserfeldzug als ganz persönliche Pagen benutzten, oder ob diese im Laufe der Eroberungen als Symptom der „Orientalisierung“ Alexanders in das Hofpersonal eindrangen. Das war spätestens der Fall, als Alexander den Hofstaat von Dareios III. mit seinen Eunuchen übernahm.[199]

Wann immer es Hofsklaven bei den Makedonen gab, so ist nach den obigen Ausführungen in ihnen ein nicht-griechisches Element zu sehen. Entweder wurde diese Institution aus dem Orient von Persern, Medern und anderen östlichen Hofkulturen übernommen, oder sie stammt als Relikt noch aus der Wirtschaft der archaischen Fürstenhöfe und Adelsfamilien in Griechenland (s.o. Kap. 2.1). Warum von hier aus keine direkte Verbindungslinie zur *familia Caesaris* der römischen Kaiser gezogen werden kann, wird später (s.u. Kap. 3.5) genauer dargelegt.[200]

Die Nachrichten über Hofsklaven an den hellenistischen Königshöfen sind sehr zerstreut. Ptolemäer und Seleukiden hatten Sklaven zu ihrer eigenen Bedienung. Mit der Zeit gehörte es zum Prestige der Herrscher, sich mit einem großen Gefolge zu umgeben, unter dem nicht wenige Sklaven waren. Ihnen oblagen die typischen Tätigkeiten im Privatbereich der Monarchen.[201]

Es ist kein Geheimnis, dass die Quellenlage zu den gesellschaftlichen Verhältnissen in den Diadochenreichen und den angrenzenden Gebieten sehr unterschiedlich ist. Das spiegelt sich sehr deutlich im Stand der Forschung wieder. Auf der Grundlage einer reichen papyrologischen Basis ist Ägypten in ptolemäischer Zeit vorzüglich erforscht. Alle ande-

---

[199] In diesem Sinne SCHOLL 1987, 120–121; s. auch WEBER HAS 2017, s.v. *Hof, königlicher / Hof, kaiserlicher* I.

[200] Arrian (4,13,1–2) und Aelian (var. hist. 14,48) meinen, dass Philipp II. die königlichen Pagen am Hof eingeführt habe. Die moderne Forschung vermutet, dass die Institution bis ins 6./5. Jh. zurückgeht. Vgl. HAMMOND 1990, 262, 264; DEMANDT 1995, 270. Für die wertvollen Hinweise danke ich meiner ehemaligen Mitarbeiterin Astrid Weilandt†.

[201] Polyb. 15,25; Diod. 1,70,2; Polyb. 31,3; 26,1; Tätigkeiten in: P. Lond. VII 2052. WEBER HAS 2017, s.v. *Hof, königlicher / Hof, kaiserlicher* I.

ren Gebiete, in denen vorrangig epigraphisches, eventuell auch archäologisches Material in Ergänzung zu der unzureichenden literarischen Überlieferung ausgewertet werden müsste, stellen in puncto Sklaverei mehr oder minder noch große weiße Flecken dar.[202]

Nicht zuletzt auch aus Gründen der Umfangsbeschränkung vermag ein Lehrbuch diesen Forschungsstand nur widerzuspiegeln. Um aber ansatzweise auf die obige Fragestellung eingehen zu können, soll exemplarisch in einem kurzen Abriss an Ägypten vor Beginn der römischen Herrschaft aufgezeigt werden, welche Faktoren innerhalb der Sklaverei auf griechischen Einfluss zurückzuführen sein könnten, und ob es auch noch Elemente gibt, die in vorhellenistische Zeit, d.h. in die Pharaonenzeit zurückreichen. Innerhalb des ausgewählten Gebietes möchte ich zunächst eine weitere Fokussierung vornehmen, nämlich auf das sogenannte Sklavenrecht, um exemplarisch Gleichheiten und Unterschiede wie in einem Brennspiegel herauszustellen.[203] An Einzelbeispielen aus der Praxis soll der Alltag der Sklaverei im ptolemäischen Ägypten zusätzlich in den Blick kommen. Eine Rechtssammlung, wie sie im römischen Recht existiert, liegt in Ägypten ebenso wenig vor wie in Griechenland. Daher müssen die Erkenntnisse aus dem praktizierten Recht sowie aus Erlassen der Könige und Behörden gewonnen werden.[204]

Als Quellen der Sklaverei finden sich Kriegsgefangenschaft, Geburt in die Sklaverei, wenn das Kind von einer Sklavin geboren wurde, und Verkauf auf der Basis von Versteigerungen, Menschenraub und Schuldverhältnissen aus steuerlichen Rückständen. Andere Verkaufsarten wie

---

[202] Von den 127 Titeln, die in der BIBLIOGRAPHIE 2003 unter III.D.4 *Hellenistische Staaten* (Nr.3797–3914) und VI.D *Hellenistische Staaten* (Nr.6986–6994) verzeichnet sind, entfällt knapp die Hälfte auf das ptolemäische Ägypten, ein Viertel entfällt auf die restlichen Diadochenstaaten (Seleukiden, Attaliden, Makedonen) unter Einschluss von Kleinasien, Phönikien und Syrien allgemein, sowie des hellenistischen Judentums. Das restliche Viertel besteht aus Überblicksdarstellungen, viele aus der Zeit des historischen Materialismus. Es wäre dringend nötig auf solider, wahrscheinlich überwiegend epigraphischer Quellenbasis, dieses Forschungsdesiderat zu beheben. Vorbildhaft OELSNER s.o. Anm.194. S. auch neuerdings den Überblick von THOMPSON 2011, 194–213.

[203] Für Ägypten ist HEINZ HEINEN bereits 1976 dieser Problematik nachgegangen mit einem dezidiert vorsichtig formulierten Ergebnis. S. HEINEN 2006, 486–494. S. auch BIEZUŃSKA-MAŁOWIST 1988, 772–778, die eindeutig in der Haussklaverei das griechische Element sieht.

[204] Ich stütze mich überwiegend auf die beiden vorzüglichen quellenbasierten Arbeiten von REINHOLD SCHOLL 1995, 149–172 u. 1990, 3 Bände. S. auch DERS. HAS 2017, s.v. *Ägypten* II.

Selbstverkauf, Verkauf oder Aussetzung der Kinder sind nicht belegt und scheinen im Gegensatz zu Griechenland auch nicht praktiziert worden zu sein. Dennoch spielte die Kaufsklaverei in Ägypten eine große Rolle. Die meisten Kaufsklaven, überwiegend Jugendliche und Erwachsene, stammten aus Syrien. Staatsschuldsklaverei wurde bei Steuerschulden praktiziert: Der Schuldner wurde vom Staat ins Ausland verkauft, eine Praxis, die weder in den griechischen Stadtstaaten noch den Flächenstaaten in klassischer Zeit bekannt war. Die private Schuldsklaverei war in Ägypten genauso verboten wie in Griechenland.[205]

Die Sklavenpreise staffeln sich zwischen 12 bis 1.200 Drachmen in ptolemäischer Zeit. Der Preis richtet sich nach Alter und Ausbildung: Je jünger das Kind ist, umso größer ist die Sterblichkeitsrate einerseits, aber umso gezielter lässt sich ein solcher Sklave für die Bedürfnisse des Herrn heranbilden. So heißt es beispielsweise in einem Schreiben des Ammoniterfürsten Toubias an den königlichen Finanzminister Apollonios aus dem Jahr 257 v.Chr.:

> „Ich habe Dir den Aineas geschickt, der Dir einen Eunuchen und vier lernfähige Sklaven von guter Herkunft bringt, von denen zwei unbeschnitten sind. Wir haben Dir unten auch die Personenbeschreibungen dieser Sklaven zu Deiner Information aufgeschrieben."[206] (übers. R. Scholl)

Aus dieser geht hervor, dass es sich um zwei zehnjährige, einen achtjährigen und einen siebenjährigen Sklavenjungen handelt. Der mitgeschickte Eunuchensklave ist der Lehrer der vier. Die Kinder werden als kraushaarig und stumpf- oder breitnasig beschrieben, die Hautfarbe bewegt sich zwischen dunkel-, rot- bis hellbraun. Es scheint sich um wertvolle Sklaven zu handeln, eventuell Hausgeborene. Wie Apollonios sie ausbilden ließ, wissen wir nicht.

Der Herr hatte volle rechtliche Gewalt über seinen Sklaven: Er konnte ihn testamentarisch vererben, verschenken oder verpfänden. Er nutzte seine Arbeitskraft, indem er ihn als unausgebildeten Arbeiter oder nach einer Ausbildung als Facharbeiter einsetzte. Er konnte ihn aber auch nach außerhalb vermieten, und erhielt dann eine *apophorá*-Zahlung vom Sklaven. Lohnzahlungen (*opsónion*) an die eigenen Sklaven sind als Zulagen bekannt. Der Herr war im eigenen Interesse verpflichtet, den Sklaven zu kleiden (*himatismós*) und ausreichend zu nähren (*sitometría*). Er durfte dem Sklaven einen neuen Namen geben, d.h. eine neue Identität schaffen. Er konnte ihn mit geschäftlichen Vollmachten ausstatten und ihm

---

205 S.o. Anm.194. PAVLOVSKAJA 1972, 222. SCHOLL 1990, Nr.3. Zum Selbstverkauf vgl. aber PSI 549, TAUBENSCHLAG 1959, 229.

206 SCHOLL 1990, Nr.48; Sklavenpreise ebd. 213.

Vermögen und eine Familie zugestehen. Allerdings wird man weder in Ägypten noch in Griechenland von der Geschäfts-, Vermögens- und Ehefähigkeit des Sklaven sprechen dürfen. Der Herr konnte ihm alle diese „Rechte" jederzeit entziehen. Er hatte volles Züchtigungsrecht über ihn.[207] Die Rechtssituation des Sklaven als Rechtsobjekt und Rechtssubjekt ist grundsätzlich in Ägypten und Griechenland gleich.

Im Strafrecht haftete der Sklave für eigene Delikte mit seinem Körper – er erhielt 100 Peitschenhiebe. Das entspricht attischem Recht. Der Freie zahlte für das gleiche Vergehen 100 Drachmen. Der Herr konnte den Sklaven auslösen, wenn er die doppelte Strafsumme bezahlte, die ein Freier bezahlen musste. Ähnlich wie in Athen und später auch in Rom scheint auch im ptolemäischen Ägypten die Zeugenaussage des Sklaven vor Gericht nur auf der Folter als verwendbar betrachtet worden zu sein.[208]

Im Freilassungswesen scheinen ebenfalls Ähnlichkeiten zwischen dem griechischen und ptolemäischen Recht zu bestehen. Es gibt die bedingte testamentarische Freilassung, die wahrscheinlich nicht der griechischen Paramoné entspricht. Zahlungen für die Freilassung sind teils im Rahmen der Bedingungen zu sehen teils erfolgten sie aber auch im Kontext einer Art Freikauf. Das Bürgerrecht wurde selten, und nie automatisch zusammen mit der Freiheit verliehen. Agoranomische Freilassungen wurden auf dem Markt vor dem Marktaufseher, dem *Agoranómos*, durchgeführt, an den die Freilassungssteuer und verschiedene Abgaben zu zahlen waren. Staatliche Freilassungen wurden Sklaven versprochen, die Gesetzesbrecher denunzierten. Ähnliche Sklavendenunziationen mit der Aussicht auf Freilassung kennen wir aus Prozessen in Athen. Weder in Griechenland noch in Ägypten gab es einen Stand der Freigelassenen. Auf dem Land waren die Unterschiede zwischen einheimischer Bevölkerung und Freigelassenen nicht bemerkbar, während in den großen Städten der Gegensatz zu den freien Bürgern ausgeprägter war. Insgesamt scheint es jedoch, dass Freilassungen im ptolemäischen Ägypten nicht allzu häufig durchgeführt wurden.[209]

Als eine der seltenen Freilassungen hat der Fall einer Sklavin und ihres Sohnes aus dem Jahr 237 v.Chr. zu gelten, die nur deswegen im Tes-

---

[207] PAVLOVSKAJA 1972, 226; vom Tötungsrecht ist keine Rede in den bekannten Quellen. Papyrologische Belege zu allen Verhaltensweisen zwischen Herren und Sklaven s. in SCHOLL 1990.

[208] SCHOLL 1990, Nr.2, Nr.1. PAVLOVSKAJA 1972, 186, 192–193, 198; vgl. aber SCHOLL 1995, 162; zu Athen s.o. Kap. 2.3 zu Rom Kap. 3.4.

[209] SCHOLL 1996, 160–170. Zu den attischen Prozessen s. GÄRTNER 2000, 61/62. SCHOLL 1990, Nr.34; HEINEN HAS 2017, s.v. *Sklaverei, regional* II.B.

tament ihres Herrn, der zugleich der Vater des hausgeborenen Sklavenkindes war, frei erklärt wurden, um sie gegen Erbansprüche der Ehefrau und der legitimen Söhne des Erblassers, des 65jährigen Dion von Herakleia zu schützen. Voraussetzung war allerdings, dass Mutter und Sohn bei dem Mann blieben und ihm zu Lebzeiten weiter dienten. Der König galt als Garant dieser Freilassung.[210]

Ganz anders als in den griechischen Poleis, die teils demokratisch teils oligarchisch verfasst waren, stellte sich die ptolemäische Verwaltung zum Sklaven ein. Sie forderte vom Besitzer für jeden Sklaven eine Kopfsteuer, zunächst die Hälfte des Steuersatzes für freie Männer. Hier ist man an den altgriechischen Satz erinnert, dass der Versklavte die Hälfte seines Mannseins einbüßt.[211] Später fand allerdings eine geschlechtlich differenzierte Besteuerung statt, bei der der Status „frei–unfrei" irrelevant blieb, eine Entwicklung, die mit griechischen Vorstellungen nicht kompatibel ist. Um die vielen verschiedenartigen Steuern (Kopf-, Verkaufs-, Freilassungssteuer u.a.) einziehen zu können, hatte der Besitzer eine Meldepflicht des Sklaven vor der Behörde bis zu dessen 15. Lebensjahr einzuhalten. Das galt sowohl für Sklaven von Geburt wie für Kaufsklaven. Überschritt der Herr diese Frist, musste er ein Strafgeld zahlen. Auf diese Weise lag von allen Sklaven eine genaue Personenbeschreibung bei der zuständigen Behörde vor – man könnte beinahe von einem Personalausweis sprechen – mit der die Identität des Sklaven (Herkunft, Alter, Aussehen mit besonderen Merkmalen, Erwerbsart, Geburt, Verkauf, Weiterverkauf, Beruf, Besitzer, Wohnort etc.) voll überprüfbar und „abrufbar" war. Dieses Registriersystem scheint einzigartig in der Antike gewesen zu sein. Es geht auf die Pharaonenzeit zurück, wurde von den Ptolemäern übernommen und von den Römern perfektioniert. Die königlichen später kaiserlichen Anordnungen zur Registrierung hatten mehrere Zielrichtungen: Zum einen wurde die Statusunsicherheit behoben, indem freie Personen durch eine genaue Untersuchung ihres Status vor der ersten Registrierung vor unrechtmäßiger Versklavung bewahrt wurden. Zum anderen wurden die Sklaven bei Fluchtgefahr und die Herren bei Steuerhinterziehung einer größeren Kontrolle unterworfen. Trotz aller Vorkehrungen ließ sich beides nicht verhindern.[212]

---

210 SCHOLL 1990, Nr.28.

211 S.o. Kap. 2.1; Odyssee in Anm.28.

212 In der Kaiserzeit durften hausgeborene ägyptische Sklaven nicht außer Landes verkauft werden. Wenn es den Besitzern gelang, die *Oikogeneia* Urkunde nicht ausstellen zu lassen, konnten sie durch Weiterverkauf aus dem Sklaven von Geburt einen Kaufsklaven machen. S. hierzu BIEZUŃSKA-MAŁOWIST

Durch die reichhaltige papyrologische Überlieferung lässt sich ein vielgestaltiges, manchmal auch sehr lokales Bild von der ptolemäischen Sklaverei gewinnen. Das große Zenonarchiv mit seinen über 2.000 publizierten Papyri aus der Zeit von 260–248 bzw. 240/39 v.Chr. kann nicht als repräsentativ für Ägypten gelten. Es handelt sich vielmehr um die Korrespondenz des Zenon, eines Verwalters und Sekretärs des reichen königlichen Beamten (Dioiketen) des Ptolemaios II., Apollonios. Die erwähnten Sklaven, die Zenon mit den verschiedenartigsten Geschäften beauftragt, sind sogenannte Elitesklaven, die ökonomisch und gesellschaftlich hoch über der freien Landbevölkerung anzusiedeln sind.[213] Sie haben größere Ähnlichkeiten mit den späteren kaiserlichen Sklaven als mit den Sklaven der einheimischen Bevölkerung, die selten spezialisiert, alle Tätigkeiten verrichten müssen. Insgesamt geht man heute von kleinen Sklavenzahlen aus. In der Landwirtschaft und im Handwerk dominieren die freien Arbeiter. Im Privathaushalt sind je nach Reichtum des Besitzers mehrere Sklaven und Sklavinnen beschäftigt, selten allerdings mehr als 15.[214] Anders sind die Verhältnisse in den Städten, vor allem der Weltmetropole Alexandrien. Hier finden sich zu allen Zeiten, bis in die römische Spätantike Sklavenmassen teils aus Prestigegründen teils in differenzierter Arbeitsteilung.[215]

Ziehen wir ein Resümee für das ptolemäische Ägypten und versuchen einen Ausblick auf die übrige hellenistische Welt. Viele der griechischen Rechtsformen ließen sich auch in Ägypten nachweisen. Das ist auch nicht verwunderlich, da es immer schon Kontakte zwischen Ägyptern und Griechen gab, lange vor der makedonischen Eroberung. Wie tief allerdings diese griechischen Formen außerhalb von Städten und Oasen in die einheimische Bevölkerung im ägyptischen Hinterland eingedrungen sind, ist schwer zu sagen. Die Zeugnisse stammen zu einem großen Teil von der griechisch-makedonischen und der einheimischen hellenisierten Ober- und Mittelschicht.[216]

Von einer ähnlichen Präsenz griechischer Rechtsformen wird mit großer Sicherheit in allen ehemals griechischen Gebieten an der kleinasiatischen Küste auszugehen sein, die vor allem durch eine Vielzahl von

---

1984, 123–128. Zur Registrierung zwecks Steuererhebung SCHOLL 1990, Nr.4, besonders Nr.5 mit einem differenzierten Sklavensteuerverkaufssystem. S. speziell SCHOLL HAS 2017, s.v. *diágramma andrapódon.*

213 Zum Zenonarchiv s. SCHOLL 1983, 1–17; PAVLOVSKAJA 1972, 228–261; BIEZUŃSKA-MAŁOWIST 1984, 223–237.

214 Zu den kaiserlichen Sklaven s.u. Kap. 3.5; BUSSI 2001, 134–155.

215 S.u. Kap. 3.7.

216 SCHOLL HAS 2017, s.v. *Ägypten* II; DERS. 1990, 1023/1024.

Städten mit den entsprechenden Institutionen und Gesellschaftsschichten geprägt sind. Als neues Element kommt allerdings in allen Diadochenstaaten hinzu, dass die Könige, die Priester- und Beamtenschaft wie auch das Militär neben den Bürgern und der Stadt Sklavenbesitzer waren, und sich in diesem Umkreis andere Formen der Sklaverei ausbilden konnten, wie wir es bereits in Ansätzen am Hof Alexanders des Großen sehen konnten. Einigendes und teilweise zentralisierendes Element in dieser Vielfalt von Besitzern und Verwaltungs- und Rechtsstrukturen bildeten die Könige.[217]

Ein markanter Unterschied zu den griechischen Verhältnissen lässt sich in Ägypten im hohen Eingriffsrecht der Verwaltung in das Verhältnis Herr–Sklave feststellen. Das findet sich weder in den griechischen noch den hellenistischen Poleis in Griechenland, auf den Inseln und an der kleinasiatischen Küste. In Ägypten dagegen besteht seit der Pharaonenzeit ein zentralistisches Verwaltungsrecht, das bis in römische und teilweise sogar byzantinische Zeit hat überleben können. Es ist nicht Aufgabe dieses Buches zu zeigen, ob sich Ägypten damit im Verbund anderer orientalischer Staaten befunden hat. Aus römischer Sicht stellt Ägypten trotz aller Hellenisierung und späteren Romanisierung einen Sonderfall dar.[218]

In den Kapiteln 2.1 u. 2 haben wir uns mit Sonderformen der Unfreiheit in spätmykenischer, archaischer und klassischer Zeit beschäftigt. Sonderformen sind auch in späterer Zeit anzutreffen wie etwa die Laoi und Klaroten (*laoí, klerótoi*), die man als abhängige Landbevölkerung im Inneren Kleinasiens, Syriens und den ländlichen Gebieten Ägyptens eingestuft hat. Da ist nun allerdings Vorsicht geboten. In einem so großen Gebiet wird man nicht von einer einheitlichen Rechtsform ausgehen können. Es bedarf der genauen Untersuchung, wie weit neben den abhängigen Bauern auch Sklaven auf den Domänen der Könige, Tempel und führenden Beamten sowie auf den städtischen *choría* eingesetzt wurden. Auf den königlichen Domänen handelt es sich oft um freie bäuerliche Untertanen, die dem Schutz des Herrschers unterstehen, und weder von ihrem Grund vertrieben werden, noch verkauft werden können. Da das griechische Recht keinen eigenen Stand von Freigelassenen kannte, sondern diese an den Metöken- oder Periökenstatus angeglichen wurden, ist in den besagten Gebieten von Überlappungen zwischen alten und

---

[217] Bussi 2001, 64. Zur Förderung der ehemals ionischen Städte und Pflege ihrer Rechtsstrukturen durch die Attaliden s. Kertész 1992, 136–140.

[218] Hierzu Vittmann / Scholl / Strauss / Rosafio HAS 2017, s.v. *Ägypten*.

neuen Formen eingeschränkter Bewegungsfreiheit, persönlicher Unfreiheit und erzwungener Arbeit auszugehen.[219]

Wie differenziert die Struktur der unteren Bevölkerung in Kleinasien zu betrachten ist, wird deutlich an dem Volksbeschluss der Stadt Pergamon, den diese in einer hohen Notsituation in der 2. Hälfte des 2.Jhs. v.Chr. erlassen hat. Dort heißt es, nachdem die Stadt das Bürgerrecht an verschiedene Söldnergruppen und Periöken verliehen hat, wie folgt:

> „Zu Paroiken zu machen: die Kinder von Freigelassenen und die königlichen Sklaven, sowohl Erwachsene wie auch Jugendliche; desgleichen auch die Frauen, außer denen, die von den Königen Philadelphos und Philometer gekauft worden sind, und denen, die von Gütern, die königlich geworden sind, beschlagnahmt wurden, desgleichen auch die öffentlichen Sklaven."[220] (übers. Chr. Mileta)

Freigelassene und deren Kinder, Personengruppen, die wahrscheinlich noch nicht richtig frei sind, sondern eventuell Paramonarier, d.h. zu bestimmten Diensten gegenüber ihren Freilassern Verpflichteten, werden zusammen mit königlichen Sklaven und ihren ganzen Familien in den Stand freier Periöken versetzt. Bei beiden Gruppen liegen Familienverbände vor, beide sind in Zukunft ohne Einschränkung frei, aber ohne Bürgerrecht. Sie sollen zum Verbleib in Pergamon veranlasst werden, ihr Abfall zu Aristonikos, dem Bastard und Feind der Stadt sowie der Römer, durch die Statusverbesserungen verhindert werden.[221] Eine weitere Gruppe königlicher Kaufsklaven, die wahrscheinlich zum königlichen Privatbesitz gehörten und deswegen durch das Testament des Attalos III. den Römern vermacht waren, sowie die von den königlichen Gütern konfiszierten Sklaven des Fiskus und die öffentlichen Sklaven verbleiben in ihrem Stand. Dasselbe wird auch für Privatsklaven gegolten haben, die die Stadt natürlich nicht befreien konnte, ohne in die privaten Eigentums-

---

[219] GOLUBCOVA 1972, 107–170; BUSSI 2001, 63–76; zu den regional unterschiedlichen Personenständen von *laoí*, *kátoikoi* und *períoikoi* in Attika, Athen und innerhalb von Kleinasien s. PAPAZOGLOU 1997, 113–140, 235–248; neueste Forschungsergebnisse in: MILETA HAS 2017, s.v. *Laoi* III mit weiterführender Literatur. AMELING HAS 2017, s.v. *Landwirtschaft* I.D. Ein weiteres Forschungsdesiderat stellt die monographische Darstellung der Sklaverei im Schwarzmeerraum dar, die sowohl unter dem Aspekt des Sklavenhandels wie dem der gegenseitigen Beeinflussung zwischen der griechisch-römischen Welt und ihren Randzonen behandelt werden müsste. S. hierzu HEINEN 2006a, 66–78. Zum Sklavenhandel s. Kap. 3.1 und GABRIELSEN 2005, 389–404.

[220] OGIS I 338 , ursprüngliche Datierung 133 v.Chr. Zur neuen Datierung und zum Erlass insgesamt s. DAUBNER 2003, 79–93.

[221] Zu Aristonikos und Pergamon s. DAUBNER 2003; s.u. Kap. 3.2, Anm.95.

rechte einzugreifen. Unabhängig vom konkreten politischen Hintergrund, der hier nicht interessieren soll, wird in dem Dekret eine ganze Palette unterschiedlicher Personen- und Statusgruppen von Freigelassenen und Sklaven greifbar, die sicher nicht nur in Pergamon, sondern auch in anderen hellenistischen Städten und Reichen anzutreffen gewesen sein wird. Wie weit die Römer sich auf dieses griechisch-hellenistische und sicher auch orientalische Erbe im Osten gestützt haben und welche ganz eigenen prägenden und unverwechselbaren Formen sie entwickelt haben, wird im folgenden Kapitel vorgestellt werden.[222]

---

[222] Die Berücksichtigung dieses Erbes soll nicht in dem Sinne von ANDREAU / DESCAT 2006, 10 erfolgen, die die römische Sklaverei als epigonenhaften Ableger der griechischen Sklaverei unter Einschluss hellenistischer Elemente behandeln.

3. DIE RÖMISCHE SKLAVEREI

3.1 Ursprung, Charakter und Verbreitung im republikanischen Rom

Nach der annalistischen Überlieferung aus der späten Republik gab es bereits im archaischen Rom Sklaven. Livius geht davon aus, dass Romulus, der Stadtgründer Roms, auch Sklaven in seine Neugründung aufnahm und dass der spätere König Servius Tullius ein ehemaliger Sklave von Geburt gewesen sei.[1] Zeitgleich mit Livius berichtet der griechische Rhetoriker und Historiker Dionysios von Halikarnass in seinen *Antiquitates* von einer Debatte im Senat über das zukünftige Los der besiegten Latiner, ob man sie töten oder versklaven oder in den Bürgerverband aufnehmen solle.[2]

Bereits im 6. und 5.Jh. v.Chr. war den Römern das von allen Völkern praktizierte Kriegsrecht bekannt, das dem Sieger die Tötung des Besiegten und die Beute an ihm zusteht, d.h. aller Besitz des Besiegten fiel in die Hände des Siegers. Dieses archaische Recht war im Laufe der Zeit dahingehend modifiziert worden, dass man nicht nur die weibliche und männliche Zivilbevölkerung und die Kinder versklavte, sondern dass man auch dazu überging, aus den besiegten Soldaten selbst Nutzen zu ziehen, indem man sie zu Kriegsgefangenen machte und sie versklavte, wenn sie nicht von ihren Herkunftsländern oder Stammesgenossen ausgelöst wurden. Entweder behielt der Feldherr sie selbst als unfreie Arbeitskräfte bzw. schenkte er jedem seiner Soldaten einen oder zwei *captivi* zur freien Verfügung, oder er bzw. seine Soldaten veräußerten die Gefangenen an Sklavenhändler zum Weiterverkauf auf dem Sklavenmarkt. Die Kriegsgefangenen wurden erst in dem Moment zu Sklaven, in welchem sie vom offenen Feld in das Lager der Feinde geführt und dadurch vor dem sicheren Tod bewahrt wurden. So heißt es bei dem Juristen Florentinus:

> „Sklaven, servi, sind danach benannt worden, dass die Feldherren die Gefangenen in der Regel verkaufen und sie dadurch am Leben erhalten, servare, und nicht töten. Als mancipia, mit der Hand Ergriffene aber sind sie deshalb bezeichnet worden, weil sie mit der Hand,

---

1 Liv. 1,8; 1,39–48. Dion. Hal. ant. 4, 1–2; RIX 1994, 86/87.

2 Dion. Hal. ant. 6,20. Bei beiden Historikern handelt es sich um die ideologisch-propagandistische Legitimierung der spätrepublikanischen Politik gegenüber Sklaven und Fremden durch Verankerung in der archaischen Frühzeit. S. KLEES 2002, 96–97; SCHWITTER HAS 2017, s.v. *Servius Tullius*.

> manus, aus der Mitte der Feinde ergriffen werden."[3] (übers. O. Behrends, u.a.)

Die Etymologie, dass *servus* von *servare* = *bewahren* komme, war in der Antike allgemein anerkannt.[4] Die moderne Sprachwissenschaft hat das Wort von der urindogermanischen Wurzel *ser* = *Acht haben auf* abgeleitet, und den Beginn der Sklaverei in Rom in das 7.Jh. v.Chr. zurückverfolgt, als man für Hirten = *servi*, die die Herde vor Übergriffen gegen Feinde bewahrten, zunehmend Sklaven über den mittelmeerischen Handel kaufte. Der Begriff *servus* für den freien Hirten wandelte sich mit der Zeit zur Bezeichnung für Sklaven mit Hirtentätigkeiten. Der Vorname Servius, wie er bei dem legendären König Servius Tullius, angeblich einem Sklaven von Geburt, auftaucht, ist latino-faliskisch, und wurde von den Etruskern übernommen. Das Praenomen Servius war nie vorher mit Sklaverei in Verbindung gebracht worden, was einer Diffamierung des Königs gleichkam. Der Annalistik zufolge war der tüchtige Servius Tullius, Protégé der Frau seines Vorgängers, beim Adel unbeliebt, der ihn mit der Erfindung unfreier Herkunft verleumdete und schließlich durch Mord politisch ausschaltete. Der Bedeutungswandel von *servus* = Hirt zu *servus* = Sklave muss sich unmittelbar vor oder in dieser Zeit des Königs vollzogen haben. Gestützt auf diese Etymologie wird die römische Sklaverei im technischen Sinne von den Sprachwissenschaftlern auf die Zeit um 600 v.Chr. zurückgeführt.[5]

Von der Etymologie zu unterscheiden ist die erstmalige Überlieferung des Terminus *servus* in der Bedeutung von Sklave. Das erste Zeugnis sind die Zwölf-Tafel-Gesetze, die um 450 v.Chr. datiert werden. Dort heißt es im Zusammenhang mit einem auf frischer Tat ertappten Dieb:

> „bestimmten die Dezemvirn .. dass sie, wenn sie Freie (*liberi*) waren, gegeißelt und dem Bestohlenen zugesprochen wurden (*addici*), wenn sie Sklaven waren (*servi*), nach der Geißelung vom tarpeischen Felsen gestürzt wurden."[6] (übers. H. Wieling)

---

3 Dig. 1,5,4,2-3 (Florus).

4 Isid. orig. 9,4,43: „Die Sklaven (*servi*) aber haben ihren Namen daher erhalten, dass diejenigen, die nach Kriegsrecht von den Siegern hätten getötet werden können, indem sie gerettet wurden (*servare*), Sklaven wurden, und die Sklaven sind von ihrer Rettung her benannt." (übers. L. Möller). Ebenso Isid. de diff. verb. 525,63. Vgl. aber die Definition des Sklavenverhältnisses von *servire* = dienen bei Isidor de diff. Verb. 526, 63: *servitus est conditio serviendi, servitium numerus servientium*.

5 Zu Servius Tullius: *servus serva natus* s. Liv. 1,40,3; 47,10. Ausführlich: RIX 1994, 54–87.

6 Lex XII tab. 8,14 = WIELING 1999, Nr. 6 = FIRA 1,59; zu den Zwölf-Tafel-Gesetzen s. DÜLL 1995.

Um 450 v.Chr. hatten die Römer bereits private Sklaven. Wie sie in ihren Besitz gekommen waren, ist zunächst unbekannt. Wenn Versklavung als Strafe verhängt wurde, traf sie nicht nur auf frischer Tat ertappte Diebe, sondern auch Schuldner. Im Zwölf-Tafel-Gesetz steht:

> „Am dritten Markttag wurden die Schuldner entweder getötet oder nach jenseits des Tiber ins Ausland verkauft."[7] (übers. H. Wieling)

Es handelt sich hierbei um das Institut der Schuldsklaverei. Wenn ein Schuldner zahlungsunfähig war und binnen 30 Tagen nach seiner Verurteilung die Schuld nicht begleichen konnte, konnte der Gläubiger ihn mit Gewalt in sein Haus abführen (*manus iniectio*) und ihn 60 Tage lang mit so schweren Fesseln (von ca. 15 Pfund) belasten, dass er nicht weglaufen konnte. Falls der Schuldner sich nicht selbst auf eigene Kosten ernähren konnte, war der Gläubiger verpflichtet, ihn am Leben zu erhalten, indem er ihm eine Tagesration von einem Pfund Emmer, d.h. einem Pfund Weizen, zukommen ließ, die aber deutlich unter dem Existenzminimum liegt.[8] Innerhalb dieser 60 Tage musste der Gläubiger den Schuldner auf dem Markt dreimal öffentlich ausstellen. Wenn sich niemand fand, der ihn auslöste, durfte er ihn entweder töten, oder jenseits des Tiber, d.h. ins Ausland verkaufen, eventuell nach Veii, da man einen römischen Bürger nicht als Sklaven in Rom haben konnte. Das bedeutet, dass die Römer keine Schuldsklaven hatten, aber sie hatten Schuldknechte, *nexi*, nämlich die Schuldner, die sich nach der Verurteilung sofort dem Gläubiger übergaben und auf ihrem Grund und Boden ihre Schuld abarbeiten konnten. Ob sie sich je daraus lösen konnten, da der *nexus* auch für seinen eigenen Unterhalt aufkommen musste, ist fraglich. Die „Schuldsklaverei" sowie das Zugriffsrecht des Gläubigers auf den Körper des Schuldners wurden 326 v.Chr. in der *Lex Poetelia Papiria* gegen den Widerstand der Patrizier abgeschafft, was als Sieg der Plebejer gefeiert wurde.[9]

Angesichts dieser Rechtslage können die unfreien Diebe des Zwölf-Tafel-Gesetzes, die vom tarpeischen Felsen gestürzt wurden, nur ehemalige Kriegsgefangene oder von auswärts gekaufte Sklaven sein, jedenfalls keine römischen Schuldsklaven, die es nicht gab. Die Frage nach der Herkunft der diebischen Sklaven lässt sich mit dem Text eines Vertrages beantworten, den die Römer 348 v.Chr. mit den Karthagern abgeschlossen haben. Hierin wurde vereinbart:

---

7 Lex XII tab. 3,5 = Wieling 1999, Nr. 3 = FIRA 1,33.

8 Zur neueren Übersetzung von *libras faris* als einem Pfund Speltbrei, worunter man sich eine zubereitete Speise vorstellen kann, s. Düll 1995, 33.

9 Liv. 8,28,2; Wieling 1999, 15; ausführlich Behrends HAS 2017, s.v. *Schuldknechtschaft*, der die *Lex Poetelia Papiria* auf 313 v.Chr. datiert.

> „Wenn die Karthager aber in Latium eine Stadt einnehmen, die den Römern nicht untertan ist, sollen sie Hab und Gut und die Menschen behalten, die Stadt dagegen den Römern übergeben. Und wenn Karthager Gefangene machen aus einem Volk, mit dem die Römer laut schriftlichem Vertrag in Frieden stehen, das ihnen aber nicht untertan ist, so sollen sie diese nicht in die römischen Häfen bringen. Wenn einer aber dorthin gebracht wird und ein Römer legt Hand an ihn, so soll er frei sein. Ebenso sollen aber auch die Römer nichts dergleichen tun."[10] (übers. H. Drexler)

Der Vertrag von 348 v.Chr. enthält klare Aussagen über den karthagischen Sklavenhandel: Die Punier überfallen Küstenstädte, deren Bevölkerung sie versklaven und weiterverkaufen. Auch die Römer haben bisher Sklaven von den Karthagern gekauft, und zwar versklavte Latiner aus befreundeten und nicht befreundeten Städten. Der rechtmäßige Erwerb der Letzteren soll in Zukunft untersagt sein. Die um 450 v.Chr. in den Zwölf-Tafel-Gesetzen erwähnten diebischen Sklaven könnten solche von den Puniern oder anderen Händlern erworbene Kaufsklaven sein, zumal bereits im ersten punisch-römischen Vertrag von 510 v.Chr. vom karthagischen Sklavenhandel, der auf Piraterie beruhte, indirekt die Rede ist. Ob die neu installierte Republik an diesem partizipiert hat, lässt sich nur vermuten.[11] Ob man allerdings davon ausgehen kann, dass bereits in der Mitte des 5. Jhs. jeder Römer einen Sklaven sein eigen nennen konnte, wie Livius zum Jahr 460 v.Chr. anlässlich eines Sklavenaufstandes in Rom glaubhaft machen will, ist zweifelhaft. Sowohl was die Instrumentalisierung der Sklaven zu politischen Zwecken betrifft, als auch was die Furcht der Römer vor den Sklaven als innere Feinde angeht, spiegeln sich in dem Bericht über den Aufstand unter der Führung des Sabiners Appius Herdonius die Erfahrungen des Livius aus dem 1.Jh. v.Chr. wider, und weniger die Zustände aus der Mitte des 5. Jhs.[12] Die Regelungen der Geldbuße für den fremd verursachten Knochenbruch eines Sklaven in den Zwölf-Tafel-Gesetzen spricht für die Alltäglichkeit solcher Vorkommnisse und die Selbstverständlichkeit von Sklaven in Rom in der

---

10 Pol. 3,24.

11 Pol. 3,22; zu den Verträgen SCARDIGLI 1991, 71–76, 102–116; AMELING 1993, 130ff.; DE MARTINO 1991, 86 sieht nur im zweiten Vertrag eine Beteiligung der Römer am Sklavenhandel, während WELWEI 2000, 4–5, 133 bereits im ersten Vertrag dafür Anhaltspunkte sieht. Vgl. auch DERKS 2016, 81–83. Zur Bedeutung des karthagischen Sklavenhandels im westlichen Mittelmeer s. FLAIG 2009, 55–56.

12 Liv. 3,15–18; zum kritischen Umgang mit der Annalistik s. WELWEI, 2000, 19ff.

Mitte des 5. Jhs.[13] Die ältesten Inschriften zweier Töpfersklaven, Servius und Retus, aus dem kampanischen Cales stammen aus der Mitte des 3. Jhs., sind aber kein Beleg dafür, dass es erst seit dieser Zeit Sklaven im Handwerk gab.[14]

Nimmt man alle bisher verwendeten Quellen zusammen und verbindet sie mit den Ergebnissen der Sprachwissenschaftler, dann etablierte sich die Sklaverei in Rom zwischen 510 und 450 v.Chr., vielleicht sogar schon in der 1. Hälfte des 6. Jhs. Die in Rom lebenden Sklaven waren überwiegend Fremdstämmige, die durch Kriegsgefangenschaft und Sklavenhandel nach Rom gekommen sind. Letzterer beruhte zu einem großen Teil auf der Piraterie handeltreibender Völker.[15] Daneben kennt das Zwölf-Tafel-Gesetz bereits die Strafsklaverei.[16] Was die Sklaven von Geburt angeht, so sind sie erstmalig literarisch im 3. Jh. überliefert, wenn die Institution selbst auch älter gewesen sein kann.[17]

Ein Teil der Forschung geht davon aus, dass der Charakter der frühen römischen Sklaverei ein patriarchalischer gewesen sei. Der Begriff der patriarchalischen Haussklaverei stammt aus dem historischen Materialismus und wird von ihm als Vorstufe der entwickelten Sklavenhaltergesellschaft gesehen. Ihre Charakteristika sind:

1. Die Sklavenarbeit ist nicht die dominante Arbeitsform.
2. Der Sklave kann gesetzlich Eigentum besitzen und eine Familie haben.

---

[13] Lex XII tab. 8,3 (= DÜLL, 1995, 48–49).

[14] PRACHNER 1989, 213ff. nimmt an, dass seit diesem Zeitpunkt qualifizierte Sklaven zumindest beruflich als gleichwertig mit den freien Handwerkern anerkannt wurden und ihre Produkte signieren durften.

[15] Die Grenzen des aus Piraterie, Menschenraub und Kriegsgefangenschaft resultierenden Menschen- = Sklavenhandels sind fließend. Alle diese Ursprungsquellen treffen im Handel zusammen. Piraterie wird erst dann pejorativ, wenn Machtansprüche expandierender Staaten aufeinanderstoßen und diese in der Lage sind, ihre Grenzen gegen illegale Raubzüge durch Verträge oder militärisch abzusichern. Zeitweise Kooperationen zwischen Piraten und einer jeweiligen Schutzmacht sind nicht selten. Die Forschung geht für die hellenistisch-römische Zeit davon aus, dass mehr Sklaven aus Kriegsgefangenschaft (See- und Landkrieg) denn aus Piraterie (Raub, Entführung, Plünderung) gehandelt wurden. S. zur Problematik: DE SOUZA HAS 2017, s.v. *Piraterie*; DERS. HAS 2017, s.v. *Menschenraub*; FISCHER HAS 2017, s.v. *Sklavenhandel*; DERKS 2016, 49–64; s. auch den Sammelband zur Thematik: HEINEN 2008.

[16] Lex XII tab. 7 = WIELING 1999, Nr.7 = FIRA 1,75; Lex XII tab. 8,14 = WIELING 1999, Nr.6 = FIRA 1,59, vgl. DÜLL, 1995, 51.

[17] Plaut. Amph. 179–180; 1033; Plaut. Mil. 698; s. hierzu HERRMANN-OTTO 1994, 7–15.

3. Neben der Sklaverei existiert die Schuldsklaverei, die beide ineinander übergehen können.

Im Folgenden wird gezeigt werden, dass nur Punkt eins der marxistischen Definition zutreffend ist, sich aber nicht auf die Frühzeit Roms beschränken lässt. Zu allen Zeiten existierten freie und unfreie Arbeit nebeneinander. Die Schuldsklaverei (3) bestand nie innerhalb Roms (s.o.). Von Besitz- und Ehefähigkeit römischer Sklaven ist zu keiner Zeit auszugehen.[18]

Aber auch die nichtmarxistische Forschung spricht von der patriarchalischen Sklaverei. Sie stützt sich dabei vor allem auf die idyllische Überlieferung der Annalistik, die von geringen Sklavenzahlen, einer überwiegend freundlichen Behandlung und einer totalen Integration der Sklaven in das Haus des jeweiligen Herrn ausgeht.[19] In diesem Zusammenhang stellt sich die Frage nach dem Zeitpunkt der Teilnahme Roms am Sklavenhandel, die entweder mit dem Beginn der Geldwirtschaft oder einer größeren Nachfrage nach Sklaven in Verbindung gebracht wird, die über das Maß der durch Kriegsgefangenschaft nach Rom gelangten Menschen hinausging.

Die Forschung ist über diese Problematik zerstritten. Die zur Verfügung stehenden antiken Quellen sind widersprüchlich, und die modernen Kalkulationen bezüglich der Arbeitskräfte auf dem zu bewirtschaftenden Boden sind nicht weniger strittig. Umstritten ist ebenfalls, seit wann Sklaven nicht nur in der Landwirtschaft, sondern auch in Handel und Gewerbe eingesetzt wurden. Die Beantwortung dieser Frage hängt davon ab, seit wann die römische Wirtschaft das Stadium einer reinen Subsistenzwirtschaft überschritten hatte. Je nach dem Charakter der Sklaverei in der Frühzeit, müssen die Ziele und zugrunde liegenden Motive der Römer bei der Unterwerfung Italiens im Laufe des 4. Jhs. und des westlichen Mittelmeeres in den beiden Punischen Kriegen während des 3. Jhs. ganz anders beurteilt werden. Im Fall einer bereits früh ausgeprägten Sklavenwirtschaft wird man von Massenversklavungen schon bei der Eroberung Italiens ausgehen sowie die Punischen Kriege als vom Streben der Römer nach menschlicher und anderer Beute diktiert bewerten können. Das Argument des Beutekrieges findet sich schon in der römischen Geschichtsschreibung im Zusammenhang mit dem Ersten Punischen Krieg.[20] Geht man aber von einer geringeren Ausbreitung der Sklaverei aus, für die die Erzählungen über die sogenannte patriarchalische Sklaverei sprechen würden, dann setzen die römischen Massenversklavungen

---

18 SISOVA 1980, 157–158; DIESNER u.a. 1984, 91–113; SCHNEIDER 2015, 54.

19 Plut. Coriolanus 24,4–5; genauer WELWEI 2000, 19ff.

20 Pol. 1,11.

erst nach dem Zweiten Punischen Krieg mit der Eroberung des hellenistischen Ostens ein, also am Beginn des 2. Jhs.

Die in der modernen Forschung überwiegend politisch diskutierten Thesen vom römischen Imperialismus einerseits und vom unvorbereiteten Hereingezogenwerden der Römer in die Probleme der Mächtebalance der hellenistischen Staatenwelt im Mittelmeerraum andererseits können und müssen erweitert werden durch Fragenkomplexe aus dem Bereich der Wirtschaft und des Handels der beteiligten Länder. Auch der Sklaverei kommt dabei eine nicht unmaßgebliche Rolle zu.[21]

So geht MOSES I. FINLEY[22] davon aus, dass es bei den Römern einen Bedarf an Sklaven bereits vor den großen Eroberungen und Versklavungen gegeben habe. Um diese These zu erhärten, formuliert er drei notwendige Vorbedingungen:

1. muss es in einer ganz überwiegend agrarischen Welt privaten Grundbesitz geben, und zwar in hinreichendem Maße in den Händen weniger konzentriert, sodass über den Rahmen der Familien hinaus ständige Arbeitskräfte erforderlich sind.
2. müssen die Warenproduktion und die Märkte genug entwickelt sein – unabhängig davon, ob es sich um einen weit entfernten Exportmarkt oder um ein nahe gelegenes städtisches Zentrum als Markt handelt.
3. müssen innerhalb der Gesellschaft keine Arbeitskräfte zu bekommen sein, was die Arbeitgeber dazu zwingt, Außenstehende verstärkt heranzuziehen.

Alle drei Bedingungen müssen gleichzeitig erfüllt sein. FINLEY meint, dass dies für Rom spätestens im 3. Jh., d.h. also zur Zeit des Ersten Punischen Krieges, der Fall war.

In der annalistischen Überlieferung des Livius liegen Zahlen für das eroberte Land und die gewonnenen Kriegsgefangenen in der römischen Frühzeit vor.[23] Aus der unterschiedlichen Überlieferungspraxis bei Livius kann man erschließen, dass die Römer im 5. Jh. zwar Kriegsgefangene gemacht haben, dass sie diese aber nur selten auf dem Sklavenmarkt

---

[21] MOMMSEN I, 1902, 242f.; 273f.; HARRIS 1979, 54ff., 98–101; HEFTNER 1997, 315–322, 381–386; RUFFING 2012, 85–99, bes. 91–95.

[22] FINLEY 1981, 102–103, zu FINLEY'S Wirtschaftsmodell s.o. Kap. 1.3; CHRIST 1990, 297.

[23] Vgl. Zusammenstellung bei WELWEI 2000, 25: 502 v.Chr.: gesamte Bevölkerung der Arunker in Sklaverei verkauft; 462 v.Chr.: 1.750 Kriegsgefangene Volsker; 431 v.Chr.: alle Volsker verkauft; 408 v.Chr.: 3.000 und 406 v.Chr.: 2.500 Kriegsgefangene Volsker; 426 v.Chr.: 600 Fidenaten an Soldaten verteilt und 1.800–2.300 Fidenaten als Sklaven verkauft.

haben verkaufen lassen. Überall da, wo Livius nur von den *captivi* berichtet und ihren Verkauf nicht erwähnt, besteht die Möglichkeit, dass die Römer sie selbst als Sklaven behalten oder sie in den römischen Bürgerverband integriert haben und auf ihrem angestammten Land zu dessen Bebauung beließen. Eine fundamentale Änderung ergab sich erst 396 v.Chr. mit der Eroberung des etruskischen Veii.

Durch die Eroberung des *ager Veietanus* konnten die Römer ihr Territorium um 560 km^2 vergrößern, d.h. dass der *ager Romanus* insgesamt am Beginn des 4. Jhs. 1.580 km^2 betrug. Die Oberschicht, etwa 20 patrizische Familien, konnten sich zwischen 85.000–125.000 *iugera* (= 21.250–31.250 ha) aufteilen, zu deren zumindest partieller Bebauung sie viele Sklaven benötigten. Obwohl eine große Masse der Veienter, abgesehen von den Überläufern, in die Sklaverei verkauft worden ist, gibt Livius keine konkreten Zahlen an.[24] Infolgedessen ist die Forschung hinsichtlich der Bewertung dieses Vorganges unterschiedlicher Meinung: Es bleibt offen, ob die Römer selbst einen Markt für die Massen an Versklavten hatten, oder ob nur der geringste Teil der Veienter versklavt worden ist. Wie dem auch immer sei, hat sich durch die Eroberung von Veii die Praxis der römischen Sklavenhaltung grundlegend geändert. Denn durch die Okkupation des *ager Veietanus* hatten die Römer viel mehr Bedarf an unfreien Arbeitskräften.[25]

Ein neues Kapitel hinsichtlich der Kriegsgefangenen, ihres Verkaufs und des okkupierten Landes beginnt mit den Samnitenkriegen zwischen 326 bis 295 v.Chr. Allerdings sind die Zahlenangaben des Livius, bis auf eine aus dem Jahr 307 v.Chr. mit 7.000 *captivi* der Bundesgenossen der Samniten, die auch versklavt wurden, so hoch, dass sie keine Glaubwürdigkeit beanspruchen können. Erst im Dritten Samnitenkrieg überliefert der römische Geschichtsschreiber glaubwürdigere Zahlen: rund 55.000 samnitische und gallische *captivi*, die verkauft worden sind. In diesem Fall kann man erstmalig von einer regelrechten Massenversklavung sprechen, da die Römer den Dritten Samnitenkrieg, ähnlich wie später den Dritten Punischen Krieg mit dem Ziel der Vernichtung des Gegners geführt haben.

---

24 Liv. 5,22,1.

25 WELWEI 2000, 34: „Dennoch besteht kein Zweifel, dass der römische Sieg über Veii sich in erheblichem Maße auf das System der Sklavenhaltung in Rom ausgewirkt hat. Selbst wenn nicht die Veienter selbst, sondern vornehmlich ihre Sklaven in den Besitz von Römern übergingen, stand nunmehr auf römischem Territorium eine wesentlich größere Zahl von Sklaven zur Verfügung als zuvor.“

Bei allen Bedarfsberechnungen an Arbeitskräften kommt es grundsätzlich darauf an, was angebaut wird. Dass den Römern jegliches Rentabilitätsdenken fremd gewesen wäre, wie ein Teil der modernen Forschung behauptet, widerlegen die antiken Quellen selbst. Die Ackerbauschriftsteller wussten bereits, dass beim Getreideanbau die Sklaverei nicht rentabel ist, weil man nur Stoßzeiten an Arbeitseinsatz in diesem landwirtschaftlichen Zweig hat, der für Tagelöhner deswegen geeigneter ist. Wein- und Olivenanbau dagegen bedürfen der ständigen Pflege und für diese Arbeiten sind die Sklaven geeignet, da man sie ja wie das Vieh das ganze Jahr verköstigen muss. Solange man von einem intensiven Getreideanbau in Italien auszugehen hat, und das kann man wohl bis zur Eroberung Siziliens im Ersten Punischen Krieg, d.h. bis 248 v.Chr., konnte man dort jedenfalls keine Sklavenmassen rentabel beschäftigen. Aus diesem Grunde stellt der Erste Punische Krieg einen gravierenden Einschnitt dar, sowohl was die Sklavenzahlen als auch was den zur Verfügung stehenden Boden betrifft.[26]

Das römische Staatsgebiet betrug am Vorabend des Ersten Punischen Krieges 26.850 km^2, d.h. dass es im Laufe von eineinhalb Jahrhunderten um das 16-fache angewachsen war. Da dieses Gebiet zu 70%, manche Forscher gehen auch nur von 30% aus, aus Ackerland bestand, wäre die erste der FINLEY'schen Vorbedingungen für Sklavenbedarf, nämlich das Vorhandensein überwiegend agrarischen Landes, erfüllt. Allerdings wissen wir wenig über seine Verteilung. Wenn das licinisch-sextische Ackergesetz auf 367/6 v.Chr. datiert werden kann, dann würde dieses Okkupationsgesetz bereits deutlich machen, dass zu wenige Besitzer zu viel Staatsland okkupiert hatten, sodass dieses nun auf 1.000 *iugera* beschränkt werden musste. Diejenigen Forscher, die von geringen Sklavenzahlen und von geringem zur Verfügung stehendem Ackerland im 4. Jh. ausgehen, datieren das Gesetz allerdings in den Beginn des 2. Jhs.[27]

Auch die zweite FINLEY'sche Vorbedingung wäre erfüllt, was die Existenz funktionierender Märkte betrifft. Der zweite karthagisch-römische Vertrag aus dem 4. Jh. bestätigt dies. Außerdem kamen die Römer ständig an den Randzonen ihres Einflussgebietes in Kontakt mit den griechischen, sizilischen und punischen Sklavenhändlern, deren Praktiken im Umgang mit erbeuteten Menschen und deren Vermarktung sie schnell erlernten und wovon sie selbst bereits früh profitierten. Schwierigkeiten stellen sich allerdings bezüglich der Geldwirtschaft ein. Größere Verkäufe mit den schweren Bronzemünzen (*aes grave*) zu tätigen, war sicherlich unpraktisch, obwohl Livius vom Verkauf von 10.870

---

26 BRADLEY 2011, 241–245; MOREL 2007, 487–510.

27 Liv. 6, 35–36; BRINGMANN 1986, 51–66. Zur Problematik s.u. Kap. 3.3.

Samniten im Jahre 293 v.Chr. für insgesamt 25.330.000 Bronzemünzen berichtet, die der Konsul dem Staatsschatz überstellte. Da es sich bei diesen Gewichten auch um ein Transportproblem handelt, – man hat das Gewicht der eingenommenen Bronzemünzen auf 828.291 Kilogramm Metallgewicht kalkuliert – wird man nicht in jedem Fall von Geldzahlungen auszugehen haben, sondern vor allem von Warentausch.[28]

Ob Arbeitskräftemangel, die dritte FINLEY'sche Vorbedingung, bereits vor dem Ersten Punischen Krieg bestand, ist schwer zu beantworten. Zwischen dem Ende des Dritten Samnitenkrieges (295 v.Chr.) und dem Ausbruch des Ersten Punischen Krieges (264 v.Chr.) werden die Bedürfnisse an unfreien Arbeitern, falls solche bestanden, überwiegend vom Handel mit Menschen gedeckt worden sein. Zahlen von Kriegsgefangenen im Gefolge kriegerischer Auseinandersetzungen sind in dieser Zeit nicht überliefert.[29]

Man kann also festhalten, dass wahrscheinlich bereits in der Mitte des 4. Jhs., nämlich zur Zeit des zweiten punisch-römischen Vertrages bei den Römern Sklavenbedarf bestand, der im Laufe von 100 Jahren in Verbindung mit der Erweiterung des römischen Territoriums in Mittel- und Süditalien rasant zunahm. Vor den großen überseeischen Eroberungen, und nicht erst durch diese stimuliert, bestand bei den Römern bereits ein Bedarf an unfreien Arbeitskräften. Spätestens mit der Eroberung von Veii und den sich hier erstmals abzeichnenden Massenversklavungen, die sich in den Samnitenkriegen fortsetzten, hat sich die alte Struktur der Sklaverei grundlegend verändert. Falls es je eine patriarchalische Sklaverei gegeben haben sollte, so war sie nun beendet.

In den beiden Kriegen mit den Karthagern wird deutlich, dass die Römer eine große Anzahl privater Sklaven besaßen, die sie in Notsituationen sogar als Soldaten rekrutieren konnten oder auf den Ruderbänken einsetzten. In Ermangelung freier römischer Bürger, vor allem nach der Katastrophe von Cannae 216 v.Chr., als 70.000 römische Bürger und Bundesgenossen fielen und 10.000 versklavt wurden, d.h. praktisch kein römisches Heer mehr bestand, mussten die Römer zu diesem Mittel greifen. Die 8.000 Sklaven, *volones*, die sich freiwillig mit Zustimmung ihrer Herren zur Verfügung gestellt hatten, mussten in einem Schnellgang ausgebildet werden. In der Forschung ist allerdings umstritten, ob sie freigelassen und mit dem römischen Bürgerrecht ausgestattet worden sind, da nach römischem Recht nur freie römische Bürger im Heer die-

---

[28] Liv. 10,46,5.

[29] Für eine Bedarfsdeckung aus der natürlichen Reproduktion, die WELWEI 2000, 62ff. annimmt, fehlen die Quellen.

nen und Waffen tragen konnten.[30] Da die *res publica* nicht in der Lage war, die zur Verfügung gestellten Sklaven ihren Herren abzukaufen, scheint die Freilassung dieser *volones* erst nach der gegen Hanno in Benevent 214 v.Chr. gewonnenen Schlacht durch den Feldherrn Tiberius Sempronius Gracchus erfolgt zu sein, mit Zustimmung der Herren. Sie scheinen auf ihre Entschädigungszahlungen verzichtet zu haben. Zumindest nach Cannae, in einer Situation äußerster Not, konnte das Rekrutierungsverbot von Sklaven relativiert werden.[31]

Bei den rekrutierten Sklaven wird es sich kaum um frisch versklavte Kriegsgefangene gehandelt haben, bei denen die Desertionsgefahr zu groß gewesen wäre, sondern um altgediente, eventuell sogar hausgeborene Sklaven, die als besonders vertrauenswürdig galten. Auch Sklaven der Bundesgenossen, der *socii*, wurden als *volones* miteinbezogen. Auf den Ruderbänken konnte man schon eher auf Neuversklavte zurückgreifen, wie im Zweiten Punischen Krieg mehrmals geschehen. Diesen Galeerensklaven wurde nach dem Sieg über die Karthager die Freiheit versprochen. Dagegen scheinen die Sklaven, die die römischen Bürger als *nautae*, Ruderer, dem Staat zur Verfügung stellen mussten, etwa 30.000 an der Zahl, nicht freigelassen worden zu sein, sondern nach ihrem Einsatz in den Besitz ihrer Herren zurückgefallen zu sein. Dennoch darf man nicht davon ausgehen, dass die Rudertätigkeit keine *militia*, Militärdienst war. Der Galeerensklave als eine der schlechtesten Positionen, die ein Sklave einnehmen konnte, findet sich auf römischen Kriegsschiffen nur in Ausnahmesituationen. Normalerweise haben die Römer dafür Freie, Freigelassene und Bundesgenossen rekrutiert. Dagegen sind Unfreie relativ früh als Trossknechte und Waffenträger im römischen Heer vertreten, die ihre Herren zu ihrer eigenen Bedienung mit in den Krieg genommen hatten. Sie waren aber am eigentlichen Kampfgeschehen nicht beteiligt und handelten nur im Auftrag ihrer Herren.[32]

Die Belastung für die Wirtschaft in Italien war durch die Kriege enorm, nicht allein infolge der Verwüstungen durch den Hannibalkrieg oder wegen der langen Abwesenheit der freien römischen Bürger von

---

30 Dig. 49,16,11 (Marcianus): *ab omni militia servi prohibentur: alioquin capite puniuntur.*

31 Liv. 22,57,11; 24,14–16; Florus 1,22,23 und Appian Hann. 27,116 zufolge, hätten sie einen Eid abgelegt, der ihre Freilassung vor der Schlacht vorausgesetzt hätte. GABBA 1998, 477–479 bezweifelt die Historizität der livianischen Überlieferung, und sieht in ihr einen Reflex von ähnlichen Vorfällen während der *bella civilia* im 1.Jh. v.Chr.

32 Zu Galeerensklaven LIBOUREL 1973, 116–119; zu Sklaven im Heer als Rekrutierte und als Trossknechte WELWEI 1988 und ROULAND 1977.

ihren Landgütern, sondern auch aufgrund der vielfältigen Verknappung unfreier Arbeitskräfte auf diesen Gütern. Die Bereitstellung von rund 38.000 Sklaven für Heer und Flotte bewirkte noch während des Krieges einen offensichtlichen Mangel an Sklaven.[33]

Es stellt sich die Frage, wie weit der Arbeitskräftemangel durch versklavte Kriegsgefangene behoben werden konnte. In der jüngsten Forschung wird die These vertreten, dass im Ersten Punischen Krieg 84.000 Menschen gefangen und versklavt wurden und im Zweiten Punischen Krieg, wo die Gefangennahmen erst seit 215 v.Chr. einsetzten, mehr als 60.000 Menschen. Andere Forscher gehen aufgrund der Unsicherheit der antiken Zahlenangaben von einer Gesamtzahl zwischen 150.000 bis 250.000 versklavten Kriegsgefangenen in den beiden Kriegen zusammen einschließlich der Kämpfe in der Zwischenkriegszeit aus. Vom Verkauf der 60.000 Gefangenen im Dritten Punischen Krieg (146 v.Chr.) in die Sklaverei ist nirgendwo die Rede, während im Spanischen Krieg (141 v.Chr.) 9.500 Menschen in die Sklaverei verkauft wurden. Für die östlichen Kriege im Zeitraum von 250–150 v.Chr. ist eine Zahl von 250.000 Versklavten ermittelt worden, für den Dritten Makedonischen Krieg (170–167 v.Chr.) allein 150.000 romfeindliche Epiroten, und in Histrien (177 v.Chr.) 5.632 Gefangene. Von einer Steigerung der Sklavenzahlen am Ende der Republik spricht ein Teil der Forschung im Blick auf die gallischen Eroberungen Caesars (58–50 v.Chr.). Die Zahl 500.000 oder sogar eine Million dürfte aber wohl in das Reich der Utopie zu verweisen sein.[34]

Es ist müßig, über die Richtigkeit verschiedener Zahlen der römischen Annalistik zu spekulieren, der es in erster Linie um die Größe Roms und die Tapferkeit der Römer zu tun ist. Es ist darüber hinaus gefährlich zu versuchen, auf der Grundlage dieses unsicheren Zahlenmaterials Statistiken erstellen zu wollen, wie es immer wieder in der Forschung gewagt worden ist.[35] Aus diesem Grunde sollen Zahlenangaben, Handel mit und Verwendung von Versklavten unter politischen und wirtschaftlichen Aspekten betrachtet werden.

Den Römern ging es bei ihren Kriegen nicht vorrangig um Versklavung, vor allem nicht der Zivilbevölkerung. Hatte sie sich ergeben, wurde sie in den römischen Bürgerverband integriert. Nach der Eroberung

---

[33] Zum Jahr 206 v.Chr. schreibt Livius von einer *inopia servitiorum* (28,11,9).

[34] Tabellen mit Zahlen, Jahr u. Quellenangaben bei BRADLEY, 1987, 45; WELWEI, 2000, 159/169; ungenauer u. pauschaler: HUGHES 1975, 59; BOESE, 1973, 81–89; VOLKMANN / HORSMANN, 1990², 110–118, Skepsis des Überarbeiters HORSMANN diesen Zahlen gegenüber: 166–167.

[35] BELOCH, 1886, 413–420; BRUNT, 1971, 121–130; HOPKINS, 1978, 68, 101.

von Carthago Nova 209 v.Chr. z.B. hat Scipio Africanus die Zivilbevölkerung frei entlassen, nur die Handwerker unter ihr zu *servi publici* gemacht, um sie als Waffenschmiede einzusetzen. Einen Teil von ihnen verwendete er als Galeerensklaven. Bei Widerstand oder Abfall einer Stadt kam es meist zur Versklavung der gesamten Bevölkerung, wie im Falle Capuas 211 v.Chr., die auf die Märkte zum Verkauf gebracht wurde. Daneben bestand die Möglichkeit, sich selbst freizukaufen oder von befreundeten Städten oder Bündnern losgekauft zu werden. Eine solche Praxis bestand vor allem in der hellenistischen östlichen Staatenwelt, in der Könige und Private als Wohltäter, „Euergeten", im Krieg Versklavte freikauften. Die eroberte Stadt Panormos in Sizilien erhielt im Ersten Punischen Krieg das Angebot des Freikaufs für 2 Minen pro Kopf. 14.000 Menschen konnten das Geld aufbringen und blieben frei, 13.000 ärmere dagegen wurden in die Sklaverei verkauft. Kriegsgefangene Soldaten wurden auf der Grundlage von Waffenstillstandsverhandlungen oder Friedensverträgen ausgelöst. Zu diesem Zweck wurden sie nicht sofort weiterverkauft, sondern zunächst im feindlichen Lager gefangen gehalten bzw. in Rom inhaftiert.[36]

An diesen unterschiedlichen Praktiken wird deutlich, dass die Römer ihre Kriege nicht zum Zweck der Menschenjagd führten: Ein Teil der Gefangenen wurde für eigene Zwecke versklavt, ein anderer Teil gewinnbringend weiterverkauft, und wieder andere wurden integriert. Je angespannter aber eine Kriegssituation wurde, je bedrohter sich die Römer fühlten, je verletzlicher ihr Sicherheitsbedürfnis wurde, umso grausamer und rigoroser wurden Massenversklavungen angewendet.

Was die Arten des Sklavenerwerbs zur Zeit der römischen Republik betrifft, so ist man in der älteren Forschung von einer Dominanz der Kriegsgefangenschaft ausgegangen, die im Zuge der *Pax Augusta* fortschreitend von anderen Erwerbsarten, vorrangig der natürlichen Reproduktion, ersetzt worden sei. Man hat heute erkannt, dass einmal die Kriegsgefangenschaft nie losgelöst vom Sklavenhandel zu sehen ist, dass der Handel vielmehr bei allen Erwerbsarten eine vermittelnde Funktion einnimmt, ob das Handelsobjekt nun Kriegsgefangener, Geraubter, Selbstverkäufer etc. ist. Ein Teil der Forschung weicht von der Behaup-

---

36 Carthago Nova: Pol. 10,17; Capua: Liv. 26,15–16; Panormos: Diod. 23,18,5; Pol. 1,38; Auslösung gefangener Karthager in Rom durch ihre Landsleute: Liv. 30,43,5–8. Zum Euergetismus s. VOLKMANN / HORSMANN, 1990², 132–133. Rom selbst hatte ein ambivalentes Verhältnis zum Loskauf seiner Kriegsgefangenen, denen man Feigheit unterstellte. S. GRIESER RAC 23, 2010, s.v. *Loskauf* II (*Gefangener*). Zur Kriegsgefangenschaft WELWEI HAS 2017, s. v. *Kriegsgefangenschaft*.

tung ab, dass es nur jeweils eine dominante Erwerbsart gegeben habe und eine Zäsur zwischen Republik und Kaiserzeit vorliege. Auch für die Zeit des Augustus sind die Zahlenangaben nicht weniger fraglich als für die Republik: Bei abnehmender Anzahl von Versklavten aus Kriegsgefangenschaft ist es weiterhin in der Forschung umstritten, ob die natürliche Reproduktion oder die Aussetzung von Kindern, die als Sklaven aufgezogen werden, oder der Selbstverkauf und der Menschenraub die dominante Quelle der Sklaverei darstellt.[37] Da es nur beschränkt Geburtsregister, Inventarlisten, Urkundenarchive etc. gab, werden die prozentualen Verhältnisse der Erwerbsarten nie zu ermitteln sein. Dennoch sind einige Forscher davon überzeugt, die Lückenhaftigkeit der antiken Überlieferung mit demographischen Modellen ausfüllen zu können, die auf modernem Zahlenmaterial, Modell- und Plausibilitätsrechnungen beruhen. Auf diesem Wege erhoffen sie, sich wissenschaftlich gesicherter der antiken Sklaverei annähern und das antike Quellenproblem umschiffen zu können.[38] Die völlige Beliebigkeit der Zahlenmodelle ist jedoch wenig geeignet, die antiken Quellen trotz all ihrer Lückenhaftigkeit ersetzen zu können. Ein kurzer Überblick über diese Forschungsrichtung soll das verdeutlichen:

Der Ausgangspunkt der demographischen Forscher ist bereits ein ideologischer: Sie stellen die Frage, ob die römische Gesellschaft als eine „Sklaven(halter)gesellschaft" zu bewerten sei, oder als „eine Gesellschaft mit Sklaven", wobei es mittlerweile zweitrangig erscheint, ob die Wirtschaft eine von Sklaven dominierte sei oder nicht. Es komme nur auf die Sklavenhaltermentalität einer Gesellschaft an. Bereits das vorgeführte Zahlenspektrum, das für die freie Bevölkerung angegeben wird, ist höchst kontrovers. Es bewegt sich zwischen 60, 15, 7,5 und 4 Millionen Bürgern. Die Sklavenzahlen schwanken entsprechend, ob man von 30–

---

[37] Zäsur Republik-Kaiserzeit: VOLKMANN / HORSMANN, 1990², 113–122, Kritik 167; Zahlenangaben: unrealistisch hohe für Republik u. frühen Prinzipat: FRANK 1924, 329–341; BRUNT 1971, 124; BELOCH 1886, 436; SCHEIDEL 2005, 79; DERS. 2007, 336; Kaiserzeit: HOPKINS, 1978, 99ff.; MADDEN, 1996, 1; Überblicke: BRADLEY 2011, 250/251; LAUNARO 2011, 15–21. Zur Problematik von Statistiken zur Ermittlung der antiken Demographie s.u. Kap. 3.3. Quellen der Sklaverei: Dominanz des Handels u. der Aussetzung: HARRIS, 1980, 117–140; der Sklavengeburt: SCHEIDEL 1997, 156–169; DERS. 2011, 287–310: ging früher von 80% Geburten aus, jetzt von 50%, aber auch dieser Prozentsatz ist unrealistisch hoch; Dominanz des Selbstverkaufs: HARRIS, 1999, 62–75; Nebeneinander von verschiedenen Erwerbsarten: BRADLEY, 1987, 59; HERRMANN-OTTO 1994, 410–411; BRADLEY, 1994, 32–56. Zur Forschungskontroverse s. HERRMANN-OTTO 2013, 13–15, 73–117.

[38] MCKEOWN, 2007, 124–140.

40%, 10% oder 5% Sklaven innerhalb der Gesamtbevölkerung ausgeht. In Zahlen ausgedrückt heißt das: Für die Zeit des Augustus nimmt man 6, 4, 3, 2,5, 2 oder 1 Million Sklaven an. Das Verb „annehmen" sei hier betont, denn man hat keine glaubwürdigen Zahlenbelege aus der Antike, sondern nur moderne demographische Modelle. Die Zahlenspiele werden noch beliebiger, wenn man berechnen will, wie viele Sklaven benötigt werden, damit die Sklavenzahlen konstant bleiben. WALTER SCHEIDEL geht von 320.000, ANDREAU / DESCAT von 250.000 Sklavengeburten pro Jahr aus. Weil diese Zahlen unrealistisch hoch erscheinen, senken andere Forscher die Prozentzahlen der Sklaven an der Gesamtbevölkerung auf 5% ab und benötigen dann nur noch 160.000 Sklavengeburten pro Jahr.[39] Voraussetzung dafür wäre aber, dass es überhaupt so viele Sklavinnen gab, die alle diese Kinder zur Welt bringen konnten und dass sie möglichst erst nach ihrer Fruchtbarkeitsphase freigelassen wurden. In einem späteren Unterkapitel (3.4) werde ich zeigen, dass die antiken Quellen eine andere Sprache sprechen.

Demographische Fragestellungen sind nötig, wenn Anteil, Fortbestand und Bedeutung der Sklaverei in der römischen Gesellschaft erörtert und die Gewichtung ihrer einzelnen Ressourcen geklärt werden sollen. Die statistischen Unzulänglichkeiten der antiken Quellen lassen sich jedoch nicht mit modernen Modellrechnungen ausgleichen, wenn diese durch Aussagen eben dieser antiken Quellen widerlegt werden.

3.2 Sklavenaufstände und die Krise der römischen Republik

Im Zuge der Welteroberung, die die Römer im Wesentlichen im 3.und 2.Jh. v.Chr. durchgeführt haben, sind Sklavenmassen von West nach Ost, aber viel zahlreicher von Ost nach West verschoben worden, vor allem in die römischen Kernlande: Italien und Sizilien. Die römische Republik, ihre Soldaten und Feldherrn wie auch die römischen und ausländischen Sklavenhändler partizipierten alle an den Gewinnen, die sich aus den Kriegen vor allem im Blick auf den Menschenhandel ergaben.[40]

Durch den Hannibalkrieg (218–201 v.Chr.) war eine neue Welle der Kolonisationspolitik ausgelöst worden, die von 200–177 v.Chr. an-

---

[39] Zu den angegebenen Zahlen s.o. Anm.37, 38 sowie ANDREAU / DESCAT 2006, 74–85, 94–101.

[40] Überblick über Roms hegemoniale Expansion und die damit verbundene Kosten-, Nutzenrechnung s. WOOLF 2015, 94–118.

dauerte. Diese war durch die enormen Zerstörungen notwendig geworden, die der Zweite Punische Krieg in Italien hinterlassen hatte. Das flache Land war total verwüstet und den Kleinbauern war ihre Existenzgrundlage genommen. Viele Bauernstellen waren aufgegeben und von den Großgrundbesitzern aufgekauft worden, die diese teils mit Pächtern teils mit Sklaven bewirtschafteten.[41] Durch den Mangel an freien Männern, die im Krieg abwesend oder gefallen waren, waren viele freie Frauen außerdem gezwungen, so weit sie es sich finanziell leisten konnten, sich Sklaven zur Bestellung ihrer Äcker zuzulegen. Durch die überproportional große Zunahme der Sklavenbevölkerung bedingt, kam es zu tief greifenden Veränderungen der sozialen Verhältnisse. Die in Italien und Sizilien arbeitenden Sklaven waren größtenteils ehemalige Kriegsgefangene, die aus den gegen die östlichen Königreiche geführten Kriegen stammten und teilweise – man geht von ca. 250.000 Versklavten aus – über den Handel in den Westen gelangten. Hauptumschlagplatz war zunächst die Insel Delos, während die Weiterverteilung in Italien und Sizilien von den dortigen Märkten erfolgte.[42] Die Sklaven fanden in großer Zahl in der Landwirtschaft Verwendung, weil es dort aufgrund der durch die langen Kriege vollständig veränderten Besitz- und Sozialverhältnisse an Arbeitskräften am meisten mangelte.

Zu den ersten Sklavenerhebungen bedingt durch menschenunwürdige Lebens- und Arbeitsbedingungen kam es bereits 198 v.Chr. in Sizilien und 196 in Etrurien, ein halbes Jahrhundert vor den großen Sklavenaufständen. Die Unruhen waren so massiv, dass man zu ihrer Niederwerfung sogar römische Legionen einsetzen musste.[43]

Sklavenerhebungen gehen bis in den Beginn der römischen Sklavenwirtschaft zurück, unterscheiden sich aber grundlegend von den späteren Erhebungen:

501/0 = Besetzung d. Kapitols: politische Gründe, Mithilfe v. Sklaven
460 = politischer Aufstand: Appius Herdonius, Mithilfe v. Sklaven
419 = Erhebung der Sklaven ebenfalls unter einem freien Führer
259 = Komplott der Sklaven zusammen mit *socii navales*

---

41 Liv. 25,1,1–4.

42 Zum Sklavenhandel, speziell zu Delos, dessen Blütezeit zwischen 146–88 v.Chr. lag, und über das vor allem der Handel aus Kleinasien und dem Schwarzmeergebiet lief s. SCHUMACHER 2001, 50–54. Zur gesellschaftlichen Stellung der Sklavenhändler auf Delos s. RAUH 1993,193–249. WIEMER HAS 2017, s.v. *Delos*, betont zu Recht, dass Handel und Händler nie ausschließlich auf Sklaven spezialisiert waren, sondern immer ein gemischtes Sortiment angeboten wurde.

43 Liv. 32,26,4–18 (Sizilien); Liv. 33,36,1–3 (Etrurien); SCHNEIDER DNP 11, 2001, *s.v. Sklavenaufstände.*

217 = Verschwörung von 25 Sklaven auf dem Marsfeld
198 = Verbindung kriegsgefangener Sklaven zu karthagischen Geiseln
196 = Aufstand im Umfeld des Bacchanalienprozesses in Etrurien
185/4 = Aufstand von Hirtensklaven in Apulien [44]

Alle Aufstände, die aus der frühen bis mittleren Republik überliefert sind, liefen nach demselben Schema ab: Sie wurden von freien Menschen angefacht, die die Sklaven aus politischen Gründen zu eigenen Zwecken zu mobilisieren versuchten. Erst während und nach Abschluss der Punischen Kriege handelt es sich um Aktionen, die von den Sklaven selbst ausgingen.

Als die römische Welteroberung in der Mitte des 2.Jhs. v.Chr. mit der Zerstörung von Karthago im Westen und Korinths im Osten abgeschlossen war, schreibt der römische Geschichtsschreiber Appian zur Sklavenproblematik der damaligen Zeit:

> „Denn die Reichen, die den größten Teil des noch unaufgeteilten Landes in Besitz nehmen konnten und mit der Zeit darin ermutigt wurden, dass sie es nie wieder verlieren würden, erwarben zusätzlich alle angrenzenden Gebiete, auch die ihrer armen Nachbarn, teils durch Kauf unter gütlichem Zureden, teils durch gewaltsame Annexion. So begannen sie nun riesige Domänen statt einzelner Landgüter zu bewirtschaften, wofür sie Sklaven als Arbeiter und Hirten einsetzten, während die freien Arbeiter vom Ackerbau weg in das Heer gezogen wurden. Gleichzeitig brachte auch dieser Besitz an Sklaven den Herren großen Gewinn, da jene zahlreiche Kinder hatten und sich wegen der Befreiung vom Kriegsdienst ständig vermehrten. Auf diese Weise wurden einige reiche Leute noch reicher und die Anzahl der Sklaven vervielfachte sich im ganzen Land, während die Zahl der italischen Bevölkerung sank und kraftlos wurde durch Armut, Steuern und Militärdienst."[45] (übers. O. Veh)

Durch die Bewirtschaftung der großen Latifundien mit Sklaven gerieten die Kleinbauern in Not, weil sie nicht mehr konkurrenzfähig waren und mit der Zeit von den Großgrundbesitzern verdrängt wurden. Allerdings geschah dies nicht in dem Ausmaß, wie Appian den Vorgang beschreibt, der die Zustände seiner eigenen Zeit des 2.Jhs. n.Chr. mit denen des 2.Jhs. v.Chr. vermengt. Nachforschungen der Agrararchäologie haben vor allem für Etrurien ergeben, dass die von Appian geschilderten Ausmaße der Latifundienwirtschaft nicht haltbar sind.[46] Dennoch ist von

---

[44] Alle Jahreszahlen: v.Chr.; Zon. 7,13,11; Dion. Hal. ant. 10,14; 12,6,6; Zon. 8,11,18; Liv. 22,33,1; 32,26,10; 33,36,2; 39,41,6; 39,29,9; vgl. hierzu HOBEN 1978, 151.

[45] App. civ. 1,7.

[46] RASMUSSEN 2001, 221–226 geht von kleineren Betrieben (365) im 2. Jh. in Etrurien aus, die erst im Laufe des 1. Jhs. von größeren *villae* wie Settefinest-

einem größeren Einsatz von Sklaven in der italischen und sizilischen Landwirtschaft und Viehzucht auszugehen. Bemerkenswert an der appianischen Schilderung ist, dass die Sklaven Familien bildeten und sich so sehr vermehrten, dass eine demographische Verschiebung eintrat, die sich zu Ungunsten der freien italischen Bevölkerung ausgewirkt haben soll.[47] Die Sklaven, die aufgrund mangelnden römischen Bürgerrechts und Landbesitzes nicht in den Krieg ziehen konnten, reproduzierten sich ungleich intensiver als die freie römische Bevölkerung. Der Volkstribun des Jahres 133 v.Chr., Tiberius Sempronius Gracchus, nahm in seinen Reden vor der Volksversammlung u. a. auch zu den demographischen und ökonomischen Disproportionen kritisch Stellung.

> „Dann drückte er seinen Groll über den Sklavenstand aus, der im Kriege keinen Nutzen bringe und seinen Herren gegenüber niemals Treue fühle. Dabei ging er auf das jüngste Unheil ein: Dieses hätten die Sklaven über ihre Herren in Sizilien gebracht, wo ihre Zahl infolge des Ackerbaus sogar gestiegen sei, und die Römer hätten gegen sie einen Krieg führen müssen. Er sei weder leicht noch von kurzer Dauer gewesen, sondern habe sich in die Länge gezogen und zu verschiedenen gefährlichen Wechselfällen entwickelt."[48]
> (übers. O. Veh)

Tiberius spielt auf den Ersten Sizilischen Sklavenkrieg an (136–132 v.Chr.), an dem rund 60.000–70.000 Sklaven teilnahmen, andere Quellen sprechen sogar von 200.000 Sklaven. Insgesamt bedurfte es neun römischer Feldherrn, bis der Krieg für die Römer siegreich beendet werden konnte.[49] Tiberius weist auf bedeutsame Grundübel hin, die in Sizilien zur Erhebung geführt haben: das abgrundtiefe Misstrauen zwischen Herren und Sklaven einerseits und das demographische Ungleichgewicht zwischen freier und unfreier Bevölkerung andererseits.

Die Hauptphase der Aufstandsbewegungen umfasst nur rund 70 Jahre der späten Republik von 136–71 v.Chr. Die marxistische Forschung sprach bis zur politischen Wende 1989 von insgesamt 150 Jahren Auf-

---

re abgelöst wurden. Nur an den fruchtbaren Küsten gab es größere Gutsbetriebe.

47 Zur Darstellung der antiken Quellen und den Ergebnissen der Agrararchäologie s. u. genauer Kap. 3.3.

48 App. civ. 1, 9.

49 Zur umstrittenen Chronologie HOBEN 1978, 1 Anm.1, KEAVENEY 1998, 73–82; zu den römischen Feldherrn: sechs mit (pro)prätorischem, drei mit konsularem Kommando s. BRENNAN 1993, 184 (Appendix B); zum Zweifel an der Zahl 200.000 im Vergleich zur Gesamtbevölkerung Siziliens 600.000–1.000.000. s. BRADLEY 1989, 64. Überblick: URBAINCZYK HAS 2017, s.v. *Aufstände / Unruhen* II.A.

standsbewegungen, d.h. von 199–62 v.Chr. Sie nahm innerhalb der Aufstände keine Differenzierungen vor, sondern ging einheitlich von ihnen als der „höchsten Form des Klassenkampfes im Altertum“ aus.[50] Andererseits ist eine totale Marginalisierung der Aufstandsbewegungen, wie sie von einigen Forschern nach dem Zweiten Weltkrieg in Abgrenzung von der marxistischen Forschung vertreten wurde, ebenfalls zurückzuweisen. Nach dem Ende des historischen Materialismus hat sich weltweit die „Aufstandsforschung“ auf einem absoluten Tiefpunkt befunden und der Unterhaltungsindustrie die Mythen starker rebellischer Männer, allerdings nicht immer ohne jegliche historische oder politische Dimension überlassen.[51] Davon zu unterscheiden ist die sogenannte Oppositionsforschung, die den schweigenden passiven Widerstand der Sklaven zu allen Zeiten betont. Eventuell hängt es mit Impulsen aus diesem Forschungsfeld zusammen, dass das Thema „Sklavenaufstände“ in den letzten Jahren wieder in die Wissenschaft – jenseits von Ideologisierungen – zurückgekehrt ist.[52]

Die Aufstandsbewegungen in den 70 Jahren der späten Republik sind Symptome einer Krise, zwar nicht der sogenannten Sklavenhaltergesellschaft, sondern einer agrarischen, auf die Stadt Rom zentrierten Gesellschaft, die plötzlich zu einer Weltmacht und einer Weltgesellschaft geworden war. Daraus ergab sich ein Bündel von Krisen, die sowohl die Wirtschaft, das Militärwesen, die Politik und die Gesellschaft in mannigfacher Weise betrafen. In diesen hoch komplizierten sozialen, politischen und wirtschaftlichen Umschichtungsprozess, den man als einen antiken Globalisierungsprozess bezeichnen kann, sind auch die großen Sklavenbewegungen einzuordnen, die sich fast alle zu regelrechten Kriegen, zu *bella servilia* ausgewachsen haben. Es handelt sich bei ihnen um:

---

50 Rubinsohn 1993, 101–117; Kritik an einer strukturalistisch-ideologischen Betrachtungsweise der Sklavenaufstände übt Christ 1982, 75–76.

51 Rubinsohn 1993, 96–99; Urbainczyk HAS 2017, s.v. *Aufstände / Unruhen* III; bei Schumacher 2001 tauchen sie überhaupt nicht mehr auf. Shaw 2001, 23 weist zu Recht auf die völlig oberflächliche, von Hollywood bestimmte Entwicklung hin. S. auch Junkelmann 2004, 44–89; differenzierter zu neuen Tendenzen in den verschiedenen Medien der Unterhaltungsliteratur unter teilweiser Berücksichtigung neuer Forschungsergebnisse s. Wieber HAS 2017, s.v. *Film*; Krauss / Ritter Schmalz HAS 2017, s.v. *Comic*; Lindner 2016, 207–217.

52 Zum passiven Widerstand der Sklaven und der Gefahr der Einseitigkeit der Forschung bei dieser Betrachtungsweise s. Bradley 1984, 1994, 2011, 355–386 und dazu McKeown 2007, 77–96, Herrmann-Otto 2013, 16. Neue Literatur zu den Sklavenerhebungen s. Urbainczyk HAS 2017, s.v. *Aufstände / Unruhen;* s. auch oben Kap. 2.5, Anm.221.

Den Ersten Sizilischen Sklavenkrieg (136–132 v.Chr.),
den Aufstand der Bergwerkssklaven von Laureion, eventuell sogar zweier Aufstandsbewegungen, gleichzeitig mit den beiden Sizilischen Sklavenkriegen,[53]
Erhebungen auf dem „Sklavenmarkt“ von Delos (um 133 v.Chr.),[54]
Erhebungen in Sinuessa und Minturnum (Süditalien) (um 133 v.Chr.),
die Erhebung des Aristonikos in Kleinasien (132–129 v.Chr.),[55]
den Zweiten Sizilischen Sklavenkrieg (104–100 v.Chr.) und
den Spartakuskrieg (73–71 v.Chr.).[56]

Die oben tabellarisch aufgeführten frühen Aufstandsbewegungen waren, als innenpolitische Unruheherde und Insubordinationen gefasst, nicht selten von Freien organisiert. Die Unzufriedenheit ihrer eigenen und anderer Sklaven wurde zu politischen Zwecken missbraucht und von den regulären römischen Ordnungskräften niedergeschlagen. Im Gegensatz dazu wuchsen sich die späteren, originär von den Sklaven initiierten Bewegungen zu regelrechten Flächenbränden aus, denen die besten Feldherren mit mehreren Legionen kaum gewachsen waren. Diese strukturelle Veränderung schlägt sich auch in der Terminologie nieder. Die moderne Forschung schwankt in Anlehnung an die antiken Quellen zwischen den Begriffen: *tumultus* (Aufstand), *seditio* (Erhebung), *latrocinium* (Räuberunwesen), *coniuratio* (Verschwörung), *bellum servile* (Sklavenkrieg). Indem die Römer mit zunehmender Häufigkeit den letzten Begriff verwendeten, stellten sie die Sklavenbewegungen immer eindeutiger an die Seite der Bürgerkriege, der *bella civilia*. Die Gemeinsamkeit zwischen beiden *genera bellorum* bestand darin, dass der siegreiche Feldherr keinen Triumph feiern durfte wie in den auswärtigen Kriegen, sondern höchstens eine *ovatio*, einen kleineren, einen minderwertigen

---

53 Zur Anzahl der Erhebungen und zur Situation der Quellen s. LAUFFER 1979², 227–240.

54 BRUNEAU 1989, 42–43; LE ROY 1993, 205–207 (Forschungskontroverse zur Identifikation des Sklavenmarktes). S. auch TRÜMPER 2008, 93–98.

55 Oros. 5,9–10. Der Aristonikosaufstand galt in der marxistischen Forschung als Sklavenaufstand, was zwischenzeitig anhand der Quellen widerlegt ist. Es handelt sich um eine dynastische Erhebung s. DAUBNER 2003, 66–67, 70–79, 91–92, 185–186; DERS. HAS 2017, s.v. *Aristonikos*.

56 Einschlägige Literatur zu allen hier aufgeführten Aufstandsbewegungen s. URBAINCZYK HAS 2017, s.v. *Aufstände / Unruhen* II.B; BIBLIOGRAPHIE 2003, Nr.4726–5049. Die Vielzahl der Titel entfallen auf die vergangenen 80 Jahre. Die Gnomon-Datenbank wirft unter „Sklavenkriege, Revolten, Rebellion etc.“ 18 Titel für die letzten 17 Jahre aus. Nicht berücksichtigt sind dabei die einschlägigen Artikel aus dem HAS 2017 und der Encyclopedia of Slave Resistance and Rebellion 2007.

Triumph.[57] Militärisch galten die Sklavenerhebungen als ernstzunehmende, den Staat und seine Ordnung bedrohende Kriege. Völkerrechtlich allerdings wurden nie offizielle Kriegserklärungen erteilt, weil die Sklaven als innere und nicht äußere Feinde galten und auch die von ihnen intendierten Staatsbildungen rechtlich als Usurpationen nicht anerkannt wurden. Ob sich die Römer terminologisch deswegen nicht festlegten, weil jede Sklavenerhebung ein je einzelnes wieder neu zu fassendes Phänomen war, wie WOLFGANG ZEEV RUBINSOHN gegen die juristische These von WOLFGANG HOBEN meint, erscheint wenig überzeugend. In der Vielfalt der Terminologie wird vielmehr die Ambivalenz deutlich, die die Römer angesichts des Phänomens der Sklavenrevolten empfanden, die sich nicht zuletzt auch in ihren Schwierigkeiten widerspiegelten, diese niederzuringen.[58]

Diodorus Siculus schreibt im 1.Jh. v.Chr.:

> „Als Sizilien nach dem Zusammenbruch Karthagos in jeglicher Hinsicht in den letzten 60 Jahren Glück und Wohlstand erworben hatte, brach der Sklavenkrieg aus folgenden Gründen aus. Da die Sizilianer in ihrem Vermögen sehr emporgekommen und sich große Reichtümer erworben hatten, so kauften sie eine Menge Sklaven zusammen. Diese wurden von den Sklavenmärkten in Massen nach Sizilien gebracht und wurden mit Zeichen und Brandmalen gekennzeichnet. Die jüngeren von ihnen gebrauchte man als Hirten, die älteren je nach Nutzen und Notwendigkeit. Man behandelte sie aber sehr hart in ihrem Dienst, und würdigte sie nur einer geringen Pflege sowohl hinsichtlich der Nahrung als auch der Kleidung. Daher verschafften sich die meisten durch Räubereien ihren Lebensunterhalt und überall kamen Mordtaten vor, indem die Räuberbanden wie Kriegsheere herumstreiften. Die Prätoren versuchten diese Banden zu unterdrücken, aber sie wagten sie nicht zu bestrafen, wegen der Macht und des Ansehens ihrer Besitzer.... Die Sklaven, völlig erschöpft von den Mühsalen und oft geschlagen aus völlig nichtigen Gründen, konnten diese Behandlung nicht länger ertragen. Als sie die Möglichkeit fanden, sich zu versammeln, überlegten sie, wie sie einen Aufstand beginnen konnten, und setzten schließlich ihren Plan in die Praxis um.“[59] (übers. G. Wirth)

Dieser Bericht des Diodor, der als einziger ausführlicher über die sizilischen Sklavenerhebungen erhalten ist, ist von der Forschung bezüglich

---

[57] Gell. 5,6,23; HOBEN 1978, 143; KÜNZL 1988, 100–101: ziviler Charakter der *ovatio*.

[58] HOBEN 1978, 72–87, 139–142; RUBINSOHN 1993, 3, 87.

[59] Diod. 34/35,2. Zur Tendenz des Diodor s. URBAINCZYK 2008, 81–90. Zu einer Neubewertung des Diodor als eigenständiger Quelle zu den Sklavenaufständen s. WOZNICZKA, 2011, 325–354, bes. 328–341.

seiner Historizität in vielen Punkten in Zweifel gezogen worden.[60] Einer der Kritikpunkte betrifft die von ihm hervorgehobene Weidewirtschaft in Sizilien, während Cicero und Livius vom Getreideanbau berichten. Um diesen strittigen Punkt zu lösen, wird man davon auszugehen haben, dass in Sizilien beide Wirtschaftsformen nebeneinander existierten. Die Sklaven waren teils im Getreideanbau in der Ebene als Landarbeiter beschäftigt teils in der Viehzucht als Hirten in den Berggegenden des Inlandes tätig. Letztere lebten autark, da sie Kleidung und Nahrung durch die Tiere hatten. Eine Herde konnte aus 700 bis 1.000 Schafen bestehen, für die etwa 15 Hirten verantwortlich waren. Wenn ein einzelner Hirte 98 Tiere bewachte, dann handelte es sich bei 70.000 Sklaven um 6.860.000 Tiere, die unmöglich alle in den Bergen der Insel Sizilien Platz gefunden haben können. Unter den Aufständischen müssen, wenn man an den obigen Zahlen festhalten will, folglich auch Landwirtschaftssklaven gewesen sein.[61]

Die Passivität der römischen Behörden ist auf die Macht der sikeliotischen Magnaten zurückzuführen. Diese konnten zwar nicht als Richter, wie Diodor fälschlicherweise meint, wohl aber als Ankläger oder auch als Gläubiger gefährlich werden. Außerdem enthielt sich die Staatsgewalt jeglichen Eingriffs in die privaten Eigentumsrechte wegen der absoluten Herrengewalt über Leben und Tod der Sklaven (*potestas vitae necisque*). Die Magistrate griffen nur dann ein, wenn die öffentliche Ordnung gestört war. Dieses Faktum lag hier angesichts des mörderischen Treibens der Räuberbanden in höchstem Ausmaße vor, und es wäre die Aufgabe der Provinzialverwaltung gewesen, für Sicherheit an Leib, Leben und Besitz zu sorgen. Da die Banden aber im Auftrag ihrer mächtigen Herren, Mitglieder alteingesessener Familien aus vorrömischer Zeit, zu handeln schienen, konnte der Statthalter sie nicht vor Gericht ziehen, ohne sich selbst zu gefährden.[62]

Diodor zufolge ging der Aufstand von den 400 Sklaven eines gewissen Damophilos aus, der seine Sklaven besonders grausam behandelte. Um die Götter zu befragen, ob ihr Unternehmen begünstigt sein würde – eine Praxis, die alle Feldherren vor großen Feldzügen ausübten – wandten sie sich an Eunus, einen mit magischen Seherkräften ausgestatteten Haussklaven, der aus dem syrischen Apameia am Orontes stammte. Unter günstigen Vorzeichen (*omina*) stürmten sie unter der Führung des mantisch begabten Sklaven Enna, eine inmitten des Berglandes des östli-

---

[60] Christ 1982a, 78–80.

[61] Zahlenangaben: Oros. 5,9,4–8; Finley 1979a, 177.

[62] Manganaro 1967, 211–213; Vogt 1972a, 25–26; Hoben 1978, 123–124; Bradley 1989, 47–50; kritisch zu allen: Rubinsohn 1993,97–101.

chen Sizilien gelegene Stadt. Dort leiteten sie eine Gerichtsverhandlung über Damophilos und seine Familie ein, die aber wegen des Hasses der Menge nicht ordnungsgemäß durchgeführt werden konnte und in Lynchjustiz endete. Die verschonten ehemaligen Herren, vornehmlich Handwerker, mussten angekettet zur weiteren Bewaffnung der Sklaven in den Waffenschmieden tätig sein.[63]

Zwei Elemente fallen bei diesem Aufstand bereits von Beginn an auf:

1. dass es den Sklaven nicht um die Abschaffung der Sklaverei allgemein ging, sondern um ihre persönliche Freiheit. Diese wollten sie in einer eigenen staatlichen Ordnung absichern, indem sie Eunus zum König nach hellenistischem Vorbild wählten. An seleukidische Traditionen anknüpfend, nannte er sich Antiochos und prägte, im Besitz der Münzstätte von Enna, entsprechende Münzen, womit er seine Anerkennung als legitim gewählter König zum Ausdruck brachte.[64] Er hatte einen eigenen Hofstaat, bestehend aus Koch, Bäcker, Masseur und Spaßmacher, sowie einen Rat und eine Leibgarde von 1.000 Mann. Kleon, ein kilikischer Räuber, der sich im Bereich von Agrigent erhoben hatte, unterwarf sich Eunus, indem er ihn als König anerkannte, und sich ihm als Stratege und seine Räuber und Sklaven als Soldaten für den Befreiungskampf zur Verfügung stellte, etwa 7.000 an der Zahl.

2. das religiöse Element scheint die Bewegung stark beeinflusst zu haben. Da Eunus als Anhänger der syrischen Atargatis galt, die unter dem Namen der Magna Mater in Kleinasien verehrt wurde, und die auf seinen Münzen als Demeter erscheint, wurde er aufgrund einer göttlichen Offenbarung als charismatischer Führer und König anerkannt, obwohl er kein guter Feldherr war.

Beide Punkte sind in der Forschung in vielfältiger Weise mitunter kontrovers interpretiert worden. Dass sich die Sklaven zur Absicherung ihrer Freiheit nicht nur militärisch organisierten, sondern sich zugleich der ihnen bekannten Herrschaftsformen zur Begründung eines eigenen Staates bedienten, ist einleuchtend. Weniger durch die antiken Quellen gestützt ist die Meinung einiger, vornehmlich marxistischer Forscher vom inneren Zusammenhang und der Gleichzeitigkeit verschiedener Sklavenaufstände in Delos, Sinuessa und Minturnum sowie in Laureion. Zwar kann der anfängliche Erfolg der sizilischen Sklaven als Initialzün-

---

63 Für alles folgende: Diod. 34/35,2,14.15 = BRADLEY 1989, 133f. = WIEDEMANN 1981, Nr.229 = SHAW 2001, NR.37. 38.

64 Num. Chron. 1920, 175: Auf dem Avers ist der verhüllte Kopf der Demeter abgebildet mit Kornähren, auf dem Revers ein Füllhorn mit der Umschrift: BASI ANTIO = *Basileus Antiochos*; STROTHMANN DNP 4, 1998, s.v. *Eunus*; SAMOTTA HAS 2017, s.v. *Eunus*.

dung für Aufstandsbewegungen in anderen Provinzen gewirkt haben, da die Lebens- und Arbeitsbedingungen der Landwirtschafts- und Bergwerkssklaven sowie der Handelsware „Sklave“ auf den Märkten schlecht waren. Allerdings ist die Gleichzeitigkeit der Bewegungen in Zweifel zu ziehen. Außerdem kann von einer allgemeinen Sklavenbefreiung auf dem Wege der Revolution nicht die Rede sein, da es nicht einmal möglich war, z.B. die städtischen Sklaven, denen es gut ging, zu mobilisieren. Dagegen schlossen sich viele freie verarmte Provinziale aus Hassgefühlen gegen die Römer als Okkupanten den Sklaven an. Es ging um persönliche Freiheit, um Rache an den Unterdrückern, aber nicht um die Abschaffung der Sklaverei.[65]

Man kann zu keiner Zeit in der Antike von einem Klassenbewusstsein der Sklaven ausgehen. Anstelle dessen hat MOSES I. FINLEY von einem Statusbewusstsein der Sklaven gesprochen, das ein genauer Spiegel der freien Gesellschaft gewesen sei. Dadurch dass die Sklaven in ganz unterschiedlichen wirtschaftlichen Bezügen lebten, habe sich innerhalb einzelner Gruppen ein Status- und Prestigebewusstsein entwickeln können, etwa unter den Hirtensklaven auf Sizilien, die weitgehend eigenverantwortlich handeln mussten, oder zur Zeit des Spartakus unter den Gladiatoren, deren Ansehen unter der freien Bevölkerung mit dem heutiger Fußballstars vergleichbar gewesen sein dürfte. Diese Interpretation lässt sich durch kaiserzeitliche epigraphische Selbstzeugnisse der Sklaven stützen. Ihre Anwendbarkeit auf die republikanische Zeit muss allerdings als Möglichkeit offen bleiben.[66]

Als einen „unglückliche(n) Gedanke(n)“ hat KARL CHRIST den Versuch gewertet, den Sizilischen Sklavenkrieg aufgrund seiner religiösen Elemente mit dem gleichzeitigen Makkabäeraufstand in Zusammenhang zu bringen. Die religiösen Elemente, die die überwiegend syrische Sklavenschaft aus den Kulten ihrer Heimat entlehnt und in den römischen Rahmen transponiert hat, dienen als einigendes Band unter den Aufständischen, haben aber weder mit der jüdischen politischen Befreiungsbewegung noch mit dem utopischen Sonnenstaat des Jambulos zu tun, den Aristonikos seinen Sklavenhelfern versprochen hat. Nur aufgrund seiner

---

65 Zur so genannten „Kommunistischen Internationalen“ der Sklaven in der Antike und den großen Sklavenaufständen als „Kundgebungen des Klassenkampfes“ s. Forschungsüberblick bei RUBINSOHN 1993, 101–113. S. nochmals die alten Thesen bei MAVROJANNIS 2007, 423–434, die trotz Umetikettierung als „politischer Kampf gegen die Römer“ nicht überzeugender werden.

66 FINLEY 1981, 138–139; FINLEY 1977, 72–73; BRADLEY 1984, 17–18. Zu den Grabinschriften s.u. Kap. 3.4.

mantischen Fähigkeiten wurde Eunus, der kein Militärmann war, zum König erhoben und die Erhebung sakral geschützt, vielleicht sogar legitimiert.[67]

Die Römer hatten die Situation auf Sizilien vollständig verkannt. Sie haben nicht erkannt, wann aus den regelmäßigen Räubereien eine brisante Aufstandsbewegung wurde, die sich zum Flächenbrand über weite Teile der Insel auswuchs. Nachdem die regulären Prätoren Cornelius Lentulus, Lucius Plautius Hypsaeus, Torquatus Manlius und Gaius Fulvius Flaccus nicht mit dem *latrocinium*, dem Räuberbandenwesen, fertig geworden waren, und auch die Verstärkung von 8.000 sizilischen Soldaten, Hilfstruppen, keinen Erfolg brachte, war man gezwungen, Legionen gegen die Sklaven einzusetzen. Diese waren als ehemalige Kriegsgefangene ein militärisch ernstzunehmender Gegner, was die Römer ziemlich spät erkannten. Sie hatten die Aufständischen zunächst völlig unterschätzt. Erst 133 gelang es dem Konsuln L. Calpurnius Piso, Morgantina einzunehmen. Tauromenium konnte der Konsul Publius Rupilius 132 v.Chr. nur durch Verrat erobern. Vor Enna stellte sich ihm Kleon, der mit seinen Sklavensoldaten im Kampf fiel. Die restlichen Städte konnten durch Belagerung, Aushungern und Verrat eingenommen werden. Keines der Freilassungsversprechen, die die Römer den städtischen Sklaven gegenüber gemacht hatten, damit diese nicht zur Gegenseite überliefen, wurde später eingelöst. Eunus wurde auf der Flucht gefangen genommen und verschmachtete in einem Kerker in Morgantina. Vor der Neuordnung Siziliens durchkämmte Publius Rupilius die gesamte Insel mit Elitetruppen, rottete alle aufständischen Nester und Räuberbanden aus und verhängte ein absolutes Waffenverbot über die Sklaven. Sizilien war für nicht ganz drei Jahrzehnte befriedet.[68]

War der Erste Sklavenkrieg durch persönliche Ungerechtigkeiten der Herren gegenüber ihren Sklaven ausgelöst worden, so handelte es sich beim Zweiten (104–100 v.Chr.) um eine Auseinandersetzung zwischen zu Unrecht Versklavten und der Provinzialverwaltung. Für den Cimbernkrieg des Marius hatte man sich zur Stellung von Rekruten an die hellenistischen Klientelkönige gewandt, u. a. auch an Nikomedes von Bithynien. Dieser wies das Gesuch der Römer ab mit der Beschwerdeantwort, dass sein Königreich bereits entvölkert sei durch die Praktiken römischer Geldverleiher, die zahlungsunfähige Bithynier versklavten und in den

---

67 Christ 1982a, 80, der das religiöse Element – wie die gesamte neuere Forschung – nicht hoch veranschlagt; s. dagegen Vogt, 1972a, 42–43; Green 1961, 21–24; in diesem Sinne auch zum Aristonikosaufstand Daubner 2003, 172–182; auch Neutel 2015, 50–52; s.u. Kap. 3.7.

68 Wiedemann 1981, Nr.229; Flor. epit. 2,7,6–8; Brennan 1993, 156–184.

Westen verkauften. Nach dem großen „Aderlass" des ersten Sklavenkrieges scheinen die Lücken nicht mehr durch Kriegsgefangene alleine aufgefüllt worden zu sein, sondern mit zahlungsunfähigen Zivilisten eines befreundeten Königreiches, dessen König *socius* und *amicus* des römischen Volkes war. Der Sklavenhandel fand immer neue Wege zur Beschaffung von „Menschenware" auch jenseits der römischen Grenzen im befreundeten Ausland. Daraufhin erließ der Senat ein Dekret, demzufolge kein Einwohner eines befreundeten Staates nach Rom in die Sklaverei abgeführt werden dürfe.

Bei dem Statthalter von Sizilien, Licinius Nerva, meldeten sich innerhalb weniger Tage mehr als 800 Personen, deren unrechtmäßige Versklavung festgestellt werden konnte und die sofort freigelassen wurden. Einige Tage später jedoch schickte der Statthalter alle in Syrakus erschienenen Sklaven, die auf ihre Freiheit pochten, zu ihren Herren zurück. Es ist zu vermuten, dass die Besitzer, geschockt durch die Folgen des Ediktes, begannen, um ihre Sklavenbestände und die Aufrechterhaltung der Arbeit auf ihren Gutsbetrieben zu bangen. Der Statthalter wurde – eventuell sogar durch Bestechungsgelder – so unter Druck gesetzt, dass er die Aktion abbrechen musste. Die Ansprüche der zu Unrecht Versklavten wurden, da im Widerspruch zu den Interessen der Besitzer stehend, vom Statthalter, der ebenfalls Sklavenbesitzer war, nicht mehr weiterhin anerkannt. Auch im Zweiten Sizilischen Sklavenkrieg erwies sich die Provinzverwaltung in doppelter Weise als völlig unfähig: den Herren gegenüber, die hätten entschädigt werden müssen, und den zu Unrecht Versklavten gegenüber, die ein Anrecht auf Wiederherstellung ihrer freien Geburt hatten.[69]

---

[69] Diod. 36,3,1–3; vgl. URBAINCZYK HAS 2017, s.v. *Aufstände / Unruhen* II.C.; KOLENDO 2001, 45–46. MARTINEZ LACY 2002, 343 schreibt fälschlicherweise von *publicani*, die aber im noch unabhängigen Königreich Bithynien nicht befugt waren, Steuern einzutreiben. Es kann sich nur um Geldverleiher handeln, die mit Sklavenhändlern zusammenarbeiteten oder selbst Menschenhandel betrieben, indem sie bei Zahlungsunfähigkeit eine Personalexekution durchführten. In diesem Fall liegt nach der *Lex Fabia,* falls diese überhaupt schon erlassen war, *plagium* vor. *Plagium* spielte beim Handel mit Barbaren an sich keine Rolle. Die sizilischen Käufer hatten folglich die versklavten Bithynier gutgläubig und zu rechtens erworben. Da der Senat im Nachhinein die Versklavung der freien mit Rom befreundeten Bithynier als Unrecht erklärt, bleibt fraglich, wer für die Entschädigung der Käufer aufzukommen hat. Zur *Lex Fabia* LAMBERTINI 1980, 7–41. Nach MOMMSEN 1899, 780 Anm.7 findet das Gesetz keine Anwendung auf die Peregrinen in den Provinzen, und betont daher im Blick auf die Diodorstelle nur den außerordentlichen Charakter des Senatsbeschlusses ebd. 237 Anm.2.

Die Grundstruktur des Aufstandes ist dem des ersten sehr ähnlich: Ein charismatisch begabter Führer und König Salvius-Tryphon, der im Osten der Insel operierte, und ein sich ihm unterwerfender ehemals unabhängiger kilikischer Hirte (*pastor*), nach anderer Überlieferung ein Verwalter (*vilicus*) aus dem Westen Siziliens, mit Namen Athenion sind die Hauptfiguren. Nach der Verweigerung der ihnen zustehenden Freiheit durch den Statthalter flohen die Sklaven von Syrakus aus zu dem Heiligtum der Paliken. Dort fanden misshandelte Sklaven Schutz vor ihren Herren. Da die Zwillingsgottheiten meineidige Herren schwer bestraften, waren die Flüchtigen in diesem Asyl zunächst sicher, um das weitere Vorgehen zu planen.[70] So wie die sizilischen Grundbesitzer romanisierter waren als ihre Standesgenossen vor 30 Jahren – sie trugen alle lateinische Namen – so waren es auch die Sklaven. Salvius wurde in der beratenden Versammlung zum König gewählt. Er verband in seiner Präsentation hellenistisch-syrische mit echt römischen Elementen: Mit seinem Namen Tryphon knüpfte er an einen syrischen Thronprätendenten und Usurpator aus den Jahren 145–142/1 v.Chr. an, den die Römer zuerst unterstützt hatten. Ähnlich wie Eunus war Salvius-Tryphon mit mantischen Fähigkeiten als Opferschauer und Flötenbläser ausgestattet, wodurch er eine sakrale Legitimierung erhielt. Seine Königsinsignien waren die römische Toga und Tunika, seine Begleitung Liktoren und seine Ratgeber ein Synhedrion von erfahrenen Leuten. Hellenistische und römische Elemente bildeten eine Art „Königsmagistratur".[71]

Wie beim ersten Aufstand war die Einigkeit unter den Sklaven aufgrund der charismatischen Führerpersönlichkeit des Salvius-Tryphon sehr groß. Als erfahrener General ließ er seinen Strategen Athenion vorübergehend in Gewahrsam nehmen. Beteiligt waren an diesem Aufstand auch verarmte Freie. Die städtischen Sklaven schlossen sich ihm erst an, als ihnen die versprochene Freilassung nicht gewährt wurde. Nach anfänglichen Siegen, u.a. der Eroberung der Stadt Trikola, die als Königssitz und Hauptstützpunkt diente, waren die Sklaven schließlich doch der Übermacht der Römer unterlegen. Eine der entscheidenden Ursachen war der frühe Tod ihres charismatischen Königs, dessen Ende – Tod auf der Flucht oder Selbstmord – unbekannt ist. Athenion, ebenfalls mantisch begabt und ein guter Feldherr, trat seine Nachfolge an und fiel im Zweikampf mit dem Konsul Manius Aquillius, eine enorme Aufwertung und Heroisierung des Sklaven. Die Anhängerschaft der beiden Führer war

---

70 Diod. 36,3,3; 11,89,6–8. Die Rechtmäßigkeit von Sklavenasylen ist in der Forschung umstritten s. KUDLIEN 1988, 243–4; DUMONT 1987, 249; GAMAUF 1999, 157–158, 166 Anm.66; s. allgemein WEILER 2003, 267.

71 Diod. 36,7,3–4.

von anfänglich 2.000 auf insgesamt 40.000 Sklaven angewachsen. Die letzten überlebenden 1.000 Sklaven, die in Rom bei Tierhetzen in der Arena vorgeführt werden sollten, starben eines heroischen Todes, indem sie sich gegenseitig vorher umbrachten. Vier Jahre dauerte die Niederringung des Aufstandes, an der zunächst erfolglos zwei Prätoren L. Licinius Lucullus und C. Servilius sowie siegreich der Konsul Manius Aquillius beteiligt waren.[72]

Die Ähnlichkeiten beider sizilischer Aufstände sind groß. Besonders hervorzuheben ist der absolute Freiheitsdrang der ehemaligen Kriegsgefangenen bzw. der zu Unrecht Versklavten. Die Römer hatten eine andere Sicht der Dinge und haben aus den Aufständischen Rebellen und Räuber gemacht. Vor allem Athenion und Kleon sowie dessen Bruder Komanos, die alle aus Kilikien stammten, wurden zu Räubern umstilisiert. Kilikien war für die Römer *der* Inbegriff von Räuberei, Piraterie und Sklavenhandel.[73] Vor diesem Hintergrund gelang es, propagandistisch die Sklavenkriege zu Umtrieben von Räubern umzuinterpretieren und zu marginalisieren.[74] Als außerhalb der Gesellschaft stehende Gruppe war ihre Bekämpfung rechtens. Eine Diskussion über die unrechtmäßigen Versklavungspraktiken gab es weder im Senat noch in der späteren Historiographie. Auf privater Ebene allerdings, bei den Landbesitzern, setzte nach der Niederschlagung des zweiten Sklavenkrieges allmählich ein Prozess des Umdenkens ein, wie man durch psychologische Betriebsführung die Sklaven weiterhin gewinnbringend auf den ländlichen Gütern beschäftigen könnte.[75]

Dennoch kam es zum Spartakuskrieg, der sich grundlegend von den beiden sizilischen Aufständen unterscheidet. Er war die letzte eigenständige Sklavenbewegung, die die Römer in nie gekanntem Ausmaß in ihrer konkreten Existenz im Kernland Italien und in der Stadt Rom bedrohte. Niemals später mehr sind sie durch ihre Sklaven so in Angst und Schrecken versetzt worden wie durch Spartakus und seine große Anhängerschar. Angsttraumata, ähnlich denen gegenüber Hannibal, der auch vor den Toren Roms gestanden hatte, stiegen bei ihnen mit nachhaltiger Wirkung wieder auf.

---

[72] Diod. 36,9–10; MANGANARO 1967, 219–222; BRADLEY 1989, 66–82.

[73] Strabo 14,5,2. Vgl. auch MARTINEZ LACY 2002, 341–343. Tryphon, der seleukidische Usurpator, hatte später in Kilikien für kurze Zeit den Sklavenhandel mit den hellenistischen Königen organisiert, wodurch auch Salvius-Tryphon in die Nähe der Räuberei von den römischen Berichterstattern gerückt wurde.

[74] GRÜNEWALD 1999, 83–91.

[75] s.u. Kap. 3.3.

> „...als die Stadt in kaum geringerer Furcht aufgeschreckt war, als zur Zeit des Hannibal sie unsicher hin- und her schwankte, während er ihre Mauern umschwirrte ....“[76] (übers. E. Herrmann-Otto)

Im Gegensatz zu den Sizilischen Kriegen, die von Hirten- und Landarbeitersklaven ausgingen, handelt es sich zunächst um einen Ausbruch von Gladiatorensklaven aus der Fechterschule des Gladiatorenmeisters (*lanista*), Gnaeus Lentulus Batiatus, wahrscheinlich eines Emporkömmlings. Zum Motiv des Aufstandes, an dem mehr als 30, vielleicht sogar 78 Gladiatoren beteiligt waren, schreibt Plutarch:

> „Ein gewisser Lentulus Vatia (?) unterhielt in Capua Gladiatoren, von denen die meisten Gallier und Thraker waren, welche nicht wegen schwerer Vergehen, sondern durch die Ungerechtigkeit ihres Herrn, der sie gekauft hatte, zwangsweise eingesperrt worden waren, um als Gladiatoren verwendet zu werden.“[77] (übers. K. Ziegler)

Plutarch bezieht sich auf die Rechtslage seiner eigenen Zeit des 2.Jh. n.Chr., in welcher nur Verbrecher, die zu den Spielen verurteilt waren, in die Gladiatorenschulen verkauft werden durften. Vor diesem Hintergrund sieht er in Spartakus und seinen Mitstreitern Unschuldige, die zu Unrecht als Gladiatoren eingesetzt wurden und sich gegen dieses Schicksal erhoben haben.[78] Das anachronistische Argument passt gut in die Darstellung, die Plutarch von Spartakus als einem intelligenten, besonnenen, mit militärischen Führungsqualitäten ausgestatteten, bereits hellenisierten Barbaren gibt. Mit diesem positiven Spartakusbild steht Plutarch in einem Zweig der römischen historiographischen Tradition, die bei Appian, eventuell auch schon bei Sallust vorliegt. Verzeichnungen im positiven, aber auch im negativen Sinne finden sich in fast allen antiken Quellen und auch in der Rezeption der späteren Jahrtausende hat Spartakus immer polarisierend gewirkt. Eine Beschäftigung mit ihm muss sich stets dieser Schwierigkeiten bewusst bleiben.[79]

---

[76] Oros. 5,24,5. Zu späteren Erhebungen s. URBAINCZYK HAS 2017, s.v. *Aufstände / Unruhen* II.E.

[77] Plut. Crassus 8,2–3.

[78] Dig 48,19,8,12 (Ulpianus): „Dass Sclaven [...] so wie zur Lustjagd abgegeben zu werden pflegen, unterliegt keinem Zweifel, und wenn dies geschehen, so werden sie Straf-Sclaven, und gehören nicht weiter Dem, dem die vor der Verurtheilung gehörten.“ (übers. K.E. Otto / B. Schilling / K. F. F. Sintenis); Ebenfalls Paul. sent. 5,17,2.

[79] Zur Tendenz der Quellen s. GRÜNEWALD 1999, 94–95; STAMPACCHIA 1976, 108–160; HEINEN HAS 2017, s.v. *Spartakus* I.E.2, zur Polarisierung in der Forschung ebd. I.B; zum Spartakusmythos s. CHRIST 1982a, 84–85; SHAW 2001, 14–21; ONKEN DNP 11, 2001, s.v. *Spartacus*; BUSSI / FORABOSCHI 2001, 36–41; URBAINCZYK HAS 2017, s.v. *Spartakus* II.

Im 1.Jh. v.Chr. waren die Gladiatorenspiele, losgelöst von ihrem eigentlichen etruskischen Ursprung als Leichenspiele, erst gut ein Jahrhundert als Publikumsmagnet und großes Unterhaltungsspektakel in Rom heimisch. Auch ihre politische Bedeutung wuchs beständig, seit Gaius Sempronius Gracchus 122 v.Chr. sie zur Steigerung der eigenen Popularität gebraucht hatte. Die finanziellen Möglichkeiten waren immens: Die aufgewendeten Unkosten für eine Truppe gut ausgebildeter Gladiatoren hatte der Cicerofreund Atticus mit zwei Aufführungen bereits wieder eingespielt. Vor der Erhebung des Spartakus und vor der gezielten politischen Nutzung der Spiele durch Caesar gab es noch keine Restriktionen bezüglich des Erwerbs, Einsatzes und der Bewachung der Gladiatoren. Ethnische Mischung, getrennte Aufbewahrung der Waffen, disziplinarischer Drill bei der Ausbildung und ausreichend Nahrung waren die Richtlinien, an die man sich hielt. In republikanischer Zeit stand es ganz im Belieben der Herren, zu welchen Zwecken sie ihre Sklaven weiter verkauften. Thraker und Gallier, von Natur aus starke Menschen, waren geeignet für den Zweikampf. Bei den Gladiatoren handelte es sich teils um Kriegsgefangene teils um von Menschenjägern erbeutete Freie, weniger um Deserteure, da man ihnen sonst eine Chance zum Weiterleben gegeben hätte. Aber auch verarmte Freie und Abenteurer, die viel Geld und Glück machen wollten, konnten sich als Gladiatoren verdingen.[80]

Die Herkunft des Spartakus ist nicht aufklärbar, weil die Quellen widersprüchlich sind. Die einen sehen in ihm einen Kriegsgefangenen, der eventuell aus dem königlichen Geschlecht der Spartokiden aus Pantikapeion auf der heutigen Krim stammte. Andere berichten, dass er ein Deserteur war oder sogar ein geflohener Sklave. Auch die Motive der Erhebung, falls sie überhaupt angegeben sind, sind schwer zu erfassen: Scham, zum Vergnügungsobjekt der gaffenden Menge zu werden, und Freiheitsdrang der ehemals freien und tapferen Krieger sind überzeugend. Dagegen stehen Ruhm bei der Menge, wenn man als Gladiator siegreich bleibt, viel Geld und eventuell auch die Freiheit. Allerdings bleibt das Risiko des eigenen Lebens immer bestehen.[81]

---

80 Cic. Att. 4,4,a.2 (56 v.Chr.); 200 v.Chr. fanden die ersten römischen Leichenspiele statt. Zu ihrer Weiterentwicklung s. Meijer 2004, 30–35; Müller 2002, 23–31; Wiedemann 2001, 41–42, 110–124; Weeber 1994, 8–14. Zur Verdingung der Freien, die durch die Vertragsbedingungen eine sklavenähnliche Stellung akzeptierten s. Manthe HAS 2017, s.v. *Auctoramentum / auctoratus*.

81 Zur atemberaubenden „Karriere“ des Spartakus (thrakischer Kaufmann, Soldat in röm. Auxiliartruppen, Deserteur, Räuber, thrakischer Partisanenkämpfer, römischer Gefangener, Gladiator s. Doi 1992, 31–40. Plut. Crassus

Trotz dieser Ambivalenzen war die Situation der Gladiatoren nicht schlecht, sodass die Bedingungen, die zum Aufstand führten, eher singulär waren. Die Römer sind sich erst später der Gefahr bewusst geworden, die von schlecht bewachten Gladiatoren und ihrem Einsatz in privaten Diensten ausging.[82]

Zunächst wollten die Flüchtigen nur den schlechten Bedingungen in der Kaserne entkommen. Nach ihrem ersten Sieg am Vesuv hatten sie einen enormen Zulauf von anderen unzufriedenen Sklaven aus Land- und Viehwirtschaft, aber auch von freien armen Bauern und Handwerkern. Es gab viel Elend und Not im fruchtbaren Campanien, dem ersten Operationsgebiet der Aufständischen. Aufgrund des unaufhaltsamen Siegeszuges der Sklaven durch Campanien, Bruttium, Apulien bis nach Mittelitalien hinein wuchs die Zahl der Teilnehmenden – die Angaben der Quellen sind unterschiedlich – auf 60.000 bis 120.000 in der erfolgreichsten Phase des Krieges an. An der Spitze des Heeres standen neben Spartakus gleichrangig die beiden Gallier Krixos und Oenomaos. Spartakus hatte kein religiös bedingtes Charisma wie die beiden sizilischen Sklavenführer. Allerdings war er ein unbezwingbarer Feldherr und vielen seiner Kontrahenten auf römischer Seite lange überlegen. Die erbeuteten römischen Feldzeichen und die Liktoren nutzte er nicht zur Demonstration der eigenen Macht und Sieghaftigkeit. Nach dem Tod des Krixos ließ er für diesen Leichenspiele veranstalten: Kriegsgefangene Römer mussten zu Ehren des Toten als Gladiatoren gegeneinander kämpfen, wie es dem Ursprung der Gladiatorenkämpfe als Leichenspiele entsprach, aber von den gefangenen Römern als Erniedrigung empfunden wurde.[83]

Der ursprüngliche Plan des Spartakus war die Rückkehr in die Heimatländer und die Repatriierung der entwurzelten Sklaven. Nur der möglichst schnelle und konsequente Abzug aus römischem Einflussgebiet konnte zum Erfolg führen. Nach dem Desaster der Sizilischen Sklavenkriege, von denen er sicher Kenntnis hatte, war sich Spartakus der Übermacht und Unbesiegbarkeit der römischen Legionen bewusst. Auch auf die Gnade der Römer konnten sie als Aufrührer (*synomotai, apostatai*) und als Staatsfeinde (*hostes*) nicht hoffen. Ihre Freiheit konnten sie nur

---

8,3; App. civ. 1,116 ; Flor. epit. 2,8,2.8; Meister 1986, 633–656; Heinen HAS 2017, s.v. *Spartakus* I.A.

82 Wiedemann 2001, 120: „Die Bedingungen, die zum Ausbruch des Spartakus und 78 weiterer Gladiatoren aus dem *ludus* des Lentulus Batiatus in der Nähe von Capua führten, waren nicht typisch, selbst (nicht) für die späte Republik."

83 Zu den unterschiedlichen Zahlenangaben s. Kamienik 1970, 96–105; Flor. epit. 2,8,9; App. civ. 1,116–117; vgl. Ville 1981,1–56; Kyle 1998, 34–49.

zurückgewinnen, wenn ihnen die Flucht aus dem römischen Herrschaftsbereich gelang.[84]

Dieser weitsichtige Plan fand bei seinen Soldaten keine Gegenliebe. Auch die Eroberung Roms, die ja noch nicht einmal Hannibal gewagt hatte, erwies sich als unrealistisch. Sie wurde von Spartakus kaum selbst in Erwägung gezogen. Vielmehr haben die Römer seine Truppenbewegungen missverstanden.[85] Nachdem die Sklavenheere aus der Gallia Cisalpina wieder nach Süditalien zurückmarschiert waren, bot sich vornehmlich aus strategischen, aber vielleicht auch aus ideologischen Gründen eine Neuauflage der sizilischen Unternehmungen an. Zum einen musste vermieden werden, dass die Sklavenheere an der Südspitze der italischen Halbinsel abgeschnitten wurden, was auch geschah und nur durch einen todesmutigen Durchbruch wieder rückgängig gemacht werden konnte. Andererseits war es auf einer Insel eventuell leichter, eine Art Sklavenstaat zu begründen. Da sich jedoch bei Spartakus keine Anzeichen für die Begründung eines Staatswesens ausmachen lassen, ist der Sizilienplan zunächst rein strategisch und wirtschaftlich bedingt und erst in zweiter Linie ideologisch als Anknüpfung an die beiden sizilischen Sklavenaufstände aufzufassen. Da uns nur römische Zeugnisse vorliegen, die selbstverständlich alle parteiisch sind, tappen wir bezüglich der Pläne des Spartakus im Dunkeln und können nur versuchen, sie aus seinen militärischen Aktionen zu erschließen.[86]

ANTONIO GUARINO hat stark in Zweifel gezogen, ob Spartakus überhaupt einen Plan gehabt habe. Die Römer hätten recht getan, auf ihn und seine Anhänger Jagd zu machen, da die Gegenseite wie wilde Tiere gewesen sei. Sein Urteil beruht auf einer Verwerfung der gesamten antiken

---

84 Plut. Crassus 9,8: Verschwörung, Aufruhr, Abfall vgl. HOBEN 1978,67–68; Flor. epit. 2,8,12: *..pulsi fugatique – pudet dicere – hostes in extrema Italiae refugerunt…* Florus scheut sich, die Sklaven als Staatsfeinde (*hostes*) zu bezeichnen vgl. HOBEN 1978, 15, 108. Zum Sizilienplan des Spartakus: Sallust, hist. frg. IV, 22–30; zum Heimkehrplan: WILLING 1992, 29–38.

85 Zum Marsch auf Rom, den Florus stringent mit dem *metus Spartiaticus* in Anlehnung an den *metus Punicus* verbindet s. Flor. epit. 2,8,11. Dagegen App. civ. 1, 117: „Spartacus aber gab den Plan eines Marsches gegen Rom auf, da er sich einem solchen Kampf noch nicht gewachsen fühlte… weshalb sein Heer insgesamt nicht soldatisch ausgerüstet war.“ (übers. O. Veh).

86 Zu den Ereignissen in Süditalien s. MARÓTI 1988, 311–314; Zur Idee einer Staatsgründung: GRÜNEWALD 1999, 96: Art Räuberstaat; HOBEN 1978, 67: Staatsgründung außerhalb des römischen Einflussbereiches; CHRIST 1982a, 84: keine Staatenbildung, auch nicht als Surrogat, nur militärische Aspekte; MARÓTI 1989, 445: keine Staatengründung auf Sizilien, nur Sprungbrett zur Rückkehr in die Heimatländer.

Überlieferung als unhistorisch und propagandistisch, eine völlig singuläre von der modernen Forschung abgelehnte These.[87]

Der Plan einer Evakuierung der Sklaven auf Piratenschiffen scheiterte an der Unzuverlässigkeit der Seeräuber, die nach der Meinung von KAMIENIK[88] von dem sizilischen Proprätor C. Verres bestochen worden seien, der ihnen größere Summen versprach, als die Sklaven bezahlen konnte. Wie ernst es Spartakus mit der Evakuierung war, zeigt der Versuch seiner Soldaten, eigene Schiffe zu bauen und über die Meerenge überzusetzen, was aufgrund fehlender nautischer Kenntnisse misslang.

Das Scheitern des *bellum Spartiaticum* hängt vornehmlich mit der Uneinigkeit der Beteiligten zusammen, die viel weniger homogen zusammengesetzt waren als die Heere der Aufständischen in Sizilien. Auch die Kooperation der drei Führer war nicht optimal, da der alleinige Führungsanspruch des Spartakus weder charismatisch noch militärisch begründet war. Strategisch scheint Spartakus den Römern überlegen gewesen zu sein. Alle namhaften Feldherrn der damaligen Zeit waren involviert: Marcus Licinius Crassus mit außerordentlicher Befehlsgewalt, Pompeius Magnus und Marcus Lucullus, beide in höchster Not herbeigerufen durch Crassus. Nicht zu vergessen sind die vielen vorhergehenden erfolglosen Proprätoren, Prätoren und Konsuln: C. Claudius Glaber, P. Varinius, Cn. Cornelius Lentulus Clodianus, L. Gellius Poplicula, Cn. Manlius. Die Zahl der Namen spricht für sich selbst. Furcht, Scham und Mythisierung des Spartakus waren die Antworten, die die Römer auf den für sie völlig unerwartet ausbrechenden Sklavenkrieg gefunden haben. Florus, eine spartakusfeindliche Quelle, endet sein Kapitel über das *bellum Spartiaticum* mit dem Satz: „In vorderster Schlachtreihe tapfer kämpfend, starb Spartakus wie ein Feldherr".[89] (übers. G. Laser)

6.000 besiegte und gefangene Sklaven wurden zwischen Capua und Rom entlang der Via Appia gekreuzigt. Ein abschreckendes Exempel sollte statuiert werden.[90]

---

87 GUARINO 1980, 66, 77. S. hierzu die differenzierte Kritik und Widerlegung GUARINOs durch MEISTER 1986, 642–655, 656: „Sein Spartakus ist der unbekannte Gladiator, der Räuberhauptmann und Banditenführer, ohne Pläne, Ziele und Konzeptionen." HEINEN HAS 2017, s.v. *Spartakus* I.B.

88 KAMIENIK 1993, 90–96, Flor. epit. 2,8,12–13; Plut. Crassus 10,3; zu zwei Evakuierungsversuchen s. MARÓTI 1989, 442–445.

89 Flor. epit. 2,8,14:*Spartacus ipse in primo agmine fortissime dimicans, **quasi imperator*** (Hervorhebung der Autorin) *occisus est.* Zum Tod des Spartakus s. STRAUSS 2009, 152–167.

90 App. civ. 1,120.

Das Debakel des Spartakuskrieges hinderte aber beide Seiten nicht, sich in der Folgezeit in innenpolitischen Auseinandersetzungen und Krisen gegenseitig zu gebrauchen: Die Sklaven wurden zur Teilnahme mit Waffen an den *bella civilia* oder zur Denunziation ihrer Herren im Rahmen der Proskriptionen mit dem Versprechen der Freiheit angelockt. Die Herren hingegen versprachen sich durch die Gewinnung von Gladiatorentrupps eigene Sicherheit, Bedrohung des Gegners und gewaltsame Durchsetzung ihrer Anliegen. Im Umfeld der catilinarischen Verschwörung im Jahre 63 v.Chr. wurde befürchtet, dass Catilina Gladiatoren gegen Rom einsetzen würde,[91] Publius Clodius setzte ein Jahrzehnt später – zunächst mit Unterstützung der Triumvirn – seine Sklavenbanden zur innenpolitischen Auseinandersetzung ein, in deren Gefolge Cicero ins freiwillige Exil ging. Clodius selbst wurde von den bewaffneten Sklaven und Freigelassenen des Milo, unter ihnen auch Gladiatoren, wenig später ermordet.[92] Cicero erbat von Atticus gladiatorischen Schutz, Caesar zog zu Beginn des Bürgerkrieges in Capua viele hunderte Gladiatoren zusammen.[93] Sextus Pompeius hat den Sklaven die Freiheit versprochen, um sie neben politisch Verfolgten unter seine Flottenmannschaften aufzunehmen. Augustus berichtet in seinem Tatenbericht, dass er 30.000 *fugitivi*, flüchtige Sklaven, die sich von den Versprechungen des Sextus Pompeius hatten verführen lassen, ihren Herren zur Bestrafung zurückgab. Auch er selbst hatte zeitweilig 20.000 Sklaven als Ruderer angeworben. Die Herrenlosen, 6.000 an der Zahl, ließ er nach Abschluss der Bürgerkriege, um ein Exempel zu statuieren, entlang der Via Appia kreuzigen. Damit wollte er die alte Gesellschaftsordnung wiederherstellen. Die bald folgende Zentralisierung der Gladiatorenschulen in kaiserlicher Hand sollte das riskante Spiel der vergangenen Jahrzehnte beenden.[94]

Lange Zeit ist von der Forschung der Aristonikosaufstand, der sich zeitgleich mit dem ersten sizilischen Sklavenaufstand im Pergamenischen Reich nach dem Tod des Königs Attalos III. abgespielt hatte, unter die Sklavenaufstände gerechnet worden. Es handelt sich jedoch um eine dynastische Auseinandersetzung zwischen einem Bastard der Attaliden

---

[91] Zurückweisung von Sklaven: Sall. Catil. 56,5; Nutzung von Freigelassenen: Sall. Catil. 59,3; WEEBER 1994, 12–13; NIPPEL 1988, 96–97.

[92] WIEDEMANN 2001, 41–42; WILL 1991, 47–112; NIPPEL 1988, 114–144.

[93] Cic. Att. 7,14,2: Ausbruchgefahr von 1.000 Gladiatoren in Capua im Januar 49, Beginn der Bürgerkriege; 8,2,1: persönlicher Schutz.

[94] R. Gest. div. Aug. 25; WEEBER 1994, 14–16; App.civ. 5,131–132; KIENAST 2009[4], 57–58; GRÜNEWALD 1999, 108–110; CHRIST 1982a, 87–88; HEINEN HAS 2017, s.v. *Spartakus* I.D.

und den Römern als den testamentarisch eingesetzten rechtmäßigen Erben des Pergamenischen Reiches. Ähnlich wie bei früheren und späteren „Sklavenerhebungen“ (s.o) hatte Aristonikos die Sklaven für seine politischen Ziele instrumentalisiert, indem er ihnen die Freiheit versprochen hatte, wenn sie ihn in seinem Kampf um den Thron unterstützen würden.[95]

Abschließend stellt sich die Frage, warum die eigentlichen Sklavenkriege auf 70 Jahre der späten Republik beschränkt blieben und weitere kleinere Aufstandsbewegungen sich überwiegend in republikanischer Zeit vollzogen.[96] Geht man von der Krise der späten Republik aus, so sind auch die Sklavenerhebungen in diesem Rahmen als direkte Folge der Welteroberung zu sehen. Sie spiegeln die Probleme wider, die sich aus Massenversklavungen ergaben, die wiederum geographisch-ethnographische Verpflanzungen und Entrechtungen ganzer ehemals freier Bevölkerungsschichten und Völkerschaften nach sich zogen. An den Sklavenaufständen wird außerdem die Unfähigkeit der Römer offenkundig, mit den Verwaltungsproblemen in Italien und ihren Provinzen fertig zu werden. Die neue Steuerordnung, die Rupilius auf Sizilien durchführte, brachte kaum eine Verbesserung der sozialen Verhältnisse.

Mit dem Rückgang der Massenversklavungen und der Verknappung der Sklaven als Handelsware, die nicht unbegrenzt reproduzierbar war, sondern als volkswirtschaftlicher Wert erhalten bleiben musste, ent-

---

95 Zur Problematik s. RUBINSOHN 1993, 117–119. Zur Kritik an der neuen Bewertung des Aristonikosaufstandes s. URBAINCZYK HAS 2017, s.v. *Aufstände / Unruhen* III. Welche Bedeutung die Sozialutopie des Jambulos, sein Sonnenstaat und dessen Bewohner, die Heliopoliten, in diesem Zusammenhang gespielt haben, lässt sich nicht mehr aufhellen. S. hierzu DAUBNER 2003, 172–182, s.o. Anm.55 u. 67 u. Kap. 2.5, Anm.221.

96 Vgl. CHRIST 1988, 363–364, der auf wenige Aufstandsbewegungen in der Kaiserzeit hinweist, an denen Sklaven neben anderen unzufriedenen Bevölkerungsgruppen, wie Kriminellen, Räubern, Deserteuren etc. beteiligt waren. Von Sklavenaufständen im eigentlichen Sinne kann kaum die Rede sein. So auch GRÜNEWALD 1999, 184–185; HEINEN HAS 2017, s.v. *Spartakus* I.D. Dagegen URBAINCZYK HAS 2017, s.v. *Aufstände / Unruhen* II.E. Im Blick auf die republikanischen Sklavenaufstände plädiert BRADLEY 1988, 375 für eine komparatistische Untersuchungsmethode wegen der Dunkelheit der antiken Quellen. Er geht grundlegend davon aus, dass die Sklaven zu allen Zeiten in einem ständigen Spannungs- und Oppositionsverhältnis zu ihren Herren lebten. S.o. Anm.52. SHAW 2001, 2 bezeichnet das postantike Nachleben des Mythos „Spartakus“ als sehr viel eindeutiger (Kampf Freier um politische Freiheit) als die antiken Verhältnisse, die zu der Aufstandsperiode führten (Dunkelheit der Quellen). S. auch URBAINCZYK HAS 2017, s.v. *Spartakus* II.

wickelte sich ein entsprechendes Verhalten der Herren. Das Verbot Caesars, mehr als zwei Drittel Unfreie bei der Aufzucht von Großvieh zu beschäftigen, basierte wahrscheinlich auf den Erfahrungen aus den Aufstandsbewegungen der Hirtensklaven. Auch die Verwaltung des Reiches professionalisierte sich in der Kaiserzeit zusehend. Damit waren die Hauptfaktoren für die Sklavenaufstände fortgefallen. Aus diesem Grunde darf das Problem der *bella servilia* nicht isoliert nur innerhalb der römischen Sozial- und Wirtschaftsgeschichte betrachtet werden, sondern muss auch unter politischem Aspekt gewertet und eingeordnet werden.[97]

3.3 Sklaven in der italischen Landwirtschaft

Es war bereits in den beiden vorhergehenden Unterkapiteln die Rede vom Einsatz der Sklaven in Land- und Viehwirtschaft. Da die Römer eine überwiegend agrarische Gesellschaft hatten, die lange Zeit von entsprechenden Prinzipien geprägt war, war dieser primäre Wirtschaftssektor nicht nur ökonomisch, sondern auch sozial und politisch von grundlegender Bedeutung. Es kann hier nicht eine Geschichte der römischen Landwirtschaft allgemein und Italiens insbesondere gegeben werden. Eine grobe Skizzierung des primären Wirtschaftssektors muss ausreichen, um auf dieser Folie Einsatz und Bedeutung der Sklaven darzustellen.[98]

Es handelt sich dabei um Momentaufnahmen. Sie sind zum einen durch die Spärlichkeit der zur Verfügung stehenden antiken Quellen bedingt, zum anderen dadurch, dass rund 400 Jahre, d.h. ein Zeitraum von der ausgehenden mittleren Republik bis zum Ende des 2.Jh. n.Chr. in diesem Kapitel behandelt werden. Grundlage der Darstellung bilden vorrangig die klassischen Ackerbauschriftsteller als Fachliteratur. Epi-

---

[97] Zur Behandlung der Sklaven s. Kap. 3.3; Caesars Verbot: Suet. Iul. 42; WELWEI 1981, 50–69.

[98] Zu den drei Wirtschaftssektoren: primär Urproduktion (Land- u. Viehwirtschaft, Bergbau), sekundär verarbeitendes Gewerbe (Handwerk u. Baugewerbe), tertiär Dienstleistungen (Handel, Bildung, Verwaltung) s. STAROSKE 1995. Bei der Behandlung der Sklavenberufe werde ich mich nur lose an diese Einteilung anlehnen, ansonsten mich an die von den Römern selbst getroffenen Einteilungen halten. S.u. Kap. 3.4. Vgl. dagegen SCHUMACHER 2001, 91, s.o. Kap. 2.3 Anm. 106. Zur Landwirtschaft in Italien s. SCHEIDEL 1994, 1–25; allgemein in Republik und Kaiserzeit: CARLSEN HAS 2017, s.v. *Landwirtschaft* II.

graphisches, juristisches und literarisches Quellenmaterial wird ergänzend herangezogen, archäologische Studien werden mit berücksichtigt.

Würde man sich ganz von der agrarischen Fachliteratur leiten lassen, die neben der medizinischen bei den Römern am weitesten ausgeprägt ist, so würde man bis in die Spätantike fortschreiten können. Allerdings soll dieser ein eigenes Unterkapitel gewidmet sein, weil sich Gesellschaft, Wirtschaft und Staat langsam in dieser Zeit verändert haben, sodass am Ende der Zeitspanne auch der Sklaverei eine andere Bedeutung im Sozialgefüge zukam, als dies in den früheren Jahrhunderten der Fall war. Wann allerdings dieser Prozess einsetzte, ist in der Forschung heiß umstritten, und wird in Kap. 3.8 genauer dargestellt werden. Beim Übergang von der Republik in den frühen Prinzipat scheinen dagegen die Kontinuitäten zu überwiegen, sodass die gleitenden Übergänge im Vordergrund der Präsentation stehen.[99]

Die agrarwissenschaftliche Fachliteratur der Römer ist in ihrem Realitätsbezug in der Forschung heftig umstritten. Man unterstellt ihr Realitätsferne bis hin zur Fiktionalität, wie man den Autoren, die alle der landbesitzenden Oberschicht entstammten, Selbststilisierung vorwirft. Im hier zu erörternden Zusammenhang stellt sich die Frage, ob die Angaben zu den unfreien Arbeitern und zur Größe der Güter und der Vielfältigkeit der angebauten Produkte der jeweiligen Realität des Autors entsprechen, oder ob es sich um theoretische Idealvorstellungen handelt, die weder jetzt noch später in die Wirklichkeit umgesetzt worden sind.[100]

Die Schriften der *scriptores rei rusticae* hatten nicht nur eine enorme ökonomische, sondern auch soziale Bedeutung, vorrangig für die römische Oberschicht. Die Zugehörigkeit zum Senat war an Grundbesitz gebunden, über den die politische Karriere finanziert werden musste. Im Jahr 218 v.Chr., zu Beginn des Zweiten Punischen Krieges, wurde die *lex Claudia de nave senatorum* erlassen. Angesichts der neuen Handelsmög-

---

[99] Zur spärlichen römischen Fachliteratur, die nur vereinzelt zur weitgefächerten griechischen in Konkurrenz tritt s. GRAF 1997, 179 (Cato), 226 (Columella). Ausführlich auch zu Varro s. DIEDERICH 2007, 11–68. Ich beschränke mich hier auf die drei klassischen Schriften, die ganz erhalten sind. Zu den übrigen wie die Sasernae, Vergil, Tremelius Scofra u.a. s. MARTIN 1971, 81ff.;107ff.; 237ff.; MARCONE 1997, 17–38; zur Krise der Landwirtschaft s.u.; zur Spätantike s.u. Kap. 3.8.

[100] GUMMERUS 1906, 54–55: Varro theoretisch, Cato praxisbezogen; HEITLAND 1921, 178–187; WHITE 1970, 24: Cato fiktiv, Varro u. Columella fortschrittlich, real. DIEDERICH 2007, 294–297, 264–368, 385–395, 401–403 kann nachweisen, dass alle drei Schriften aus aktuellen politischen und ökonomischen Veränderungen entstanden sind, und auf diese jeweilige Realität Bezug nehmen. So auch WILLI HAS 2017, s.v. *Agrarschriftsteller* I.

lichkeiten, die durch die Niederringung Karthagos im Ersten Punischen Krieg und durch die Ostexpansion im Gefolge von Kriegen und politischen Umstrukturierungen sich für Rom ergeben hatten, schien es Senatoren und Rittern gleichermaßen willkommen, ihre landwirtschaftlichen Einnahmequellen um merkantile zu erweitern. Das aber schien eine Bedrohung der *mores maiorum*, der Sitten der Väter darzustellen, denen zufolge die römische Oberschicht eine landbesitzende, agrarische Nobilität war. Das erwähnte Gesetz versuchte, den Handelsgeschäften der Senatoren einen Riegel vorzuschieben und sie weiterhin an den Landbesitz zu binden, indem es festlegte, dass Senatoren und ihre Söhne nur Schiffe betreiben durften, die eine Ladekapazität von 300 Amphoren Wein hatten. Damit war den Senatoren aller Überseehandel verboten. Als künftige Händler bestimmte das Gesetz die Ritter, die nicht dem Senatorenstand angehörten, aber meist genauso reich oder noch reicher waren als die Senatoren, und alle diejenigen Reichen, die keine *nobiles* waren. C. Flaminius, der dieses Gesetz eingebracht hatte, hatte, ähnlich wie später Cato, nur die Wahrung der alten Sitten und die Vermeidung der Aushöhlung des Senatorenstandes durch Geldgeschäfte und Luxus im Auge.[101]

Zusätzlich und durchaus im Zusammenhang mit der wissenschaftlichen Kontroverse um die antike agrarwissenschaftliche Fachliteratur stellt sich eine andere grundlegendere über den Charakter des antiken Wirtschaftssystems ein. Ist dieses als „primitivistisch" einzustufen, sodass es ihm als reine Subsistenzwirtschaft an jeglichem Rentabilitätsdenken mangelte? Oder war die römische Wirtschaft bereits „kapitalistisch" geprägt, da sie marktorientiert gewesen sei? Die Modernisten behaupteten sogar, dass sie sich nicht wesentlich von dem Wirtschaftssystem industrieller Staaten unterschieden habe. Die heutige Forschung versucht einen Mittelweg zu gehen, indem sie das unleugbare Phänomen ökonomischen Wachstums zu erklären versucht.[102]

Die drei hier zunächst zu behandelnden Ackerbauschriftsteller haben in Umbruchs- und Krisensituationen des Römischen Reiches geschrieben: Marcus Porcius Cato (234–149 v.Chr.) zur Zeit der großen West- und Ostexpansion Roms, in der dieses nicht nur alle seine äußeren Feinde und Kontrahenten besiegte, sondern in der Reichtum an Geld, Luxus-

---

101 Badian 1997, 107–117; Baltrusch 1989, 30–40.

102 Zu Modernisten und Primitivisten zusammenfassend s. Love 1991,73–102; Vallat 1991, 14–15; De Martino 1991,105–122; Meikle 2002, 233–250; Saller 2002, 251–269; einzeln: Finley 1977, 138–139; Shaw 1981, 37–83; Temin 2001, 169–181. Zur Forschungsgeschichte s.o. Kap. 1.3, zu den neuesten Tendenzen in der Forschung Ruffing 2012, 11–14.

gütern und Sklaven das Leben der führenden römischen Gesellschaftsschichten von Grund auf veränderte; Marcus Terentius Varro (116–127 v.Chr.), der in der ausgehenden Republik die Selbstzerfleischung der römischen Oberschicht in den Bürgerkriegen und den Niedergang des römischen Wertesystems erlebte; Lucius Iunius Moderatus Columella (1.Jh. n.Chr.), der in der frühen Kaiserzeit unter Nero zwar im Genuss der *Pax Augusta* sich der Landwirtschaft uneingeschränkt widmen konnte, der jedoch wie seine Standesgenossen jegliche politische Mitwirkung eingebüßt hatte.[103]

Die Wandlungen in der Behandlung und dem Arbeitseinsatz der Sklaven, die sich in den Werken der drei Ackerbauschriftsteller feststellen lassen, weisen auf soziale Veränderungen in der Gesamtgesellschaft und neue Erkenntnisse bezüglich profitorientierter Bewirtschaftung der mittelgroßen landwirtschaftlichen Güter, der *villae rusticae*, in mehr als drei Jahrhunderten in Italien hin. Dass diese sich auch in der landwirtschaftlichen Fachliteratur niedergeschlagen haben, ist nur natürlich und bürgt für deren Zeitgemäßheit. Die These von ihrem antiquarischen oder rein theoretischen Charakter ist damit hinfällig. Zugleich lässt sich durch die drei Abhandlungen das fehlerhafte Bild eines Teiles der modernen Forschung korrigieren, dass die Landwirtschaft in Italien seit der Krise nach den Punischen Kriegen in der Mitte des 2.Jhs. v.Chr. bis in die frühe Kaiserzeit hinein nur auf riesigen Latifundien basiert habe, die von Sklavenmassen bewirtschaftet wurden.[104] Die pauschalierenden Aussagen werden durch die Ergebnisse der modernen Agrararchäologie widerlegt. Seit den 60er bis in die 90er Jahre des 20. Jhs. hat die BRITISH SCHOOL OF ROME in differenzierten Surveys nachgewiesen, wie unterschiedlich die Agrarstruktur in den einzelnen Gebieten Italiens in der Antike war und welche Veränderungen sich von der Etruskerzeit, über die Republik und Kaiserzeit bis in die Spätantike vollzogen haben. So überwiegen z.B. in Südetrurien kleinere und mittlere Betriebe, deren

---

[103] Zu allen drei *scriptores*: MARTIN 1971, 81–95; 211ff.; 287ff.; MARCONE 1997, 17–18; WILLI HAS 2017, s.v. *Agrarschriftsteller.* Zu Cato als Person: ältere Forschung: reaktionäres Verhalten: KLINGNER 1965, 39ff., neuere Forschung: italische Herkunft: HANTOS 1998, 317–333. Zu seiner Schrift *de agricultura*, vermutlich ein Alterswerk (um 150 v.Chr.), die an griechischer Fachliteratur orientiert zu sein scheint s. SCHÖNBERGER 2000, 349–360; GEHRKE 2000,147–157; BALTRUSCH 1989, 39; DIEDERICH HAS 2017, S.V. *Cato Maior.* Zu Varro und seinen drei Büchern *de re rustica:* FLACH 1996, 3–15; DIEDERICH HAS 2017, S.V. *Varro.* Zu Columella und seinen zwölf Büchern *de re rustica*: SCHNEIDER *Lexikon antiker Autoren* 1997, *s.v. Columella*; RICHTER 1983, 588–614; DIEDERICH HAS 2017, s.v. *Columella.*

[104] S.o. Kap. 3.2 Anm.46 u. 47.

Dichte im 1.Jh. v.Chr. noch zunimmt, während an der fruchtbaren Küste Westetruriens, im Gebiet von Cosa, viele der kleineren Betriebe durch Großbetriebe, wie etwa die Villa Settefinestre, ersetzt worden zu sein scheinen. Auch in Samnium scheint ein Wandel in der Bewirtschaftung vom 2. zum 1. Jh. eingetreten zu sein: weg von der Subsistenzwirtschaft der Kleinbetriebe und hin auf eine an der Stadt Rom und ihren Märkten und Bedürfnissen orientierte Viehwirtschaft. Diese Ergebnisse zeigen, dass regional unterschiedlich in Italien kleinere und mittlere Betriebe neben Latifundien existiert haben.[105] Allerdings sind sich auch die Agrararchäologen bewusst, dass Befunde unterschiedlich interpretierbar sind, wie vor allem an der Villa Settefinestre deutlich geworden ist, die mehrmals umdatiert worden ist, nur damit sie in das Modell einer perfekten Sklavenhaltervilla hereinpasst. Dabei ist es höchst umstritten, ob sich durch die Ausgrabungen überhaupt die These von vielen in dieser Villa beschäftigten Sklaven halten läßt, oder die in dieser Richtung interpretierten Schlafräume nicht vielmehr Vorratskammern sind.[106]

In den letzten beiden Jahrzehnten hat die Agrararchäologie durch weitere Surveys die Situation der Landbevölkerung in ganz Italien zwischen 200 v.Chr. bis 200 n.Chr. weiter aufhellen können, deren Ergebnisse nicht immer mit den antiken literarischen Quellen kompatibel zu sein scheinen und die mit mancher modernen Forschungsmeinung im Widerspruch stehen. ALESSANDRO LAURANO hat alle Ergebnisse differenziert in einer Monographie, versehen mit einem umfangreichen Tabellenanhang, zusammengestellt und auf dieser Basis ein neues „Narrativ“ über

---

[105] RASMUSSEN 2001, 224–226; LLOYD 1991, 180–194; RASMUSSEN 1991, 106–114. Umstritten ist allerdings die Interpretation der Villa Settefinestre als eine Sklavenhaltervilla, in der hunderte von unfreien Arbeitern mit der Wein- und Ölproduktion beschäftigt gewesen wären. S. die kontroversen Diskussionen: CARANDINI 1988, 147–185 fig.21, 22; dagegen SCHUMACHER 2001, 99–101; referierend THOMPSON 2003, 97–101, macht allerdings bei anderen Villen (Villa der Volusii in Lucus Feroniae und Haus des Menander in Pompeij) deutlich, dass kleine Räume, *cellae,* nicht unbedingt Schlafräume von Sklaven sein brauchen, sondern auch Vorratsräume sein können.

[106] VALLAT 1991, 10–15, 13–14: „The down dating poses in quite different terms such issues as the birth and development of the slave mode of production, the impact on the Italian economy of the crises of the third and second centuries, and the evolution of agricultural technology. In the articulation between the long-term and the short-term in historical process, one comes back more to the position ...concerning the slow but determining transformations which come to light at the end of the Republic (Frederiksen, Vallat) than to those of A. Toynbee, or more recently E. Gabba, followed by A. Carandini, on the role of the Punic wars.“

die italische Landbevölkerung in dieser Zeit vorgelegt, das in der Forschung teilweise nicht unwidersprochen geblieben ist.[107]

Geht man davon aus, dass die Agrararchäologie Aussagen über die demographische Entwicklung machen kann, ergibt sich auf der Basis von 27 Surveys, in denen 5.000 landwirtschaftliche Einheiten (Farmen, Villen, Dörfer) untersucht wurden, folgende dreiphasige Entwicklungsgeschichte:[108]

1. Zwischen 200 (Ende des Zweiten Punischen Krieges) und 50 v.Chr. (Beginn der letzten Bürgerkriegsphase) ist die Zahl der freien bäuerlichen Bevölkerung ständig angewachsen. Alle Arten von Arbeitern – Sklaven, Freie und Pächter – kamen nebeneinander zum Einsatz.
2. Zwischen 50 v.Chr. (Endphase der römischen Republik) und 50 n.Chr. (frühes Prinzipat) erreicht die Entwicklung der freien Landbevölkerung ihren Höhepunkt. Durch die enorme Urbanisierung Italiens blühen die inländischen Märkte derart auf, dass neben der direkten Bestellung der überwiegend mittleren bis kleineren Betriebe durch Sklaven und Freie im Auftrag der Besitzer nun vermehrt freie und unfreie Pachtverhältnisse entstehen.
3. Zwischen 50 bis 150 n.Chr. setzt eine Verarmung der freien Landbevölkerung und ein Rückgang derselben ein aufgrund der Belieferung der italischen Märkte mit landwirtschaftlichen Produkten aus den Provinzen, die billiger produzieren können. Die Bauern verarmen und können keine Investitionen mehr tätigen. Große Farmen mit Sklavenarbeit und Pachtverhältnissen auf Naturalbasis (sharecropping) breiten sich aus.

Fazit dieser neuen Forschungen ist, dass der demographische Niedergang sich nicht im 2.Jh. v.Chr. im Gefolge der Punischen Kriege vollzogen hat, sondern erst im 2.Jh. n.Chr. infolge der aufblühenden Produktion in den neu eroberten Provinzen, deren Demographie allerdings bis heute weitgehend noch unerforscht ist.[109] Der Niedergang der italischen Landbevölkerung hat dann aber nichts mehr mit angeblichen Sklavenmassen auf den Latifundien zu tun, sondern mit Investitionen der römischen

---

107 LAUNARO 2011, Forschungsüberblick Demographie: 11–52; methodologische Probleme zwischen Demographie und Archäologie: 53–102; Präsentation des archäologischen Materials: 103–148; Tabellen: 191–324; Neues Narrativ: 149–190; Rezensionen: DE LIGKT, sehepunkte 12, 2012, Nr.9; RAJALA, Arctos 47, 2013, 383–386; GREY, Cl Rev. 62, 2012, 579–582; SCHEIDEL, JRArch 49, 2013, 682–687; DE HAAS, TMA 49, 2013, 49-53.

108 LAUNARO 2011, 183–184.

109 LAUNARO 2011, 177–183.

Oberschicht in den Provinzen. Dieses Ergebnis deckt sich teilweise mit den literarischen Quellen: Plutarch und Appian, die über das 2.Jh. v.Chr, berichten, beschreiben die Situation ihrer eigenen Zeit im 1.–2.Jh. n.Chr.[110] Erst da stoßen wir auf Sklavenfamilien, *familiae rusticae*, und auf deren Reproduktion.[111] Nach den Punischen Kriegen befinden sich überwiegend männliche Kriegsgefangene als Sklaven in Italien und Sizilien. Im 2.Jh. n.Chr. setzen die kaiserlichen und privaten Alimentationen der kinderreichen Familien in Italien ein, als Mittel der Bevölkerungspolitik.[112]

Allerdings stellt sich bei dieser neuen Forschungsthese die Frage, welche Art von Krise gab Anstoß zu den Reformen der Gracchen? Handelt es sich überhaupt um eine Agrarkrise und welchen Anteil hatten daran die Sklaven?[113] Die agrararchäologischen Forschungsergebnisse haben jedenfalls sehr überzeugend gezeigt, dass man von 200 v.Chr. bis 200 n.Chr. und – wie später zu zeigen sein wird – noch darüber hinaus, von einem Nebeneinander von freier und unfreier Arbeit, und von der später einsetzenden parallelen Entwicklung freier und unfreier Pachtverhältnisse auszugehen hat. Außerdem haben die Surveys die regionalen Unterschiede in Italien klar herausgearbeitet.[114]

Auf diesem Hintergrund und anhand der Ackerbauschriftsteller wollen wir uns nun der Frage zuwenden, wie und wo Sklaven in der italischen Landwirtschaft eingesetzt wurden und ob Rom wirklich eine Sklavenhaltergesellschaft ist oder doch eher, wie auch die Agrararchäologie nahelegt, eine Gesellschaft mit Sklaven.

Cato Maior besaß fünf mittelgroße Güter im Sabinerland und in der näheren Umgebung Roms: ein Weingut (*vineum*) von 100 *iugera*, das er mit 16 Sklaven einschließlich *vilicus* und *vilica* bewirtschaftete, ein Öl-

---

110 S.o. Kap. 3.2. Zu anderen literarischen Quellen s. LAUNARO 2011, 160–163; 174/5.

111 Dig. 33,7,12,5/7/33 (Ulp.) WILLVONSEDER 2010, Nr.62; 33,7,20,1/4 (Scaev.) WILLVONSEDER 2010 Nr.63; LAES HAS 2017, s.v. *Familie* II.; WILLVONSEDER HAS 2017, s.v. *familia* II.

112 ALFÖLDY 2011^{4}, 130, 140 mit weiterführender Literatur.

113 S. hierzu LINKE 2005, 37–38, der betont, dass die Aufkündigung des Konsenses zwischen Ober- und Unterschicht die Hauptquelle aller entstehenden Krisen seit der Gracchenzeit war.

114 Südetrurien, Calabrien und Apulien scheinen früh sinkende Bevölkerungszahlen gehabt zu haben, während Campanien, Latium, Cisalpina, Transpadana und Nordetrurien immer ein demographisches Wachstum aufzuweisen haben, Mitteletrurien und Lucanien können dagegen als stabil gelten. S. hierzu differenziert: LAUNARO 2011, 149–177; s. auch BRADLEY 2011, 249; MORLEY 2011, 266.

gut (*oletum,* Olivenanbau) von 240 *iugera*, das er mit elf Sklaven sowie *vilicus* und *vilica* führte und einen Getreideacker (*frumentaria*), auf dem er nur für sein Gesinde Getreide anbauen ließ. Dieses Gut betrieb er nicht selbst, sondern hatte es in Pacht gegeben. Außerdem besaß er ein Stück Weideland (*pratum*), das im Sommer gut bewässert war und auf dem er seine eigenen Herden weiden ließ. Diese ließ er im Winter teils in die Weinberge und Olivenpflanzungen, teils auf seinen *ager publicus*, der aus Weide und Wald bestand, treiben. Im Winter verpachtete er das Weideland an fremde Herden, die im Zuge der Transhumanz von den Bergen in die Täler kamen. Außerdem besaß er einen Gemüse- und Obstgarten in Stadtnähe (*hortus irrigus*), dessen Erträge alle auf dem Markt verkauft wurden. Bei seinen Gütern handelt es sich um typische Mittelbetriebe, die zusammengerechnet noch unter der Nutzungsgrenze (*occupatio*) für das öffentliche Land, den *ager publicus*, lagen: Für kinderlose Bauern betrug deren Höchstgrenze 500 *iugera* (125 ha). Insgesamt lassen sich bei Cato 29 Sklaven fassen, neben denen er noch viele freie Arbeiter beschäftigte.[115]

In seiner Schrift *de agricultura* „Über den Landbau“ hat Cato nicht nur verschiedene Typen von Betrieben mit je unterschiedlichen Monokulturen vorgestellt, sondern auch Praktiken entwickelt, wie man Arbeitskräfte, vor allem Sklaven, gewinnbringend zu ihrer Bewirtschaftung einsetzt. Darüber hinaus spielt der Sklave selbst als gut ausgebildeter Facharbeiter eine wesentliche Rolle in seinen ökonomischen Überlegungen. Cato war ein cleverer Geschäftsmann, der allen neuen Tendenzen auf diesem Sektor aufgeschlossen war. Aus diesem Grunde darf man seine sittenrichterliche Tätigkeit wohl kaum als rückständig bewerten, falls man nicht eine tiefgehende Diskrepanz innerhalb der catonischen Persönlichkeitsstruktur annehmen möchte. Deswegen ist seine fachwissenschaftliche Abhandlung auch nicht als fiktiv abzutun. Im Gegenteil: Die Rückerinnerung an die Werte des Agrarlandes Italien, geschickt verbunden mit den fortschrittlichen Ideen einer gewinnorientierten Wirtschaftsführung, wie sie im griechisch-hellenistischen ökonomischen Schrifttum entwickelt worden waren, sollten die moralisch dekadente stadtrömische Aristokratie zurück zu den Werten führen, die Rom groß gemacht hatten.[116]

---

115 Zur Klassifizierung der Güter nach ihrer Größe s. DOHR 1965, 29–45: Kleinbetrieb 10–80 *iugera*, Mittelbetrieb 80–500 iugera, Großbetrieb über 500 *iugera* Land. Zum Vergleich liegt die Okkupationsgrenze beim *ager publicus* für Gutsherren mit zwei Söhnen bei 1.000 *iugera.* Zum licinisch-sextischen Gesetz s.o. Kap. 3.1. Zur Zahl der Arbeitskräfte bei Cato agr. 10–11.

116 Cato, agr. 65–68; Plut. Cato 4–5; 21.

Varros drei Bücher, *de re rustica*, „Gespräche über die Landwirtschaft“, befassen sich mit Ackerbau, Viehzucht und Hoftierhaltung. Er stützt sich in allen drei Bänden, die einen Dialog von Fachleuten zum Thema widergeben, auf seine eigenen Erfahrungen, die er auf seinen vielen Landgütern gesammelt hat, auf die griechische und lateinische Fachliteratur, die er teilweise heftig kritisiert, und auf die Erfahrungen seiner Nachbarn. In der Forschung ist die Praxisbezogenheit der Bücher aufgrund ihrer Gelehrsamkeit und der assoziativen Denkweise umstritten. Varros Kritik am Zahlenmechanismus des Cato beim Einsatz von Arbeitskräften ohne Berücksichtigung der Eignung des jeweiligen Bodens für die Landwirtschaft lässt jedoch auf praktische Erfahrung schließen. Angaben über Größe der Güter und Anzahl der unfreien Arbeiter erwartet man aus diesen Gründen vergeblich. Varro geht es vor allem um die Auswahl verlässlichen und kompetenten Fachpersonals, weil die meisten seiner Standesgenossen, wie er selbst, sich wegen intensiver politischer und militärischer Tätigkeiten nur wenig um die Bewirtschaftung ihrer Güter kümmern konnten.[117]

Columellas zwölf Bücher *de re rustica*, „Über die Landwirtschaft“ basieren ebenfalls auf eigener Erfahrung und der seines Nachbarn Silvinus, dem er alle seine Bücher zur Begutachtung vorgelegt hat. Auf dessen Rat hin hat er manches korrigiert oder ergänzt. Auch die Fachliteratur seiner Vorgänger hat er konsultiert. Die Bücher handeln über den Gutshof, Acker-, Wein- und Gartenbau, Baum- und Tierzucht. Columella beschäftigt auf einer 200 *iugera* großen Getreideanbaufläche zehn Sklaven, auf einer mit Bäumen bewachsenen gleichgroßen Fläche 13 Sklaven. In einem 7 *iugera* großen Weinberg setzt er fünf Facharbeiter ein neben anderem freien und unfreien Personal. Weil auch er sich vom Zahlenmechanismus Catos befreit, erfahren wir auch bei ihm wenig über die effektiven Anbauflächen und die benötigten unfreien Arbeitskräfte, die bei ihm jedenfalls zahlreicher sind als bei Cato und Varro, weil er weniger freie Kräfte beschäftigt und Arbeitsausfall durch Krankheiten mit berücksichtigt. Durch den Anbau verschiedener Rebsorten mit unterschiedlichen Erntezeiten z.B. vermeidet er den Einsatz zusätzlicher saisonaler freier Arbeitskräfte, der durch die Entzerrung der Ernteperiode in mehrere Zeitabschnitte überflüßig geworden ist. Die beiden letzten Bücher, elf und zwölf, die er später seinem bereits fertigen Werk angehängt

[117] Varro rust. 1,18; KALTENSTADLER 1978, 18 vermutet, dass Varro für seinen Weidebetrieb und die Kleintierzucht (*pastio villatica*) höchstens 60 Dauerbeschäftigte, d.h. Sklaven, neben vielen Gelegenheitsarbeitern benötigte. Zur Auswahl s.u.

hat, befassen sich mit der Arbeitsorganisation durch den Gutsverwalter (*vilicus*) und die Gutsverwalterin (*vilica*) auf den Landgütern.[118]

Vergleicht man die Personalpolitik der drei *scriptores rei rusticae,* so ist auffällig, dass bei Cato und Varro freie Arbeiter neben unfreien beschäftigt sind, während Columella fast nur Sklaven einsetzt. Auf seinen Gütern gibt es bereits fest angestellte Handwerker, die nicht nur für den Eigenbedarf, sondern auch für den Markt produzieren. Auch sie sind überwiegend Sklaven. Cato lässt die handwerklichen Arbeiten, die anfallen, in Schlechtwetterperioden und im Winter von den unfreien Arbeitern erledigen. In der Vieh- und Geflügelzucht beschäftigen Varro und Columella Sklaven. Bei Cato leben Freie und Unfreie in einer *familia* zusammen, außerdem wirbt er freie Tagelöhner für die Erntearbeiten an. Bei ständig anfallenden Arbeiten setzt er Sklaven, bei saisonal bedingten Arbeiten freie Tagelöhner ein, deren Verträge er von einem auf den anderen Tag kündigen kann. Verpachtungen nimmt er bei risikoreichen Unternehmungen vor. Der Pächter beschäftigt freie und unfreie Arbeiter nebeneinander, für die dieser selbst zu sorgen hat. In ungesunden Gegenden beschäftigen Varro und Columella lieber Tagelöhner als Sklaven. Das gleiche gilt bei Varro auch für die saisonal bedingten Arbeiten. In seinen Berechnungen der benötigten Arbeitskräfte geht er von den Zahlen des Saserna für Oberitalien (die fruchtbare Poebene) aus, wonach ein Mann ein *iugerum* in vier Tagen bewirtschaften kann. Das bedeutet, für ein Kleingut von 8 *iugera* braucht ein Mann 32 Tage. Varro macht aber sofort Einwendungen gegen jeden Schematismus in den Berechnungen, die von der Bodenbeschaffenheit und der Anbauart abhängig gemacht werden müssen.[119]

Die Sklavenschaft selbst ist auf allen Gutshöfen hierarchisch gestaffelt. Eine Führungsebene ist wegen der Abwesenheit der meisten Landbesitzer notwendig geworden. Da sie, wohnhaft in der Stadt, nicht selbst auf den Gütern arbeiten, müssen sie ihren Sklaven Aufsicht und Verwaltung überlassen. Dafür bedarf es hoch spezialisierter Leute mit besonderen Führungskompetenzen. Die Führungsebene kann mehrstufig sein, d.h. an der Spitze steht der *dominus*, bei einem größeren Betrieb oder mehreren Mittelbetrieben untersteht ihm ein freier Geschäftsführer,

---

118 Colum. 2,12,1; 3,3,8; KALTENSTADLER 1978, 19–20; vgl. das entsprechende Führungspersonal im ökonomischen Schrifttum der Griechen Kap. 2.4, Anm.151, 152.

119 Cato agr. 12; 13; Varro rust. 1,17–18; Colum. 1,7,4; 2,12 u. KALTENSTADLER 1978, 17–20; DE MARTINO 1991, 123–130; ERDKAMP 1999, 562–563; ROSAFIO 2002, 25–28.

procurator, bei den Mittelbetrieben selbst genügen unfreie *actores*[120] oder auch nur ein unfreier *vilicus*, Verwalter, der oft mit einer Sklavin, der *vilica*, verheiratet ist. Sie haben die Aufsicht über das Hauswesen, die Vorräte, die im Haus und auf den Feldern beschäftigten Sklaven. Die *vilica* sorgt für die Kranken und die Hygiene im Krankenzimmer und kümmert sich um die Geflügelzucht.[121] Damit der *vilicus*, der selbst ein Sklave ist, von Mitsklaven und freien Arbeitern als Vorgesetzter anerkannt wird, empfiehlt ihm Columella Distanz und wenig persönlichen Kontakt zu den übrigen Sklaven. Varro legt großen Wert auf die Ausbildung des *vilicus*, der älter und erfahrener sein muss als die anderen, der Fachwissen und die Kunst der Menschenführung beherrschen muss und auch selber mitarbeiten kann. Moralisch muss er integer und ehrlich sein und die Rechnungsbücher des Gutes führen können. Columella meint allerdings, dass er nicht lesen und schreiben können müsse, dafür aber ein gutes Gedächtnis haben sollte.[122] Die Wohnung des *vilicus* liegt direkt neben der Türe, sodass niemand ohne sein Wissen das Gut verlassen kann. Er ist auch der einzige, der jemanden wegschicken darf. Bei Columella ist der *vilicus* für die gesamte Sklavenfamilia verantwortlich, auch für ihre Nahrung, Kleidung, Gesundheit und gute Arbeitsleistung. Er weiß, dass die Position des *vilicus* eine sehr schwierige ist: Er ist einerseits seinem Herrn gegenüber Rechenschaft schuldig, andererseits ist er der Kritik seiner Untergebenen ausgesetzt, die das Beschwerderecht gegen ihn bei ihrem Herrn haben.[123]

Bei den in den Bergen wohnenden Hirten hat Varro einen Oberhirten, einen *magister pecoris*, eingesetzt, der verheiratet ist. Seine Frau, deren

---

120 *actor-procurator*: u.a. Plin. epist. 3,19,2 u. KALTENSTADLER 1978, 25–28; SCHÄFER 2001, 273ff.; AUBERT 1994, 183–196; CARLSEN 1995, 121–130, 158–166. Hier wird das gesamte Führungspersonal aufgeführt. S. auch SCHUMACHER 2010, 31–48; HERRMANN-OTTO HAS 2017, s.v. *Sklavenhierarchie* IV.

121 *vilica*: Cato agr. 153; Varro rust. 2,10,7; Colum. 12,1; ROTH 2007, 3–9; KALTENSTADLER 1978, 30.

122 *vilicus*: Cato agr. 7; 151; Varro rust. 2,10,2; 1,2,14; Colum. 1,8; 11,1; KALTENSTADLER 1978, 27, 36, 47–50; CHIUSI HAS 2017, s.v. *vilicus*.

123 Wohnung *vilicus*: Colum. 1,6,7. Bei einer dreistufigen Führungsebene *procurator* und *vilicus* bzw. *actor* kontrollieren sich die Führungskräfte gegenseitig, weil sie sich in ihren Behausungen gegenseitig sehen: *vilicus* neben, *procurator* über der Tür. S. hierzu SCHÄFER 2001, 277. Vgl. auch zur statusbedingten Distanz zwischen *procurator* und *vilicus* CARLSEN 1995, 92, 160–162.

Schönheit er betont, soll für die Verpflegung sorgen und den Nachwuchs, also die Reproduktion der Sklavenschaft, gewährleisten.[124]

Columella geht sehr gezielt bei der Auswahl seiner Sklaven für bestimmte Arbeiten vor: Der Ochsentreiber, der Land- und der Transportarbeiter müssen groß, der Kleinvieh- und Geflügelzüchter klein, der Weinbauer körperlich und geistig agil sein. Bei Cato sind letztere Sklaven gefesselt. Man hat in der Forschung angenommen, dass es sich um Strafsklaven oder flüchtige Sklaven handelt. Die gute Verköstigung aber gerade dieser Arbeiter, die sich sehr von der sonst enormen Sparsamkeit bei Cato abhebt, lässt darauf schließen, dass es sich bei diesen Sklaven um hoch spezialisierte Leute handelt, die eine so große Investition für Cato dargestellt haben, dass er das Risiko einer möglichen Flucht auf keinen Fall eingehen wollte und sie deshalb in Fesseln arbeiten ließ. Nachts wurden ihnen die Ketten abgenommen und im *ergastulum*, einem geschlossenen Arbeitshaus, dessen Fenster stehend nicht erreichbar waren, eine Schlafstätte bereitet. Columella hält nichts von der Fesselung der Sklaven, obwohl er weiß, dass diese Praktiken auch noch in seiner Zeit verbreitet sind.[125]

Wie verhalten sich Rentabilität der Bewirtschaftung und Behandlung der Sklaven zueinander? Oberster Gesichtspunkt in der Sklavenhaltung ist für Cato die Arbeitsfähigkeit der Unfreien. Daher sollen sie ausreichend Nahrung, Kleidung, Wärme, gute Unterkunft und Schlaf haben. Letzterer ist nicht nur wesentlich für die Wiederherstellung der Arbeitskraft, sondern auch für die psychische Ausgeglichenheit. Cato ist ein sparsamer Wirtschafter. Er achtet darauf, dass nicht zu viele Arzneimittel verbraucht werden, kranken Sklaven die Tagesration gekürzt wird, da sie ja nicht arbeiten, alte und nicht mehr genesene Sklaven wie altes Gerümpel verkauft werden. Eheähnliche Gemeinschaften unter den Sklaven lehnt er ab, etwaigen Geschlechtsverkehr mit den auf den Gütern lebenden Sklavinnen lässt er sich von den männlichen Sklaven bezahlen. Sklavenkinder, die aus diesen peripheren Beziehungen hervorgehen, werden den Müttern sofort abgenommen und von der Frau des Cato großgezogen. Der Meinung des Plutarch, dass Cato auf diese Weise eine enge Bindung dieser Kinder an ihren Herrn erreichen wollte, ist nur teilweise zuzustimmen. Im Vordergrund scheinen ökonomische Gesichts-

---

124 Varro rust. 2,10,6–8; KALTENSTADLER 1978, 28–30.

125 Colum. 1,9,4; Cato agr. 56; 57. Zur unterschiedlichen Beurteilung der *servi vincti* als aufsässige, aber weiter nicht qualifizierte Sklaven, die man auch mit Fesseln zu bestimmten Arbeiten einsetzen kann: STOLL 1999, 91–96; als teure Fachkräfte, die man an der Flucht hindern wollte, ohne zu aufwändiges Bewachungspersonal einsetzen zu müssen: BACKHAUS 1989, 321–329.

punkte zu stehen: Die Sklavin-Mutter wird durch Sorge um das Kind am Arbeiten gehindert und durch das Stillen des Babys in ihrer Körperkraft beeinträchtigt. Cato geht es immer um die höchste Rentabilität seiner Güter und Sklaven.[126] Bei schlechter Arbeit werden die Sklaven bestraft.

> „Anfangs, als er noch in bescheidenen Verhältnissen lebte und viel im Feld war, ärgerte er sich niemals wegen des Essens... Wenn er aber später, bei wachsendem Vermögen, Freunde und Amtskollegen zu Tische hatte, bestrafte er gleich nach der Mahlzeit diejenigen, die beim Aufwarten oder Zubereiten etwas versehen hatten, mit Peitschenhieben.... Über diejenigen, die ein todeswürdiges Verbrechen begangen hatten, ließ er alle Sklaven zu Gericht sitzen und sie erst, wenn sie dort verurteilt wurden, hinrichten."[127] (übers. K. Ziegler)

Der Schein von Mitbestimmung wird hier zwar erweckt, aber man fragt sich, ob Plutarch nicht eher seine eigene Zeit, das 2.Jh. n.Chr., im Auge hat. Vergleichbare Szenen der Mitbestimmung der Sklavenschaft lassen sich auch bei dem Zeitgenossen Plinius fassen.[128] Die absolute Gewalt des Herrn über Leben und Tod der Sklaven (*potestas vitae necisque*) ist nicht nur juristisch abgesichert und ökonomisch erforderlich. Die Art ihrer Ausübung bei Cato gibt tiefere Einsichten in seine Persönlichkeit, die stellvertretend für die Mentalität vieler anderer Sklavenbesitzer der Oberschicht im 2.Jh. v.Chr. steht. Sie spiegelt eine große Unsicherheit angesichts der ehemals freien, nun in den Kriegen versklavten fremdstämmigen Arbeitern wider:

> „Keiner von den Sklaven durfte ein anderes Haus betreten, außer wenn Cato selbst oder seine Frau ihn schickte. Wurde er gefragt, was Cato mache, so durfte er nichts antworten als, er wisse es nicht. Auch suchte Cato es einzurichten, dass die Sklaven immer Zank und Streit miteinander hatten, weil er ihre Eintracht beargwöhnte und fürchtete."[129] (übers. K. Ziegler)

Furcht vor den Sklaven spiegelt sich in der Behandlungsweise, die auf absoluter Kontrolle (*social control*) beruht, wider. Cato lebt zur Zeit der ersten Unruhen unter der Sklavenschaft. Der allerdings erst in der Kaiserzeit getätigte Ausspruch, *totidem hostes esse quot servos*, traf bereits

---

126 Plut. Cato 20, HERRMANN-OTTO 1994, 253; ROTH 2007, 9–24; DIEDERICH 2007a, 149–152.

127 Plut. Cato 21.

128 Plinius erlaubt seinen Sklaven ein Testament zu machen, das aber nur innerhalb des Hauses Gültigkeit hat, da die *domus* für die Sklaven die *res publica* ist. S. Plin. epist. 8,16,1–2; S. hierzu genauer BUCHWITZ 2012, 141–159, der von einer allgemeinen Testierfreiheit der Sklaven ausgeht, die allerdings umstritten ist. Eindeutig ist diese nur für die *servi publici* nachweisbar. S. hierzu u. Anm.217.

129 Plut. Cato 21.

auf die republikanische Zeit zu.[130] Cato kaufte fast nur möglichst junge Kriegsgefangene, die er durch eigne hochqualifizierte, strebsame Sklaven zum Weiterverkauf ausbilden ließ, womit er großen Gewinn erzielte. Er war so misstrauisch, dass er ein einträchtiges Miteinander der Sklaven durchkreuzen musste. Ob Cato die Ausnahmeerscheinung in der Sklavenbehandlung in seiner Zeit war, wie manche Forscher behaupten, ist anzuzweifeln. Uneinigkeit der Sklaven, Bevorzugung von Sklaven verschiedener nationaler Abstammung, damit die Verständigungsschwierigkeiten unüberwindlich wurden, Arbeitshäuser, körperliche Strafen und Hinrichtungen haben viele als Behandlungsmaxime vertreten.[131]

Bei Varro ist ein ganz anderer Führungsstil zu beobachten. Zu den Mitteln, mit denen man ein Gut bewirtschaften kann, schreibt er in *de re rustica*:

> „(1) Diese Mittel teilen die anderen in drei Gruppen, den **sprachfähigen** (*instrumentum genus vocale*), den **halbsprachfähigen** (*semivocale*) und den **stummen** (*mutum*) Teil der Gutsausstattung – den sprachfähigen, unter den die **Sklaven** (*servi*), den halbsprachfähigen, unter den die **Rinder** (*boves*), den stummen, unter den die **Fuhrwerke** (*plaustra*) fallen. (2) Alle Felder werden durch **Menschen** (*homines*) bestellt, durch **Sklaven** (*servi*), **Freie** (*liberi*) oder beide: durch Freie entweder (wenn sie selbst sie bestellen wie z.B. die meisten armen **Kleinbauern** (*plerique pauperculi*) mit ihrer Nachkommenschaft oder mit **Tagelöhnern** (*mercennarii*).“[132]
> (übers. D. Flach, Hervorhebungen v. d. Autorin)

Zunächst zählt Varro seine Sklaven unter die Ausstattung seines Gutes, das *instrumentum*, das man jederzeit auch vererben oder verkaufen kann. Die Sklaven sind das mit Sprache ausgestattete Inventar des Gutes, neben dem halbsprachfähigen Inventar, den Haustieren, und dem stummen Inventar, zu dem nicht nur die Fuhrwerke sondern der gesamte Hausstand des Gutes mit Möbeln etc. gehört. Als *instrumentum instrumenti* bezeichnen die Juristen die Sklaven, die auf dem Gut für die Versorgung der Arbeitersklaven zuständig sind. Varro gibt deutlich zu erkennen, dass er sich dieser Terminologie nicht anschließt, sondern dass er in den Sklaven Menschen sieht.[133]

---

130 „soviele Feinde gebe es wie Sklaven“ Sen. epist. 47,5 meint allerdings, dass die Besitzer selbst sich ihre Sklaven zu Feinden machen. S. genauer Kap. 3.4.

131 Atticus: Ausbildung von Sklaven, kein Weiterverkauf, Cicero: Mischung der Sklaven, siehe dazu bereits Platon o.: Kap. 2.3, Anm.124; BRADLEY 1984, 113–123, 139–141.

132 Varro rust. 1,17.

133 SCHEIDEL 1996, 11–16; HÜBNER 1984,5–32, bes. 30–32; PERL 1977, 423–429.

Deswegen versuchte er ihnen auch Anreize zur Arbeit in Form eines Prämiensystems zu verschaffen. Wenn ein Sklave acht bis zwölf Stunden in einer Sieben-Tage-Woche arbeitet, dann hat er am achten Tag, dem Markttag, frei. Auch *feriae* und Saturnalien, die drei bis fünf Tage, in der Kaiserzeit sogar eine ganze Woche gefeiert wurden, sollte der Herr als freie Tage beachten und nicht, wie Cato, mit leichten Arbeiten der Sklaven ausfüllen wollen.[134] Außerdem können die varronischen Sklaven Geld, eigenes Land und Vieh erwerben, sowie eine Frau, und – wovon bei Cato überhaupt nicht die Rede ist – die Freilassung. Durch das erworbene Gut (*peculium*), das der Herr dem Sklaven belassen kann, kann er sich später einmal mit Einverständnis des Herrn freikaufen. Dasselbe gilt für seine „Frau" und seine Kinder. Sehr interessant sind die Prinzipien der psychologischen Menschenführung, die Varro beherrscht. Die spezialisierten Arbeiter, der Fachmann oder Vorarbeiter, sollen vom *vilicus* oder vom Herrn selbst geistig an ihrer Arbeit beteiligt werden, indem man sie nach ihrer Meinung und ihrem Rat über die zu verrichtenden Arbeiten befragt. So werden Einsatz und Interesse an der Arbeit gefördert. Varro ist sich im Gegensatz zu Cato bewusst, dass Essen, Kleidung und Schlaf allein keinen Anreiz für Sklaven darstellen, gut zu arbeiten, sondern eine eigene Familie, Besitztum, Anerkennung und Achtung des eigenen Fachwissens und die Aussicht auf Freilassung. Einmal spricht er sogar von Arbeitsnachlass und verweist bezüglich der Verlässlichkeit der Sklaven auf Behandlungsmethoden in Epiros.

> „Die Vormänner (*praefecti*) sollte man in der Form mit Belohnungen dazu beflügeln, die anfallenden Arbeiten zu verrichten und zu vergeben, dass sie einen eigenen Kleinviehbestand und Mitsklavinnen zu Lebensgefährtinnen erhielten, von denen sie Kinder bekämen. Dadurch werden sie nämlich verlässlicher und fester an das Gut gebunden. So sind denn auch die epirotischen Sklavenfamilien wegen ihrer Blutsverwandtschaften geschätzter und teurer."[135]
> (übers. D. Flach)

Statt Fesselung, wie bei Cato, verhindert Varro die Sklavenflucht durch die Möglichkeit der Familien- und Besitzbildung. Woher genau Varro seine Sklaven hat, wissen wir nicht. Er spricht nur von Kaufsklaven, jüngeren, die man noch ausbilden kann, und älteren Facharbeitern.[136]

In der frühen Kaiserzeit sind die sozialpsychologischen Behandlungsweisen und Erkenntnisse noch weiter ausgebildet. Columella achtet sehr auf die innere Motivation seiner Sklaven: Beschwerderecht, Krankenzimmer und Heirat der Führungssklaven. Er beschäftigt hochspeziali-

---

[134] KALTENSTADLER 1978, 35; ROSAFIO 1999, 77–86, bes. 81–83.

[135] Varro rust. 1,17,5.

[136] Varro rust. 1,17,3; DIEDERICH 2007a, 152–155.

sierte Fachkräfte mit weniger spezialisierten Arbeitern in Gruppen von maximal zehn, besser drei bis sieben Mann zusammen. Dadurch wird ein gegenseitiges Kontroll-, sowie ein Belohnungs- und Bestrafungssystem geschaffen, weil Wetteifer und Wettbewerb angeregt werden. Der Herr oder *procurator* hat für gute Bedingungen am Arbeitsplatz zu sorgen, für Freizeit und körperliches Wohlergehen seiner unfreien Arbeiter. Ganz neu ist das vertrauliche Gespräch zwischen Herrn und Sklaven, wobei auch ein Scherz nicht fehlen sollte. Diese fast intimen Situationen sind normalerweise den Stadtsklaven vorbehalten. Auf dem Land kennt man sie nicht. Für einen Stadtsklaven gibt es keine größere Bestrafung, als auf das Land verschickt zu werden mit den harten Arbeitsbedingungen und der Distanz und Anonymität dem Herrn gegenüber. Das persönliche Gespräch zwischen *dominus* und *servus* ist eine wirkliche Neuerung gegenüber allen bisherigen Behandlungsweisen der *servi rustici*, und ist wohl auf die eigenen Erfahrungen des Columella zurückzuführen, der selbst auf seinen Landgütern gelebt und gearbeitet hat, was in der frühen Kaiserzeit eher eine Seltenheit war.[137]

Trotz dieser „Menschlichkeit" in den Beziehungen, trotz aller psychologischen Betriebsführung darf man den ökonomischen Hintergrund dieser Maßnahmen, den Columella auch nie verschweigt, nicht vergessen. Durch die Beauftragung mit der freien Verwaltung des eigenen Sondergutes (*peculium*) und der Leitung der Villa, des *fundus* etc. im Auftrage des (abwesenden) Herrn nützte die römische Oberschicht die Intelligenz und Fachkompetenz ihrer Sklaven zum eigenen wirtschaftlichen Nutzen. Sie übernahm die beschränkte Haftung für alle Aktionen des Sklaven und gewann durch dessen Selbstbeteiligung das Interesse des Unfreien zum beiderseitigen Vorteil. Dieses Modell des gegenseitigen Nutzens blieb aber nicht auf den landwirtschaftlichen Sektor beschränkt, sondern ist in allen Bereichen der römischen Wirtschaft anzutreffen, sei es im Transport, Handel, Handwerk, Bankwesen, Verwaltung von Immobilien etc. Die Einzigartigkeit des römischen Sklavereisystems beruht u.a. auch auf dieser ökonomischen Beteiligung der Sklaven an allen Bereichen von Wirtschaft und Gesellschaft.[138]

---

[137] Hierzu vor allem unter dem Aspekt der notwendigen Reformen in der italischen Landwirtschaft s. GONZALES 2011, 52–57.

[138] S. zur tiefgreifenden Bedeutung der Beauftragung des Sklaven durch seinen Herrn (*libera administratio peculii, praepositio ad agros colendos, fructus percipiendos* etc.) für das römische Wirtschaftssystem o. Kap. 1.2. RAINER 2015, 10–22; CHIUSI 1991, 155–186; DIES. HAS 2017, s.v. *peculium*; WACKE 2006, 251–316; ROTH 2010, 91–120; AUBERT 1994, 40–116.

Wenden wir uns aber wieder den Gütern des Columella zu. Auf ihnen gab es, wie anderswo auch, Arbeitshäuser (*ergastula*), in denen Sklaven zur Strafe in Ketten arbeiten mussten. Für den Ackerbauschriftsteller gehört es zur Aufgabe eines guten Landwirtes, den Zustand dieser Arbeitshäuser auf Sicherheit gegen Fluchtgefahr zu überprüfen, und auch er allein ist es, der darüber entscheidet, wann ein Sklave aus dem Arbeitshaus wieder entlassen wird, bzw. wann er reif ist für dieses.[139]

Ganz großen Wert legt Columella auf Familienbildung und Fortpflanzung der Sklaven. Zu diesem Zweck hat er ein regelrechtes Prämiensystem entwickelt:

> „Bei fruchtbaren Frauen sollte auch eine bestimmte Kinderzahl belohnt werden, und ich habe ihnen deshalb, wenn sie mehrere Kinder großgezogen hatten, Arbeitsurlaub und bisweilen auch die Freiheit gegeben. Eine Sklavin mit drei Söhnen nämlich bekam Urlaub, hatte eine mehr, so winkte ihr die Freiheit. Solche Gerechtigkeit und Fürsorge des Gutsherrn trägt viel zur Mehrung des Vermögens bei."[140]
> (übers. W. Richter)

Da die Probleme der Aufzucht von Sklavennachwuchs im nächsten Unterkapitel (3.4) dargestellt werden, soll an dieser Stelle nur im Vergleich mit der Praxis des Cato darauf hingewiesen werden, dass die Sklavinnen des Columella ihre Babys selbst aufziehen durften, und ihre reproduktive Tätigkeit sogar gefördert wurde, indem sie bei drei Kindern Arbeitsbefreiung, bei vier Kindern die Freiheit erhalten. Wahrscheinlich bekamen diese Frauen schon im Laufe der Schwangerschaft und nach der Geburt eines Kindes Arbeitserleichterungen. Standesethik und ökonomischer Nutzen sind bei Columella deckungsgleich.[141] Durch die Geburt von Sklavenkindern wächst das Besitztum des Herrn: Sein Gut mit Sklaveninventar, *instrumentum*, bekommt dadurch einen höheren Wert. Es liegt also im Interesse der Wertsteigerung, wenn Columella die Sklavinnen belohnt und ihnen ihre Aufgabe als Mütter erleichtert.[142]

Die ständige Anwesenheit des Gutsherrn auf seinem Landgut, wie sie Columella vorführt, ist für die Kaiserzeit völlig unüblich. Das wird besonders deutlich bei Plinius dem Jüngeren, der seine in Ober- und Mit-

---

[139] Colum. 1,8,16; zu den Arbeitsbedingungen bei allen drei Ackerbauschriftstellern s. KNOCH 2005, 149–154.

[140] Colum. 1,8,19

[141] Colum. 1,8,19: „Solche Gerechtigkeit und Fürsorge des Gutsherrn trägt viel zur Mehrung des Vermögens bei" (übers. W. Richter). Zur Fürsorge des Herrn als Standesethik s. KNOCH 2005, 31–34; 142–149; zum utilitaristischen Charakter der sogenannten römischen Humanitätsvorstellungen s. GAMAUF 1999, 124.

[142] HERRMANN-OTTO 1994, 251–254; DIEDERICH 2007a, 155–161.

telitalien verstreut liegenden Güter durch *procuratores*, wahrscheinlich Freigelassene, und *actores*, wahrscheinlich Sklaven, leiten lässt. Meistens allerdings geht Plinius auch dieses Risiko einer direkten Bewirtschaftung seiner Güter gar nicht erst ein, sondern verpachtet sie an einen freien Bauern, der dann selbst für die gute Arbeit seiner unfreien und freien Arbeiter haftet.[143] In der Forschung hat man dieses veränderte Verhalten auf eine Krise auf dem Arbeitsmarkt zurückgeführt.[144] Plinius klagt weniger darüber, keine Pächter, als keine guten, spezialisierten Sklaven zu finden. Daher wälzt er das Betriebsrisiko auf die Pächter ab, obwohl bei Misswirtschaften durch Ernteausfälle und bei Missmanagement der Pächter er selbst als Landbesitzer von den Pachtrückständen betroffen wird. Zwei Strategien hat Plinius zur Eindämmung der Rückstände (*reliqua)* eingeführt, die in späteren Zeiten in den schollegebundenen Kolonat führen werden: Er senkt die Zahlungen ab und stellt sie von Geld- auf eine anteilige Naturalzahlung um (sharecropping). Damit aber diese Senkung der Abgaben erfolgreich verläuft, unterstellt er die Pächter mit ihren Belegschaften der Aufsicht durch seine eigenen Sklaven:

> „Ich selbst bin gerade mit der Weinlese beschäftigt, ... wenn das Weinlese ist, ab und zu eine Traube abzupflücken, die Kelter zu besichtigen, den Most aus der Kufe zu kosten, die Stadtsklaven zu überwachen, die jetzt die Landarbeiter beaufsichtigen,..."
> (übers. H. Philips / M. Giebel)[145]

Interessant ist hierbei nicht alleine die höhere Einschätzung der *servi urbani* vor den *servi rustici*, sondern dass die Stadtsklaven, unter denen u.a. die *actores*, *vilici*, *dispensatores* zu verstehen sind, d.h. die mittlere Führungsebene, auch freie Arbeiter beaufsichtigen.[146]

---

[143] Zur Verwaltung der plinianischen Güter s. LO CASCIO 2003, 281–302. Plin. epist. 3,19,6–7; ROSAFIO 2002, 81–109; KEHOE 2007, 106–109; FRIER / KEHOE 2007, 123; SCHÄFER HAS 2017, S.V. *Verwaltung* II; DERS. HAS 2017, S.V. *procurator*; CHIUSI HAS 2017, S.V. *servus actor;* SCHUMACHER 2010, 31–48.

[144] Auch Columella hat einige Güter schon verpachtet und achtet auf engagierte und friedfertige Pächter, weil er Prozesse vermeiden will: Colum. 1,7,1–4; KEHOE 2007, 105–106; ROSAFIO 2002, 49–80; DE MARTINO 1991, 256–276; MORLEY 2011, 274–279; CARLSEN HAS 2017, S.V. *Landwirtschaft* II.

[145] Plin. epist. 9,20,2; vgl. auch 9,37,3: „und dann einige von meinen Leuten als Aufseher für die Arbeiten und als Wächter über die Ernte einsetze". Zur Senkung des Pachtzinses s. auch 10,8,5.

[146] KEHOE 1988, 20; BACKHAUS 1987, 150; CARLSEN 1995, 109–111; MARTIN 1981, 209; DE NEEVE 1992, 342–343; BODEL 2011, 318–321.

Will man außerhalb der Ackerbauschriftsteller etwas über die *familia rustica* in Italien erfahren, so sieht das – abgesehen von der einschlägigen Korrespondenz der senatorischen Landbesitzer wie Plinius, Seneca, Cicero und deren Briefpartner – schwierig aus. Epigraphische Zeugnisse liegen zwar in großer Fülle für die Führungsebene und deren nächste Bezugspersonen vor: Frauen, Kinder, Geschwister, Kollegen etc.. Manchmal ist auch die *familia rustica* insgesamt erwähnt. Die einzelnen ländlichen Sklaven verfügten jedoch selten über die finanziellen Mittel, dass sie sich eigene Grabsteine hätten setzen können. Die Einstellung der Herren zur Landarbeiterschaft wurde immer distanzierter, als dass man ihrer gedacht hätte. Das wird auch an den wenigen pauschalen Äußerungen deutlich, die bei Seneca und Cicero zu finden sind. Sie sind so dürftig, dass man bei Cicero nur eine Vermutung bezüglich ihrer Existenz haben kann, von Atticus, dem vermögenden Freund Ciceros nur eine *familia* von Weidehirten bekannt ist, und bei Seneca eine *familia* von Weinbauern zu vermuten ist. Ihre Interessen liegen eindeutig bei der städtischen Sklavenschaft.[147] Nur bei Plinius erfahren wir mehr.

Bestätigt werden seine Angaben durch die juristischen Schriften. Unter dem Inventar eines Landgutes zählen die römischen Juristen folgendes auf: die Hausaufseher, die Reinigungsleute, die Türhüter, die Kunstgärtner und die Gärten selbst, die Herden und ihre Hirten mit den Triften und Weiden, die Leute, die für die Bedienung der Landbauern auf dem Gute gehalten werden wie die Wollweberinnen, die Bader, die Walker, die Köchinnen, die Friseure, die Ofenheizer, sowie die Frauen und Kinder aller auf dem Gut beschäftigten Sklaven, d.h. ganze Sklavenfamilien, und manchmal sogar die Sklaven dieser Sklaven, die *vicarii* oder *servi servorum.* Außerdem zählen zum Inventar die Sklaven, die zur Bedienung des Herrn und seiner Gäste auf dem Landgut weilen. Wenn der Besitzer vermögend genug ist, bleiben diese persönlichen Sklaven immer auf dem Landgut und reisen nicht mit dem Herrn in die Stadt zurück.[148] Plinius ist so vermögend, dass er auf jeder seiner *villae* in Stadtnähe und auch auf den Landgütern eine eigene *familia rustica* halten kann, die seine Gäste, die dort absteigen, auch wenn der Hausherr nicht anwesend ist, standesgemäß bewirtet. Cicero lebt im Vergleich zu manchem seiner Standesgenossen dagegen relativ ‚ärmlich': Er nimmt seine städtischen

---

[147] Zur epigraphischen Dokumentation der *actores* und *vilici* s. AUBERT 1994, 463–476, 445–462; zu den literarischen Zeugnissen s. Varro rust. 2,1,25–26; Cic. Att. 6,9,1; 7,1,1, Suet. gramm. 23,5; SAMOTTA HAS 2017, s.v. *Cicero* II; DIES HAS 2017, s.v. *Atticus* II;CHRISTES HAS 2017, s.v. *Remmius Palaemon*. Zur *familia urbana* s. Kap. 3.4.

[148] Dig. 33,7,12,32.33.35 (Ulpianus); BODEL 2011, 321–330.

Sklaven stets mit sich, wenn er auf seine Landhäuser reist, weil er sich jeweils eine eigene *familia rustica* einfach nicht leisten kann.

> „Die städtische und die ländliche Sklavenfamilie (*urbana familia et rustica*) unterscheiden sich nicht durch den Ort, sondern durch die Art des Gebrauchs (*genus*): Denn es kann auch ein Rechnungsführer nicht zu der Zahl der städtischen Sklaven gehören, z.B. ein solcher, welcher die Rechnungen über die ländlichen Angelegenheiten führt und auf dem Lande wohnt, unterscheidet sich nicht viel vom Gutsverwalter (*villicus*) Ein Hausverwalter (*insularius*) aber gehört zu den städtischen Sklaven.“[149]
> (übers. K. E. Otto / B. Schilling / K. F. F. Sintenis)

Diese Definition der städtischen und der ländlichen Sklaven gibt der Jurist Pomponius im 2.Jh. n.Chr. Wer zu den Stadt- und wer zu den Landsklaven gehört, orientiert sich am permanenten Beschäftigungs- und Wohnort der Sklaven und nicht an der Art ihrer Tätigkeit.

Durch die Inventarlisten der ländlichen Güter erhalten wir einen guten Überblick über die Tätigkeiten der dort beschäftigten Sklaven, zugleich aber auch über ihre Familienstrukturen, die im Gegensatz zur republikanischen Zeit nun voll ausgebildet sind. Wichtig ist an diesen Aufstellungen, dass Sklaven, Vieh, Landbesitz und Hausinventar juristisch völlig gleichgestellt sind und auch so behandelt werden. Da zum Funktionieren eines solchen Betriebes die entsprechenden Arbeitskräfte dazugehören, ist es ökonomisch sinnvoll, den gesamten Betrieb mit lebendem und totem Inventar zu vererben bzw. zu verkaufen oder zu kaufen. Zwangsverkäufe wegen mangelnder monetärer Liquidität, die zur Begleichung der Schulden nötig ist, sind keine Seltenheit. In solchen Situationen kommt es öfter zu Aufteilungen und Zertrennungen des *instrumentum fundi*, die auch Sklavenfamilien für immer auseinanderreißen können.[150] Die Wertung der Sklaven als ökonomischer Faktor steht bei dieser Vorgehensweise der Herren als Käufer und Verkäufer im Vordergrund.

---

[149] Dig. 50,16,166 (Pomponius); zu Plinius s. epist. 1,4; KNOCH HAS 2017, s.v. *Plinius Minor* II.A.

[150] Z.B. Dig. 21,1,33 pr. (Ulp): Verkauf oder Vererbung eines Landgutes, in dessen Zubehör (*instrumentum fundi*) sich Sklaven (*mancipia*) befinden. Zur Stelle s. AVENARIUS 2017, Nr. 84.

3.4 Sklaven, Sklavinnen und Sklavenfamilien im Stadthaushalt

Wenn die Römer über ihre verschiedenen Sklavengruppen sprechen, gehen sie immer vom Begriff der *familia* aus: *familia urbana, rustica, aquaria, publica, Caesaris* etc. *Familia* ist die kleinste gesellschaftliche Einheit. Die römische *familia* ist allerdings viel umfassender als der Familienbegriff der heutigen europäischen westlichen Welt.[151]

Die Römer haben einen engen, einen mittleren und einen ganz weiten Begriff von *familia*. Zur engen *familia*, und hier könnte man Verbindungen zu unserem Familienbegriff herstellen, gehören: Vater, Mutter, Kinder und Enkel, die Mitglieder der Familie des Vaters, der agnatischen Familie. Über sie übt der Familienvater, *pater familias*, seine väterliche Gewalt, die *patria potestas*, aus. Zur engeren Familie gehören auch die Sklaven in Stadt und Land, die in Gewerbe, Handel, Dienstleistung etc. tätig sind. Über sie hat der Familienvater Herrengewalt (*dominica potestas*), d.h. auch die Gewalt über Leben und Tod der Sklaven, die *potestas vitae necisque*. Zur weiteren *familia* gehören alle Freigelassenen, die nach der Freilassung den Familiennamen, d.h. das *nomen gentile*, ihres Freilassers annehmen, und damit ihre familiäre Zugehörigkeit und ihre Herkunft deutlich machen, auch wenn sie nicht mehr im Hause ihres *patronus* wohnen. Neben den Freigelassenen bilden auch Freie, die auf die Gunst des Patrons angewiesen sind, als seine Klientel die weitere Familie. Der weiteste Familienbegriff aber beruht auf der Identifikation der einzelnen Familienverbände mit dem meist über Jahrhunderte bestehenden Geschlecht, der *gens*, und deren ruhmreicher Geschichte der Vorfahren.[152] Auf diesem Hintergrund wird verständlich, warum die

---

151 Gaudemet RAC 7, 1967, s.v. *Familie I* (*Familienrecht*), bes. 321–322; Schrot KlP 2, 1979, s.v. *Familia*; di Mattia, DNP 4, 2003/12, s.v. *Familie* IV.B.1; Willvonseder HAS 2017, s.v. *Familia*; Laes HAS 2017, s.v. *Familie* II.

152 Zugehörigkeit der Sklaven zur *familia* s. Dig. 21,1,25,2 (Ulpianus), 47,8,2,14 (Ulpianus); zu *agnatio*, *gens*, *familia* s. Dig. 50,16,195,1–4 (Ulpianus). Vermehrt wird in der neueren Forschung auch auf den Begriff der *domus* rekurriert, der ebenfalls die im Hause lebenden Sklaven und Freigelassenen umfasst. Entwicklungsgeschichtlich scheint er in der Prinzipatszeit vor allem die soziale Komponente der Hausgemeinschaft stärker zum Ausdruck gebracht zu haben. Herrmann-Otto HAS 2017, s.v. *Haus / Hausgemeinschaft* II.A.

Sklaven, in welchen Wirtschaftssektoren sie auch immer tätig sind, als *familia* gefasst werden.[153]

Das Bild, das wir speziell von der *familia urbana* erhalten, ist – je nach den Quellen – ähnlich wie bei den Landwirtschaftssklaven ein sehr partielles und individuelles. Während wir durch die persönlichen Briefe der Sklavenbesitzer oder durch Grabinschriften in- und außerhalb der Kolumbarien und Coemeterien vermögender Familien der Oberschichten in der ausgehenden Republik bis in die hohe Kaiserzeit über die Sklaven in den Privathaushalten unterrichtet sind, sieht das für die mittlere Republik schon schwieriger aus. Auch der Privathaushalt der städtischen Mittelschicht ist für uns kaum greifbar. Da die Überlieferung weitgehend nur aus der Sicht der Herren selbst und nur bei einem Teil der epigraphischen Zeugnisse aus der Sicht der Sklaven und Freigelassenen erhalten ist, muss man versuchen, die vorhandenen Quellen sozialhistorisch zu nutzen. Man mag dabei zunächst einmal Bedenken haben, weil es sich um Texte aus dem Bereich der Literatur, d.h. der Komödie, der Satire, des Romans und der Dichtung handelt. Wenn man sie heranzieht, muss man sich stets bewusst bleiben, dass ihr Ziel nicht die Darstellung der Sklaverei ist, sondern eventuell, wie etwa bei der Komödie, Gesellschaftskritik an der freien Bevölkerung, die dazu dient, den Zuschauer zu unterhalten und durch Übertreibungen zum Lachen zu bringen. Noch verfremdender wirken Romane und Dichtungen, die nicht selten Fiktionen schildern oder satirisch die Gegenwart kritisieren und verzerren. Auch hier muss die Brechung der Aussage berücksichtigt werden und ist die Darstellung der Sklaverei nicht das eigentliche Ziel der Unterhaltungsliteratur. Sie kann als Modell oder Metapher für andere Institutionen dienen. Dennoch kann auf die umsichtige Hinzuziehung dieser Zeugnisse nicht verzichtet werden, will man ein Bild der römischen Sklaverei gewinnen. Nicht selten wird die literarische Quelle zum Spiegel der herrschenden Ideologie, der sie dennoch mit allen ihr immanenten Widersprüchen gerecht werden kann, weil sie das „Unsagbare sagbar macht“. Es ist zwar in jüngster Zeit angeprangert worden, die antike Vergangenheit der Institution Sklaverei darstellen zu wollen. Aber Strukturanalysen, demographische Modelle und Typologien alleine vermögen nicht die bestehenden Lücken zu schließen.[154]

---

[153] Deswegen habe ich mich für diesen Begriff als Gliederungsbegriff entschieden und nicht für den modernen der Wirtschaftssektoren. S.o. Kap. 3.3 Anm. 98.

[154] Zur Bedeutung der Sklaverei in der Literatur und dem Lesen von Sklavenliteratur (Reading the literature of slavery) s. FITZGERALD 2000, 8–12, Zitat 10: „its capacity to let the unspeakable be spoken“; JOSHEL 2011, 214–240;

Über die städtischen Sklaven der mittleren Republik erfahren wir am meisten durch die Komödien des Plautus und Terenz. Bevor wir uns den Sklaven in der Komödie zuwenden, müssen ein paar Angaben zu diesem Literaturgenre sowie zu den beiden lateinischen Dichtern gegeben werden.

Die römische Komödie, die *palliata*, ist in Anlehnung an die neuere griechische Komödie entstanden.[155] In ihr durfte der Sklave klüger sein als der Herr, während dies im nationalrömischen Lustspiel, der *togata*, verboten war. Die beiden Komödiendichter Plautus (ca. 250–184 v.Chr.) und Terenz (ca. 185–ca. 160 v.Chr.) verstanden sich als Übermittler, Übersetzer und Überarbeiter der griechischen Vorlagen.[156] Ihre Stücke spielen fast alle im städtischen Haushalt in Athen, und spiegeln das Leben einer hellenistischen Stadt ihrer Zeit wider. Viel Fremdartiges und Befremdendes ist in den Bühnenstücken zu finden. Aber trotz der von ihrem Vorgänger und Vorbild Menander übernommenen Typisierungen kann man doch auch Römisches in ihnen erkennen. Exotisches allein, ohne Bezug zur eigenen Wirklichkeit, hätte die römischen Zuschauer auf Dauer kaum fesseln können. Die Forschung ist jedoch uneins darüber, in wie weit reale römische Sklaven der städtischen Haushalte dargestellt sind und ob vorrangig die Sklaverei thematisiert werde. Es wird vielmehr ins Feld geführt, ob man nicht von einer allgemeinen Gesellschaftskritik auszugehen habe, in welcher der Generationenkonflikt Vater/Sohn und die Angst um den Autoritätsverlust der *patres familiae* im Mittelpunkt stehen. Der Sklave, der den alten Sklavenbesitzer demütigt, dient dann nur als Stellvertreter des Sohnes, dem die Opposition gegen die *patria potestas* des alten Vaters – nicht ohne weitreichende rechtliche Konsequenzen – versagt sei. Der Sklave dagegen, der die *dominica potestas* seines Herrn verletzt, bezieht Prügel oder ihm werden andere brutalere Strafen angedroht, was zum Amüsement des Publikums dient. Meistens

---

McKeown 2007, 121–124 kritisiert eine interpretative Geschichtsschreibung, die von konservativen Positivisten betrieben werde. Zu Recht betont er, wie wichtig es ist, auf die Quellenproblematik hinzuweisen. Zur Problematik demographischer Modelle s.o. 3.1, Anm.34–36.

155 S.o. Kap. 2.3, Anm.130–139.

156 Zu Plautus s. Zimmermann *Lexikon antiker Autoren*, 1997, s.v. *Plautus;* Piccone HAS 2017, s.v. *Plautus*. Zu Terenz s. Zimmermann *Lexikon antiker Autoren*, 1997, s.v. *Terenz*; Piccone HAS 2017, s.v. *Terenz*. Geburtsdaten beider Dichter sind umstritten, bei Terenz darüber hinaus seine Herkunft als karthagischer Sklave (von Geburt?), bei Plautus, gebürtig aus Sarsina (Umbrien) sein Beruf als Wanderschauspieler. Zur *palliata* und den griechischen und römischen Vorbildern s. Kruschwitz 2004, 203–208.

kann der junge Herr aber Straflosigkeit beim alten Vater für den Sklaven erwirken.[157]

Durchaus vereinbar mit der Stellvertreterfunktion sind die Typisierungen in der Komödie: der tumbe Landsklave (*servus bonus*), der zum Gespött der Mitsklaven wird, der äußerst durchtriebene und schlaue Stadtsklave (*servus callidus*), der für die Intrige und den gesamten Fortgang des Bühnengeschehens unverzichtbar ist und deswegen nicht selten die Hauptrolle spielt, die Figur des nachdenklichen Sklaven (*servus meditans*), durch die der Dichter selbst sprechen kann, und der aufgeblähte großsprecherische Sklave (*servus triumphans*), ein Spiegel zeitgenössischer Feldherrn.[158]

Als weitere Typen sind der pflichteifrige, bisweilen aber auch unnachsichtige Pädagoge des jungen Herrn und die Amme als engste Vertraute der jungen Mädchen zu finden. Beide Figuren gibt es schon im griechischen Vorbild. Sie entsprechen aber durchaus auch der römischen Wirklichkeit. Unfreie Ammen, *nutrices*, eine gängige Einrichtung im kaiserzeitlichen Rom, stammten zur Zeit der mittleren Republik bevorzugt aus dem Osten. Sie galten ähnlich wie die *paedagogi* als Übermittler/innen der griechischen Sprache an die römischen Herrenkinder im frühkindlichen Alter. Daneben zogen sie die im Hause geborenen Sklavenkinder auf.[159]

Auch die hierarchische Staffelung der Sklavenschaft des Stadthaushaltes dürfte der römischen Wirklichkeit entsprochen haben. Der städtische *atriensis* ist dem *vilicus* im ländlichen Haushalt als Vorsteher der gesamten Sklavenschaft vergleichbar. Er kann im Auftrage seines Herrn Käufe und Verkäufe abschließen, regelt die Vorratswirtschaft, trägt bei Abwesenheit des Herrn die Verantwortung für die Hausverwaltung und besitzt Züchtigungsgewalt gegenüber den ihm unterstellten Sklaven.[160]

Die Arbeitsteilung, die in einem reichen römischen Haushalt sich bereits in republikanischer Zeit auszuprägen beginnt, findet sich in der Komödie widergespiegelt. Im Hause des Kupplers Ballio z.B. wird je-

---

157 Zur Forschungskontroverse s. McKEOWN 2007, 97–118. Zur Stellvertreterfunktion des Sklaven s. PARKER 2001, 127–137. Exemplarisch s. Plautus, Pseudolus und Terenz, Andria.

158 Plaut. Trin. 606–608 (*s. bonus*); Asin. 560–565 (*s. callidus*); Pseud. 394–480 (*s. meditans*); Bacch. 1069–1075 (*s. triumphans*). Ter. Hec. 799 (*s. piger*); Eun. 232–291 (*s. callidus*); Heaut. 709–715 (*s. triumphans*). JOSHEL 2011, 216–223.

159 SPRANGER 1984, 80–83; HERRMANN-OTTO HAS 2017, s.v. *Haus / Hausgemeinschaft* II.B.

160 CHIUSI HAS 2017, s.v. *vilicus*.

dem Sklaven eine bestimmte Arbeit im Haus zugewiesen. Allerdings hat nicht jeder Haushalt einen eigenen Koch. Man kann sich einen solchen zu gegebenen Anlässen mieten. Diese Mietköche sind meist unfreier Herkunft und werden von Garküchenbesitzern an Privatleute verdingt, ein Vorläufer unseres modernen Partyservice. Zither-, Flöten- und Harfenspieler wie -spielerinnen, Sklaven und Sklavinnen aus dem Osten, können ebenfalls gemietet werden. Der Luxus breitete sich unaufhaltsam nach dem Ende des Zweiten Punischen Krieges in Italien aus. Speziell durch die Kriege mit den hellenistischen Staaten änderten sich die Lebensformen und die Lebensführung in Rom ganz grundlegend.[161] Dieser neue griechisch angehauchte Luxus, den die Komödie widerspiegelt, ist nicht allein dem Bühnenort Athen geschuldet, sondern hat längst in der römischen Alltagswelt Einzug gehalten.

Die Komödien geben u.a. auch Auskunft darüber, wie man in die Sklaverei geraten kann. Nun sind Menschenhandel mit Kindern und Erwachsenen und Aussetzung von Neugeborenen keine neuen Quellen der Sklaverei, sondern wurden in der gesamten Antike zu allen Zeiten praktiziert.[162] Der stark fiktive Charakter der Komödien wird besonders hier deutlich. Dass die ins Bordell verkauften und dort aufgezogenen, an sich freien Mädchen bis zur Aufdeckung ihrer eigentlichen Identität noch nicht für die Prostitution „abgerichtet" worden sind, obwohl sie wie Prostituierte gekleidet herumlaufen, ist der Bühne geschuldet und hat mit der Wirklichkeit nichts zu tun. Sklavinnen von Geburt werden durchaus als praktizierende Prostituierte geschildert.[163] Ein ähnliches Klischee gilt für die Wiederfindungs- und Erkennungsszenen zwischen Geraubten bzw. Ausgesetzten mit ihren Eltern und Verwandten, ein eher seltenes Ereignis. Das Komödienpublikum fordert ein Happy End und unterscheidet sich darin in nichts von dem modernen Konsumenten der Soap-Opera.

Sehr oft ist von Strafen, wenig von Freilassungen die Rede. Der große Freilassungsboom brach in Rom erst in der späten Republik aus und in Athen war das Freilassungswesen nur mäßig ausgebildet. Was aber ist mit den Strafen: Ging Rom wirklich so brutal mit seinen Sklaven um, wie ihnen angedroht wurde? Verbirgt sich hinter der burlesken Szene eine grausame Wirklichkeit? Da wir es in der Komödie ständig mit Grenzüberschreitungen zu tun haben – der schwache Herr und der schlaue, prinzipien- und skrupellose Sklave verkörpern solche – könnte

---

161 Zur Arbeitsteilung im Hause des Kupplers Ballio s. Plautus Pseudolus. Zu den Berufen HERRMANN-OTTO HAS 2017, s.v. Berufe / Tätigkeiten II.B.5. Zum Luxus s. Val. Max. 9,1,3; Liv. 39,6; WOOLF 2012, 119–133.

162 S.u. Kap. 3.6.

163 REI 1998, 95, „*pseudomeretrices*": Stich. 729ff., Poen. 1201f.

auch die angedrohte Gewalt auf eine Normtransgression hinweisen, wenn sich eine schwache Herrengewalt bzw. väterliche Gewalt nicht mehr anders als durch Brutalität Ansehen zu verschaffen vermag. Die verdrehte Welt, in welcher der Sklave seinen Herrn dominiert, ist die Welt der Bühne, über die man lacht. Würde sie Wirklichkeit werden, hätten beide Seiten nichts mehr zu lachen.[164]

Ganz selten wird hinter der komödiantischen Fassade die eigentliche Meinung des Dichters deutlich. Plautus witzelt in der *Casina* über Sklavenhochzeiten, *serviles nuptiae*, die in Rom unbekannt, nur in Karthago, Griechenland und Apulien möglich seien, nicht gerade gut beleumundeten Regionen und Ländern aus römischer Sicht. Auch wenn der Dichter nur die Zeremonien meinen sollte, so zeigt er doch deutlich, dass seiner Meinung nach Sklaven ein eheähnliches Leben nicht zukomme.[165] Cato dachte ähnlich darüber. In der ausgehenden Republik und der Kaiserzeit waren von den Sklavenbesitzern in diesem Punkt andere Einsichten gefordert. Diese blieben nicht auf die *familia rustica* beschränkt, wie bei Varro und Columella zu sehen war, sondern gewannen ebenfalls für die *familia urbana* immer mehr Bedeutung (s.u.).

Eine Kritik an der Institution Sklaverei ist bei Plautus und Terenz nicht zu erwarten. Sie wollen in erster Linie ihr Publikum unterhalten. Die schwachen Herren, über die Freie und Sklaven gleichermaßen lachen dürfen, werden nicht zu dem Zweck vorgeführt, die Sklaverei abzuschaffen, sondern um die Dekadenz der durch den Luxus verweichlichten, schwächlichen und greisenhaften römischen Familienväter anzuprangern. In der Komödie wird die Gesellschaft auf den Kopf gestellt und ihr der Spiegel ihrer selbst vorgehalten. Die Sklaverei wird dabei nicht hinterfragt.[166]

Diese Einstellung ist aber nicht auf die Komödienautoren und ihr Publikum beschränkt. Auch für Cicero, Atticus und andere Standesgenossen in Republik und Kaiserzeit bleibt die Institution Sklaverei eine Selbstverständlichkeit. Das zeigt sich ganz praktisch im Umgang mit der eigenen Sklavenschaft. Bei Cicero finden sich überwiegend nur tätigkeitsbezogene, selten namentliche Erwähnungen des unfreien Hauspersonals. Ob-

---

164 Zur Freilassung in Athen s.o. Kap. 2.4 bes. ab Anm.176ff., in Rom s.u. Kap. 3.6 bes. ab Anm.271ff.. Zur Brutalität der Herren, die durch den Ehrenkodex der römischen Oberschicht als Normtransgression gebrandmarkt ist s. KNOCH 2005, u.a. 77–81. Vgl. auch FITZGERALD 2000, 32–47; MCCARTHY 2000, 3–34; 77–121, 211–214.

165 Plaut. Cas. 68–83; vgl. BRADLEY 1984, 49.

166 SPRANGER 1984, 121–125; REI 1998, 92–108; MICHEL 1960, 553–561; PANSIERI 1997, 632–732; PICCONE HAS 2017, s.v. *Komödie* II.

wohl der Senator Koch, Kämmerer, Namenrufer, Boten, Begleiter, Sänftenträger, Bibliothekare und Sekretäre besitzt, war sein Haushalt doch nicht standesgemäß groß. Seine für intellektuelle Tätigkeiten ausgebildeten Sklaven mussten auch mannigfache andere Funktionen zusätzlich wahrnehmen. Exzellente Spezialisten, wie einen Hauslehrer für seinen Sohn oder einen erfahrenen Bibliothekar, musste er sich bei seinem Freund Atticus ausleihen.[167]

Durch den intensiven Briefwechsel, den Cicero mit seinem Vertrauten Atticus, sowie mit seinen nächsten Verwandten, Freunden und Standesgenossen hatte, sind wir bestens über die Sklaven und Freigelassenen seines Haushaltes und die des Atticus informiert, die mit seiner Buchproduktion und seinen literarischen Tätigkeiten beschäftigt waren. Erstaunlich ist die Zuverlässigkeit seiner vielen Botensklaven, *tabellarii*, die manchmal dreimal pro Tag Briefe innerhalb Italiens beförderten, aber auch nach Übersee (Griechenland, Kilikien, Alexandrien) geschickt wurden. Sie mussten eigenverantwortlich auf ihren langen, nicht gerade gefahrlosen Reisewegen handeln, und haben nie die Situation zur Flucht genutzt. Ein Heer von Schreibern, *notarii*, beschäftigte vor allem Atticus, vorzüglich hausgeborene Sklaven, die er selbst ausgebildet hatte. Sie halfen auch Cicero bei der Verbreitung seiner Bücher, die sie fleißig kopierten. Neben dem vertrauten Sekretär Tiro gab es auch andere, sowohl bei Cicero wie auch Atticus, die so gut ihre Tätigkeit versahen, dass sie sogar die Handschrift ihres Herrn kopieren konnten. Mit diesen diskutierte Cicero auch inhaltlich. Über den geistigen Austausch entwickelten sich Nahverhältnisse, die den Standesunterschied zurücktreten ließen. Viele dieser Sklaven und Freigelassenen kennen wir namentlich, weil sie eng mit Cicero zusammenarbeiteten, bzw. er von ihren Fähigkeiten abhängig war, wenn es sich beispielsweise um seine Finanzverwalter handelte. Alle anderen Sklaven, die im Haushalt tätig waren, bleiben anonym.[168]

---

[167] Cic. Att. 4,15,10; SAMOTTA HAS 2017, s.v. *Cicero* II; GARLAND 1992, 163–172; BLÄNSDORF 2001, 448–451; DERS. 2016, 87–89; BODEL 2011, 312–318; zur erlesenen Sklavenschaft des Atticus s. Nepos v. Attici 13,3, dazu s. FONDERMANN HAS 2017, s.v. *Atticus* III.

[168] S. hierzu die neue Untersuchung von JÜRGEN BLÄNSDORF (2016), der auf der Basis von 920 ausgewerteten Stellen aus dem Gesamtwerk Ciceros (Briefe, Reden, Philosophische Schriften) ein differenziertes Bild von Cicero, seinen Sklaven und Freigelassenen sowie denen des Atticus unter mentalitätsgeschichtlichem Aspekt herausgearbeitet hat. Zu Cicero und seinen Freigelassenen s. MOURITSEN 2011, 45–51.

Am Beispiel Cicero wird deutlich, dass Sklavenmassen im Stadthaushalt nicht wirklich aus arbeitsökonomischen Gründen benötigt wurden, sondern aus Prestigegründen. Je mehr Begleiter und Begleiterinnen, *pedisequi* und *pedisequae,* ein reicher Römer oder eine reiche Römerin vor und hinter ihrer Sänfte her schreiten ließen, um so mehr Ansehen hatten sie in der Stadt, ganz zu schweigen von den freien Klienten, die sie außerdem begleiteten. Aber auch im Inneren des Hauses machte es Eindruck, wenn es außer dem Türhüter (*atriensis*) und dem Namennenner (*nomenclator*) noch andere Sklaven gab. Beispielsweise solche, die den Gästen die Füße wuschen und abtrockneten, andere, die bestimmte Speisen auftrugen, wieder andere, die nur zum Tranchieren von Geflügel, ein anderer, der nur für die Zubereitung von Fischen zuständig war, und wieder ein anderer, der nur die Süßspeisen auftrug.[169] Plinius der Ältere schreibt im 1.Jh. n.Chr. kritisch zur übermäßigen Verwendung von Sklaven:

> „Wir wandeln auf fremden Füßen, wir lesen mit fremden Augen, wir grüßen mit fremdem Gedächtnis, wir leben durch fremde Leistung, Die natürlichen Dinge haben ihren Wert verloren."[170]
> (übers. G. C. Wittstein)

Plinius tadelt die Abhängigkeit von Sänftenträgern, Vorlesern, Namennennern und solchen Sklaven, die für ihre Herren Handelsgeschäfte betreiben, Werkstätten leiten und die Aufsicht über ihre Finanzen führen. Der Neffe und Adoptivsohn Plinius der Jüngere beschreibt, auf welche Art normalerweise für die Unterhaltung der Gäste bei großen Gelagen gesorgt wurde und welche Gepflogenheiten in seinem Haushalt herrschen.

> „Ich habe Deinen Brief erhalten, in dem Du Dich beklagst, Du habest Dich über ein Gastmahl, so üppig es auch war, sehr geärgert, weil Spaßmacher (*scurrae*), Balletttänzer (*cinaedi*) und Narren (*moriones*) sich zwischen den Tischen herumtrieben. Willst Du Deine gerunzelte Stirn nicht ein wenig glätten? Ich habe nichts dergleichen, aber dennoch dulde ich es bei anderen. Aber warum habe ich es nicht? Weil es mir keineswegs Vergnügen bereitet wie eine unerwartete Unterhaltung, wenn etwas Anzügliches von einem Balletttänzer, etwas Unverschämtes von einem Spaßmacher, etwas Törichtes von einem Narren geboten wird. Ich spreche zu Dir nicht über meine

---

[169] Sen. epist. 47,6–8; EIGLER HAS 2017, s.v. *Seneca Minor* II.B.3; Vgl. den pompösen Haushalt des Gourmet Lucullus, der auf jedem seiner Villen eine eigene Sklavenschaft hatte, die sich vorzüglich um die raffinierte Bewirtung ihres Herrn und seiner Gäste kümmerte. Raum, Dienerschaft und Speisen waren aufeinander abgestimmt. S. hierzu LABARRE 2011, 13–28.

[170] Plin. nat. hist. 29,19.

> Prinzipien, sondern über meinen Geschmack. Und wie viele Menschen gibt es wohl nach Deiner Meinung, denen das, woran Du und ich Vergnügen finden und uns begeistern, teils als unpassend, teils als äußerst langweilig mißfällt! Wie viele gibt es, die, wenn ein Vorleser (*lector*), Leierspieler (*lyristes*) oder Komödiant (*comoedus*) auftritt, aufstehen...“[171] (übers. H. Philips / M. Giebel)

Der größte Teil des Personals, das im sogenannten Unterhaltungssektor tätig ist, ist unfrei: vor allem Tänzer, Narren, Schauspieler und Musiker. Ihre Tätigkeiten gelten als infam, d.h. als unehrenhaft. Wenn ein freier Mensch sie ausübt, verliert er zwar nicht sein Bürgerrecht, jedoch sind u.a. sein Eherecht, sein Klage- und Verteidigungsrecht vor Gericht eingeschränkt und von städtischen Ämtern ist er ausgeschlossen. Die meisten Bühnenberufe bewegen sich am Rande der Prostitution, die ebenfalls zu den infamen Berufen gehört.[172]

Ergänzend zu den eher zufälligen Angaben aus der Privatkorrespondenz der bekannten Senatoren lassen sich weitere Berufe von Sklaven aus den Grabinschriften gewinnen. Es gibt den Bereich der direkten Bedienung des Herrn und seiner Familie, der Bedienung und Unterhaltung der Gäste, der Lebensmittelversorgung, Textilversorgung, Verwaltung des Hauswesens, des Finanzwesens, der Instandhaltung des Hauses sowie der vielen auf Anordnung des Herrn und in seinem Namen außerhalb des Hauses betriebenen Geschäfte.[173] In den großen Stadthaushalten der Volusier und Statilier, reicher an den Staatsgeschäften im 1.Jh. n.Chr. unmittelbar beteiligter Adelsfamilien, finden sich weitere Berufe, die inschriftlich bezeugt sind:

Kämmerer = *cubicularius*, Sänftenträger = *lecticarius*, Begleiter = *pedisequus*, Begleiterin = *pedisequa*, Zitherspieler = *citharoedus*, Lehrer = *paedagogus*, Vorsteher der Lehrer = *minister paedagogi*, Sekretär = *a manu,* Bibliothekar = *librarius*, Stenograph = *actuarius*, Bücherträger = *capsarius*, Arzt = *medicus*, Hebamme = *obstetrix*, Amme = *nutrix*, Kinderfrau = *nutrix assa*, Friseuse = *ornatrix*, Masseur = *unctor*, Masseuse = *unctrix*, Weberin = *quasillaria*, Verwalter = *actor*, Kassenwart = *dispensator*, Archivar = *tabularius*, Speicherverwalter = *horrearius*, Hausverwalter = *insularius*, Bäcker = *pistor*, Handwerker = *faber*, Architekt = *architectus*, Ziergärtner = *topiarius*.

---

171 Plin. epist. 9,17. An seinen Freund Julius Genitor, *rhetor latinus.* Zur *familia urbana* des Plinius s. GONZALES 2005, 269–285, bes. 276–277; EDMONDSON 2011, 337–361, bes. 340–346.

172 LEPPIN 1992, 71–83; S. auch HERRMANN-OTTO HAS 2017, s.v. *Berufe / Tätigkeiten* II.B.5.

173 S. HERRMANN-OTTO HAS 2017, s.v. *Haushalt* II.B.

Es handelt sich dabei nur um eine geringe Auswahl städtischer Sklavenberufe im Privathaushalt, weil nicht alle Sklaven auf ihren Grabsteinen auch ihren Beruf angeben.[174]

Im Angesicht der starken beruflichen Spezialisierung und der standesgemäßen Erwartungen, die sich an die Privathaushalte der Oberschichten richteten, stellt sich die Frage, wie die Römer zu dieser großen Anzahl von Sklaven kamen, wenn die Nachfrage nach Arbeitskräften und der Zwang zur Repräsentation so groß waren. Auf Grund der *Pax Augusta* waren Versklavungen aus Kriegsgefangenschaft alleine nicht mehr in der Lage, ein genügend großes Angebot zu stellen. Andere Ressourcen wie Sklavengeburt, Aussetzung und Menschenhandel aller Art waren hier ergänzend gefordert.[175]

Bei der Frage nach der natürlichen Selbstergänzung der Sklaven durch Sklavengeburt handelt es sich um ein demographisches Problem. Antike Besitzer haben in Inventarlisten den Sklavenzugang eingetragen, sei er durch Geburt, Kauf, Schenkung oder Erbschaften erfolgt. Ebenso haben sie den Abgang durch Tod, Flucht, Verkauf oder Verschenkung vermerkt. Selten sind diese Listen, die auf Holz- oder Wachstafeln geschrieben sind, erhalten geblieben. Zur Verfügung stehen stattdessen Grabinschriften, literarische und juristische Zeugnisse.

In einer fiktiven Gastmahlszene, der *cena Trimalchionis*, die der Dichter Petron im Rahmen seines Romans *Satyricon* verfasst hat, wird ein Buchhalter, *actuarius*, beschrieben, der unter den neuesten Nachrichten von den Landgütern seines Herrn, des Freigelassenen Gaius Pompeius Trimalchio, auch die Geburt von „30 Knaben, 40 Mädchen auf dessen Landgut bei Cumae“ verkündet. Diese Angabe entnimmt er seinen Eintragungen in eine solche Inventarliste.[176]

---

[174] Zu den Volusiern und Statiliern, ihren Verbindungen zum julisch-claudischen Kaiserhaus und ihrem politischen Einfluss s. HERRMANN-OTTO 1994, 48–49 Anm.54. Das Columbarium der Statilier umfasst 427 Tituli mit 634 Sklaven und Freigelassenen, und wurde mehr als 25 Jahre belegt (CIL VI 6213–6640). Das Columbarium der Volusier umfasst 191 Tituli mit 349 Sklaven und Freigelassenen innerhalb einer Belegzeit von 77 Jahren (CIL VI 7281–7394). S. hierzu BUONOCORE 1984 und TREGGIARI 1975, 393–401. In Rom allein sind inschriftlich 160 verschiedene Berufe bekannt. ANDREAU / DESCAT 2006, 108; BODEL 2011, 321–330; HERRMANN-OTTO HAS 2017, s.v. *Berufe / Tätigkeiten* II.A.

[175] S.o. Kap. 3.1 Anm.37.

[176] Petron. 53,2. Zur umstrittenen Bewertung der *cena Trimalchionis* als reines Kunstwerk oder gesellschaftspolitische Satire s. ROSEN 1995, 79–92, bes. 85–91; RAMSBY 2012, 66–87, die vor allem den verschiedenen Ebenen und Bre-

Bei aller Fiktionalität dieser Szene innerhalb des satirischen Romans, in dem der Autor Petronius Arbiter mit dem Freigelassenenunwesen zur Zeit Neros abrechnet, wird doch die Tatsache vermittelt, dass Sklavengeburten als Wertsteigerung eines Landgutes oder eines städtischen Haushaltes in den Inventarlisten verzeichnet werden. Wird ökonomisch umsichtig gehandelt, d.h. Reduktion der Kinder durch Verkauf auf die Anzahl, die, bei Einrechnung eines bestimmten Prozentsatzes von Todesfällen, real auf den Gütern gebraucht werden, dann bedeuten Sklavenbabys eine Wertsteigerung. Obwohl die von Petron angegebenen Zahlen und das Verhältnis von Knaben und Mädchen selbstverständlich vollkommen übertrieben dargestellt sind, bleibt die Kernaussage dennoch haltbar.[177]

Die Werterhaltung des *servus natus* bedurfte gezielter Investitionen, die langfristig zu einer Wertsteigerung führten sollten. Nicht nur der seiner Mutter durch Tod, Verkauf oder Freilassung beraubte *verna* bedurfte eines „Sozialnetzes“ von Ammen, Erziehern, später Lehrern und Ausbildern, sondern auch jenes Kind, dessen Sklaveneltern sich aufgrund beruflichen Einsatzes nicht um sein Gedeihen kümmern konnten. Sklavenaufzucht setzt immer jahrelange Investitionen voraus, deren Amortisierung nicht vorausberechenbar ist. Entweder verzichtete der Besitzer ganz oder teilweise auf die Arbeitskraft der Mutter-Sklavin, damit sie ihren Nachwuchs selbst betreuen konnte, oder er ließ das Kind durch eigene oder fremde Ammen aufziehen.[178]

Aus der Fruchtbarkeit der Sklavinnen ergab sich für den römischen Sklavenbesitzer eine ambivalente Situation: Einerseits stand die Erhaltung der Arbeitskraft, eventuell auch der Schönheit der *ancillae* im Vordergrund. Andererseits konnte das Interesse am Sklavennachwuchs, das sich in Förderungsmaßnahmen widerspiegelt, vorrangig sein. Erreichbar ist das erste Ziel durch Erschwerung des Geschlechtsverkehrs der Sklaven untereinander oder dem Zwang der Sklavin zu Contraceptiv- oder Abortivmethoden. Das zweite Ziel ist durch eine positive Beeinflussung des reproduktiven Verhaltens der Sklavin, aber auch des Sklaven zu erzielen: In einem Prämiensystem wird die Sklavin ab einer bestimmten Kinderzahl oder bei Geburt eines männlichen *verna* mit Arbeitsbefreiung oder gar mit Freilassung belohnt. Die bereits in der freien Bevölkerung demographisch erprobten Erfahrungen – von drei lebend geborenen Kindern erreicht eines das Erwachsenenalter – werden auch auf die Skla-

---

chungen in der Darstellung nachgeht. Zur Sklavengeburt s. u. Kap. 3.6, Anm.253–255.

177 Knoch HAS 2017, s.v. *Petronius* II.

178 Herrmann-Otto 1994, 288–306.

venschaft angewendet. Dies geschieht jedoch nicht immer systematisch und wird von jedem Besitzer nur im Blick auf seine eigenen ökonomischen Interessen entschieden. Beide Verhaltensweisen: Förderung oder Verhinderung des Nachwuchses lassen sich bei römischen Sklavenbesitzern finden.[179]

Die Erhaltung und Förderung des Familienverbandes der *cognatio servilis* durch Vermeidung von Trennungen einzelner Familienmitglieder,[180] z.B. bei Verkauf, Vererbung etc., wie auch die Ermöglichung des Freikaufs der gesamten Familie durch den *servus pater* wirken sich stimulierend auf das Reproduktionsverhalten der Sklaven aus. Selbst die Bestimmungen des *SC Claudianum* können unter ökonomischem Aspekt gewertet werden: Die Besitzer, deren Sklaven sich mit freien Frauen eingelassen haben, sind in erster Linie am Nachwuchs ihrer *servi* interessiert gewesen und erst zweitrangig an der Versklavung der Mütter bzw. *contubernales*. Daher konnte es zeitweilig zu Verstößen gegen die Regeln des *ius gentium* kommen, indem auf der Grundlage einer privaten Vereinbarung (*pactum)* die Freiheit der Frau gewahrt, die Kinder aber der Sklaverei anheimgegeben wurden. Nach dem Völkergemeinrecht folgen die außerhalb einer Ehe gezeugten Kinder dem Status der Mutter, wären also frei gewesen.[181]

Dieses ambivalente Verhalten der Herren trifft in ganz besonderer Weise auf die noch ungeborenen Kinder zu. Man konnte vor der Geburt entsprechende Vereinbarungen treffen, indem man die Leibesfrucht im Mutterleib bereits verkaufte oder vererbte, oder sogar schon Bestimmungen traf für zukünftigen, überhaupt noch nicht existenten Nachwuchs der Sklavinnen. Die Vereinbarungen der jeweiligen Verträge treten mit der realen Übergabe des Babys in Kraft. Die Vielzahl der von den Juris-

---

179 Colum. 1,8,19; Dig. 34,5,10 (11),1 (Ulpianus). Zu weiteren Förderbedingungen sowie zum Drei- bzw. Vier-Kinderrecht des Augustus in der *Lex Pappia Poppaea* s. HERRMANN-OTTO 1994, 250–268; zum Erhalt der Schönheit der Sklavin durch Vermeidung von Schwangerschaften u. Geburten s. ebd. 258–259 Anm.65. Die demographischen Berechnungen, die in der modernen Forschung erstellt werden, gehen an der antiken Lebenswirklichkeit vorbei. S.o. Kap. 3.1 u. 3.

180 Rechtlich gesehen gab es keine Sklavenverwandtschaft, da Sklaven nicht heiraten konnten. (Dig. 38,10,10,5 (Paulus); Ulp ep. 12,3: *servilis cognatio nulla sit*). Zur Problematik s. WILLVONSEDER 2010, 2–3; Nr. 41; 76. Die Rücksichten der Herren auf diese faktischen Verhältnisse waren wirtschaftspsychologisch motiviert.

181 S. hierzu die Wiedereinsetzung des *ius gentium* durch Hadrian: Gai. inst. 1,84, ausführlicher s. HERRMANN-OTTO 1994, 28–33; s. auch Kap. 3.6, Anm.258–260.

ten behandelten Fälle macht deutlich, dass das ökonomische Interesse der Herren am Sklavennachwuchs groß war. Es konnte sich aber auch eine Menge von Streitfällen ergeben. Ein Fall, den der Jurist Ulpian überliefert, soll stellvertretend exemplarisch vorgeführt werden:

> „Als ein gewisser Caecilius in seinem Testament erklärt hatte, dass eine Sklavin (*ancilla*), welche er verpfändet hatte, nach Abfindung der Gläubiger, in Folge eines Fideikommisses freigelassen werden sollte, und als, weil die Erben den Gläubiger nicht befreiten, die Kinder, welche von der Sklavin nachher geboren worden waren, vom Gläubiger verkauft worden waren, so hat unser Kaiser mit unserem Vater reskribiert, dass dem gemäss, was der hochselige Pius für gut befunden habe, damit die Knaben nicht um die ihnen bestimmte freie Geburt gebracht würden, sie nach Rückerstattung des Preises an den Käufer, ebenso gut Freigeborene (*ingenui*) sein würden, als wenn ihre Mutter zu der gehörigen Zeit freigelassen worden wäre."[182] (übers. K. E. Otto / B. Schilling/ K. F. F. Sintenis)

Da die Erben wenige Vorteile aus dem Testament hatten, haben sie versucht, Schuldentilgung und Freilassung solange wie möglich hinauszuzögern. Ohne Anfrage an die Kaiser wäre die Sklavin immer unfrei, ihre freigeborenen Kinder von ihr getrennt immer Sklaven geblieben, die höchstens später einmal freigelassen werden konnten.

Welchen Weg die Besitzer wählten, um den nicht geplanten, aber doch nicht ganz unwillkommenen Nachwuchs zur Vermehrung des eigenen Besitzes großzuziehen,[183] kann man an dem Verhalten der Herren nach der Geburt der Sklavenkinder sehen. Diese wurden weniger von ihren eigenen Müttern, sondern von zu diesem Zweck gekauften Ammen-Sklavinnen versorgt. Wegen besserer klimatischer Bedingungen wurden sie nicht selten auf ein Landgut geschickt, während die Sklaveneltern bei ihren Arbeiten im Stadthaus zurückblieben.[184] Zur Verhin-

---

[182] Dig. 40,5,26,2 (Ulpianus). Vgl. auch WIELING 1999, 10, Nr. 74, 140; LAMBERTI 1999, 369–390; HERRMANN-OTTO HAS 2017, s.v. *Hausgeburt / Sklavengeburt* II.D.3; KNÜTEL 2006, 131–135.

[183] Dig. 5,3,27pr. (Ulpianus): „weil Sklavinnen nicht leicht zu dem Zweck angeschafft werden, dass sie gebären sollen, aber dennoch vergrößern sie das Erbe" (übers. O. Behrends u.a.) – *quia non temere ancillae eius rei causa comparantur ut pariant, augent tamen hereditatem.* Zur Problematik s. RODGER 2007, 446–454, deren neue Übersetzung und Interpretation weder philologisch, noch juristisch noch sozialhistorisch überzeugend sind. Forschungsüberblicke in: HERRMANN-OTTO 1994, 271–273; DI NISIO 2007, 1513–1516; Überblick über alle Übersetzungsvariationen der Stelle bei: PERRY 2014, 49–50 mit Endnoten 37–39; alle Argumente nochmals zusammenfassend: HERRMANN-OTTO HAS 2017, s.v. *Hausgeburt / Sklavengeburt* II.D.1; VI.

[184] Dig. 50,16,210 (Marcianus); zu den Ammen s. BRADLEY 1992, 201–229.

derung der Säuglingssterblichkeit erhielten die Ammen genaue Anweisungen für ihr Verhalten. Dennoch blieben Sklavengeburt und Sklavenaufzucht immer ein unkalkulierbares ökonomisches Risiko.[185]

Sklavenkinder waren nicht selten die Milchgeschwister, die *conlactanei*, ihrer freien Herren, die von den unfreien Ammen mit gestillt wurden. Dass über diese intime Verbindung eine lebenslängliche Bindung zwischen dem gleichaltrigen Herrn und seinem Sklaven entstehen konnte, ist offensichtlich. Manches hausgeborene Sklavenkind war aber nicht nur Milchgeschwister seines jungen Herrn, sondern sogar sein Halbgeschwister, da beide, freies und unfreies Kind, den gleichen Vater haben konnten. In verschleierter Form geben Grabinschriften Auskunft über ein Thema, das an sich tabu war, aber zur Alltagspraxis gehörte. Die Herren hatten volles sexuelles Zugriffsrecht auf ihre Sklaven männlichen und weiblichen Geschlechts. Sie konnten auch jederzeit in bestehende Sklavenkontubernien (= eheähnliche Verbindungen) eindringen, da diese rechtlich keine Ehen waren und in ihrer Existenz nur vom Wohlwollen ihres Herrn abhängig waren.[186]

Mit dem unfreien eigenen Nachwuchs versuchten Besitzer-Väter beim Verkauf zuweilen höhere Preise zu erzielen:

> „Werte von Sachen ergeben sich nicht aus der Wertschätzung oder der Nützlichkeit für einzelne, sondern aus der allgemeinen. So ist derjenige, der seinen natürlichen Sohn besitzt, nicht deshalb reicher, weil er ihn, wenn ein anderer ihn besäße, um sehr viel Geld kaufen würde, noch hat derjenige, der den Sohn eines anderen besitzt, den Wert, um den er ihn dem Vater dieses Sklaven verkaufen könnte, und es ist auch nicht darauf zu warten, dass er ihn verkauft. In der aktuellen Situation wird er als Sklave bewertet, nicht als Sohn eines bestimmten Mannes.“[187] (übers. R. Willvonseder)

---

[185] BGU IV 1106 Ammenvertrag vom Februar/März 13 v.Chr. aus Abusir el-Melek. Da das Kind als unsterblich galt (*athánatos*) haftete die Amme mit ihrem eigenen Kind. Trat dieser Fall ein, versuchte sie über ein Schutthaufenkind (ausgesetztes Kind) den Verlust auszugleichen.

[186] Inschriften mit und ohne Verschleierungsversuch der natürlichen Vaterschaft des Besitzers s. in: HERRMANN-OTTO 1994, 42–46. Zu *conlactanei*, *filii naturales* etc: HERRMANN-OTTO 2012, 179–181, 187–191; EDMONDSON 2011, 353–359.

[187] Dig. 35,2,63pr. (Paulus). WILLVONSEDER 2010, Nr. 71; DERS. 2001, 103–107, sieht hierin Sklavenkinder, die aus Verbindungen freier Römer mit fremden Sklavinnen stammen. Die natürlichen Väter versuchen diese dem Besitzer für eine hohe Geldsumme abzukaufen.

An diesen Beispielen lässt sich gut erkennen, wie tief die Sklaverei in die freie Bevölkerungsschicht eingreift, wie aber auch versucht wird, diese Tatbestände zu verschleiern bzw. sie ökonomisch auszunutzen.

In einer großen Anzahl von Grabinschriften lassen sich Kinder nachweisen, die bereits als Säuglinge oder im Kleinkindalter von ihren Eltern durch Verkauf in einen anderen Haushalt getrennt wurden. Trotz allem ist es den leiblichen Eltern gelungen, den Kontakt mit ihnen aufrechtzuerhalten. Trennungen durch Verkauf, Vererbung, Verschenkung laufen quer durch die Familien hindurch. Diese Trennungen sind nichts Außergewöhnliches, da der Sklave als Teil des Besitzes (*res* bzw. *instrumentum*) jederzeit verkauft, verschenkt, vererbt, verpfändet, vermietet etc. werden kann. Trennungen der Sklavenfamilie bewirken große Unsicherheit unter den Sklaven, nicht nur beim plötzlichen Tod des Herrn, sondern auch zu seinen Lebzeiten auf der Grundlage der unumschränkten *dominica potestas*.[188]

Im Alter von fünf Jahren begann die Arbeitsfähigkeit der Sklavenkinder. Zugleich schnellte die Mortalitätsrate rasant in die Höhe. Ein Zusammenhang mit dem beginnenden Arbeitseinsatz ist nicht von der Hand zu weisen, da sich vor allem im Privathaushalt die hohe Sterblichkeitsrate feststellen lässt. Die ärmeren Privatbesitzer waren nämlich auf den möglichst frühen Arbeitseinsatz der Sklavenkinder, seien es im Hause geborene oder ausgesetzte und bei ihnen als Sklaven aufgezogene (*expositi, alumni*), angewiesen. Der Druck, der auf die Kinder ausgeübt wurde, und die Schwere der Arbeit im städtischen Haushalt, für den die Belege vorliegen, aber noch viel mehr in Landwirtschaft, Handwerksbetrieben und Bergwerken, für die wir die Auswirkungen nur erahnen können, überforderten und töteten diese Kinder. Zwar handelte es sich zunächst nur um unqualifizierte Handreichungen, die sich binnen Kurzem jedoch in Arbeitszwang und systematische Pflichterfüllung wandelten. Der Abschied vom kindlichen Spiel war damit eingeläutet.[189]

Wollte man eine Wertsteigerung der hausgeborenen und anderen Sklavenkinder erzielen, dann durfte man sie nicht mit fünf Jahren zur Arbeit einsetzen, sondern musste ihnen eine solide Ausbildung zukommen lassen. Der höchste Preis wurde nämlich für vollausgebildete Skla-

---

188 Dig. 33,7,12,33 (Ulpianus): Ein in der Stadt arbeitender *actor* wird von seiner auf dem Land lebenden „Familie" getrennt. EDMONDSON 2011, 349–353; S.o. auch Kap. 3.3, bes. Anm.182f..

189 Dig. 7,7,6,1 (Ulpianus); 7,1,55 (Pomponius), zur Problematik HERRMANN-OTTO 1994, 306–310, s. Lebensalterstabelle 413; zu Kinderarbeit, *expositi* und *alumni* s. DIES 2012, 181–191 mit weiterer Literatur; GAMAUF 2012, 246–250.

ven und Spezialisten gezahlt. Das bedeutet, dass ein Besitzer zur Wertsteigerung seiner Sklavenkinder ihnen vor der Ausbildung zumindest noch eine rudimentäre Schulbildung gewähren musste. Ob die Rentabilitätsrechnung aufging (Investitionen bis mindestens zum 14. Lebensjahr – Lebenserwartung zwischen 27 und 35 Jahren), kann aufgrund mangelnden Zahlenmaterials nicht eindeutig beantwortet werden.[190]

Es gibt vielfältige Belege für die schulische Ausbildung von Sklavenkindern. Die Volusier und Statilier haben mehrere Sklavenpädagogen, und Plinius berichtet von einem Sklavenpädagogium auf seiner Lieblingsvilla *Lauriacum*. Die Sklavenkinder wurden in den privaten Pädagogien mit freien Kindern zusammen unterrichtet.[191] Für weniger vermögende Herren bestand die Möglichkeit, ihre Sklaven in eine der vielen Straßenschulen zu schicken, die es in reicher Zahl am Forum und an Straßenecken gab. Dass die Ausbildung hier, vor allem wegen der großen Ablenkungsgefahr durch Passanten, nur mittelmäßig bis schlecht war, ist verständlich.[192]

Wenn auch die Straßenschulen schlecht waren, so war die Teilnahme an einem wie auch immer gearteten Schulunterricht auf jeden Fall von Vorteil, selbst wenn ein Sklave nur als *capsarius* oder *paedagogus* seinen jungen Herrn in die Schule begleitete und als passiver Mithörer sich Wissen aneignete, wie im Falle des später berühmten Grammatiklehrers Quintus Remmius Palaemon Vicetinus.[193] Er scheint zuerst eine Ausbildung in der Elementarschule erworben zu haben. Danach wurde er als Weber ausgebildet. Seitdem er den Sohn des Hauses in die gehobene Schule für Grammatik und Rhetorik begleitete, änderte sich sein Lebensweg. Die Sklavenpädagogen, die ihre Herren auf dem Weg zur und von der Schule begleiteten, um sie vor Überfällen zu schützen und ihnen die Bücher zu tragen, waren sogenannte Einpauker, die am frühen Abend mit ihren Zöglingen das in der Schule Gelernte repetierten. Remmius Palaemon zog daraus für sich selbst Nutzen und wurde freigelassen. Vielleicht hat er sich auch selbst freigekauft. In Rom eröffnete er eine Grammatikschule, in der er vor allem freie Römer unterrichtete. Daneben betrieb er das Handwerk, das er erlernt hatte, in großem Stil: Er errichtete

190 Zur Gesamtproblematik s. HERRMANN-OTTO 1994, 323–339; DIES. 2012, 195–201; GAMAUF 2012, 235–245, 250–255.

191 Plinius ep.2,17,7; 7,27,13; WIEBER HAS 2017, s.v. *paedagogium*; Volusier ILS 7446 weitere Belege HERRMANN-OTTO 1994, 317–318.

192 HERRMANN-OTTO 1994, 336–338; DIES. HAS 2017, s.v. *Berufe / Tätigkeiten* II.A.3; VÖSSING HAS 2017, s.v. *paedagogus* II.

193 Suet. gramm. 23; CHRISTES 1979, 98–102; CHRISTES HAS 2017, s.v. *Remmius Palaemon.*

eine Textilfabrik zur „industriellen“ Herstellung von Kleidern für den Export. Im Weinbau war er dagegen ein Neuling. Er gewann jedoch einen freigelassenen Fachmann, der ihm soviel Gewinn erwirtschaftete, dass er den Weinberg, den er für 600.000 Sesterzen gekauft hatte, zehn Jahre später für 2.400.000 Sesterzen an Seneca weiterverkaufte.[194]

An diesem Beispiel wird deutlich, dass es auf eine gute schulische Bildung und berufliche Ausbildung der Sklaven ankam. Aus Ägypten sind Ausbildungsverträge zum Schnellschreiber, Flötenbläser, Weber etc. bekannt. Wenn der Herr seinen Sklaven weiterverkaufen will, wie Cato dies in republikanischer Zeit praktizierte, steigerte eine fachlich erfolgreich abgeschlossene Ausbildung seinen Marktwert. Zum eigenen Nutzen behielten jedoch manche Besitzer die im eigenen Hause geborenen und ausgebildeten Sklaven gerne als Fachkräfte bei sich. Ciceros Freund Atticus beispielsweise beschäftigte seine hausgeborenen Sklaven als Kopisten. Für ausgebildete Sklaven kann man auf dem Sklavenmarkt das bis zu dreifache des Preises bekommen, den man für unausgebildete verlangen kann. Sklavenausbildung gehört nicht zum Kanon der notwendigen Fürsorgeleistungen des Herrn gegenüber seinem Sklaven. Diese privilegierenden Maßnahmen gereichen in erster Linie dem Herrn zum Nutzen.[195]

Für Sklavinnen bestanden geringere Berufsmöglichkeiten. Außer in dem typischen Beruf der Ammen sind Frauen als Friseuse, *ornatrix*, tätig. Meist werden diese sehr jung, schon im Alter von 12 Jahren ausgebildet, um für die Frisur und die Kosmetik ihrer Herrinnen zu sorgen. Medizinische Berufe, wie Hebammen und Ärztinnen, sind eher freien oder freigelassenen Frauen vorbehalten gewesen. Als Begleiterin, *pedisequa*, waren junge schöne Sklavenmädchen beliebt, die als Begleitung der Herrin außerhalb des Hauses deren Sozialprestige mit begründeten.[196] Im Weberhandwerk, einem gering geachteten Beruf, waren viele Sklavinnen tätig. Leitende Funktionen im Textilsektor waren allerdings nur freien Frauen oder männlichen Sklaven vorbehalten, wie etwa die der Zuteilung von Wolle (*lanipenda*).[197] Einzelbelege gibt es für intellektu-

---

194 S.o. Kap. 3.3, Anm.147.

195 C.I. 6,43,3,1 (J.531); C.I. 7,7,1,5 (J.530); zur Problematik s. HERRMANN-OTTO 1994, 329–332; zu Atticus s. Nepos Att. 13,3–4; KNOCH 2005, 164–176; GAMAUF 2012, 235–255; WIEBER HAS 2017, s.v. *Erziehung / Ausbildung* III. IV; BODEL 2011, 330–334.

196 TREGGIARI 1976, 76–104; TREGGIARI 1979, 185–201; JOSHEL 1992; GÜNTHER 2000, 350–376; DIES HAS 2017, s.v. *Frauenberufe* II.

197 TREGGIARI 1976, 82–86; Vgl. CIL I^2 1211, das hohe Lied der Webkunst, wenn diese von einer römischen *matrona* betrieben wurde. Zur doppelten

elle Berufe, wie Vorleserin (*lectrix*), Sekretärin (*a manu*), Bibliothekarin (*a bibliotheca*) etc., die ansonsten meist den Männern reserviert sind.[198]

Fasst man die Situation in den privaten Haushalten, vor allem der stadtrömischen Oberschicht, zusammen, dann sind die Lebens- und Arbeitsbedingungen dieser Sklaven als sehr gut einzuschätzen. Aus Prestigegründen waren die *familiae urbanae* durch eine differenzierte Arbeitsteilung sehr groß. Die Chancen für Sklavengeburt, -aufzucht, -ausbildung sind ebenfalls positiv zu bewerten. Zwischen jungen Sklavenherren und gleichaltrigen hausgeborenen Sklavenkindern, wie auch zwischen unfreien Ammen, Erziehern und freiem Herrenkind konnten sich Nahverhältnisse entwickeln.[199] Außerdem schuf eine enge berufliche Zusammenarbeit Vertrauen und Anerkennung zwischen Herren, Sklaven und Freigelassenen, wie beispielsweise bei Cicero und Plinius mit ihren Sekretären und Bibliothekaren, zuweilen auch mit ihren Finanzverwaltern und Ärzten.[200] Wo wir einen Einblick hinter die Kulissen gewinnen können, lässt sich feststellen, dass die Herren von Krankheit und Tod der ihnen vertrauten Sklaven und Freigelassenen betroffen waren.[201] Dagegen machte sie Flucht und Veruntreuung verwundbar und unsicher, vor allem, wenn sie ihre Sklaven gut behandelt hatten. Allerdings brachen dann bei Cicero die alten Vorurteile gegen Sklaven wieder hervor, die er, unabhängig von seiner persönlichen Einstellung zu einzelnen vertrauten Sklaven und Freigelassenen, insgesamt gegen die Sklavenschaft hegte.

Wertmessung der Römer s. MAURIN 1983 139–155; zum Textilhandwerk im römischen Ägypten s. DROß-KRÜPE 2011, 47–120.

198 SALLER, 1998, 85–91; GÜNTHER 1987; DIES. HAS 2017, s.v. *Frauenberufe* II.

199 Vgl. HERRMANN-OTTO 2012, 195–200. Aus Dankbarkeit schenkt Plinius seiner Amme zur Altersversorgung ein kleines Landgut (ep. 6,3). Augustus richtet seinem *paedagogus* Sphaerus ein Staatsbegräbnis aus s. WIEBER HAS 2017, s.v. *Erziehung / Ausbildung* II.

200 Cicero: *notarius* Tiro, Erfinder der Kurzschrift, den er später freilässt, sein engster Vertrauter (fam. 16,16), weitere Vertraute: Alexis, *notarius* des Atticus (Att. 5,20,9; 7,7,7) Alexio, Arzt (Att. 15,1,1; 15,2,4), vertraute Finanzverwalter, Philotimus (fam. 16,24,1), Eros, Freigelassener des Atticus (Att. 16,15,5) vgl. GARLAND 1992, 163; Atticus: historiographisch geschulte Bibliothekssklaven: Thallumetus, Antiochus, Syrus, Satyrus (Cic. Att. 5,12,2, 13,33,3, 12,22,2) BLÄNSDORF 2001, 448–452; DERS. 2016, 101–126; Plinius: *lector* Encolpius, literarisch gebildet, liest Plinius Werke vor (ep.8,1; 9,34).

201 Ciceros Trauer über den *anagnostes* Sositheus (Att. 1,12,4); Sorge um Tiros Gesundheit (fam. 16,4) vgl. BLÄNSDORF 2016, 126–134; Betroffenheit des Plinius über Krankheit des Sklaven Encolpius, des Freigelassenen Zosimus und anderer Angehöriger der *familia* (ep. 8,1. 16. 19) vgl. GONZALES 2005, 274–275.

Auch auf diesem Hintergrund wäre es Cicero nie in den Sinn gekommen, für eine Aufhebung der Sklaverei zu plädieren.[202] Dennoch, brutale Züchtigungen liegen meistens dann vor, wenn der Herr ein Freigelassener war oder aus einem solchen Milieu stammte, wie der reiche Ritter Vedius Pollio oder der ehemalige Praetor Larcius Macedo.[203] Beide haben den Standeskodex der römischen Oberschicht noch nicht wirklich verinnerlicht und demonstrieren die Macht über ihre Sklaven durch grenzenlose Brutalität oder ebenso unlimitierte Nahverhältnisse. Die Opposition der Sklaven, die bis zur Tötung des Herrn führen kann, zeigt,[204] wo die Grenzen lagen: für die Sklaven, wenn Herrengewalt grenzenlos wurde, für die römischen Herren, wenn sie sich in ihrer Sicherheit grundlegend bedroht fühlten. Der Gesetzgeber reagiert darauf mit dem *SC Silanianum*, das heißt mit der Tötung aller Sklaven, die den Mordanschlag hätten verhindern können oder dem Herrn im Haus (*sub eodem tecto*) hätten Hilfe leisten können. Die schreibende Oberschicht schwankt zwischen Verständnis und Mitleid für die Sklaven einerseits und dem Generalverdacht andererseits. Die demonstrativen Kreuzigungen aufständischer oder flüchtiger Sklaven entlang der Via Appia nach den Sklavenkriegen und nach den Bürgerkriegen durch die Staatsmacht sind ähnlich zu bewerten wie die uneingeschränkte Praktizierung des SC *Silanianum*: Kompromisslos demonstrieren die Römer sinnfällig den Erhalt der bestehenden Gesellschaftsordnung, in der sich beide Seiten zum Wohle der Allgemeinheit, der *utilitas publica,* an bestimmte Regeln zu halten haben. Schwierig für beide Seiten sind allerdings die Grenzfälle: Selbstmord, Mord durch Fremde oder spurloses Verschwinden des Herrn.[205]

Die gelegentlich wahrnehmbare Fürsorge der Herren für ihre Sklaven, z.B. bei Cicero, Plinius, Seneca etc. darf nicht mit Humanität verwechselt

---

[202] Cicero: Flucht und Raub des *anagnostes* Dionysius (fam. 5,9,2; 5,10a,1; 5,11,3) vgl. GUARD 2011, 29–41; Atticus: Terentius schloss sich Banden an (Att. 5,15,3; 6,1,13), Licinus gab sich als *libertus* in Asien aus (ad Q. fr. 1,2,14); BLÄNSDORF 2016, 134–143.

[203] Vedius Pollio: Plin. nat. hist. 9,77; Sen. ira 3, 40,2–5; Cass. Dio 54,23,1–6; Larcius Macedo: Plin. epist. 3,14. Zu beiden s. KNOCH 2005, 77–78; 205–206.

[204] Zur Diskussion im Senat anlässlich der Ermordung des Stadtpräfekten Pedanius Secundus, des für die Beschwerden der Sklaven gegen ihre Herren zuständigen Magistrats, und der Hinrichtung seiner 400 Sklaven s. Tac. ann. 14, 42–45; Dig. 29,5; KNOCH 2005, 203–207 mit weiterer Literatur; WOLF HAS 2017, s.v. *Senatus Consultum Silanianum.*

[205] Plin. epist. 8,14,12: Selbstmord oder Mord des Konsuln Afranius Dexter; epist. 6,25: Verschwinden des Ritters Robustus; KNOCH 2005, 207–213. Maßnahmen für die *utilitas publica* s.o. Kap. 3.2.

werden. In einem ständischen Sittenkodex war gewohnheitsrechtlich verankert, welche Mindeststandards die Herren ihren Sklaven gegenüber in der Grundversorgung, wie Nahrung, Kleidung, Wohnung, zu erfüllen hatten. Viele taten ein Vielfaches zur Werterhaltung und Wertsteigerung ihrer Sklaven durch Ausbildung, Ausstattung mit einem *peculium* etc.[206] Diese „Privilegien – Investitionen“ kamen beiden Seiten zu Gute. Trotz partieller Nahverhältnisse (s.o.), die teilweise auch ambivalent sein konnten,[207] da sie sich aus der Rang- und Machtordnung Herr-Sklave ergaben, bleibt der Umgang distanziert. Es ist fraglich, ob man das allein aus Furcht der Herren und passivem Widerstand der Sklaven erklären kann.[208] Die römische Gesellschaft und die römische Familie sind stark hierarchisch aufgebaut, was sich im Verhältnis Herr-Sklave als Grundtenor genauso widerspiegelt wie etwa im Verhältnis Vater (*pater familias*) und Sohn. Bevor dieser Frage im Rahmen des sogenannten „römischen Modells“ (3.6) nochmals genauer nachgegangen wird, sollen zunächst die Arbeits- und Lebensbedingungen der Sklaven dargestellt werden, die im sogenannten öffentlichen Bereich für Staat, Städte und den Kaiser tätig waren.

3.5 Sklaven und Freigelassene in „öffentlichen“ Funktionen

Als Augustus im Jahr 27 v.Chr. den Staat in die Verfügungsgewalt von Senat und Volk zurückgab und zugleich verkünden ließ, dass die *res publica* nun wiederhergestellt (*restituta*) sei, waren nur die ersten Schritte dieser „Wiederherstellung“ getan. Nach einem Jahrhundert permanenter Bürgerkriege war es notwendig geworden, unter dem Schein der alten republikanischen Form einen neuen Staat aufzurichten, der den Anforderungen eines Weltreiches gewachsen war. Die Wiederherstellung von Gesetzen und Rechten, die in altem Gewande daherkamen, aber durchaus neue waren, legten das Fundament für den Umbau des Staates.[209] Nur zum Teil konnte Augustus dabei die alten republikanischen Führungskräfte der Nobilität miteinbeziehen. Er war gezwungen, mit neuen Kräf-

---

206 KNOCH 2005, 114–197. S.u. genauer Kap. 3.6.

207 Herr-Sklavin, Herr-Lustknabe (*deliciae*) s. HERRMANN-OTTO 1994, 251–258, 210–212. Seneca erkennt seinen vom Alter entstellten *deliciolum*, den er als Fremden Toten (*alienus mortuus*) aus dem Haus treiben will, nicht mehr wieder (epist. 12,3).

208 Zur Problematik BRADLEY, 1984 u. 1994 dazu MCKEOWN 2007, 77–96.

209 CHRIST 1988, 86-115; WOOLF 2015, 219–226; GALINSKY 2013, 73–95.

ten, die ihm gegenüber vollkommen loyal waren, neue unkonventionelle Wege zu beschreiten, um eine umfassende Verwaltungsreform durchzuführen, die die alten republikanischen Strukturen gar nicht berührte. Neue, unvorbelastete Personen waren zum einen die Mitglieder des Ritterstandes, der bisher kaum politisch tätig gewesen war, und zum anderen die Sklaven und Freigelassenen seiner eigenen *familia*, die ihm als Herrn und Patron rechenschaftspflichtig bzw. zu Dankbarkeit und Loyalität verpflichtet waren.

Die Einzigartigkeit im Neuaufbau der Verwaltung des Reiches, die der Sklavenschaft des Kaisers und seinen Freigelassenen bei dieser Aufgabe zukam, hat am besten LUDWIG FRIEDLÄNDER in seiner „Sittengeschichte Roms“ skizziert:

„Wie das römische Kaisertum aus dem Privatstande hervorgegangen ist, so hat auch der kaiserliche Hof sich anfangs mit seinen Einrichtungen und Formen wie mit seinem Personal nach Art eines großen Privathaushaltes gestaltet. In der ersten Zeit, von den fürstlichen Haushaltungen der großen Familien Roms nicht wesentlich verschieden, hat er sich langsam und allmählich dem Charakter der Königshöfe der alten Welt angenähert. Die wiederholten und aufrichtigen Bestrebungen mehrerer Kaiser, ihn soviel wie möglich auf jenen bürgerlichen Zuschnitt zurückzuführen, haben diesen Entwicklungsprozess nur zu verzögern vermocht.“[210]

Sind auch Einzelheiten in der Terminologie heute überholt, und muss hinterfragt werden, wie weit Charakteristika der hellenistischen Königshöfe von Beginn an vorbildhaft waren,[211] so hat FRIEDLÄNDER doch sehr treffend die Doppelfunktion der kaiserlichen Sklaven und Freigelassenen bei dem Neuaufbau der Verwaltung des Reiches deutlich gemacht. Einerseits sind sie als Personal eines großen Privathaushaltes, der aus den

---

[210] FRIEDLÄNDER 1921[9/10], I, 33.

[211] Vor diesem Hintergrund ist auch die Forschungskontroverse zu sehen, ob man zur Zeit der julisch-claudischen Dynastie bereits von einer Hofhaltung sprechen kann, oder es sich doch eher um einen überdimensionalen Haushalt handelt, der erst mit der Zeit seine republikanischen Traditionen aufgibt und sich hellenistischen Repräsentationsformen anpasst. S. hierzu WINTERLING 1999, 12–38; 195–203; KIENAST 2009[4], 307–319 schreibt von Hofhaltung und Hofgesellschaft, die er bereits in der republikanischen Oberschicht verankert sieht. Dagegen SCHUMACHER 2001, 331–335 und neuerdings WOOF 2015, 241–244, der strikt jede Anknüpfung an die östlichen Königshöfe ablehnt und die epochenübergreifende Kontinuität der Principes und Kaiser durch ihre soziale Verwurzelung in der römischen Nobilität betont und die lokale Mobilität ihres „Haushaltes“ reichsweit beschreibt. Forschungsüberblick bei ECK HAS 2017, s.v. *Hof* II A, mit deutlicher Tendenz zur Hofbildung (*domus Augusti – domus Augustana*).

Stadthäusern, Villen und Gärten besteht, die über ganz Italien verstreut waren, greifbar und unterscheiden sich in nichts von dem der großen Haushaltungen der reichen römischen Adelsfamilien. Nur hinsichtlich der Größe seiner freien und unfreien Dienerschaft, die fortschreitend auch auf den Domänen reichsweit eingesetzt war, überragte der Princeps alle Standesgenossen. Andererseits aber werden die kaiserlichen Sklaven und Freigelassenen – seit der Rückgabe des Staates – im Auftrage ihres *dominus* und *patronus* in der vielgestaltigen Verwaltung des Reiches in den unbefriedeten kaiserlichen Provinzen, zunehmend auch in den Senatsprovinzen, und schließlich in der von ihm aufgebauten Zentrale in Rom in den verschiedenen Ministerien und Kanzleien tätig. Alle diese Sklaven und Freigelassenen, seien sie nun mit der Haus-, Zentral- oder der Reichsverwaltung betraut, sind allein dem Kaiser gegenüber rechenschaftspflichtig. Sie bleiben seine private „*familia Caesaris*", auch wenn sie öffentliche Funktionen ausüben.[212]

Der Einsatz privater Helfer im öffentlichen Bereich ist keine Neuerung des Augustus. Bereits in republikanischer Zeit nahmen sich die hohen Beamten zu ihrer Unterstützung Gehilfen (*adiutores)* und Sekretäre (*scribae)*, sowie Boten (*cursores, tabellarii)*, aus der Schar ihrer eigenen Sklaven mit, die für sie als Amtspersonen öffentliche Arbeiten verrichteten, aber dadurch nicht in den Besitz des Staates übergingen. Sie blieben alleine ihren Herren verantwortlich, die im Gegenzug für ihre Handlungen der *res publica* gegenüber hafteten. Andererseits stellte der Staat dem einzelnen Magistraten – in den meisten Fällen auf Anforderung hin – bei seinen amtlichen Tätigkeiten auch unfreies staatliches Personal zur Verfügung, die *servi publici*. Dieses Verfahren zeigt, dass es nicht selbstverständlich für den Staat war, eigenes festes Personal für Hilfsdienste bereit zu halten. Das vom Staat gestellte unfreie Personal reichte keineswegs aus, um alle Hilfsposten zu bekleiden.[213] Das hing u.a. mit der typisch römischen Erwartungshaltung zusammen, dass die Angehörigen der oberen Gesellschaftsschichten Ämter und öffentliche

---

[212] Der Terminus „*familia Caesaris*" ist ein Forschungsbegriff, der nicht in den Quellen verankert ist. Er umfasst nicht die kaiserlichen Freigelassenen und auch nicht die gesamte kaiserliche Sklavenschaft, die in einzelne tätigkeitsbezogene *familiae* zerfällt, wie etwa *familia castrensis*, *familia aquaria* etc. Da sich der Begriff allerdings in der Forschung eingebürgert hat, möchte ich ihn als sogenannte „*familia Caesaris*" neben anderen Termini weiter benutzen. Zum Forschungsbegriff s. ECK HAS 2017, s.v. *Familia Caesaris.* Vgl. WEAVER's Buchtitel 1972: *Familia Caesaris.*

[213] Der Ausbau einer regelrechten Bürokratie erfolgte erst in der Spätantike, allerdings dann nur noch mit freiem Personal. S.u. Kap. 3.8.

Leistungen (*munera*) selbst zu übernehmen und aus eigenen Mitteln zu finanzieren hatten. Die hierzu nötigen Arbeits- und Hilfskräfte hatten die Beamten ebenfalls aus der eigenen *familia* von Sklaven und Freigelassenen mitzubringen. So bestand für den Staat überhaupt nicht die Notwendigkeit, viele eigene Sklaven zu besitzen. Diese hätte er gar nicht erwerben können, so wie er auch die vielen öffentlichen Aufgaben nicht finanzieren konnte, die er in private Hände legte. Die geringe Anzahl der *servi publici* beruht außerdem darauf, dass weder alle Kriegsgefangenen automatisch zu Staatssklaven wurden, noch dass die Strafsklaven, die *servi poenae*, rechtlich und funktional mit den *servi publici* identifiziert werden durften. Meistens wurden die *servi poenae*, die als Sklaven ihrer Strafe und nicht des Kaisers oder des Fiskus galten, also herrenlos waren, an Privatunternehmer der Bergwerke, Gladiatorenschulen etc. verkauft.[214]

Die Staatssklaven, die überwiegend auf dem freien Markt gekauft wurden, oder durch Konfiskationen von Privatvermögen in die öffentliche Hand gelangten und dort verblieben, waren in den meisten Fällen Spezialisten. Dennoch beschränkten sich ihre Tätigkeiten auf technische Hilfsfunktionen im hoheitlichen Bereich, wie etwa: Protokolle anzufertigen, Archive zu ordnen, im sakralen Ritus festgelegte Handreichungen zu leisten, Magistrate zu begleiten, Türen zu bewachen und ähnliches. Sie konnten nie selbstverantwortlich und eigeninitiativ tätig werden, wie dies bei den *servi Caesaris* der Fall war. *Servi publici* sind in der Kaiserzeit vorrangig noch als Gehilfen im kultischen Bereich, sowie im Strafvollzug tätig. Die Hilfsdienste bei der Feuerwehr, der Getreideverteilung, der Wartung der Wasserleitungen, und der Produktion in den Münzstätten und Waffenfabriken waren rückläufig und wurden mehr und mehr in Form von Leiturgien von den *familiae* reicher *gentes,* aber vor allem durch den Kaiser selbst übernommen. Das Konkurrenzverhältnis zwischen *familia publica* und „*familia Caesaris*“ ist auf dem Sektor der Wasserversorgung der Stadt Rom exemplarisch gut bezeugt.[215]

---

214 Eder 1980, 6–33; Weiss 2004, 20–25. Zur Strafsklaverei: Dig. 34,8,3 (Marc.); Dig. 49,14,12 (Callist.); Gallo HAS 2017, s.v. *Strafsklaverei.* Avenarius 2017, 1, Nr.171. 179. 318. 402. 474–476 mit den entsprechenden Kommentaren.

215 Frontin, *de aquae ductu* 116–118 = Eck / Heinrichs 1993, Nr.141: 240 Sklaven des Agrippa, die dieser dem Augustus vermacht hatte, ergänzte Claudius um 460 eigene, kaiserliche Sklaven. Unter Hadrian findet sich kein einziger *servus publicus* mehr in der *familia aquaria*. Die kaiserlichen Sklaven wurden aus der kaiserlichen Kasse, dem *fiscus,* die Staatssklaven aus der Staatskasse, dem *aerarium,* finanziert. Eck HAS 2017, s.v. *Familia aquaria*; Herrmann-Otto HAS 2017, s.v. *Berufe / Tätigkeiten* II.B.6.

Die Staatssklaven hatten eine privilegierte Sonderstellung im Vergleich mit allen übrigen römischen Sklaven der Privathaushalte wie auch des Kaisers inne: Sie trugen ein Amtskostüm (*limus)*, waren in der Regel zweinamig,[216] und als Sklaven partiell testierberechtigt. Sie wurden entlohnt, meistens nach zehn Jahren Staatsdienst freigelassen und hatten keine weiteren Verpflichtungen mehr ihrem alten Herrn, dem *populus Romanus*, gegenüber. Da nämlich die *res publica* als *universitas* nicht besitzen kann, untersteht der *servus publicus* auch nicht „einer über den Besitz definierten Herrschaftsgewalt". Patronatsrechte entfallen daher und das Erbrecht ist insofern eingeschränkt, als der Sklave über die Hälfte seines Sondervermögens (*peculium*) testamentarisch frei verfügen kann: Er hat das *ius testamenti faciendi.*[217] Aufgrund des hohen Prestiges der Staatssklaven und ihrer sukzessiven Verdrängung durch die *„familia Caesaris"* aus allen öffentlichen Positionen außer den kultischen, ist die Nachkommenschaft dieser Sklaven fast immer frei. Sie waren überwiegend mit freien oder freigelassenen Frauen verheiratet, auf deren Versklavung der Staat meistens aus ökonomischen und aus Prestigegründen verzichtete.[218]

Von ihnen sind die städtischen Sklaven deutlich zu unterscheiden. Das ist jedoch aufgrund bestimmter Ähnlichkeiten in Namengebung und Privilegierung nicht immer ganz einfach. Die rechtliche und soziale Stellung der *servi civitatis* ist zwischen der der Staatssklaven und der der *„familia Caesaris"* zu verorten. Neben ähnlichen Privilegien wie die der *servi publici* des römischen Volkes werden sie für ihre Tätigkeiten entlohnt und können über die Hälfte ihres Vermögens selbst testamentarisch verfügen. Ihre Funktionen bestehen in Hilfsdiensten im städtischen Finanz-, Steuer- und Pachtwesen, bei der Marktaufsicht, Alimentar- und Wasserverwaltung, Instandhaltung öffentlicher Gebäude, sowie im Bereich der öffentlichen Sicherheit (Polizei), des Strafvollzuges (Gefängnisse, Henker) und des Sakralwesens. Im Unterschied zur *servitus publica* finden sich in den Städten öffentliche Sklavinnen, deren berufliche Tätigkeiten allerdings kaum bekannt sind. Aus den fehlenden Berufsangaben auf eine rein reproduktive Tätigkeit dieser Frauen zu schließen, erscheint allerdings gewagt. Es gibt eine beträchtliche Anzahl in der Stadt geborener Sklavenkinder und städtischer Sklavenfamilien. Die Versklavung freier Frauen, die sich mit städtischen Sklaven eingelassen

216 *Bithus publicus Paullianus*, d.h. Bithus, Staatssklave, ehemals Sklave eines Aemilius Paullus: CIL VI 2354 = ECK / HEINRICHS1993, Nr.128; EDER 1980, 102–126.

217 AVENARIUS 2017, 1, 25/26, Nr.30; Dig. 41, 2,1,22 (Paul.).

218 EDER 1980, 123; HERRMANN-OTTO 1994, 201–205; WEISS 2004, 187.

haben, erfolgt auf der Grundlage des SC *Claudianum* viel direkter als im Umfeld privater Haushalte.[219] Diese Tatbestände könnten auf eine gezielt von den Städten betriebene Reproduktion hinweisen. Die beim Privathaushalt aufgezeigten Risikofaktoren sind bei der Reproduktion der städtischen Sklavenschaft die gleichen. Die rigide Praktizierung der Versklavung freier Frauen durch die Städte könnte jedoch erbrechtliche Hintergründe haben: Wenn die freien Kinder städtischer Sklaven ihre Väter beerben, geht ein Teil des städtischen Vermögens verloren. Bei fortschreitender finanzieller Belastung ist in der Kaiserzeit und besonders in der Spätantike eine rigorose städtische Politik zur Erhaltung und Gewinnung finanzieller Ressourcen zu beobachten. In diesem Rahmen könnte das Vorgehen gegen die Frauen stehen. Im Gegensatz zur *familia publica* sind die *familiae civitatum* nicht vom Umbau des Staates und dem mächtigen Vordringen der „*familia Caesaris*" in der Kaiserzeit bedroht, sondern existieren weit bis in das 4.Jh. n.Chr. fort.[220]

Die Angehörigen der „*familia Caesaris*" sind nie zu Staatssklaven geworden, trotz der öffentlichen Funktionen, die sie ausgeübt haben. Durch ihren Reichtum und ihre teilweise Nähe zum Kaiser überragen sie allerdings alle privaten Sklaven und können deswegen auch nicht als modellhaft für den normalen Privathaushalt gelten. Als dominante Erscheinung in Verwaltung und Politik in der frühen Kaiserzeit hat die kaiserliche *familia* in ihrer Doppelfunktion öffentlicher und privater Tätigkeiten die römische Gesellschaft und die Institution der römischen Sklaverei ganz entscheidend mitgeprägt.

Eines ihrer Betätigungsfelder, das von ihrer privaten Herkunft vorgezeichnet war, war der Palasthaushalt. Abgesehen von der Quantität der beschäftigten Personen, dürfte dieser sich nicht grundlegend von den Haushalten der reichen Römer in der Stadt unterschieden haben. Es finden sich dort nämlich alle die Berufe, die aus den Privathaushalten bekannt sind: Ammen, Pädagogen, Ärzte, Köche, Bäcker Walker, Bademeister, Briefboten, Kämmerer, Mundschenke, Schuster, Vorkoster, Aufseher über die Vorräte, die Beleuchtung und die Kultgeräte, Verwalter von Salben und Schmuck, Schauspieler, Musiker, Lustknaben, Sänf-

---

219 WEISS HAS 2017, s.v. *Öffentliche Sklaven* II.A. meint jedoch, dass es nur juristisch Unterschiede zwischen *servi publici* und *servi civitatis* gebe. Er erklärt nicht das Fehlen der Reproduktion bei den Staatssklaven (C). Zum Nachwuchs der städtischen Sklaven s. Gaius sent. 2,21A, 14: direkte Versklavung ohne vorhergehende Verwarnung; HERRMANN-OTTO 1994, 32–33; Ausführlicher zum *SC Claudianum* s. u. Kap. 3.6, Anm.258–260.

220 Ausführlich zur städtischen Sklaverei s. WEISS 2004; DERS. HAS 2017, s.v. *Öffentliche Sklaven* II.B. C.

tenträger und viele andere mehr, die teils im privaten teils aber auch im öffentlichen Bereich tätig waren. Das Personal muss enorm umfangreich gewesen sein, wofür die Fülle inschriftlicher Belege spricht, die unsere Hauptzeugnisse für die kaiserlichen Sklaven und Freigelassenen sind.[221]

Teilweise wurden diese Dienste auch von weiblichen Sklaven wahrgenommen, die aber eher in der Minderzahl waren. Da der weitaus größere Teil der kaiserlichen Dienste im Verwaltungssektor lag, bestanden für weibliche Sklaven und Freigelassene weniger Verwendungsmöglichkeiten. Der geringe Anteil an Sklavinnen und weiblichen Freigelassenen, selbst in den Haushaltungen der kaiserlichen Frauen, reichte sowohl für den Bedarf der privaten Dienstleistungen wie auch für die Nachwuchsförderung aus.[222] Groß dagegen war die Quote freier Frauen, die mit kaiserlichen Sklaven „verheiratet“ waren. Vor der Freilassung des unfreien Vaters folgten solche Kinder dem Status der Mutter. Nach einer solchen Freilassung folgte das Kind dem Vater, da nun die Möglichkeit einer rechtlich anerkannten Ehe (*matrimonium*) bestand. Nur im Bedarfsfall hielt der Kaiser bei diesen Verbindungen den männlichen Nachwuchs als Sklaven (*vernae*) zurück, während die Mädchen anscheinend nie versklavt wurden. Die Kaiser praktizierten eine bedarfsorientierte demographische Politik unter ihrer Sklavenschaft. Für die kaiserlichen Sklaven war es darüber hinaus ein großer Prestigegewinn, mit freien Frauen zusammenzuleben, die nicht in ihrer Freiheit durch die Praktizierung des *SC Claudianum* bedroht waren. Die unfreien Frauen der *„familia Caesaris“* wurden früh freigelassen und früh verheiratet. Dagegen gingen die männlichen Sklaven meist zehn Jahre vor der Freilassung (etwa mit 20 Jahren), wenn ihre Berufsausbildung abgeschlossen war, eine eheähnliche Verbindung (*contubernium*) ein. Von beispielsweise fünf Kindern, die aus solchen Verbindungen hervorgingen, waren oft zwei vor und drei nach der Freilassung eines bzw. im Bedarfsfall beider Elternteile geboren.[223]

---

221 BIEZUŃSKA-MAŁOWIST 1991, 108–112; SCHUMACHER 2001, 331–352; ECK HAS 2017, s.v. *Hof* II.B mit differenzierten epigraphischen Belegen.

222 Im *Monumentum Liviae* (Belegzeit Augustus bis Claudius) sind 35% Frauen. TREGGIARI, 1975a, 48–77; CHANTRAINE 1980, 395, 412 geht von 360 Männern u. 150 Frauen in Haushaltungen kaiserlicher Frauen u. freigelassener Geliebter aus. Die neuere Forschung erklärt die Unterrepräsentanz der Frauen aus dem *epigraphic habit,* s. MCKEOWN 2007, 136. Vgl. GÜNTHER 1990, 101–128, deren quellenbasierte Ergebnisse nur teilweise die obige These stützen. S. auch HERRMANN-OTTO HAS 2017, s.v. *Haushalt* II.C; ECK HAS 2017, s.v. *Hof* II.B.

223 HERRMANN-OTTO 1994, 115–119, 165, 169; DIES HAS 2017, s.v. *Hausgeburt/ Sklavengeburt* IV.B.

Den Sklaven war es nicht möglich, eine vom Recht anerkannte Ehe abzuschließen, weil ihnen als Unfreien alle diese persönlichen Rechte fehlten. In der Gesellschaft aber wurden ihre Verbindungen mit freien oder freigelassenen Frauen als Ehen gewertet. Dies wird besonders deutlich an der auf den Grabsteinen verwendeten Terminologie, die der für rechtmäßige Eheleute entspricht (*coniunx, uxor, maritus*).[224] Nach der Freilassung galten die bisherigen eheähnlichen Verbindungen auch im rechtlichen Sinne als Ehen, *matrimonia*. Die vor der Freilassung geborenen freien illegitimen Kinder konnten nach der Freilassung durch Adoption legitimiert werden.[225]

Auf der rechtlichen Grundlage der ehelichen Gütertrennung hatten die kaiserlichen Frauen ihre selbstständigen Haushalte mit umfangreichem unfreiem und freigelassenem Personal.[226]

Mustert man die Berufe, die in diesen Haushalten bekleidet wurden, so finden sich neben den speziellen Tätigkeiten für den persönlichen und den häuslichen Bereich durchaus auch solche, die mit dem Kult, der Instandhaltung der Gebäude und dem Rechnungswesen zu tun hatten. Auch finden sich immer wieder Familienverhältnisse in ihnen aufgeführt. Die vielen Ammen, Hebammen und Ärztinnen sprechen für gewollten Sklavennachwuchs. Die Haushaltungen der Frauen und Töchter der Kaiser stellten durch ihr Personal, das nicht nur in Rom, sondern auch in den außerhalb liegenden Villen tätig war, eine eigene Wirtschaftsgröße neben dem Kaiser dar. Hierdurch gewannen sie Einfluss, Ansehen und Macht, nicht selten in gefährlicher Konkurrenz zu den großen, ebenfalls reichen Familien der römischen Oberschicht.[227] Zweckopportunismus bestimmte viele Angehörige des Senatoren- und Ritterstandes, ihre Sklaven neben

---

224 Z.B. CIL VI 10166 = ILS 5154 = Eck / Heinrichs 1993, Nr.145. Weitere Belege s. in Günther 1987, 142–182; zur Problematik Herrmann-Otto 1994, 107; Simonis HAS 2017, s.v. *Ehe* II.A.

225 Herrmann-Otto 1994, 170–171; Simonis HAS 2017, s.v. *Ehe* II.B.

226 Ermitteln lässt sich die Größe des freien und unfreien Personals aus den Begräbnisstätten (*monumenta*) der Kaiserfrauen: Livia, der Frau des Augustus, 205 namentlich bekannte Personen, Antonia Minor, Mutter des Kaisers Claudius, 67 Personen, Claudia Acte, Freigelassene und Geliebte des Kaisers Nero, 32 Sklaven und Freigelassene, Domitia, der Frau des Domitian, 25 Personen, alle Zahlen, auch die kleinerer Haushalte kaiserlicher weiblicher Familienmitglieder s. bei Chantraine 1980, 390–396. Spektakulär ist der Fall der Freigelassenen Acte, die eine eigene *familia* zu ihrer Bedienung hatte. Mastino / Ruggeri (1995, 513–544, bes. 538–544) können sogar 55 Sklaven und Freigelassene, einschließlich der *incerti*, der Acte zuweisen; Simonis HAS 2017, s.v. *Acte*.

227 Chantraine 1980, 396–401; Treggiari 1975a, 50–57.

anderen Gütern testamentarisch dem Kaiser zu vermachen. An ihren Namen kann man die ursprüngliche Herkunft dieser Sklaven erkennen, die später oft vom Kaiser freigelassen wurden.[228] Der Gewinn von Ansehen, Einfluss und Macht lag aber nicht allein auf der Seite der kaiserlichen Herren und Herrinnen. Auch die kaiserlichen Sklaven und Freigelassenen profitierten davon, Mitglieder der angesehenen, einflussreichen und mächtigen „*familia Caesaris*" zu sein, was man wie ein Markenzeichen präsentierte. Das gilt in besonderer Weise für das in der Verwaltung tätige Personal.

Der Historiker Sueton schreibt zu den unter Kaiser Claudius (41–54) tätigen Freigelassenen:

> „Über diesen (scl. Freigelassenen) stand noch Polybius, sein Hofgelehrter (*a studiis*), der oft zwischen den beiden Konsuln spazierenging. Vor allen anderen aber erfreuten sich Narcissus, sein Sekretär (*ab epistulis*), und Pallas, sein Rechnungsführer (*a rationibus*), der kaiserlichen Gunst, denen er sogar durch Senatsbeschluss nicht nur ungeheure Belohnungen, sondern auch die quästorischen und prätorischen Abzeichen (*quaestoria et praetoria ornamenta*) bereitwillig zusprechen ließ."[229] (übers. A. Lambert)

Sueton berichtet über drei der mächtigsten Freigelassenen, die Kaiser Claudius in der neu geschaffenen Zentralverwaltung eingesetzt hatte: Polybius, Narcissus und Pallas. Sie sind die Leiter der für das ganze Reich verantwortlichen Kanzleien des Finanzministeriums, des Bittschriftensekretariats und des Justizministeriums. Diese Schlüsselposten hatte der Kaiser zusammen mit den Kanzleien neu einführen müssen, da die alten republikanischen Jahresämter für die weitverzweigten Aufgaben völlig ungeeignet waren und man eine starke Zentrale brauchte, um die Verwaltung des Reiches nicht nur zu zentralisieren, sondern sie auch kontinuierlich zu gestalten. Für diesen organisatorischen Neuaufbau war niemand geeigneter als die eigenen Sklaven und Freigelassenen, die nur dem Kaiser als ihrem Herrn und Patron gegenüber verantwortlich waren und von ihm jederzeit wieder abgesetzt werden konnten. Die Wichtigkeit der oben genannten Ämter und die hohe Reputation der Freigelassenen spiegelt sich in den Ehrenrechten wider, die die drei verliehen bekommen haben: quästorische und prätorische Ehrenrechte, d.h. sie sind zwar keine Prätoren und Quästoren, alte republikanische Magistrate, die früher einmal die Kassen und das Gerichtswesen geführt hatten, sondern sie erhielten nur die Ehrenrechte losgelöst vom Amt. Die Machtposition der Sekretäre war so groß, weil durch ihre Hände alle Rechnungsbücher der

---

[228] Zu den Agnomina s. CHANTRAINE 1967, 293–388.
[229] Suet. Claud. 28.

Staats- und Privateinnahmen der Kaiser gingen, die Korrespondenz der Statthalter und Sonderbeauftragten aus den Provinzen, die Petitionen von Einzelpersonen und kommunalen Institutionen, sowie das Aktenmaterial der Prozesse vor dem Kaisergericht. Außerdem lag auch die Verwaltung des kaiserlichen Archivs, in dem die Akten aufbewahrt wurden, in den Händen der kaiserlichen Freigelassenen und Sklaven.[230]

Durch die Aufteilung der Reichsverwaltung zwischen Senat und Kaiser seit 27 v.Chr. benötigte der Princeps auch dort einen großen Stab von Verwaltungspersonal. Für die oberen Posten, z.B. die Statthalterposten in den kleineren Provinzen und für die Finanzverwaltung, verwendete er Leute aus dem Ritterstand. In den unteren Verwaltungschargen, den neuen Ämtern und auf den kaiserlichen Domänen, setzte er seine eigenen Sklaven und Freigelassenen ein. Selbst als Assistenten (*adiutores)* von Provinzialbeamten sind Mitglieder der „*familia Caesaris*" tätig.[231]

Innerhalb dieser Sklavenbürokratie gab es soziale Rangunterschiede. Auf der untersten Stufe standen die Sklaven eines Sklaven (*servi vicarii*). Erst nach der Freilassung, wenn der Kaiser das *peculium* nicht eingezogen hatte, konnte der Sklavenbesitzer, d.h. der ehemalige kaiserliche Sklave (*servus ordinarius*) selbst seine *vicarii* freilassen. Innerhalb der Sklavenhierarchie der „*familia Caesaris*", haben die „unmittelbaren" Sklaven und Freigelassenen des Augustus einen höheren Rang inne als die Sklaven und Freigelassenen der Vikarsebene. Dies spiegelt sich vor allem in der Nomenklatur wider.[232]

An seinen Untersklaven, die ein einzelner *servus Caesaris* hatte, war dessen Reichtum erkennbar. Vor allem die Kassenverwalter, die *dispensatores*, hatten fast alle wenigstens einen *vicarius*. Eines der klarsten Beispiele für einen solch vermögenden kaiserlichen *dispensator* und die Größe seiner eigenen *familia* bildet der Grabstein des Musicus Scurranus, Kassenwart des *fiscus Gallicus* der *Provincia Lugdunensis*, der auf einer Dienstreise nach Rom auf dem Rückweg in die Lugdunensis verstarb. Die ihn begleitenden 16 Untersklaven setzten ihrem Sklavendominus eine Grabinschrift. An den Berufsangaben der Vikare wird

---

230 HEINRICHS HAS 2017, s.v. *Claudius* II; ECK HAS 2017, s.v. *Verwaltung* II.B.3; HERRMANN-OTTO HAS 2017, s.v. *Berufe / Tätigkeiten* II.B.6; CHRIST 1988, 370–371.

231 BOULVERT 1970, 48–58; 107–140; 210–236; 252–259; ECK HAS 2017, s.v. *Verwaltung* II.B.4.

232 WEAVER 1972, 200–224; HERRMANN-OTTO 1994, 213–220, mit weiterer Literatur; DIES. HAS 2017, s.v. *Sklavenhierarchie* IV; ECK HAS 2017, s.v. *Verwaltung* II.B.5. 7; CHIUSI HAS 2017, s.v. *servus vicarius / ordinarius*.

deutlich, dass die vermögenden Sklaven ihre eigenen Sklaven teils privat teils beruflich einsetzten, so wie es die freien Beamten auch taten.[233]

Untersuchungen zur Sklaverei in den römischen Provinzen liegen in sehr unterschiedlicher Weise und auf keinen Fall flächendeckend für das Reich vor. Am besten ist jedoch innerhalb der Provinzen die „*familia Caesaris*“ erforscht. Da sie ihre Zugehörigkeit zum Kaiserhaus wie ein Markenzeichen öffentlich zur Schau stellte, sind ihre Mitglieder immer besser identifizierbar als andere Sklaven, die ihren Status lieber verbargen. Eine neue Monographie zur Sklaverei in den beiden Provinzen *Germania inferior* und *superior* hat ergeben, dass kaiserliche Sklaven aus dem Finanzsektor, *dispensatores* und ihre *vicarii,* die sehr reich waren, sich euergetisch in den Städten einbringen und integrieren wollten, indem sie auf zahlreichen Weihinschriften deutlich machten, dass sie aus eigenen Mitteln zerfallene Tempel und Altäre wiederhergestellt haben. Sie vollzogen aufwendige Weihungen an die Staatsgötter und die Laren. Sie setzten aber auch reich verzierte Grabstelen und Epigramme für ihre freien Ehefrauen und Kinder.[234]

Der Anteil der „*familia Caesaris*“ an der unfreien Bevölkerung ist dagegen in den Donauprovinzen Pannonien, Rätien, Dakien und Illyricum sehr viel geringer als in den germanischen Provinzen. Ihre Tätigkeit beschränkt sich auf Bergwerke, Zölle und Finanzwesen. Nach der Freilassung bekleiden sie keine Ämter mehr in der kaiserlichen Verwaltung. Aber auch wie in Germanien versuchen die reichen Freigelassenen des Kaisers oder privater Herren, die alle von ihren Patronen sehr unabhängig zu sein scheinen, sich durch euergetische Maßnahmen in den Städten zu integrieren. Damit sichern sie ihren Söhnen den Aufstieg in die Munizipalaristokratie [235]

Auffällig ist, dass Sklaven, die in Finanzberufen tätig waren, vor allem Kassenverwalter, *dispensatores* und *arcarii*, aber auch die *vilici*, die technischen Verwalter der kaiserlichen Domänen, selten freigelassen

---

233 CIL VI 5197 = ILS 1514 = ECK / HEINRICHS 1993, Nr.152.

234 AMIRI 2016, 160–164, 209–213; Allerdings waren *liberti Augusti* nie Augustalen, sondern ausschließlich reiche Freigelassene von Privatleuten. Vgl. auch ähnliche euergetische Maßnahmen aus anderen Provinzen: AE 1945, 123 = ECK / HEINRICHS 1993, Nr. 144 (Acaunum); weitere Belege HERRMANN-OTTO 1994, 380–382. Zu Sklaven und Freigelassenen in den Provinzen s. nun auch die einschlägigen Artikel im HAS. Zum Reichtum von *servi ordinarii* und ihren *vicarii* s. RAINER 2015, 29; CHIUSI HAS 2017, s.v. *peculium* III.

235 MIHAILESCU-BÎRLIBA 2006, 42–74, 120–124, 133–152, hat die erste Untersuchung über diese römischen Provinzen nach der Wende geschrieben.

wurden.[236] Die *dispensatores* sind Vertrauensleute und Spezialisten auf dem Finanzsektor, auf welche der Kaiser nicht verzichten wollte. Aus diesem Grunde erhielten sie einen Ausgleich, gleichsam als Entschädigung für die lebenslange Unfreiheit: ein reich ausgestattetes *peculium*, d.h. ein „Quasi-Vermögen" zur freien Verfügung, freie oder freigelassene Frauen als „quasi-eheliche" Partnerinnen, Freilassung ihrer eventuell in Unfreiheit geborenen Kinder und differenzierte Ausbildung der männlichen freien oder unfreien Nachkommen als Grundstein zu einer eigenen Karriere und weiterem sozialem Aufstieg. Das alles sind Kompensationen, die das Ansehen der Finanzbeamten gehoben haben und ihren unfreien Status verschleiern sollten. Das Prestige der Kassenwarte als Spezialisten und Vertrauensleute, die oft jahrzehntelang in ihrem Beruf erfolgreich tätig waren, war groß, ihr Rechtsstatus dagegen blieb der von Sklaven. Die Forschung spricht hier von einer „Statusinkonsistenz".[237]

Es ist ein Kennzeichen des römischen Staates bis in den Beginn der Spätantike, dass Fachpersonal und Spezialistentum in der Verwaltung fast ausschließlich unter Unfreien und Freigelassenen, kaum unter Freien zu finden ist. Die fundierte Fachausbildung ihres eigenen unfreien oder freigelassenen Verwaltungspersonals lag den Kaisern am Herzen. Nach der Elementarbildung setzte mit zwölf Jahren die gehobene Ausbildung der jungen Sklaven im Kaiserhaus ein, die etwa bis zum 18. Lebensjahr dauerte. Sie wurde in den eigenen kaiserlichen Pädagogien durchgeführt.[238] Nach Absolvierung dieser gehobenen Schule traten die Sklaven als Gehilfen *adiutores* in die Kanzleien in der Zentrale, oder die entsprechenden Büros in den Provinzen oder den kaiserlichen Domänen ein. Dann konnten sie langsam in der Ämterhierarchie aufsteigen, bis zu den *procurator*-Posten in der Finanzverwaltung oder den *praepositus*-Stellen in den Kanzleien bzw. im Haushalt, die fast durchgängig mit der Freilassung verbunden waren.[239]

---

236 Die Altersangaben auf den Grabsteinen liegen zwischen 30 und 110 Jahren. Das gesetzliche Freilassungsalter liegt bei 30 Jahren. SCHÄFER HAS 2017, s.v. *dispensator* I; CHIUSI HAS 2017, s.v. *vilicus*; ECK HAS 2017, s.v. *Verwaltung* II.B.4. 5. Dazu Kap. 3.6, Anm.247–253.

237 HERRMANN-OTTO 1994, 369–398, bes. 387ff. s.u..

238 Sklavenschule *a capite Africae* auf dem Caelius in Rom gelegen. Das Kollegium bestand aus 24 Pädagogen, die am 15. Oktober 198 n.Chr. dem Kaiser Caracalla die Weihinschrift: CIL VI 1052 setzten. S. genauer HERRMANN-OTTO 1994, 319–323; WIEBER HAS 2017, s.v. *paedagogium*; ECK HAS 2017, s.v. *Hof* II.C.

239 WEAVER 1964, 74–92; BOULVERT 1970; FABRE 1992, 123–159: ECK HAS 2017, s.v. *Verwaltung* II.B. 5; SCHÄFER HAS 2017, s.v. *procurator*.

Ähnlich wie der kaiserliche Freigelassene Epiktet,[240] schweigen sich auch die Freigelassenen der kaiserlichen Verwaltung über ihre Tätigkeit vor der Freilassung aus. Es ist daher ungemein schwierig, die Karriere eines kaiserlichen Sklaven von den Anfängen bis in die obersten Verwaltungsposten nachzuzeichnen. Die Rekonstruktion einer solchen Laufbahn ist meist nur möglich, wenn ergänzend zu den Selbstzeugnissen der Betroffenen Berichte von dritten hinzutreten. Das ist z.B. im Falle des Vaters des Claudius Etruscus möglich. Der Dichter Statius hat dessen spektakuläre Laufbahn in einem Trostgedicht für den Sohn nach dem Tod des Vaters festgehalten.[241]

Die Lebenszeit des Vaters liegt zwischen 2 und 92 n.Chr. In jungen Jahren kam er in den kaiserlichen Haushalt und bekleidete dort einen entsprechenden Posten als Sklave, wurde von Kaiser Tiberius freigelassen, begleitete als Sekretär (*a manu libertus)* Caligula auf seinem Britannien-Feldzug, bekleidete unter Claudius vielleicht zunächst den Posten *a libellis,* sicher aber eine gehobene Funktion in der Finanzverwaltung in den östlichen Provinzen. Er wurde 70 n.Chr. unter den flavischen Kaisern nach Rom zurückberufen und hatte das Amt des Kanzleichefs *a rationibus* im Finanzministerium inne. Er heiratete eine Frau, die zumindest aus ritterlicher Familie stammte. Vespasian verlieh ihm den Ritterring, eine seltene Auszeichnung für einen *libertus*. Auch seine beiden Söhne wurden noch vor dem Vater in den Ritterstand erhoben. Unter Domitian fiel er vorübergehend in Ungnade und wurde seit 82/3 für sieben Jahre vom Hof verbannt. Nach seiner Rehabilitierung kehrte er nach Rom zurück, wo er auf der sicheren Grundlage seines Reichtums, den er im Laufe seiner Karriere und seines sozialen Aufstiegs angesammelt hatte, seine letzten Jahre verbrachte. Auch seine beiden Söhne, die als Ritter keine Karriere mehr machten, genossen den ererbten Reichtum.

Neben den persönlichen Fähigkeiten, die der aus dem kleinasiatischen Smyrna stammende Sklave unzweifelhaft besaß, war seine Heirat mit einer freien Frau aus der Oberschicht nicht unbedeutend für seine Karriere und seinen sozialen Aufstieg. Trotz mannigfacher Intrigen, die gerade zur Zeit des Caligula, Claudius, Nero und später des Domitian am Kaiserhof herrschten, hat der Vater des Claudius Etruscus es verstanden, sich kontinuierlich hochzuarbeiten, bis sein Aufstieg mit der Erhebung in den Ritterstand gekrönt wurde. Dadurch verlor er den Makel der unfreien Herkunft und wurde in den Stand der Freigeborenen erhoben, eine persönliche Gnade des Kaisers, die durch die bloße Freilassung nicht zu

240 S.o. Kap. 1.2, Anm.37.

241 Stat. silv. 3,3; BIEZUŃSKA-MAŁOWIST 1991, 116–117; LEPPIN 1996, 70–72; ECK HAS 2017, s.v. *Claudius Etruscus, Vater des;* MOURITSEN 2011, 97.

erreichen gewesen wäre. Gerade an diesem Aufstieg lässt sich zeigen, wie sehr die kaiserlichen Sklaven und Freigelassenen innerhalb ihrer eigenen Schicht und überhaupt in der Gesamtgesellschaft eine Elite bildeten.

Aus diesem Tatbestand wird auch die Einordnung der „*familia Caesaris*“ als Gesellschaft innerhalb der Gesellschaft deutlich, wie es die ALFÖLDY'sche Gesellschaftspyramide treffend zeigt.[242] Unter dem Aspekt von Reichtum und Einfluss konnte ein kaiserlicher Sklave auf derselben Ebene, Freigelassene manchmal sogar noch höher als Senatoren stehen. Es ist kein Geheimnis, dass Seneca den einflussreichen Freigelassenen Polybius, Vorsteher des Bittschriftenbüros *a libellis*, um seine Vermittlung bei Claudius bat, um aus der Verbannung aus Korsika nach Rom zurückkehren zu dürfen. Der Senator Seneca „erniedrigte“ sich mit einer Trostschrift vor dem mächtigen Freigelassenen, der das Ohr des Kaisers hatte. Auch Statius hatte sich durch das Lob eines ehemaligen Sklaven standesgemäß verhalten. Denn sozial und rechtlich standen kaiserliche *liberti* und *servi* weit unter Senatoren und Rittern. Diese Diskrepanz zwischen Einfluss und Status (Statusinkonsistenz), macht deutlich, warum andere Mitglieder der beiden oberen Stände wie Tacitus, Sueton, Plinius und Petron in so deutlichen Worten gegen die Freigelassenen als Emporkömmlinge Stellung bezogen haben. Die Furcht der alten Eliten vor diesen höchst kompetenten Aufsteigern, die zu echten Konkurrenten für sie zu werden drohten, provozierte ihre beißende Kritik an dem proletenhaften Verhalten der Emporkömmlinge. Zielscheibe besonderen Hasses war Pallas, Freigelassener des Claudius und Vorsteher des Finanzministeriums *a rationibus*.[243]

Pallas, so berichten die drei Autoren, gebe vor, aus königlichem Geschlecht in Arkadien zu stammen. Er sei ein versklavter adliger Grieche, verzichte aber für den römischen Staat auf die eigentlich ihm zustehenden Reichtümer. Als königlicher Spross seien 300 Millionen Sesterzen für ihn eine banale Summe, die prätorischen Ehrenrechte seien ebenfalls banal. Aber Pallas sei ja bescheiden. Der Hohn wird bereits in dieser

---

242 ALFÖLDY 2011[4], 196 Abb, zur Auseinandersetzung mit seinen Kritikern s.: 197–217. Der Aspekt der Statusinkonsistenz großer Teile der „*familia Caesaris*“ wird in der Grafik deutlich. Auf ihren zu hinterfragenden dichotomischen Charakter Stadt – Land, Fehlen eines Mittelstandes, Fehlen des Aspektes von Arm – Reich soll hier nicht eingegangen werden. S. HZ 296, 2013, 475–476.

243 Suet. Claud. 28; Tac. ann. 12,53; Plin. epist. 7,29; LEPPIN 1996, 76–81; HEINRICHS HAS 2017, s.v. *Claudius* II. III.B.; DERS. HAS 2017, s.v. *Pallas;* MOURITSEN 2011, 95–96, 98–100, 106–107.

Berichterstattung offenbar. Die drei Autoren bezweifeln die königliche Abstammung des Pallas und empfinden sein Verhalten als skandalös, da er mit seinen 300 Millionen Sesterzen mit zu den reichsten Leuten in ganz Rom gehört. Am bedrohlichsten und ärgerlichsten an Pallas ist jedoch seine Suggestion, römische Werte verinnerlicht zu haben und ihre Aufrechterhaltung anmahnen zu müssen. Auf ihn geht nämlich das *SC Claudianum* zurück, das in taciteischer Interpretation zur Aufrechterhaltung römischer Sittlichkeit diente und freie, vor allem adlige Frauen mit Versklavung bestrafte, weil sie ihrer römischen Herkunft nicht eingedenk waren.[244]

Die angestrebte Assimilation der *liberti* an die Sitten der freien Römer der Oberschicht ist dafür verantwortlich zu machen, dass sie selbst ihre glanzvollen Karrieren vor der Freilassung verschweigen. Sie wollen so sein wie die von Geburt aus freien Römer. Auf ihren erhabenen, ernsten Grabdenkmälern entlang der Via Appia wird der Wertekanon sichtbar gemacht, den sie ihr ganzes Leben zu erfüllen angestrebt haben. Die Verinnerlichung des altrömischen Standeskodex stellt die größte Bedrohung für die alte Nobilität dar. Kritik, Spott und Hohn sind die Antwort darauf. Auch das Gastmahl des Trimalchio ist als eine bitterböse Satire auf die Freigelassenen als proletenhafte Emporkömmlinge zu lesen.[245]

Der massive, für uns nur literarisch noch fassbare Protest, der anscheinend bei den flavischen Kaisern fruchtete, war die Strategie des Senatoren- und Ritterstandes, die Freigelassenen als ehemalige Sklaven aus der Gesellschaft und den führenden Positionen im Reich auszugrenzen. Spott und Kritik der Dichter und Historiker der frühen Kaiserzeit an den mächtigen Freigelassenen gilt den Emporkömmlingen, die ihre Lektion in Sachen „römisches Standesethos" noch nicht voll gelernt haben. Der Widerstand eines Teiles der alten Eliten gegen die qualifizierten, aber unstandesgemäßen Konkurrenten könnte u.a. Kaiser Hadrian (117–138) mit veranlasst haben, alle kaiserlichen Freigelassenen in den höheren Verwaltungsposten durch Leute aus dem Ritterstand zu ersetzen. Von der Stellvertreterebene aus abwärts waren Freigelassene und Sklaven weiterhin tätig. Seit dieser Zeit konnten im Römischen Reich kaiserliche Sklaven und Freigelassene nie wieder einen solchen Einfluss auf die Verwaltung und dadurch auch auf die Politik der Principes gewinnen,

---

244 S.o. Kap. 3.4,Anm.180–181; s.u. Kap. 3.6,Anm.258–260.

245 FABRE 1981, Abb.3, 4, 16, 37, 40; BORG 2012, 25–49 mit vielen Abb.. Zur Furcht der Oberschicht s. GONZALES 2007, 307–324; zu Hass und Neid in allen Bevölkerungsschichten s. YAVETZ 2010, 249–257; MOURITSEN 2011, 66–119.

wie dies in der Frühzeit der römischen Kaiserherrschaft möglich gewesen war.[246]

Trotz aller Kritik an den freigelassenen römischen Bürgern und trotz aller abwertenden Klischeevorstellungen gegenüber der Sklaverei, die situationsbedingt selbst bei gebildeten Römern vorzufinden sind, ist die römische Gesellschaft nicht nur wirtschaftlich, worüber sich eventuell streiten ließe, sondern vor allem sozial und demographisch auf die Institutionen der Sklaverei und der Freilassung angewiesen gewesen. Wie das römische Freilassungssystem funktionierte, das in seiner Einzigartigkeit als „römisches Modell" bezeichnet werden kann, und welcher Stellenwert ihm in der hoch mobilen römischen Gesellschaft zukam, soll im folgenden Kapitel gezeigt werden.

3.6 Römisches Freilassungsmodell und gesellschaftliche Mobilität

Philipp V., König von Makedonien, schreibt im Jahre 214 v.Chr. in einem Brief an die Einwohner der griechischen Stadt Larissa in Thessalien Folgendes:

> „König Philipp sendet den Tagoi und der Polis seinen Gruß. Ich erfahre, dass die Namen derer, die eingebürgert wurden entsprechend meinem Brief und eurem Beschluss und auf die Stelen aufgeschrieben wurden, wieder ausgemeißelt sind. Falls dies sich so verhält, haben die, die euch dazu rieten, verstoßen sowohl gegen die Interessen eurer Vaterstadt, wie gegen meine Entscheidung. Denn dass es das allerbeste ist, wenn möglichst viele an der Bürgergemeinschaft (*politeuma*) teilhaben und dafür die Stadt stark ist und das Land nicht wie jetzt als hässliche Brache ist, würde doch, meine ich, auch von euch keiner bestreiten. Man kann es aber auch an den anderen beobachten, die sich ähnlicher Einbürgerungen bedienen, unter denen auch die Römer sind, die sogar ihre Sklaven, wenn sie sie freilassen, in die Bürgerschaft aufnehmen und ihnen zu den Magistraturen Zugang gewähren, und auf solche Weise nicht nur ihre eigene Vaterstadt groß gemacht, sondern sogar Kolonien an nahezu siebzig Orten entsandt haben."[247] (übers. K. Brodersen / W. Günther / H. H. Schmitt)

---

[246] BOULVERT 1970, 284. Die Tendenz, ritterliche Amtsträger an die Spitze der Kanzleien in der römischen Zentrale auf dem Palatin zu setzen, scheint schon unter Domitian eingesetzt zu haben, wurde aber unter Hadrian konsequent zu Ende geführt. S. hierzu EICH HAS 2017, s.v. *Hadrian* III.

[247] Philipp V. an Larissa Syll.[3] 543 = ILS 8763 = BRODERSEN, GÜNTHER, SCHMITT III, 1999, Nr.422, IV; Dion. Hal. ant. 4,22,3–24,8; KLEES 2002, 91–97.

Was der Makedone Philipp V. hier anspricht, wenn auch ein wenig fehlerhaft, ist die Freilassungspraxis der Römer, in welcher sie an ihre Sklaven nicht nur die persönliche Freiheit vergaben, sondern sie auch durch die Vergabe des römischen Bürgerrechts in den Bürgerverband integrierten. Der Fehler allerdings, der Philipp bei der Schilderung der römischen Verhältnisse unterläuft, ist folgender: Nicht die freigelassenen Sklaven selbst können die römischen Magistraturen bekleiden, sondern erst deren Söhne, die frei geboren sind. Aber unabhängig von diesem Versehen schildert der Makedonenkönig sehr zutreffend den offenen Charakter der römischen Gesellschaft ganz im Gegensatz zur geschlossenen griechischen Poliswelt. Von der Mobilität der römischen Gesellschaft und dem Stellenwert von Sklaverei und Freilassung in diesem System soll in diesem Kapitel die Rede sein.

Den römischen Rechtsgelehrten zufolge sind Freiheit (*libertas*) und Gleichheit (*aequitas*) dem Menschen von Natur aus eigen.[248] Sie können ihm aber gewaltsam (*vi*) oder durch Recht (*iure*) genommen werden. Menschliche Freiheit und Gleichheit scheinen weder in der römischen Rechtstheorie noch in der Rechtspraxis unveräußerlich zu sein. Das spiegelt sich auch im römischen Personenstandsrecht wider, das zwischen drei Kategorien von Personen unterscheidet: Freien (*liberi*), Unfreien (*servi*) und Freigelassenen (*libertini*).[249]

Wie jemand zum Sklaven geworden ist, oder wo jemand Sklave ist und welche Arbeiten er verrichtet, ist völlig bedeutungslos, weil alle Sklaven gleich sind, ob sie Haussklaven oder Landsklaven, versklavte Kriegsgefangene oder Kaufsklaven sind. Innerhalb der Freien aber werden zwei Kategorien unterschieden, nämlich die von Geburt her Freien, die *ingenui*, die von einer freien Mutter geboren sind, und diejenigen, die einmal Sklaven gewesen sind, aber von ihren Herren freigelassen wurden, die *libertini*.[250] Dass aber diese Freilassung gültig ist, dass diese Menschen rechtlich anerkannte Freigelassene sind, beruht auf einer zu Recht bestehenden Sklaverei. Was aber fasst der Römer unter einer *iusta servitus*?

Da die Sklaverei erstmalig durch das Völkergemeinrecht eingeführt wurde, kann sie auch nur nach diesem rechtswirksam sein. Auch die Freilassung aus ihr ist eine Einrichtung des *ius gentium*. Sie wird im Naturrecht nicht benötigt, nach welchem alle Menschen frei und gleich sind. Obwohl ansonsten eine völlige Identität zwischen Völkergemeinrecht und Naturrecht besteht, gilt sie im Bereich der Sklaverei nicht, was

[248] S.o. zum Sklavereidiskurs der römischen Juristen Kap. 1.2, Anm.47ff..
[249] Gai. inst. 1,9–10 = Dig. 1,5,3 (Gaius); Dig. 1,5,5pr. (Marcianus).
[250] Dig. 1,5,5,2 (Marcianus); Dig. 1,5,6 (Gaius).

den römischen Juristen auch voll bewusst war. Sie fordern aber nirgends die Abschaffung dieser Institution. Warum das so ist, hängt einerseits mit der ganz spezifischen Eigenart der römischen Sklaverei zusammen, die vielfältige Formen aufweist, die teils zivilrechtlich, teils völkergemeinrechtlich begründet sind, und andererseits mit der ganz spezifischen Art der römischen Freilassung, die ebenfalls mehrere Formen mit unterschiedlichen Rechtswirkungen beinhaltet. An den Graphiken[251] wird deutlich, dass drei völkergemeinrechtlichen sechs zivilrechtliche Formen der Sklaverei gegenüberstehen, und dass es neben drei gleichzeitig gültigen offiziellen noch mindestens vier private, sogenannte prätorische Freilassungen gibt. Im Folgenden soll untersucht werden, ob alle Formen einer gerechten Sklaverei entsprechen, die dann nur durch eine der bestehenden Formen der Freilassung beendet werden können, und was geschieht, wenn das Kriterium der gerechten Sklaverei nicht erfüllt ist. Im Anschluss an diese rechtstheoretische Erfassung des römischen Modells soll dessen Eigenart in der sozialen Praxis ergänzend zu den vorhergehenden Kapiteln exemplarisch aufgezeigt werden.

Die älteste Form der Sklaverei ist die Kriegsgefangenschaft. Sie ist allen Völkern bekannt und wird von ihnen anstelle der Tötung des gefangenen Feindes gehandhabt. Dieses Vorgehen beruht auf den Sitten der Vorfahren, den *mores maiorum*, und ist zum Gewohnheitsrecht geworden. Die natürliche freie Geburt ist nicht unveräußerlich, sie kann unwiederbringlich durch das Völkergemeinrecht aufgehoben werden.[252]

Problematisch ist das Verhältnis zwischen Naturrecht und Völkergemeinrecht bei der Sklavengeburt, was bereits im Einleitungskapitel angesprochen wurde.[253] Die Juristen selbst sind sich nicht einig, ob die Geburt eines Kindes in die Sklaverei dem *ius gentium* zuzuweisen ist. Denn nach Naturrecht dürfte es ja keine unfreie Geburt geben.[254] Im Gegensatz zu

---

251 S.u. Abb. 1 u. 2.

252 S.o. Kap. 3.1 aber auch 2.1; WELWEI HAS 2017, s.v. *Kriegsgefangenschaft* III.

253 S. o. Kap. 1.2, ab. Anm.47; HERRMANN-OTTO HAS 2017, s.v. *Hausgeburt / Sklavengeburt* IV.

254 Dig. 1,5,5,1 (Marcianus): „Die Sklaven gelangen aber entweder nach Zivilrecht oder nach dem Völkergemeinrecht in unser Eigentum: ... nach dem Völkergemeinrecht sind diejenigen unsere Sklaven, die aus der Mitte der Feinde ergriffen oder die von unseren Sklavinnen geboren werden.“ (übers. O. Behrends u.a.); Iust. inst. 1,3,4: „Sklave ist man aber entweder von Geburt an oder man wird es später. Von Geburt an sind Sklaven diejenigen, die von unseren Sklavinnen geboren werden; später wird man Sklave entweder nach dem Völkergemeinrecht, das heißt durch Kriegsgefangenschaft, oder nach Zivilrecht, nämlich dann, wenn ein freier Mann, der über zwanzig Jahre alt

den *servi facti*, den zu Sklaven Gemachten, die vorher Freigeborene (*ingenui*) waren, war der Sklave von Geburt niemals frei gewesen. Er war von Geburt an Sklave. Aus diesem Grunde ist es auch nicht möglich, dass ein solcher Sklave rechtens eine Wiederherstellung der freien Geburt, die *restitutio natalibus,* erfährt, die durch Gerichtsurteil oder den Kaiser erfolgen konnte. Er behielt Zeit seines Lebens den Makel der unfreien Geburt bei, auch wenn er freigelassen worden war. Als Sklave geboren wird man von einer Sklavenmutter. Dabei war es unerheblich, ob der Vater ein Sklave oder ein Freier war, da ein außerhalb der Ehe gezeugtes und geborenes Kind dem Status der Mutter folgt. Diese Regelung des Völkergemeinrechts wurde unter der Einwirkung des *favor libertatis* (im Zweifelsfalle für die Freiheit) dahingehend erweitert, dass die Sklavin, die zu irgendeinem Zeitpunkt zwischen Empfängnis und Geburt des Kindes frei gewesen war, ein freies Kind zur Welt brachte.[255] Im Völkergemeinrecht sind Kriegsgefangenschaft und Sklavengeburt als Formen gerechter Sklaverei verankert, deren Beendigung nur durch die Freilassung möglich ist.

An der Spitze der Versklavungsformen nach zivilem römischem Recht steht der betrügerische Selbstverkauf von über 20-jährigen römischen Bürgern. Wenn diese Quelle der Sklaverei neben Kriegsgefangenschaft und Sklavengeburt immer wieder genannt wird, muss ihr eine große Bedeutung zugekommen sein. Da ein freigeborener Mensch weder sich selbst verkaufen noch durch einen anderen rechtskräftig in die Sklaverei verkauft werden kann, sei er nun durch Seeräuber gekidnappt und verkauft, oder durch Familienangehörige als Kind in Notzeiten veräußert, oder mit Hilfe eines Dritten durch sich selbst verkauft worden, sind alle diese Kaufgeschäfte ungültig und machen aus dem Freien keinen Sklaven. Der betrügerische Selbstverkauf wird mit dem unwiederbringlichen Verlust der freien Geburt deshalb so hart bestraft, weil der über 20-Jährige leichtfertig Freiheit und Bürgerrecht gegen Geld verkauft hat, und den Käufer darüber hinaus getäuscht hat, indem er sich als Sklaven ausgegeben hat. Wenn der Selbstverkäufer später behauptet, ein freier Mann zu sein, wird ihm das auch vor Gericht nichts mehr nützen, wenn er einen Freiheitsprozess anstrebt. Er bleibt Sklave des Käufers, den er getäuscht hat. Bestenfalls kann dieser ihn freilassen, wodurch der ehemals Freigeborene seinen Status verschlechtert: Er ist nun für immer ein Freigelasse-

ist, sich selbst verkaufen läßt, um am Kaufpreis teilzuhaben." (übers. O. Behrends u.a.).

255 Dig. 1,5,5,3 (Marcianus).

ner. Selbstverkauf mit Gewinnbeteiligung hat eine *iusta servitus* zur Folge, die nur durch die Freilassung beendet werden kann.[256]

Die Verurteilung zur lebenslänglichen Sklaverei, d.h. zur Strafsklaverei, gehört ebenfalls zu den Sklavenarten nach Zivilrecht. Sie wurde anstelle der Todesstrafe mit dem Schwert schichtenspezifisch über die Angehörigen der unteren Schichten (*humiliores*) verhängt. Die Verurteilung zur ewigen Zwangsarbeit in den Bergwerken war die schrecklichste Art der Verurteilung, weil sie sicher todbringend war.[257] Die Verurteilung zu den Gladiatorenspielen (*ad ludos)* oder den Tierhatzen (*ad venationes*) war die „leichteste“, weil die Möglichkeit des Sieges und der Freilassung bestand. Auch die Strafsklaverei ist eine rechtmäßige Sklaverei, die als Strafe für ein Kapitalverbrechen verhängt worden war. Freilassungen sind hier allerdings nur durch kaiserliche Begnadigung möglich.

Eine weitere Art der Versklavung nach *ius civile* basierte auf dem schon mehrfach erwähnten *SC Claudianum* vom Jahr 52 n.Chr.[258] Eine freie Frau, die mit einem fremden Sklaven verkehrte und von der Beziehung auch dann nicht abließ, als der Herr des Sklaven durch dreimalige Verwarnung zu erkennen gegeben hatte, dass er der Beziehung nicht zustimmte, verlor nach dem Senatsbeschluss ihre Freiheit, das Bürgerrecht und Eherecht. Sie wurde zur Sklavin des Herrn des fremden Sklaven. Die Praktizierung des SC führte zum endgültigen Verlust der freien Geburt der Frau, eine *iusta servitus*, aus der sie durch Freilassung den zukünftigen Status einer Freigelassenen erwarb. Die aus dieser Beziehung stammenden Kinder waren Sklaven von Geburt, die ebenfalls dem *dominus* des *servus alienus* gehörten. Diese typisch römische Art der Versklavung freier Frauen hatte durch die Jahrhunderte Bestand.[259] Das harte Vorgehen der römischen *patres* erfolgte weniger aus moralischen Gründen, wie die römischen Historiker Tacitus und Sueton uns glauben

---

[256] Dig. 40,12,7 pr.-1 (Ulpianus); SÖLLNER 2000, 23. Die Wiederherstellung der freien Geburt in einem Statusprozess ist solange ausgeschlossen, wie der Selbstverkäufer den Kaufpreis nicht zurückerstattet (Neuerung des Hadrian: Dig. 40,14,2pr. [Saturninus]). INDRA / MCDOUGALL HAS 2017, s.v. *Selbstverkauf*.

[257] Vgl. hierzu die Schilderung der Bergwerke am Berg Sandaracurgium im Pontus bei Strabo 12,3,40. Zur Verurteilung von Frauen zu den Bergwerken auf Zeit oder als Strafsklavinnen, die zur Bedienung der Bergwerksarbeiter oder zur Arbeit in den Salinen verurteilt waren s. Dig. 48,19,8,8 (Ulpianus). GALLO HAS 2017, s.v. *Strafsklaverei*.

[258] WILLVONSEDER HAS 2017, s.v. *Senatus Consultum Claudianum;* DERS. 2010, 6–8; WIELING 1999, 20–22; SIMONIS 2017 (im Druck).

[259] Iust. inst. 3,12,1. S.u. Kap. 3.8.

machen wollen, sondern haben viel mehr fiskalische und erbrechtliche Hintergründe: Freie illegitime Kinder beerbten die Mutter, der fremde Sklave konnte als Freigelassener und Ehemann der Frau *pater familias* werden. Das sollte verhindert werden.[260]

Eine weitere Art rechtmäßiger Versklavung nach römischem Zivilrecht stellt der Verlust der Freiheit in einem Statusprozess dar, in dem der Kläger die unfreie Geburt des Beklagten bzw. seine Eigentumsrechte an ihm beweisen konnte. Da dieser Art der Versklavung eine große Bedeutung zukommt und der Statusverlust von angeblich oder auch wirklich Freien in ganz unterschiedlichen Zusammenhängen zu allen Zeiten der Römerherrschaft beobachtet werden kann, kann man diese Art der Versklavung als ein römisches Spezifikum bewerten.[261]

Die Aussetzung neugeborener freier und unfreier Kinder ist als eine der wichtigsten Quellen der antiken Sklaverei einzustufen. Aussetzung ist eine der am konsequentesten praktizierten Formen der antiken Geburtenkontrolle und kann aus den Ausgesetzten (*expositi*) nach dem Willen ihres Finders und Erziehers Sklaven machen, auch wenn sie als freie Kinder geboren wurden. Die Nachfrage an *expositi*, bzw. an *kopriai* (Schutthaufenkinder) war unermesslich groß. Wollte ein Herr z.B. seiner Sklavin die Risiken von Schwangerschaft und Geburt ersparen, und Arbeitseinbußen vermeiden,[262] ließ er sich ein Schutthaufenkind als Nachwuchs besorgen. Ammen, die für die ihnen anvertrauten Babys mit ihrem eigenen Kind hafteten, konnten im Todesfall Ersatz mit einem Schutthaufenkind leisten.[263] Hohen Gewinn versprachen sich Finder durch die Abrichtung von ausgesetzten Kindern zu professionellen Bettlern. Man spekulierte auf die Gebefreudigkeit der Angebettelten, die deswegen besonders hoch gewesen sei, weil Eltern befürchteten, das bettelnde Kind könnte ihr eigenes ausgesetztes sein.[264]

Durch Menschenraub, Menschenhandel und Verkauf Freier als Unfreie wird der Status der Betroffenen faktisch, aber nicht rechtlich verändert. Nach römischem Recht kann ein Mensch weder durch sich selbst, noch durch einen Dritten rechtskräftig verkauft werden. Geschieht dies

---

260 Tac. ann. 12,53; vgl. Suet. Vesp. 11.

261 INDRA HAS 2017, s.v. *causa liberalis.*

262 S.o. Kap. 3.4. BRADLEY / RUFFING HAS 2017, s.v. *Aussetzung / Kindesaussetzung.*

263 Ammenvertrag vom Februar / März 13 v.Chr. aus Abusir el-Melek. (BGU IV, 1106).

264 Sen. contr. 10,4,13. Zweifel an der Historizität der Überlieferung s. KNOCH HAS 2017, s.v. *Seneca Maior*.II. Zur Forschungsdiskussion s.o. Kap. 3.1, Amn.37.

aber doch, so kann in einem Statusprozess, auch Freiheitsprozess (*causa liberalis*) genannt, die ursprüngliche Freiheit wiederhergestellt werden, wenn die entsprechenden Beweise vorliegen. Es ist jedoch offensichtlich, dass in der Praxis ein solcher Prozess nicht häufig stattfand. Oft wusste die Person nichts von ihrem freien Stand (verkaufte Kinder) oder niemand glaubte der versklavten Person (Frauen, Halbwüchsige), sodass niemand für sie einen Prozess anstrebte. Nicht selten reichten die Beweise nicht aus. Dann diente die versklavte Person weiterhin widerrechtlich, oft ein Leben lang. Dennoch ist man erstaunt über die Fülle von überlieferten Statusprozessen. Sie sind ein Zeichen für die große Statusunsicherheit im Römischen Reich, die an einem Beispiel, das für viele steht, etwas deutlicher vorgeführt werden soll:

Aus dem Jahr 215 n.Chr. unter der Herrschaft des Caracalla ist folgender Fall überliefert:[265] Die Römerin Hostilia. die in einer rechtmäßigen Ehe den freien Römer Eros geheiratet hatte, hatte eine Mitgift in die Ehe gebracht. Auch freie legitime Nachkommen waren aus dieser rechtmäßigen Verbindung hervorgegangen. Plötzlich wurden von jemandem Besitzansprüche auf Eros erhoben, ein Statusprozess wurde gegen ihn angestrebt, um ihn in die rechtmäßige Sklaverei zurückzuführen, wie der Kläger behauptete. Dieser gewann den Prozess und konnte Eros in die Sklaverei abführen. Die Familie war nun zerstört, die Ehe aufgelöst, weil sie ungültig, rechtlich nicht existent war. Die Kinder wurden zu illegitimen Freien. Der Eigentümer des Sklaven musste allerdings alles, was der freien Frau gehörte, u.a. die Mitgift, zurückgeben. Er hatte die Möglichkeit, den Sklaven weiter zu verkaufen oder so einzusetzen, dass jeglicher Kontakt zwischen Eros und seiner Familie unterbrochen war. Solange Hostilia, die eine Anfrage an den Kaiser Marcus Aurelius Antoninus gerichtet hatte, nicht die Freiheit ihres Mannes beweisen konnte, blieb die Familie getrennt, die Ehe aufgelöst. Der Fall des Eros war kein Einzelfall.

Es stellt sich die Frage, wodurch diese große Statusunsicherheit im Römischen Reich entstehen konnte. Viele antike Autoren klagen darüber, dass keiner, weder Bürger noch Provinzialer, weder Kind noch Erwachsener, weder Kaufmann noch Mitglied der oberen Stände wirklich vor Versklavung sicher war.[266] Das „System der römischen Sklaverei" ist allerdings kein geschlossenes, sondern ein offenes, womit es auf die hohe soziale Mobilität der römischen Gesellschaft angemessen reagieren kann.

---

[265] C.I. 5,18,3 (Marcus Aurelius Antoninus an Hostilia 215 n.Chr.); HERRMANN-OTTO 1999, 141–159; WIELING 1999, 26/27; Nr. 225; WILLVONSEDER 2010, Nr. 184.

[266] Dio Chrys. or. 15,11–21; Sen. epist. 47,10–12.

Das lässt sich besonders deutlich am Fall der oben bereits erwähnten Selbstverkäufer erläutern. Ihr Prozentsatz scheint unter den römischen Vollbürgern unverhältnismäßig hoch gewesen zu sein. Eine spezielle Gruppe unter ihnen bilden die als Finanzverwalter (*procurator, actor*) tätigen Freien, die mit der Ausübung dieses Berufes ihre persönliche Freiheit und ihre freie Geburt verlieren. Sie nehmen das in Kauf, weil sie als Vertrauenspersonen ihrer Herren hoch in der sozialen Skala aufsteigen können und genügend Geld erwerben können, um sich später freizukaufen und rechtskräftig freigelassen zu werden, weil eine *iusta servitus* vorliegt.[267]

Selbstverkauf als Finanzverwalter oder mit Gewinnbeteiligung war einerseits bedingt durch konkrete Armut, andererseits durch die Aussicht, als Sklave und später Freigelassener eines einflussreichen Römers höher in der sozialen Hierarchie aufsteigen zu können, als dies je als armer römischer Tagelöhner oder gar Bettler möglich gewesen wäre. Die Beteiligung am Kaufpreis mag ebenfalls aus der Not diktiert gewesen sein, das erzielte Geld der verarmten Familie zukommen zu lassen oder einem Gläubiger die fälligen Schulden zu bezahlen, um nicht in die Schuldknechtschaft zu geraten.[268] Als Ergebnis ist auch hier wieder festzuhalten, dass die freie Geburt nach Zivilrecht nicht unveräußerlich ist.

Was machte die Selbstverkäufer so zuversichtlich, dass sie lieber ihre angeborene Freiheit unwiederbringlich aufgaben und sich in die Sklaverei eines anderen verkauften, der fortan die Herrschaft über ihr Leben und ihren Tod hatte, als dass sie weiterhin als römische Bürger zwar frei, aber unter dem Existenzminimum dahinvegetierten? Man könnte natürlich zynisch antworten, dass der Hungertod schlimmer war als der Sklaventod. Die Möglichkeit einer Perspektive in der Sklaverei muss die Perspektivlosigkeit der Armut aufgewogen haben. Ohne die Sklaverei, in die praktisch jeder geraten konnte, schönreden zu wollen, konnte sie auch Chancen in sich bergen. Allerdings kam es dabei sehr auf den Herrn an, an den man geriet. Das war der große, nicht zu unterschätzende Risikofaktor. Dieser konnte zwar teils durch staatliche Schutzgesetzgebung teils durch einen ungeschriebenen Verhaltenskodex verringert werden, verschwand aber nie vollständig.

---

[267] Dig. 40,2,13 (Ulpianus). Ihr Mindestalter muss 18 Jahre sein wegen der Geschäftsfähigkeit. Zum Berufsfeld der *actores* und *procuratores* und ihrem besonderen Vertrauensverhältnis zum Herrn s. SCHÄFER 2001, 215–216, 222–223.

[268] Zur Armut als Weg in die Sklaverei s. HERRMANN-OTTO HAS 2017, s.v. *Armut* III; DIES. HAS 2017, s.v. *Soziale Mobilität* II.B.

Vom Sittenkodex der Oberschicht war bereits in Kapitel 3.4 die Rede. Neben der ständischen Selbstkontrolle griff aber auch der Princeps auf gesetzgeberischem Wege ein, wenn durch Exzesse das öffentliche Wohl, die *utilitas publica*, bedroht wurde. Seit Antoninus Pius durfte ein Herr seinen Sklaven nicht mehr grundlos zu Tode prügeln, sondern wurde bestraft, als hätte er einen fremden Sklaven getötet. Überstieg die Brutalität das vertretbare Maß, konnte sich ein Sklave in einen Tempel oder zur Kaiserstatue flüchten oder beim Prätor, später beim Stadtpräfekten, um Asyl nachsuchen. Nach einer Untersuchung des Falls konnte der Herr gezwungen werden, den Sklaven weiterzuverkaufen. Claudius ordnete an, dass auf der Tiberinsel am Äskulap-Tempel ausgesetzte alte und kranke Sklaven die Freiheit und das latinische Bürgerrecht erhielten. Auch nach Genesung hatten die Herren, die ihrer Fürsorgepflicht nicht nachgekommen waren, keine Anrechte mehr auf ihre ehemaligen Sklaven, die nun Freigelassene ohne Patron (*liberti orcini*) waren. Hatten die Herren es aber vorgezogen, die Alten, Schwachen und Kranken zu töten, wurden sie wegen Mordes bestraft. Dem sexuellen Zugriff der Herren waren Sklaven jeglichen Geschlechts und Alters immer schutzlos ausgesetzt. Es sei denn, ein Herr hatte seine Sklavin einer lebenslang gültigen Schutzformel unterstellt, dass sie nicht prostituiert werden durfte (*ne serva prostituatur*). Die Kaiser bauten diese Schutzformel weiter aus, indem jede Zuwiderhandlung die Freiheit der Sklavin erwirkte, auch wenn der Herr selbst, der der Schöpfer der Formel gewesen war, sie rückgängig machen wollte. Der Verkauf privater Sklaven, nicht selten straffälliger, zu den Gladiatorenspielen oder Tierhatzen war ohne staatliche Erlaubnis nicht möglich. Seit Domitian bestand ein Kastrationsverbot – auch an Sklaven – das allerdings stets bis zum Ende der Spätantike unterlaufen wurde, indem man Eunuchensklaven aus dem Ausland bezog. Der hohe Preis dieser Sklaven, der über allen anderen Sklavenpreisen lag, ist wahrscheinlich daraus zu erklären, dass dieses Geschäft riskant war. Denn ein Teil der Eunuchen stammte aus dem Römischen Reich und war nur zur Kastrationszwecken ins Ausland verbracht worden, um dann, wenn sie den Eingriff lebend überstanden hatten, als Luxussklaven zurückzukehren. Die Mortalitätsrate war sehr hoch.[269]

Man hat alle diese Maßnahmen, die sich von Tiberius bis Marc Aurel verstärkt finden lassen, einer Humanisierung der Sklavengesetzgebung unter dem Einfluss der Stoa zugeschrieben. Das lässt sich weitgehend widerlegen. Antoninus Pius betont bei der Begründung seiner Maßnah-

[269] Dig. 40,8,6 (Marcianus); Dig. 40,8,2 (Modestinus); BUCKLAND, 1908, 36, 70, 602–603. Zu allen oben aufgeführten Gesetzen im Einzelnen s. KNOCH 2005, 105–111, 127–132 mit weiterer Literatur.

men, dass es keinesfalls um eine Einschränkung der Herrengewalt gehe, sondern gerade um die Wahrung ihrer Interessen, die nur möglich ist, wenn Gerechtigkeit und nicht Terror herrscht. Die Gesetze sorgten für das Allgemeinwohl, das nicht immer mit dem der einzelnen Herren deckungsgleich war. Im Effekt aber trugen sie zur Stabilisierung des gesellschaftlichen Systems bei, zu dem die Sklaverei selbstverständlich dazugehörte. So ging es nie um die Sklaven selbst, sondern immer um die Belange der Herren. Einmal standen die fiskalischen, einmal die ethisch-standesrechtlichen Aspekte mehr im Mittelpunkt. Nur im Nebeneffekt profitierten die Sklaven von den Gesetzen, vor allem bei Freilassungen, die im Interesse der kaiserlichen Bevölkerungspolitik lagen.[270] Da der staatliche Schutz wie der private für die Sklaven durchaus ambivalent war, ließen sich die Selbstverkäufer auf ein nicht zu unterschätzendes Risiko ein. Welche Schrecknisse sich ihnen, wie auch den Geraubten, Ausgesetzten, Verkauften etc. bieten konnten, das ist in den vorherigen Kapiteln bereits in den ländlichen und städtischen Haushaltungen der Privatbesitzer gezeigt worden. Jenseits dieser individuellen Unzulänglichkeiten muss es aber doch einen systemimmanenten Anreiz gegeben haben, die persönliche Freiheit gegen die Sklaverei einzutauschen.

Die Antwort darauf vermag nur das „römische Modell der Freilassung“ zu geben,[271] das in seiner Einzigartigkeit auch von Ausländern wie Philipp V. gepriesen wurde, wenn es auch an elitärer Kritik unter den Griechen nicht gefehlt hat. Die römische Freilassung galt als eine Art Wohltat, ein *beneficium*, auch wenn der Sklave sie sich oft hart erarbeiten musste. Normalerweise blieben römische Sklaven nicht Zeitlebens unfrei,[272] vor allem dann nicht, wenn sie in städtischen Haushalten, in Handwerk, Handel und Dienstleistungsgewerbe tätig waren. Als Freigelassene verblieben sie nicht im Status eines Fremden oder Beiwohners, Metöken, wie etwa in Athen oder im hellenistischen Larissa.[273] Alle

---

[270] Antonius Pius: Dig. 1,6,2 (Ulpianus) = Iust. inst. 1,8,2: „Zwar muss die Gewalt der Eigentümer über ihre Sklaven ungeschmälert bleiben und darf keinen Menschen sein Recht genommen werden, doch liegt es im Interesse der Eigentümer, daß Hilfe gegen Grausamkeit, Hunger oder unerträgliches Unrecht denen nicht versagt wird, die sie mit Recht erflehen.“ (übers. O. Behrends u.a.). EICH HAS 2017, s.v. *Antoninus Pius*. Zum antiken *humanitas*-Begriff der von der neuzeitlich-christlichen Humanität zu unterscheiden ist s. KNOCH 2005, 111–113, 240–249; GAMAUF 2007, 159–160.

[271] HEINRICHS DNP 4, 1998, s.v. *Freigelassene*.

[272] Zur griechischen Kritik s. KLEES 2002, 94ff. Die früher vertretene These, dass in Rom praktisch jeder Sklave spätestens mit 30 Jahren freigelassen wurde, ist mittlerweile widerlegt. S. ALFÖLDY 1988.

[273] S.o. Anm.247.

rechtmäßig Versklavten im Römischen Reich konnten aus der *iusta servitus* vollgültig freigelassen werden. Als freie römische Bürger wurden sie „fast voll“ in die römische Gesellschaft integriert.

Wie es verschiedene Arten der Versklavung in einer gerechten Sklaverei gab, so gab es auch ein Spektrum von Freilassungsarten bei den Römern, die sich teils formal teils inhaltlich voneinander unterschieden.[274] Die schon in republikanischer Zeit gut bezeugte und in der Kaiserzeit weiter ausgestaltete Freilassung konnte nach zivilem Recht (*ius civile*) in den folgenden vier feierlichen und offiziellen Formen vollzogen werden:

1. Die Freilassung mit dem Stab (*manumissio vindicta),* die ursprünglich einem Scheinprozess nachgebildet war, in dem ein Bürge (*adsertor libertatis*) dreimal in Gegenwart eines Beamten gegen den Herrn die Freiheit des Sklaven behauptete. Da der Herr der Behauptung nicht widersprach, war der Sklave nun frei. Abschließend berührte der Bürge, später der Herr den Sklaven mit dem Stab und erklärte ihn für frei.
2. Die Freilassung zum Zensus (*manumissio censu),* in der sich der Freizulassende mit Zustimmung seines Herrn in die Zensuslisten, d.h. die Bürgerlisten eintragen ließ. Diese Art der Freilassung wurde in der Kaiserzeit nicht mehr praktiziert.
3. Die testamentarische Freilassung (*manumissio testamento)*, durch welche der Sklave mit dem Wirksamwerden des Testamentes die direkte Freiheit erhielt. Er wurde zum Freigelassenen ohne Patron (*libertus orcinus*).
4. Die fideikommissarische Freilassung (*manumissio fideicommissaria*), durch welche der Sklave testamentarisch dem Erbe des Verstorbenen „auf Treu und Glauben“ übergeben wurde, damit er ihn freiließ. Der Sklave erhielt die indirekte Freiheit und wurde zum Freigelassenen des Erben.

Alle vier Freilassungsarten verliehen die volle Freiheit (*plena libertas*) und das volle römische Bürgerrecht (*Romanitas*).[275]

Daneben gab es verschiedene formlose Freilassungen, die privat vor Zeugen vollzogen wurden. Weil sie in besonderer Weise gegen Ansprüche dritter geschützt werden mussten und der Prätor diese Aufgabe übernahm, wurden sie als prätorische Freilassungen bezeichnet. Man unterscheidet:

1. Die Freilassung unter Freunden (*manumissio inter amicos).*
2. Die Freilassung durch einen Brief *(manumissio per epistulam).*
3. Die Freilassung beim Gastmahl oder am Tisch *(manumissio in convivio* bzw. *per mensam).*

---

274 Gai. inst. 1,12. S.u. Abb.2. HERRMANN-OTTO RAC 24, 2010, s.v. *Manumissio* II.

275 Zur spätantiken „Freilassung in der Kirche“ s.u. Kap. 3.7, Anm.330.

4. Die Freilassung im Zirkus oder im Theater (*manumissio in circo* bzw. *in theatro*).

Obwohl alle prätorischen Freilassungen eine bestimmte Öffentlichkeit hatten, Freunde oder Theaterpublikum anwesend waren und als Zeugen des Aktes fungierten, verliehen diese vier Freilassungsarten nur ein minderes Bürgerrecht (*Latinitas)* allerdings mit voller Freiheit zu Lebzeiten. Weil ihnen die amtliche offizielle Bestätigung fehlte, konnten sie nicht das volle römische Bürgerrecht vergeben. Dennoch machten die Herren reichlich Gebrauch von der Freilassung, vor allem von den offiziellen Formen.[276]

Zur Behebung von Missständen hat Augustus die uneingeschränkten Herrenrechte durch Festsetzung einer Höchstzahl (100) bei testamentarischen Freilassungen in der *Lex Fufia Caninia* 2 v.Chr. limitiert und ein Mindestalter für den Freilasser von 20 Jahren und den Freizulassenden von 30 Jahren in der *Lex Aelia Sentia* 4 n.Chr. festgelegt. Alle Sklaven, die die Voraussetzungen zu einer vollen Freilassung mit römischem Bürgerrecht nicht erfüllten, waren nur *Latini Iuniani*, Bürger minderen Rechtes.[277] Der *Latinus Iunianus* hatte kein römisches Ehe- und Testamentsrecht, d.h. er hatte keine legitimen Nachkommen und im Tod fiel der gesamte Besitz des Freigelassenen wie bei einem Sklaven an seinen ehemaligen Herrn. Der Erwerb der *Romanitas* war nach Erfüllung der Voraussetzungen des Alters aber möglich, u.a. durch Wiederholung der Freilassung durch den Herrn vor dem Beamten (*manumissio vindicta*).[278] Finanziert wurde die Freilassung meistens aus dem *peculium* des Freizulassenden. Motive für die große Zahl an Freilassungen, die Augustus durch die beiden Gesetze einzudämmen versuchte, waren für die ehemaligen Herren (*patroni*) die Steigerung ihres Sozialprestiges durch Vergrößerung ihrer Klientel. Außerdem winkten ökonomische Gewinnmaximierung durch vertraglich festgelegte, in Zeit und Umfang limitierte Tagwerke (*operae*) des *libertus* und soziale Absicherung durch Partizipation an der öffentlichen Getreideverteilung. Der bereits schon vor der Freilassung mit der Geschäftsführung für seinen Herrn beauftragte Sklave wurde als *libertus* zum vollwertigen und voll haftbaren Geschäftspartner.[279] Zusätzlich stand dem *patronus* die moralische, aller-

---

276 Weiler 2003, 194–195; ders. HAS 2017, s.v. *Freigelassene* II.B1–2; Kaser/ Knütel 2017[21], 96–98.

277 Gai. inst. 1,17; Ulp. reg. 1,10; frg. Dosith. 6; 15; Gai. inst. 1,42–43; 1,36–41; 1,17; Weiler 2003, 189–203; Heinrichs HAS 2017, s.v. *Augustus* III; Sirks HAS 2017, s.v. *Lex Aelia Sentia*; ders. HAS 2017, s.v. *Lex Fufia Caninia*.

278 Sirks 1983, 211–292; ders. HAS 2017, s.v. *Latini Iuniani*.

279 Verboven 2012, 88–109, bes. 99–100; Mouritsen 2011, 206–247.

dings rechtlich nicht einklagbare Ehrerbietung (*obsequium*) des *libertus* zu. Das bedeutete beispielsweise, dass der Freigelassene für seinen verarmten Patron sorgen musste.[280]

Das Interesse des Staates an Freigelassenen mit römischem Bürgerrecht beruhte auf der Hebung der freien Bevölkerungszahl und der Erfüllung staatsbürgerlicher Pflichten und Rechte. Diese konnten die *liberti* uneingeschränkt erfüllen. Ausgeschlossen waren sie von staatlichen Ämtern und Waffendienst, aber zugelassen waren sie zur Flotte und den neu geschaffenen Sakralämtern zu Ehren des Kaisers (Augustalen). Auch hatten sie volles Wahlrecht in den städtischen *tribus*.[281] Außerdem machte der Staat einen ökonomischen Gewinn durch die fünfprozentige Freilassungssteuer.

Die freigeborenen Kinder (*ingenui*) der Freigelassenen konnten uneingeschränkt alle staatsbürgerlichen Pflichten wahrnehmen und waren voll in die Gesellschaft integriert. Die Gesellschaftspolitik der Kaiser war immer häufiger vom *favor libertatis*, der Begünstigung der Freiheit, bestimmt.[282] Das lässt sich vor allem an den Sonderregelungen der *Lex Aelia Sentia* erkennen, in der vorzeitige volle Freilassung all denen gewährt wurde, die als natürliche Eltern und Kinder in einem verwandtschaftlichen Nah- oder als Ammen, Pädagogen und Bücherträger in einem beruflichen Vertrauensverhältnis zum Freilasser standen.[283]

Wie sehr sich die Römer der Chance bewusst waren, über die Sklaverei eine bewusste Bevölkerungspolitik führen zu können, zumal sie seit den Punischen Kriegen mit Bevölkerungsmangel zu kämpfen hatten, wird an der klaren Verbindung zwischen persönlicher Freiheit und römischem Bürgerrecht deutlich. Vor dem Hintergrund einer bewusst betriebenen demographischen Politik ist es die Begünstigung der Freiheit, die die Kaiser bereits sehr früh bei allen kontroversen Fällen und in ihrer Gesetzgebung leitete: Vorzeitig befreiend wirkten beispielsweise Eheabsichten der Herren mit ihren Sklavinnen, *libertae* wurden – auch gegen den Willen ihres *patronus* – zu Nutznießerinnen der augusteischen Ehegesetze im Vier-Kinderrecht. Dieses befreite sie von der Vormundschaft des Patrons, wenn sie vier Kinder lebend zu Welt gebracht hatten.[284]

---

280 Waldstein 1986; Weiler 2003, 197–198; ders. HAS 2017, s.v. *Freigelassene* II.A.

281 Masi Doria 1993, 250–260.

282 Zu den freigeborenen Söhnen s. Mouritsen 2011, 248–278; Ankum 2005, 82–100.

283 Dig. 40,2,11–13 (Ulpianus); Gai. inst. 1, 17–20.

284 Herrmann-Otto 1994, 250–253 mit weiterer Literatur.

Innerhalb der römischen Gesellschaft hat die Sklaverei immer ein Doppelgesicht gehabt. Ulpian hat sie mit dem Tod verglichen,[285] der aber durch die römische Art der Freilassung, die mit der Freiheit das Bürgerrecht verband, nicht nur überwunden werden konnte, sondern auch die Chance eines ungeahnten sozialen Aufstiegs in sich barg. Auch die Freilassung hat ein Doppelgesicht, weil sie gesamtgesellschaftlich zur Stabilisierung der Sklaverei beitrug, für den Einzelnen jedoch die Überwindung der Sklaverei und das Ende früherer Armut und Perspektivlosigkeit bedeuten konnte. Verbunden mit demographischen und ökonomischen Aspekten waren Sklaverei und Freilassung als zwei Seiten einer Medaille für die Gesamtgesellschaft so bedeutsam, dass eine Aufhebung der Institution Sklaverei in der römischen Antike außerhalb jeglicher Vorstellungen lag und deswegen auch von niemandem gefordert wurde.

3.7 Religion und Sklaverei: Paganismus, Judentum und Christentum

Mit dem hochausgebildeten, differenzierten römischen Freilassungssystem, das originär mit der römischen Sklaverei verbunden ist, ist die Geschichte der Sklaverei in der Antike aber noch nicht zu Ende. Es gab weder eine allgemeine Aufforderung zur Freilassung, noch gab es eine Forderung zur Abschaffung der Sklaverei in der Kaiserzeit. Der Staat hat zwar seine eigenen Interessen für das Gemeinwohl verfolgt, griff aber nur ungern und selten in die Rechte der privaten Herren ein. Als sich die Gesellschaft im spätantiken Römischen Reich wandelte, da änderten sich auch die Rahmenbedingungen für Sklaverei und Freilassung.

Es gab viele Faktoren im spätrömischen Reich, die langfristig Veränderungen mit sich brachten. Einer dieser Faktoren war das Christentum. Seine Ausbreitung vollzog sich zunächst zeitgleich mit der Ausbildung des oben beschriebenen römischen Modells. Was bisher in der Darstellung noch nicht berücksichtigt worden ist, ist das Verhältnis zwischen Religion und Sklaverei allgemein und in diesem Rahmen die Beziehungen und Bewertungen zu einzelnen religiösen Gruppierungen, Kulten und Gemeinschaften.

---

[285] Dig. 50,17,209: Ulpianus ähnlich wie Gaius inst. 3,153 bezüglich der Personenstandsverschlechterung (*capitis deminutio maxima*); vgl. auch HERRMANN-OTTO 2002, 20–41, sowie die aus der Soziologie entwickelten Kriterien zum *social death*, die ORLANDO PATTERSON erstmalig auf die Sklaverei angewandt hat, allerdings mit antiken Vorläufern, wie man sieht. Zur heutigen Kritik an PATTERSON s.o. Kap. 1.3.

Für den sogenannten Paganismus, ein künstlicher Sammelbegriff aller Kulte außerhalb von Judentum und Christentum, ist dieses Verhältnis schwierig zu definieren. Außerdem soll hier eine zeitliche und räumliche Beschränkung auf das Römische Reich erfolgen.[286] Im Zusammenhang mit der Zugehörigkeit der Sklaven zur römischen *familia* nahmen diese an dem Hauskult der Laren teil. Ob sie von dem der Penaten ausgeschlossen waren, da sie selbst keine Vorfahren hatten, ist schwer zu sagen. Beide Kulte gingen ineinander über, sodass Unfreie sicher bei beiden anwesend waren. Bei Abwesenheit des Herrn konnte den Sklaven der Leitungsebene, auf dem Land *vilicus* und *vilica*, in der Stadt unterschiedlich *actor*, *atriensis*, *notarius*, je nach Charakter des Haushalts, die Beaufsichtigung der Kulthandlungen zufallen.[287] Bisher ist man in der Forschung davon ausgegangen, dass Sklaven vom öffentlichen Kult ausgeschlossen wurden, da sie keine Bürger waren. Ihr Fehlen in den entsprechenden Zeugnissen scheint das zu bestätigen. Geht man allerdings davon aus, dass in Notsituationen bei öffentlichen Supplikationen (Bittopfern) und Lektisternien (Göttermählern) die gesamte Bevölkerung unabhängig von ihrer sozialen Stratifikation die Hilfe der Götter erbitten und deren Zorn besänftigen sollte, dann können auch die Sklaven nicht gefehlt haben.[288] Einen nicht zu unterschätzenden Integrationsfaktor stellte der Kaiserkult dar. Vor allem die reichen Freigelassenen erwarben als Augustalen und Seviri Augustales Prestige und Zugehörigkeit innerhalb der städtischen Gesellschaft. Die Sklaven der „*familia Caesaris*“, die *servi publici* und die *servi civitatis* sind oft mit ihrem eigenen Geld an Wiederaufbaumaßnahmen von Tempeln und Altären beteiligt. Das hängt teilweise mit ihrer Zugehörigkeit zu diesen *familiae* zusammen, ist teilweise aber auch damit zu begründen, dass sie Funktionen als *apparitores*, *arcarii* oder *dispensatores* in Verwaltung und Rechnungswesen bekleideten. Sehr oft basieren diese euergetischen Akte auf privaten Gelöbnissen. Die Einheit zwischen Religion und Politik in der Antike wird daran besonders deutlich.[289]

---

[286] Zum Begriff Paganismus s. FUCHS / RAAB 1998, 579. Zu den griechischen Kulten s.o. Kap. 2.

[287] Cato agr. 134; 143,2; Cic. Leg. 2,27. RÜPKE 2001, 137–140. s.o. Kap. 3.3.

[288] In diesem Sinne LINKE HAS 2017, s.v. *Religion*, *Kult* III; zur älteren Forschung ebd., Gülzow 1999, 133–135, der auf das Fehlen von Sklaven bei der Supplicatio des Decius (250 n.Chr.) sowohl in den christlichen Märtyrerakten wie in den ägyptischen Libelli hinweist.

[289] Zu den Augustalen s. SPICKERMANN HAS 2017, s.v. *Augustalen*; ABRAMENKO 1993. Zu den kaiserlichen und den öffentlichen Sklaven s.o. Kap. 3.5.

Die Sklaven in den privaten Haushaltungen konnten aus aller Herren Länder stammen, auch noch in der Kaiserzeit und der Spätantike. Von dort her brachten sie fremde Kulte mit, die teilweise in Vereinen, *collegia*, organisiert waren. Nicht nur der Staat auch die privaten Herren waren tolerant und erlaubten ihren Sklaven die Mitgliedschaft. Voraussetzung war, dass der Verein nicht offiziell verboten war und seine Statuten die Sklaven nicht an ihrer Pflichterfüllung gegenüber ihren Herren hinderten. In diesen Kollegien waren die Sklaven gleichberechtigt. Sie zahlten einen Mitgliedsbeitrag und konnten Ämter in den stets flach gehaltenen Hierarchien bekleiden.[290]

Auch das Christentum war ein solches *collegium* und rangierte unter den Begräbnisvereinen (*collegia funeraticia*) bzw. den Vereinen der kleinen Leute (*collegia tenuiorum*), die nicht offiziell zugelassen, aber auch nicht verboten waren.[291] Welche Stellung nahmen die Sklaven in den frühchristlichen Gemeinden ein? War sie ähnlich wie in den anderen Kultgemeinschaften und Vereinen? Deckten sich die christlichen Vorstellungen von der Sklaverei mit denen der umgebenden Gesellschaft? Oder gab es eigene originäre Bewertungen? Im Einleitungskapitel (Kap. 1.2) sind bereits die grundlegenden theoretischen Positionen dargelegt worden. Hier soll untersucht werden, wie weit diese mit der griechisch-römischen Umwelt deckungsgleich waren, worin die Unterschiede bestanden, wo die Konflikte lagen und ob bzw. ab wann christliche Vorstellungen Einfluss auf die gesellschaftlichen Entwicklungen haben nehmen können.

Um diese Fragen beantworten zu können, muss man sich zunächst mit den Wurzeln des Christentums beschäftigen, d.h. mit dem Judentum. Zu diesem Zweck muss der Blick in den Osten, noch vor die hellenistische Zeit zurückgewendet werden.

Auch den Juden war, wie allen antiken Völkern, die Sklaverei bekannt. Sie unterschieden sich allerdings von diesen, indem sie die am weitesten entwickelte Schutzgesetzgebung für ihre Sklaven hatten. Das hing vornehmlich mit ihrer Erinnerungskultur zusammen: Sie waren aus dem Sklavenhaus Ägypten von Jahwe befreit worden. Das traumatische Urerlebnis der Versklavung eines ganzen Volkes und seiner göttlichen Befreiung im Exodus blieb allgegenwärtig und prägte auch Theorie und Praxis der jüdischen Sklaverei. So galt beispielsweise die Sabbatruhe nicht nur für den Herrn und seine Familie, sondern auch für die Sklaven. Als Begründung für die Arbeitsbefreiung der Sklaven heißt es:

---

[290] RÜPKE 2001, 199–207.

[291] COTTER 1996, 74–89.

„Dein Knecht (*país* = Sklave) und deine Magd (*paidíske* = Sklavin) sollen ruhen wie Du. Denke daran, dass Du selbst Knecht (*oikétes*= Haussklave) warst im Ägypterlande und dass der Herr, dein Gott, dich mit starker Hand und mit gerecktem Arme von dort weggeführt hat.“[292] (übers. P. Riessler / R. Storr, komment. Autorin)

Diese Bestimmungen galten auch für die fremden Sklaven, die Kaufsklaven, die in die Kultgemeinde aufgenommen wurden.[293]

Der größte Teil der jüdischen Schutzgesetzgebung galt allerdings den hebräischen Sklaven. Ziemlich gleichzeitig mit der Schuldsklaverei in Griechenland und in Rom kam es auch in Judäa zur Verschuldung hebräischer Bauern, die sich ihren reichen Nachbarn zur Schuldentilgung in die Sklaverei verkauften.

„Damals erhob sich große Klage beim Volke und bei seinen Frauen gegen ihre Brüder, die Judäer. Die einen sagten: ‚Wir wurden unserer Söhne und Töchter für verlustig erklärt; dann erst bekamen wir Korn, aßen und blieben leben.‘ Und andere sagten: ‚Wir verpfändeten unsere Felder, Weinberge und Häuser; dann bekamen wir Korn für den Hunger.‘ Und wieder andere sagten: ‚Wir haben uns Geld für des Königs Steuer auf unsere Felder und Weinberge geliehen. Nun aber ist unser Leib, wie der Leib unserer Brüder, und unsere Söhne wie ihre Söhne. Und doch müssen wir unsere Söhne und Töchter zum Sklavendienste pressen. Manche unserer Töchter wurden vergewaltigt, und wir können nichts dagegen tun. Unsere Felder und Weinberge gehören andern.‘“[294] (übers. P. Riessler / R. Storr)

Die Schuldsklaverei wurde bei den Juden im Gegensatz zu anderen antiken Völkern nie aufgehoben. Besonders im 5.Jh. v.Chr. unter persischer Herrschaft haben die oberen Bevölkerungsschichten mit den Persern zusammengearbeitet und ihre verarmten Landsleute auf ewig versklavt unter Umgehung der mosaischen Schutzgesetzgebung. Ähnlich wie Solon hat auch Nehemia eine Schuldentilgung durchgeführt, und versucht,

---

292 Dtn 5,14–15; vgl. auch Dtn 21,10–14; Ex 20,1–2; 21,26–27: Freilassungen von Sklaven bei Körperverletzung (Auge, Zahn); Ex 21,7–11: Freilassung hebräischer Sklavinnen bei körperlicher und sexueller Vernachlässigung sowie Nichteinhaltung von Heiratsversprechen; Ex 21,20–21: Tötungsverbot, zeitlich begrenzt; Dtn 23,16–17: Aufnahme bei Flucht; der geflohene Sklave darf seinem Herrn nicht zurückgegeben werden, sondern darf bei dem Aufnehmenden bleiben. Zur umstrittenen Interpretation dieser Stelle s. DE VAUX 1960, 143–144. Vgl. dagegen BELLEN 1971, 79–80.

293 Beschneidung und Integration: Gen 17,13.; Schutzbestimmungen für fremde Kaufsklaven, die aber Vererbung in die nächste Generation nicht ausschließen: Lv 25,44–46.

294 Nehemia, persischer Statthalter in Judäa 444–432 v.Chr. Neh. 5,1–5; s. hierzu KIPPENBERG 1977, 353–355; 366.

den mosaischen Gesetzen zum Sabbatjahr wieder Geltung zu verschaffen.[295] Danach musste der hebräische Schuldsklave im siebten Jahr, dem Sabbatjahr, dem Jahr der Brache aller Felder, freigelassen und mit einem Startkapital ausgestattet werden. Auch diese Bestimmungen werden aus dem traumatischen Urerlebnis des Exodus, dem sogenannten Gründungsmythos Israels, erklärt:

> „Verkauft sich dir einer deiner Brüder, Hebräer oder Hebräerin, diene er dir sechs Jahre! Im siebten Jahre sollst du ihn frei lassen! Und lässest du ihn frei, dann darfst du ihn nicht leer ziehen lassen. ...Gedenke, daß du Sklave gewesen im Ägypterlande und daß dich der Herr, dein Gott, befreit hat! Darum geboete ich dir heute solches...“[296] (übers. P. Riessler / R. Storr)

Wollte der Schuldsklave aber Frau und Kinder, die er von seinem Herrn erst in der Sklaverei erhalten hatte und fremder Herkunft waren, nicht zurücklassen, blieb er Sklave auf ewig, längstens aber 50 Jahre.[297] Im Jobeljahr (7x7 = 49 Jahre) kamen auch diese hebräischen Sklaven frei, die freiwillig nach sechs Dienstjahren in der Sklaverei verblieben waren und deren Ohr mit einem Pfriem am Türpfosten als Zeichen ewiger Sklaverei durchbohrt worden war.[298] Gleiches galt für den aus dem Ausland ausgelösten Hebräer, der die Lösesumme als Schuldsklave bei seinem Landsmann noch nicht abgearbeitet hatte. Alle diese Bestimmungen bezogen sich auf hebräische Sklaven, deren freier Rechtsstatus durch eine automatische Schuldentilgung wiederhergestellt werden sollte.[299] Dennoch gibt es nicht geringe Anzeichen dafür, dass die Gesetze umgangen wurden. In rabulistischer Ausdeutung sollten beispielsweise nur alle Forderungen im Sabbatjahr ruhen, wodurch die Schulden nicht eigentlich erlassen waren. Den Armen sollte in diesem Jahr die Ernte überlassen werden, weil die Äcker nicht abgeerntet wurden: Auch diese Bestimmung versuchte man zu umgehen, indem man kein zeitlich festgelegtes Sabbatjahr durchführte, sondern zu verschiedenen Zeiten Äcker brachliegen ließ. Damit stimmte die Auffassung überein, dass jeder Sklave in einem anderen Jahr das Sabbatjahr habe, wenn die Freilassung im siebten Jahr ab dem Termin der Versklavung galt. Auch das mosaische Gesetz zum Jobeljahr, womit die überhandnehmende „Sklaverei auf ewig“ unter hebräischen Sklaven radikal bekämpft werden sollte, wurde durch eine

---

295 Lv 25,39–43.

296 Zitat: Dt 15,12–15; Ex 21,3; Dt 15,1–11; Lv 25,1–7; vgl. HEINEN, 2005, 135–152.

297 Dt 15,12–18; Ex 21,2–11.

298 Dt 15,16–17; Ex 21,5–6; Lv 25,8–13, 39–43.

299 Lv 25,39–42; 47–54; Neh 5,1–13. SIGISMUND HAS 2017, s.v. *Juden / Judentum* D.

unterschiedliche Auslegungspraxis verwässert und unwirksam gemacht. Durch diese „Sophistereien“ sind manche modernen Forscher in der Überzeugung bestärkt worden, dass die jüdischen Freilassungsgesetze nie wirklich praktiziert worden seien.[300] Spätestens in hellenistischer Zeit kam es zu Unregelmäßigkeiten und Umgehungsversuchen. Fortbestand und Gültigkeit der Gesetze scheinen in römischer Zeit nicht mehr von der jüdischen Öffentlichkeit kontrolliert worden zu sein und ihre Praktizierung im Belieben und der Auslegung jedes einzelnen Herrn gelegen zu haben, obwohl die Schuldsklaverei den Juden von den lokalen römischen Behörden weiterhin zugestanden wurde. Sie hat sogar innerjüdisch noch bis ins 4.Jh. n.Chr. fortbestanden.[301] Wahrscheinlich wurden die jüdischen Freilassungsformen unattraktiv, spätestens als nach der *Constitutio Antoniniana* 212 n.Chr. auch jüdische Sklaven nach römischem Recht freigelassen werden konnten. Nach rabbinischem Recht standen Freigelassene innerhalb der gesellschaftlichen Hierarchie der jüdischen Gemeinde hinter den Proselyten, hatten also einen niederen Stand, auch wenn sie keinen Patron und nicht die damit verbundenen Verpflichtungen hatten. Vor allem aber hatten sie rechtlich und sozial im Römischen Reich in Ermangelung des römischen Bürgerrechts eine schlechte Position. Die seltene Praktizierung der alttestamentarischen Freilassungsvorschriften in römischer Zeit ist vermutlich darauf zurückführbar. Die Assimilation der Juden, vor allem in den Diasporagemeinden, war zu allen Zeiten immer groß gewesen. Im Bosporanischen Königreich an der Schwarzmeerküste in Pantikapeion beispielsweise fanden Freilassungen in der Synagoge in enger Anlehnung an Freilassungsformen der griechisch-römischen Umwelt statt.[302]

Die rechtliche Stellung der hebräischen Sklaven war nicht schlecht. Als Mitglieder der jüdischen Gemeinde waren sie allen religiösen Geboten unterworfen, soweit sie nicht grundlegend ihre Arbeitskraft einschränkten: Sabbatruhe, Teilnahme am Passahfest und an allen Opfermahlzeiten. Tätig waren die jüdischen Sklaven in Landwirtschaft und Haus. Sie waren rechtsfähig in Bezug auf Gelderwerb, sodass der Freikauf als Freilassung zu einer der ältesten Freilassungsformen in Israel

---

300 MENDELSOHN 1949, 90–91; HEZSER 2005, 307: Verletzungen dieser Gesetze, auch nach erneuter Einschärfung unter dem König Zedekiah im 6. Jh. (Jer 34,8–22) und die gescheiterte Schuldrechtsreform des Nehemia im 5. Jh.. Zur römischen Zeit s. HEZSER 2003, 169/170, 176.

301 SIGISMUND HAS 2017, s.v. *Juden / Judentum* D.

302 Ob es sich um eine sakrale Freilassung nach griechischem Vorbild oder um eine prätorische Freilassung: *manumissio inter amicos* handelt, ist umstritten. S. hierzu GIBSON 1999, 66–72; HEINEN 2006a, 73–76.

werden konnte. Nach der Freilassung fand durch ein Tauchbad eine Restitution der Freigelassenen als Vollmitglieder in die Gemeinde statt, denn als Sklaven hatten sie z.B. die erforderliche Zahl von zehn Männern, die zur Thoralesung nötig waren, nicht auffüllen können. Die jüdischen Freilassungsbestimmungen blieben eng auf den ethnischen und kultischen Verband beschränkt. Die aus dem Ausland gekauften, nicht hebräischen Sklaven hatten kein Anrecht auf Freilassung und wurden von Generation auf Generation vererbt.

In der Spätantike erfuhren die Juden jedoch Einschränkungen als Sklavenbesitzer: Sie durften nichtjüdische gekaufte Sklaven nicht beschneiden. Ein Verstoß gegen dieses Verbot Kaiser Konstantins wurde mit dem Verlust der Herrenrechte geahndet. Die Sklaven wurden frei auf der Grundlage der *privilegia libertatis*, die eventuell im Sinne der freien Religionswahl der Mailänder Vereinbarungen zu verstehen sind, da Konstantin Christen und Angehörige anderer Religionsgemeinschaften aber auch Völkerschaften vor der Beschneidung schützen wollte. Nur geerbte, nicht gekaufte andersgläubige Sklaven durften die Juden gemäß der späteren Gesetzgebung behalten, wenn sie von einer Integration dieser Sklaven in ihre Religionsgemeinschaft absahen. Glaubensgenossen dagegen durften sie auf der Grundlage ihrer eigenen Gesetze, die von den Römern seit Caesar bis Justinian immer anerkannt worden sind, als Sklaven halten.[303] Dennoch hat man bei den Juden zu keiner Zeit von Sklavenmassen auszugehen.

Im Gegenzug aber sind Juden in hellenistischer und römischer Zeit massenhaft versklavt worden:

168 v.Chr. wurden unter Antiochos IV. nach der Einnahme Jerusalems alle Frauen und Kinder in die Sklaverei verkauft.[304]

52/51 v.Chr. wurden von Cassius im Kampf gegen die Parther 30.000 Juden gefangen genommen und verkauft. Marcus Antonius ließ die zu Unrecht Versklavten bestimmter Städte im Jahr 41 v.Chr. wieder frei und gab ihnen ihren Besitz zurück.[305]

Im Jüdischen Krieg (66–70 n.Chr.) gerieten insgesamt 97.000 Juden in Gefangenschaft. Es fehlen genaue Zahlen, wie viele von ihnen – vor

---

303 Das Kastrationsverbot spielte eine wesentliche Rolle bei der Judengesetzgebung seit Antoninus Pius, seit Theodosius I. auch die Christianisierungspolitik: nichtchristliche Sklaven finden später keine Berücksichtigung mehr. Umstritten ist in der Forschung, ob die Sklaven frei wurden, oder an den Fiskus bzw. an die Kirche gingen. Zur Problematik s. LANGENFELD 1977, 66–105; BUCKLAND 1908, 604–607; SIGISMUND HAS 2017, s.v. *Juden / Judentum* E.

304 1 Makk 1,32.

305 Ios. ant. Iud. 14,120; bell. Iud. 1,180.

allem die unter 17-jährigen – verkauft, wie viele der über 17-jährigen sofort in die Bergwerke in den sicheren Tod geschickt und wie viele schöne und kräftige Juden für den Triumphzug in Rom aufgespart bzw. zu Gladiatorenspielen und Tierhatzen an die Provinzstatthalter verschenkt wurden. 11.000 kamen durch Hungertod und Selbstmord um.[306]

Nach Niederschlagung des Bar-Kochba-Aufstandes (132–135 n.Chr.) wurden so viele jüdische Gefangene verkauft, dass die Sklavenpreise dramatisch fielen: Ein Sklave war nur noch so viel wert wie ein Pferd. Sklaven, die man auf dem Markt in Hebron nicht verkaufen konnte, wurden in Gaza verkauft oder nach Ägypten verschifft.[307]

Jüdische Kriegsgefangene wurden häufig von Privatbesitzern freigelassen, weil sie aufgrund der strengen kultischen Vorschriften sehr schlecht für den Sklavendienst geeignet waren. Dagegen wurden Juden oft Opfer von Menschenraub, da sie gesetzlich verpflichtet waren, ihre Volksgenossen, die in fremde Sklaverei geraten waren, auszulösen. Für die Nachbarvölker, später die Piraten und Räuber, war der Menschenhandel mit Juden ein lukratives Geschäft.[308]

Welche von diesen Bestimmungen und Eigenarten sind in das Christentum eingegangen, das auf den Schultern des Judentums stand und zunächst den gleichen religiösen, ethnischen und sozialen Ursprung hatte?

Dass jüdische Praktiken von Freikauf und Freilassung die Erwartungshaltung christlicher Sklaven im kleinasiatischen Smyrna gestärkt haben könnten, wird an der Ablehnung des Freikaufs auf Gemeindekosten durch Bischof Ignatius von Antiochien deutlich. Er tadelt sie als „Sklaven der Begierde“,[309] in Übereinstimmung mit dem berühmten Pauluswort aus dem 1. Korintherbrief.[310]

Im Einleitungskapitel (Kap.1.2) wurde auf die Problematik dieser Stelle bereits hingewiesen, und gezeigt, wie die Marginalisierung von Sklaverei und Freilassung durch Paulus auch dann noch für die Christen weiterhin richtungsweisend blieb, als die Vorbedingungen für die Pau-

---

306 Ios. bell. Iud. 6,414–420 = ECK / HEINRICHS 1993, Nr.5. Die differenzierte Verwendung der Kriegsgefangenen spiegelt deren unterschiedlichen ökonomischen Wert wider. S. auch Kap. 3.8, Anm.356.

307 Zu den Massen versklavter und feilgebotener Juden auf den Sklavenmärkten nach dem Jüdischen Krieg und dem Bar-Kochba-Aufstand s. Hier. in Jerem. 31,15 (PL 24, 876–877). Zu allen Zahlen s. VOLKMANN / HORSMANN 1990², 65, 67, 69–71.

308 HEZSER 2015, 3–23.

309 Ign. ad Polyc. 4,3; HARRILL 1995, 158–192 sieht darin keine allgemeine Ablehnung der Freilassung.

310 1 Kor 7,17–22; s.o. Kap. 1.2, Anm.54, 55, 56.

lusworte nicht mehr gegeben waren. Auch als deutlich wurde, dass das erwartete Ende der Welt und die damit verbundene Aufhebung aller sozialen, geschlechtlichen, ethnischen und religiösen Unterschiede nicht eintrat, blieb man auf der Position des Paulus stehen, und forderte von den Sklaven absoluten Gehorsam ihren Herren gegenüber, und von den Herren eine gute Behandlung der Sklaven, da ja auch sie selbst einen Herrn über sich hätten, der sie zur Rechenschaft ziehen konnte. Außerdem waren sie alle durch die Taufe zu Brüdern in Christo und damit gleich vor Gott geworden. Selbst einem ungerechten Herrn, ob er nun Christ oder Nichtchrist war, hatten die Sklaven zu gehorchen und das Unrecht im Sinne der Nachahmung der Leiden Christi zu ertragen. Ein absolut hierarchisches Denken, in dem jegliche Obrigkeit auf Gott zurückgeführt wurde, verfestigte das Ausharren in der Sklaverei als gottgewollter Prüfung für die Sünde und verwarf jede falsch verstandene christliche Freiheit eines sozialen Statuswechsels.[311]

Eine erste Rezeption der jüdischen Freilassungsgesetze findet sich bei Clemens von Alexandrien, gestützt auf Philon, allerdings ohne daraus eine christliche Freilassungsforderung abzuleiten.[312] Auch sein Hinweis auf die Güter- und Frauengemeinschaft des christlichen Gnostikers Epiphanes bedeutet weder, dass sich der alexandrinische Kirchenvater dieser Meinung einer sklavenlosen Gesellschaft angeschlossen hätte, noch dass solch utopische Gesellschaftskonzeptionen außerhalb marginaler jüdischer Gruppen wie der Essener, Therapeuten u.a. je hätten verwirklicht werden können. Im 4.Jh. wird ähnlichen Forderungen des Eusthatius von Sebaste nach Ehe- und Sklavenlosigkeit und der Aufforderung zur Sklavenflucht auf dem Konzil von Gangra (340 n.Chr.) eine klare Absage erteilt und die Strafe des Anathems allen Anhängern angedroht. Solche Vorstellungen eines goldenen Zeitalters, die sich in der paganen, jüdischen, gnostischen und frühchristlichen Antike gleichermaßen finden, verstießen der Mehrheit der Amtskirche zufolge gegen die Schöpfungsordnung und galten später als Häresie.[313]

---

311 Sklaven: Röm 13,1–7; 1 Tim 6,1–2; 1 Petr 2,18–25; Herren: Eph 6,9; Kol 4,1; Herren und Sklaven: Didache 4,10–11.

312 Ob Hieronymus, der auf die jüdische Freilassung im Sabbatjahr hinweist: Comm. In Isaiam 16, 58 (PL 24, 565) diese vorbildhaft auch für christliche Sklaven fordert, ist in der Forschung umstritten: BELLEN 1971, 150/1 Anm.181; KLEIN 2001, 403.

313 Clem. Al. strom. 88–89; O'BRIEN 2001, 436–442; NEUTEL 2015, 162–183, 198–233; HASSE-UNGEHEUER 2016, 28; DIES. 2011, 149–150; GLANCY 2011, 428. Vgl. oben Kap. 1.2.

Christliche Sklaven christlicher und nichtchristlicher Herren gehörten nur dann zum Kreis der Unterstützungsbedürftigen in den christlichen Gemeinden, wenn sie alt und krank und von ihren Herren vernachlässigt wurden. Aber auch damit war keine Freilassung verbunden.[314] Freikauf dagegen von Sklaven, Gefangenen und Gefesselten, wenn sie gewaltsam verschleppt, oder in einem Strafverfahren zu den Spielen (Tierhatzen, Gladiatorenspielen) oder zu den Bergwerken verurteilt wurden, war auf Gemeindekosten als Loskauf möglich, oder durch Selbstverkauf eines Gemeindemitgliedes, eine Praxis, die zum endgültigen Freiheitsverlust des Selbstverkäufers zugunsten des Ausgelösten führte. Der christliche Selbstverkäufer wird eingedenk des paulinischen Wortes wohl kaum selbst seine Freilassung angestrebt haben, wie das der römische Selbstverkäufer tat.[315]

Konsequent in dieser Welt zu Ende gedacht, bedeutete die Forderung des paulinischen Freiheitsverzichtes als eine Art asketischer Leistung Folgendes:

- volles Ausgeliefertsein an die *patria potestas* des Herrn
- Verzicht auf alle zivilen Rechte (Ehe, Besitz, Handel)
- Verzicht auf bürgerliche und politische Rechte

Damit stand das Christentum weit hinter den sozialen und rechtlichen Positionen zurück, die für römische Sklaven durch die Freilassung erreichbar waren. Eine Sozialrevolution wollte das Christentum nicht auslösen, sicher aber eine Wandlung des Bewusstseins sowohl der Herren wie der Sklaven: Es rief die Besitzer zu guter Behandlung und zu pädagogischer Verantwortung gegenüber den Sklaven auf. Am weitesten ging im vorkonstantinischen Christentum wiederum Clemens Alexandrinus, der den reichen Christen in Alexandrien anriet, ihre Sklavenmassen, die aus Prestigegründen und zur Steigerung des Lebensraffinements die Häuser der städtischen Oberschicht in Scharen bevölkerten, zu reduzieren, da sie ja selbst Arme und Beine zur Betätigung hätten, ein Argument, das sich bei den Stoikern und anderen östlichen Kirchenvätern findet, aber nicht auf Beendigung der Sklaverei oder Freilassung abzielte.[316]

Nie durfte der Sklave versuchen, seinen Status zu verändern, auch nicht durch Flucht. Vorbildhaft hatte Paulus entsprechend der römischen

---

314 Tert. Apol. 39,6 (CSEL 69,92); SCHÖLLGEN 1984, 250–257 s. u. Anm.335.

315 Ap. Const. 4,9,2; Clem. Roman. 55,2; Dig. 40,12,7pr. (Ulpianus): WIELING 1999, 25–26. Zum Loskauf von *captivi*, Freien und Unfreien, in der Spätantike in Italien s. GRIESER 2015, 24–51; in Gallien s. DIES. 1997, 173–190.

316 PUJIULA HAS 2017, s.v. *Clemens von Alexandrien*; KLEIN HAS 2017, s.v. *Johannes Chrysostomos;* DERS. 1999, 338–341; GLANCY 2011, 464–468.

Rechtsordnung den zu ihm geflohenen Sklaven Onesimos nicht bei sich behalten, sondern nur als Getauften an seinen Herrn Philemon zurückgeschickt, mit der Bitte, ihn nicht zu bestrafen, sondern als „Bruder im Herrn“ aufzunehmen. Eine Freilassungsforderung oder -empfehlung war mit dieser Bitte des Apostels nicht verbunden. Diese Praxis wurde in den folgenden Jahrhunderten für die Christen verbindlich, stand jedoch in krassem Gegensatz zu jüdischen Rechtsauffassungen.[317]

Wenn nach außen hin keine Veränderungen durchgeführt wurden, stellt sich die Frage, ob die Gleichheit aller innerhalb der Gemeinde wirksam geworden ist. Der Sklave konnte wie ein Freier getauft werden, aber er bedurfte dazu der Zustimmung seines Herrn, eine allgemein übliche Praxis im Römischen Reich. Diese Vorgehensweise griffen die Kirchenordnungen auf, und verlangten auch vom paganen Herrn eine moralische Empfehlung.[318] Sklaven und Sklavinnen haben zusammen mit ihren christlichen Herren und Herrinnen als Märtyrer und Märtyrerinnen den Tod erlitten und sind von der Gemeinde in gleicher Weise verehrt worden. Besonders hervorzuheben sind Sklavinnen wie Blandina, eine der lugdunensischen Märtyrerinnen zur Zeit des Marc Aurel (177), die, auf der untersten Stufe der sozialen Hierarchie stehend, im Martyrium über sich hinauswuchs und als wahre Glaubenskämpferin eine höhere Ehrung als ihre Herrin erlangte. Als einfache christliche Sklavin wäre ihr eine solche Wertschätzung nie zuteilgeworden. In den historisch echten Märtyrerakten lassen sich nur wenige weibliche und männliche Sklaven und Freigelassene namentlich identifizieren, da Sklaven meist nur im Gefolge ihrer christlichen Herren ins Visier von privaten Denunzianten oder staatlichen Behörden gerieten.[319]

In der Gemeinde scheint es Sklavinnen als *ministrae*, Diakonissen, gegeben zu haben. Im Rahmen eines Christenprozesses hat Plinius der Jüngere sie auf der Folter verhört, was auf ihren unfreien Stand hinweist. Zeugenaussagen von Sklaven waren, wie in Athen, auch in Rom nur auf der Folter gültig. Die Tätigkeiten der Diakonissen sind rein dienender Funktion im Krankenwesen, als Platzanweiserin in der Kirche und als

[317] Clem. Al. paed. 3,38,2,3; HERRMANN 1980, 122–124; Phm 15,8–21 zur Interpretation s. u.a. GÜLZOW 1969, 29–41; LAUB 1982, 67–71; GLANCY 2011, 471–472; GRIESER / PRIESCHING 2016, 231–250; zur Sklavenflucht nach jüdischen Recht und anderen Schutzbestimmungen s.o. Anm.292–308.

[318] Dig. 47,22,3,2 (Marcianus). S. HERRMANN 1980, 125–126. Erlaubnis und Empfehlung des Herrn: Traditio Apostolica 15; Testamentum Domini 43.

[319] Eus. h.e. 5,1,18 = GUYOT/ KLEIN 1994, 4–5, 75–76; GÜLZOW 1969, 139; BAUMEISTER HAS 2017, s.v. *Martyrium, Märtyrer;* SCHEELE 1970, 47.

Helferin der Frauen bei kultischen Handlungen. Sie bekleideten den untersten Rang der kirchlichen Ämterhierarchie.[320]

Leben und Laufbahn eines berühmten Klerikersklaven, des späteren Bischof Calixtus von Rom, sind genau bekannt, müssen aber wohl eher als Ausnahme gelten. Calixtus (ca. 160–222 n.Chr.) Sklave von Geburt und Kleinbankier des christlichen, in kaiserlichen Diensten stehenden Sklaven Carpophorus, der später wahrscheinlich Freigelassener, *libertus Augusti* war, wurde aufgrund von veruntreuten Geldern (Depositgeschäften), Flucht-, Selbstmordversuchen, Randale in der Synagoge, öffentlicher Ruhestörung sowie wegen seines Christseins zur Zwangsarbeit in die Minen von Sardinien verurteilt. Calixtus war durch seine Vergehen vom kaiserlichen *vicarius* (Sklave eines Sklaven) zum *servus poenae* (Strafsklave) herabgesunken. Nach einiger Zeit zusammen mit anderen christlichen Sträflingen amnestiert durch die *concubina* des Commodus, Marcia, wurde er kaiserlicher Freigelassener und lebte, anerkannt als Confessor, von Gemeindegeldern unterstützt, zehn Jahre lang in Antium in der Nähe von Rom. Nachdem er die niedere kirchliche Ämterlaufbahn durchlaufen hatte, übernahm er, nach Rom zurückgekehrt, im Auftrag des römischen Bischof Zephyrin als Diakon der stadtrömischen Gemeinde erfolgreich die Armenfürsorge und die Verwaltung der Coemeterien (Friedhöfe), die ihm die Wahl zum Bischof gegen seinen Konkurrenten, den Presbyter Hippolyt, einbrachte. Ihm verdanken wir den nicht immer objektiven Bericht über das Leben des Calixtus. Der ehemalige kaiserliche Sklave eines Sklaven steht exemplarisch für das römische Freilassungsmodell, das angewandt im christlichen Umfeld, zu einer äußerst erfolgreichen klerikalen Karriere führen konnte. Organisatorische Fähigkeiten und der Confessor-Titel haben selbstverständlich zu diesem Aufstieg mit beigetragen.[321]

So erstaunlich schon seine Laufbahn war, so waren die von ihm veranlassten Reformen noch spektakulärer. Aus den unteren und entrechteten Schichten stammend, hat er Verbindungen zwischen freien Frauen und Sklaven, die nach römischem Recht nur ein *contubernium* waren, als rechtlich vollgültige Ehen vor der Kirche anerkannt. Hintergrund dieser Maßnahme war, dass Christinnen der Oberschichten keine christlichen Männer in ihrer eigenen Gesellschaftsschicht fanden. Gingen sie aber

---

[320] Plin. epist. 10, 96,8. Zur Anwendung der Folter s. Dig. 48,18,12 (Ulpianus), RIES 2002, 208–214; bei den Griechen s.o. Kap. 2.3. Zu den Diakonissen: PHILIPPI, s.v. *Diakonie*, TRE 8, 1981, 626.

[321] Zu Carpophoros s. CIL VI 13040; zu Callistus s. Hippol. ref. 11 (GCS Hippolyt III); zur Tendenz der Schrift GRIESER HAS 2017, s.v. *Calixtus* I.; GÜLZOW 1969, 142–172.

eine standesgemäße „Misch"-Ehe ein, war ihr Christentum insofern gefährdet, als der Ehemann sie als Christin anzeigen konnte, wenn ihm die Lebensführung seiner Frau missfiel. Der christliche Name, *nomen christianum*, war strafbar, weil das Christsein nicht erlaubt war. Ein solcher Christenprozess konnte mit einem Todesurteil der Christin enden. Unter den männlichen Sklaven aber gab es viele Christen, die solche Frauen „heiraten" konnten. Nach römischem Recht allerdings waren diese christlichen Ehen überhaupt nicht existent, weil Sklaven kein Eherecht hatten. Die Frauen galten in der römischen Gesellschaft als unverheiratet. Das calixtische Ehegesetz, aus einer richtigen Erkenntnis des Alltags geboren, scheint weder lange praktiziert noch weit verbreitet gewesen zu sein. Den *canones* der Synode von Elvira, eventuell aus dem Beginn des 4.Jhs., kann man entnehmen, dass Christinnen in der spanischen Provinz sich mit nicht christlichen Standesgenossen, sogar mit heidnischen Priestern, verbunden haben.

Das calixtische Ehegesetz ist von Anfang an vom „hohen" Klerus angegriffen worden. Die gleiche Gesinnung weist die Kirchenordnung des Hippolyt auf, die dem christlichen Mann die Entlassung einer unfreien Konkubine zugunsten der rechtmäßigen Ehe mit einer freien Frau empfiehlt. Römisches Standesdenken rangierte in allen diesen Fällen vor den christlichen Gleichheitsforderungen.[322]

Je mehr sich das Christentum ausbreitete, umso mehr assimilierte es sich an die Vorstellungen seiner Umwelt. Ein Beispiel dafür ist die Erschwerung des Eintritts von Sklaven in die klerikalen Ämter, die zunächst für Freigelassene noch möglich war, später aber nur noch für freigelassene Sklaven von Priestern zulässig wurde. Die Forderung der Freilassung vor der Ordination wurde bereits in vorkonstantinischer Zeit mit der Unvereinbarkeit des kirchlichen Amtes mit den von den Sklaven ihren Herren, christlichen oder nichtchristlichen, geschuldeten Diensten begründet. Diese konnten nach der Freilassung in Form von *operae* den *libertus* weiter belasten. Niemand könne zwei Herren dienen, behaupteten die Kirchenväter.[323] Allein in entlegenen Gegenden wurden Priester-

[322] Herrmann 1980, 108–114; Evans Grubbs 1995.

[323] Stephan I. epist. 1,1 (Mansi I 887) Jahr 257. Die Historizität des Briefes als frühestes Zeugnis ist nicht ganz gesichert. Vgl. die späteren gesicherten Quellen z.B.: Syn. Elvira can 80; Const. Ap. 8,47,82. Demnächst zu dieser Problematik: Daniel Vaucher, Sklaverei in Norm und Praxis. Die frühchristlichen Kirchenordnungen. Diss. Bern 2016. Zu den *operae* s. Waldstein 1986.

Sklaven im Osten auf Wunsch der Gemeinden, im Westen auf Wunsch der Herren für die Eigenkirchen erlaubt.[324]

Es gab eine Vielzahl von Berufen oder Berufspraktiken, die das Christentum entweder aus moralischen Gründen oder wegen ihrer Nähe zum Paganismus ablehnte. Wer Christ werden wollte, musste diese Berufe aufgeben. Es handelt sich dabei um alle Tätigkeiten im Unterhaltungswesen: Musiker, Schauspieler, Tänzer, Wagenlenker, Faustkämpfer, Tierkämpfer, Prostituierte, Strichjungen, Kuppler, Bordellbesitzer etc., um Händler und Handwerker im Devotionalienwesen, Wahrsager, Magier, Traum- und Opferdeuter, sowie Soldaten, Henker, Gladiatoren und deren Ausbilder, die mit der Tötung von Menschen zu tun hatten, um Kriminelle wie Giftmischer, Diebe, Grabschänder sowie alle Berufspraktiken, die auf Betrug basieren konnten und bevorzugt von Zöllnern, Händlern, Menschenhändlern, Anwälten, Geldverleihern etc. durchgeführt wurden. Viele dieser Tätigkeiten, die nach römischem Recht mit Infamie belegt waren, wurden von Sklaven ausgeübt. Da sie keine freie Berufswahl hatten, waren sie von vorneherein von einer Mitgliedschaft in den christlichen Gemeinden ausgeschlossen.[325]

Die moralische Rigidität traf aber nicht nur die Sklaven und Freien der unteren und mittleren Schichten. Auch die reichen Gemeindemitglieder unterlagen einer sozialen Kontrolle. Obwohl die Gemeinden auf die Spenden der Reichen angewiesen waren, um ihrem vielfältigen karitativen Fürsorgeprogramm der Armen, Kranken, Witwen und Waisen nachkommen zu können, lehnten sie die Gelder derjenigen ab, die:

> „Leute im Gefängnis halten, oder ihre Sklaven schlecht behandeln, oder hart auftreten in ihren Städten oder die Armen bedrücken.“[326]

Sklavenbesitzer wurden auch im nicht christlichen Rom an der Einhaltung eines Moralkodex gemessen und aus ihrer Gesellschaftsschicht ausgeschlossen, wenn sie diesen nicht einhielten. Das Christentum ermahnte die Herren nicht nur, ihre Sklaven gut zu behandeln, es strafte sie u.U. auch mit Ausgrenzung.[327]

---

[324] Greg. Naz. epist. 79 (GCS 53, 70); zum Fall des „Priester“-Sklaven der Simplicia s. Bas. epist. 115; Aug. epist. 222,3 (PL 33, 999–1000); KLEIN 1999, 408–419.

[325] Zu den Berufen s.o. Kap. 3.4; HERRMANN-OTTO HAS 2017, s.v. *Berufe*; Kirchenordnungen: Traditio Apostolica 16, Const. Apost. 8,32 u. 4,6; Can. Hipp. 11–16; Test. Dom. 44; Didasc. 18; dass der Beruf des Sklavenhändlers nicht in den Listen aufgeführt ist, hängt wahrscheinlich damit zusammen, dass er unter den betrügerischen Händlern, die u.a. auch mit Sklaven handeln, mitläuft. Demnächst ausführlich ebenfalls bei VAUCHER s.o. Anm.323.

[326] Didasc. 18 = Const. Ap. 4,6

[327] Zum römischen Moralkodex s.o. Kap. 3.3 u. 4; KNOCH 2005.

Obwohl die christliche Kirche auf der Grundlage der paulinischen Aussagen die Herren nie zur Freilassung ermuntert hat, gab es in vorkonstantinischer Zeit bereits christliche Freigelassene wie Marcus Aurelius Prosenes, Freigelassener des Marc Aurel und des Commodus, der in der kaiserlichen Zentrale in Rom die prokuratorische Ämterlaufbahn bis zum Kämmerer des Caracalla durchlief, den er auf seinen Partherfeldzug begleitete. Vermutlich brachte er die Aschenurne des in Carrhae ermordeten Kaisers zur Beisetzung nach Rom. Seine eigenen Freigelassenen, unter denen sich zumindest ein Christ, Ampelius, befand, haben ihren christlichen *patronus* in einem prächtigen Sarkophag in Rom beigesetzt, nachdem er auf dem Rückweg aus dem Osten im Jahr 217 plötzlich verstorben war.[328] Weitere christliche *liberti* und *servi* der „*familia Caesaris*", sowohl einzelne wie auch nur als *Caesariani* pauschal bekannte, sind seit der julisch-claudischen Dynastie bis hin zu Diokletian als vertrauenswürdige und erfolgreiche Hof- und Verwaltungsbeamte in nächster Nähe der nichtchristlichen Kaiser tätig gewesen. In dieser Konstellation wird ein ideales Nebeneinander der zu absolutem Gehorsam gegenüber ihren Herren verpflichteten christlichen Sklaven und Freigelassenen einerseits und der insgesamt, abgesehen von wenigen Ausnahmesituationen, toleranten nichtchristlichen Kaiser andererseits sichtbar.[329]

Ebenfalls in vorkonstantinischer Zeit hat das Christentum im Rahmen des römischen Rechts ein eigenes Institut der „Freilassung in der Kirche" entwickelt, in der Form der „Freilassung unter Freunden" (*manumissio inter amicos*), einer prätorischen Freilassung, die das latinische Bürgerrecht verlieh. Konstantin hat später dieses Institut der Freilassung vor dem Priester in Anwesenheit der Gemeinde als Zeugen als „Freilassung in der Kirche" (*manumissio in ecclesia*) anerkannt, und den in dieser Weise Freigelassenen das römische Bürgerrecht verliehen. Damit war die kirchliche Freilassung neben die staatlichen Formen gleichwertig eingereiht worden. Kleriker konnten ihre eigenen Sklaven formlos zu Lebzeiten und im Todesfalle ohne Testament mündlich sofort mit voller Freiheit (*plena libertas*) freilassen.[330] Die große Chance, die Konstantin der

---

[328] CIL VI 8498 = ILS 1738 = Diehl II 3332; INSTINSKY 1964,3; MARKSCHIES 2006, 25.

[329] Christliche Sklaven und Freigelassene der „*familia Caesaris*": Tert. idol. 17; Cyp. epist. 80.1: Valerian; Eus. h.e. 8,6,1; Lact. mort. pers. 14,1–15,2: eventuell ist der *cubicularius* Dorotheus ein *libertus Augusti* des Diokletian. Zur „*familia Caesaris*" s.o. Kap. 3.5.

[330] C.I. 1,13,1 (J. 316); C.Th. 4,7,1 = C.I. 1,13,2 (J. 321) oder drei Gesetze: Sozom. h.e.1,9,6–7; zu Anzahl und Datierung: GRIESER 1997, 136 Anm.395;

Kirche auf dem Gebiet der Freilassungen einräumte, wurde von ihr jedoch nicht wahrgenommen. Sie empfahl zwar den Laien die Freilassung als ein gutes Werk für das Heil der Seele (*pro remedio animae*) durchzuführen, aber gleichzeitig erschwerte sie ihren eigenen Klerikern die Freilassung derartig, bis sie sie schließlich als „unfrommes Werk" (*opus impium*) verboten hat. Sie selbst, die seit dem 4.Jh. n.Chr. Großgrundbesitzerin geworden war, ließ nicht nur die eigenen Sklaven nicht frei, sondern legte es den privaten Herren sogar nahe, ihre Freigelassenen dem Schutz der Kirche zu unterstellen, die als nicht sterbende Patrona zeitlebens Anrechte auf diese Freigelassenen hatte.[331] Das führte u.a. dazu, dass für die *leges barbarorum* der Burgunder, Ripuarier und Franken die *manumissio in ecclesia* eine uninteressante Freilassungsform darstellte, die sie durch eigene Freilassungsformen ersetzten.[332]

War die Freilassung in der Republik und vor allem in der Kaiserzeit ein mit allen Kräften anzustrebendes Ziel für die Sklaven gewesen, so änderte sich das in der Spätantike grundlegend. Es gab nicht nur Sklavenproteste gegen Freilassungen, wenn die Herren sich aus ihrer Fürsorgepflicht stahlen und die Freigelassenen schlecht oder gar nicht ausgebildet keine Arbeit fanden und nur die Zahl der armen Tagelöhner und Bettler vermehrten.[333] Auch die enorm zunehmende Sklavenflucht hatte nicht die Freiheit zum Ziel, sondern den Arbeitsplatzwechsel zu einem besseren Herrn bzw. einer besseren Arbeit.[334] Im christlichen Umfeld zeichnete sich sogar ab, dass soziale Gruppen gegeneinander ausgespielt wurden: Denn aus Sklavenverkauf und -freilassungen wurde die Armenfürsorge finanziert, ein gutes Werk „für das eigene Seelenheil". Sklaven gehörten dagegen nicht zu den Unterstützungsbedürftigen, weil für sie der Herr sorgte. Das Verbleiben im Hause des Herrn auch nach der Frei-

---

LANGENFELD 1977, 24–30. Zu den Freilassungen s.o. Kap. 3.6. Zu den Motiven Konstantins s.u. Kap. 3.8.

331 GRIESER 1997, 144–150.

332 BONNASSIE 1988, 901–903.

333 Umstritten ist die religiöse Gesinnung der Melania der Jüngeren und ihres Mannes Pinianus, die vermutlich 8.000 Sklaven mit deren Zustimmung freigelassen haben, während sie die übrigen Sklaven, eventuell eine noch größere Anzahl (16.000?), aufgrund einer Sklavenrevolte für je 3 *solidi* an einen Familienangehörigen verkaufen mussten. Proteste der Sklaven gegen Weiterverkauf oder Freilassung ohne weitere soziale Absicherung (Fürsorgepflicht des Herrn) lassen die angeblich religiösen Motive (Verkauf allen Besitzes für die Armen vor Klostereintritt) zwielichtig erscheinen. S. GRIESER HAS 2017, s.v. *Melania d. Jüngere*. Vgl. auch das Sozialprogramm des Johannes Chrysostomos Kap. 1.2.

334 BELLEN 1971, 137–140.

lassung war eine Tendenz, die der schlechten Wirtschaftslage in manchen Regionen des Reiches in der Spätantike geschuldet war.[335]

Wenn sich das antike Christentum auch auf fast allen Gebieten an seine Umwelt mehr oder minder angepasst hat, so erkennt ein Teil der Forschung ihm auf dem Gebiet der Sexualmoral jedoch das eigentlich revolutionäre Element, ja sogar einen transformatorischen innovativen Charakter zu. Mit der Rücknahme jeder sexuellen Aktivität zugunsten der Askese setzte es sich in direkten Widerspruch zur römischen Sexualmoral, die grundlegend auch mit der Sklaverei verbunden war.[336] Wir werden im nächsten Kapitel sehen, ob sich diese Vorstellungen in der Gesetzgebung der nun christlichen Kaiser widerspiegeln. Eines aber sei bereits hier erwähnt: Fragen des sexuellen Verhaltens waren in der antiken Gesellschaft eng an den Status gebunden und wurden selten davon losgelöst als Probleme der Moral wahrgenommen. Es dürfte also höchst zweifelhaft sein, ob dieser Kampf von der Kirche gewonnen werden konnte, solange die in hohem Maße stratifizierte spätantike römische Gesellschaft Bestand hatte.

3.8 Sklaverei und Begünstigung der Freiheit in der Spätantike

Es hat bis in das zweite Jahrzehnt des 21. Jhs. gedauert, dass eine eigenständige Sklavereigeschichte für die Spätantike geschrieben wurde.[337] Dass dieses Desiderat erst so spät behoben wurde, hängt weder mit Quellenarmut zusammen, noch dass die einschlägigen antiken Zeugnisse besonders schwer zugänglich wären. Auch liegt bereits eine ganze Fülle einschlägiger Einzeluntersuchungen zu dieser Thematik vor, und zwar unter juristischem, christlich-patristischem sowie unter ideologischem und ökonomischem Aspekt. Der bisherige Mangel an einer Gesamtdarstellung hat forschungsgeschichtliche Hintergründe: nicht nur galt die Spätantike lange als eine Zeit des Verfalls der Antike und des Übergangs in das Mittelalter. Auch im Blick auf die Sklaverei ging man davon aus, dass sie durch andere Formen der Abhängigkeit, wie etwa das Kolonat, abgelöst worden sei, dass bisher unfreie Arbeit durch freie, aber

---

[335] Zu den *domestici senes*, einer eventuell kleinen Gruppe alter verarmter Sklaven in der karthagischen Kirche im 3. Jh. s. SCHÖLLGEN 1984, 264–267; Syrien im 5. Jh.: Theod. or. 7 (PG 83, 665ff.); KLEIN 1982, 595ff.; Aug. in psalm. 99,7; serm. 1,59,5.

[336] HARPER 2011, 214, 320.

[337] HARPER 2011.

erzwungene Arbeit in Handel und Gewerbe auf der Basis von Zwangskorporationen ersetzt wurde, und dass schließlich unter dem Einfluss des Christentums die Institution mehr oder minder ausgehöhlt worden sei, sodass man von einem numerischen Rückgang der Sklaven ausging. Die Folge davon war, dass man die Sklaverei in der Spätantike als so bedeutungslos einstufte, dass es einer gesonderten Darstellung angeblich nicht bedurfte.[338]

Aus dieser Forschungssituation ergab sich die Konsequenz, dass es auch keine eigenständige Untersuchung zu Freilassungen und Freigelassenen in der Spätantike gab. Alle einschlägigen Monographien endeten mit der hohen Kaiserzeit. Auf das Freilassungsproblem wurde lediglich im Zusammenhang mit dem Christentum oder unter juristischer Perspektive im Rahmen der Freilassungsarten eingegangen, unter denen der *manumissio* in *ecclesia* als originär christlicher und gleichzeitig spätantiker Freilassungsform eine besondere Aufmerksamkeit in der Forschung entgegengebracht wurde. Aber auch dieses Forschungsdesiderat ist nun behoben und wird hier gebührend berücksichtigt werden.[339]

Was den Einfluss des Christentums auf eine Reduzierung oder gar Abschaffung der antiken Sklaverei betrifft, ist dieser Argumentation bereits mehrfach in diesem Buch nachgegangen worden.[340] Auf die ökonomischen und sozialwissenschaftlichen Thesen soll im Folgenden genauer eingegangen werden.

Nach der Formationstheorie des historischen Materialismus müsste die Sklaverei mit den Sklavenaufständen im 1.Jh. v.Chr. beendet gewesen sein, sodass die nächste Formationsstufe des Feudalismus nun erreicht war. Aufgrund der Quellenlage nahm man einen langsamen Entwicklungsprozess in nachchristlicher Zeit an, der im 4. Jh. so weit fortgeschritten war, dass die Sklavenzahlen rückläufig waren. Sowohl ISTVÁN HAHN wie RIGOBERT GÜNTHER gehen von ökonomischen Untersuchungen aus und stellen einen grundlegenden wirtschaftlichen Wandel fest, der einen Rückgang der Sklavenzahlen bewirkte, weil man keine Verwendung mehr für sie hatte. In allen Wirtschaftszweigen, wie dem städtischem Handwerk, der industriellen Fertigung, den Berufskorporationen und der Landwirtschaft waren die freien Arbeiter auf dem Vormarsch, deren Freiheits- und Freizügigkeitsbeschränkungen so groß waren, dass sie sich kaum von den Arbeitern aus dem Sklavenstand unterschieden haben. In den vom Kaiser betriebenen monopolistischen Waffen- und

---

338 LENSKI HAS 2017, s.v. *Spätantike*

339 S. hierzu nun BARSCHDORF 2012.

340 S.o. Kap. 1.2 u. Kap. 3.7. S. auch Forschungsbericht bei BARSCHDORF 2012, 2–8, bes.5.

Textilfabriken arbeiteten sie ohne Unterschied nebeneinander. Das gleiche gilt für die landwirtschaftlichen Großbetriebe, in denen sich an den Boden gebundene Pächter, Kolonen, kaum von den Sklaven abhoben. In den in Korporationen organisierten handwerklichen Tätigkeiten und im Handel waren sie kaum noch zu finden, im kleinen Handwerksbetrieb gar nicht mehr. Nur im privaten Haushalt, einem „unproduktiven" Wirtschaftszweig, seien sie in großer Anzahl tätig gewesen.[341]

Zu ganz ähnlichen Ergebnissen, wenn auch auf anderem Wege, gelangte die historische Forschung westlicher „bourgeoiser" Provenienz. Sie war dominiert durch die These vom gesellschaftlichen und ökonomischen Niedergang in der Spätantike, der bereits im 4. Jh. eingesetzt haben soll, und sehr dezidiert u.a. von MOSES FINLEY vertreten wurde. Er ging von einem totalen Verschwinden der ländlichen und einem weiteren Bestehen der städtischen Sklaverei aus. In Übereinstimmung mit diesen Thesen schloss RAMSAY MACMULLEN aus dem Fehlen inschriftlicher Zeugnisse auf die Nichtexistenz von Sklaven vor allem in der Landwirtschaft, allerdings mit Unterschieden in den Provinzen, und im Handwerk im gesamten Reich. Den stärksten Anteil an Sklaven sah auch er in den Haushaltsberufen.[342]

KYLE HARPER hat in einer differenzierten, auf einer breiten Quellenbasis beruhenden Untersuchung herausgestellt, dass zumindest für das lange 4. Jh., d.h. für ihn von 275–425 n.Chr., weder von einem ökonomischen Niedergang noch von einem Rückgang der Sklavenzahlen auszugehen sei. Viel mehr bleibe die römische Sklaverei wie in den vorhergehenden Jahrhunderten der römischen Kaiserzeit ein integraler Bestandteil des römischen Herrschaftssystems, das auf dem Prinzip von Angebot und Nachfrage weiterhin stabil funktionierte und neben der freien Arbeit Landwirtschaft, Handwerk, Handel und Haushalt effektiv mitgestaltete. Er sieht einen Kollaps des römischen Systems erst im 7./8. Jh., nachdem sich in einer Übergangszeit von 200 Jahren nachrömische „Gesellschaften mit Sklaven" ausgebildet hätten.[343] Der von ihm gut belegten Kontinuität zwischen Kaiserzeit und Spätantike, sowie der überwiegend, allerdings mit regionalen Unterschieden, positiven Wirtschaftslage im 4. Jh. und der Bedeutung der Sklaverei für diese ist voll zuzustimmen. Kritisch

---

[341] HAHN 1961, 23–39; GÜNTHER 1991, 78–83; BARSCHDORF 2012, 3–4.

[342] FINLEY 1981, 149–183; MACMULLEN 1987, 359–382; Kritik an seiner Vorgehensweise: SAMSON 1989, 99–110. Zum veränderten „epigraphic habit" in der Spätantike, der keine Aussage über die weitere Existenz von Freigelassenen erlaubt s. WITSCHEL 2006, 370–373.

[343] HARPER 2011, Sklaverei im langen 4. Jh.: 3–200; Zwischenzeit 450–650 und Kollaps des Systems: 497–508.

zu bewerten sind allerdings seine Kollapsthese und die sogenannte Übergangszeit.[344]

Ob man überhaupt von einem Rückgang der Sklavenzahlen bis hin zur Marginalität in der gesamten Spätantike ausgehen kann,[345] ist aufgrund der gesellschaftlichen Umstrukturierungen schwer zu beurteilen, nicht zuletzt auch weil uns jegliche Möglichkeit zur Erstellung von umfassenden Statistiken fehlt und die Quellenüberlieferung regional sehr unterschiedlich ist. Meistens erhalten wir punktuelle Einblicke, wie z.B. durch die Zensusinschriften aus der Diözese Asiana und von den der kleinasiatischen Küste vorgelagerten Inseln vom Jahr 371 n.Chr. Neben Paröken, Freien oder Freigelassenen, sind allein 152 Sklaven als Landarbeiter von einem einzigen Besitzer auf der Insel Thera in der Steuerliste angegeben. Andere Besitzer aus Lesbos, Samos, Tralles und Magnesia am Mäander sowie aus Karien, geben je nach Größe ihrer Klein- bis Mittelbetriebe zwischen vier bis 16 Sklaven neben weiteren freien Arbeitern an. Nicht immer geht aus den Listen hervor, ob es sich um Sklaven oder Freie handelt. Dennoch wird aus den Inschriften deutlich, dass auch noch im 4. Jh. in der Landwirtschaft, zumindest in Kleinasien, freie neben unfreier Arbeit existiert. In Thera lassen sich sogar teilweise komplette, teilweise unvollständige Sklavenfamilien nachweisen. Nicht nur im städtischen Haushalt, sondern auch auf dem Land haben sich die aus Republik und Kaiserzeit bekannten Familienstrukturen erhalten.[346] Auch im 5./6. Jh. lassen sich auf den großen Domänen reicher Besitzer weiterhin Sklaven als Arbeiter neben freien Tagelöhnern oder an den Boden gebundene Landarbeiter (Kolonen) nachweisen, wie beispielsweise in Mittelägypten auf den Ländereien der Apionen oder denen der Melania der Jüngeren in Italien und anderen Provinzen des Römischen Reiches oder der Bischöfe von Rom auf ihren Gütern in Sizilien.[347] Die besten

---

344 Zur Kontinuität s. auch GREY 2011, 482–486. Kritik s. U. ROTH, Rezension in: sehepunkte 12, 2012, Nr.9.

345 Zu verschiedenen Datierungen der Epoche: 284–565 s. DEMANDT 2007² wenn man sich an den Herrschern orientiert (Diokletian bis Justinian); vgl. LENSKI HAS 2017, s.v. *Spätantike*: 280–630 (Tetrarchie – muslimische Eroberung). Allerdings sollte man stets von gleitenden Übergängen ausgehen. Zur Problematik von Epochengrenzen s. MARCONE 2008, 4–19.

346 S. hierzu HARPER 2008, 83–119: In diesem demographisch überschaubaren Rahmen kann man keine Statistiken erstellen (109), ebenso DERS. 2011, 75. Angaben zur Gesamtzahl der Sklaven oder ihrem prozentualen Verhältnis zur Gesamtbevölkerung in der Spätantike sind spekulativ.

347 SARRIS HAS 2017, s.v. *Landwirtschaft* III. Die Zahlenangaben in der Vita Melaniae zwischen 25.000 – 50.000 Sklaven erscheinen dagegen unrealis-

Belege liegen für Gallien vor aus einem Zeitraum vom 5. bis 8. Jh. Aus Testamenten gallo-römischer Aristokraten, die oft mehrere Güter nebeneinander bewirtschaften ließen, lässt sich entnehmen, dass Sklaven, freie und unfreie Bauern als Pächter, freie Tagelöhner und sogar Freigelassene, die sich in der Kaiserzeit kaum auf dem Land nachweisen lassen, miteinander oder auch getrennt, relativ eigenverantwortlich arbeiteten. In allen diesen Gruppen finden sich Familienstrukturen innerhalb der *familia rustica*, was auf die wirtschaftliche Prosperität dieser Region noch über die römische Zeit hinaus schließen lässt.[348]

Dieser Befund gilt auch für andere Wirtschaftszweige, wie die staatlichen und privaten Waffen- und Textilfabriken sowie das Handwerk und den Handel, in denen weiterhin freie neben unfreien Arbeitern, aber auch freie und freigelassene Kleinunternehmer nebeneinander ihren Tätigkeiten nachgingen.[349] Bei den vielen Quellen, die wir für die privaten Haushaltungen haben, sollte man immer mit bedenken, dass vor allem die Mitglieder der Oberschicht ständig zwischen Stadt und Land pendelten und entweder jeweils eine *familia rustica* und eine *familia urbana* hatten, oder ihre Sklaven sowohl in der Stadt wie auf dem Land in den verschiedensten Funktionen zum Einsatz kamen. Aus ihnen gewannen sie auch eine Schutztruppe, *buccellarii*, zur eigenen Sicherheit. Diese Entwicklung versuchten die Kaiser allerdings mit einem Verbot der Bewaffnung von Sklaven zu unterbinden.[350] Von einer Marginalisierung der Sklaverei in der Spätantike kann also nicht die Rede sein. Sie besteht wie in den vorhergehenden Jahrhunderten neben anderen Arbeitsformen fort.

EGON FLAIG hat, ausgehend von den juristischen Quellen und der sich in ihnen widerspiegelnden Dichotomisierung des Strafsystems, die These aufgestellt, dass alle Reichsbewohner, außer einer kleinen Oberschicht, zu potentiellen Zwangsarbeitern geworden seien und, ob sie es wurden von ihrer jeweiligen Verurteilung abgehangen habe.[351] Er geht zwar treffend von der Umstrukturierung der Gesamtgesellschaft mit Auswirkungen auf die Sklaverei aus. Allerdings darf man den zwangsstaatlichen

---

tisch. HARPER 2011, 194; MARCONE / ROSAFIO HAS 2017, s.v. *Kolonat, Kolonen, Halbfreie*.

348 S. hierzu ausführlich BARSCHDORF 2012, 158–175.

349 BARSCHDORF 2012, 145–153. Zur Weiterbeschäftigung sogar von *servi fiscales* und *civitatis* in den Fabriken bis weit ins 5. Jh. hinein s. LENSKI 2006, 335–357.

350 GREY 2011, 499–502, lehnt auf der Basis der antiken Quellen die starren weberianischen Stadt-Modelle zugunsten der Fluktuation zwischen Stadt und Land ab. Zum Waffenverbot s. C.J. 9,12,10 (J. 468).

351 FLAIG 2009, 71–72.

Charakter des spätantiken Römischen Reiches nicht überbewerten. Die gebetsmühlenartige Wiederholung bestimmter Gesetze gegen die Flucht der städtischen Ratsmitglieder (Dekurionen), der Kolonen und der Mitglieder der Korporationen, die Brutalisierung des Strafrechts unter Konstantin, die von seinen Nachfolgern schrittweise wieder rückgängig gemacht wurde, sprechen nicht dafür, dass der spätantike Staat alle Reichsbewohner gleichermaßen in die ewige Zwangsarbeit und Strafsklaverei gezwungen hat. Wahrscheinlicher ist, dass die Kaiser verzweifelt bemüht waren, mit der Mobilität der Gesellschaft, die in der Spätantike in einem rasanten Ausmaß zugenommen hatte, vor allem aus steuerpolitischen Gründen fertig zu werden.[352]

Das gelang ihnen in keiner Weise. Nicht erst in der Spätantike stellte die Sklaverei die unterste Ebene in einem abgestuften gesellschaftlichen System dar. Dieses war geprägt von einer solch dynamischen horizontalen und vertikalen Mobilität, dass jeder Sklave durch und nach seiner Freilassung in einer *upward mobility* bis zur Spitze der Gesellschaft aufsteigen konnte, dass aber auch jeder Angehörige der Oberschicht potentiell in einer *downward mobility* in totale Armut und Sklaverei absinken konnte. Die in der Spätantike sich neu herausbildenden fließenden Übergänge zwischen Freien und Unfreien durch Scholle- und Berufsgebundenheit, die zu einer Einschränkung der Freizügigkeit und – auf die Länge der Zeit – zu einer Differenzierung von „Unfreiheiten“ führten, ließ die Sklaven nicht mehr als eine auf der untersten Ebene der Gesellschaftsstruktur stehende Gruppierung erscheinen. Ihre gesellschaftliche Einordnung erfolgte nun oberhalb der total Verworfenen und Randständigen (*abiectissimi)*, wie Bettlern, Witwen, Waisen, Kranken und Alten. Auf diese traf fortan das Kennzeichen „sozial Toter“ zu, weniger auf die Sklaven, obwohl jene unfrei, diese frei waren. Die bürgerliche Freiheit befand sich in einem Prozess fortschreitender Entwertung.[353]

Sklaverei ist in der römischen Antike nicht Gegenpol von Freiheit, sondern, integriert in die Gesellschaft, eine der unteren Stufen, zeitweise die unterste Stufe, in einem hierarchischen System.[354] Sehr viele hatten die Chance, z.B. durch berufliches Engagement und die daraus erfolgende Freilassung, diese zu verlassen, oder/und durch Förderungen der

---

[352] Zum Zwangsstaat u.a.: WIEACKER 1964, 17–23; zu den brutale Strafen: LIEBS 1985, 89–116; zu den Korporationen: HEUFT 2013; zu den Dekurionen: BAUMANN 2014; zum Steuersystem: GREY 2011, 502–506.

[353] Vgl. hierzu meine Grafik zur spätantiken Gesellschaft in HERRMANN-OTTO 2009², 175. Zum sozialen Tod s. HERRMANN-OTTO 2002a, 20–41; DIES. HAS 2017, s.v. *Soziale Mobilität.*

[354] Hierzu s. FLAIG 2009, 72, 78.

Herren, weiter hochzusteigen. Allerdings, und das ist die Neuerung in der Spätantike, haben sich die Chancen des Aufstiegs für Sklaven drastisch verringert. Das soll im Folgenden exemplarisch dargelegt werden.

Das große Feld der staatlichen und provinzialen Verwaltung war den Sklaven in der Spätantike als Qualifikations- und Aufstiegsmöglichkeit in die Freiheit verschlossen. Ausschließlich Freigeborene sollten in der sich nun ausbildenden Bürokratie tätig sein, sodass selbst Freigelassenen nur durch besondere kaiserliche Gunsterweisung der Zutritt möglich war.[355] Außergewöhnliche Karrieren gab es immer noch, allerdings sehr selten. Die besten Chancen hatten Eunuchen. Obwohl sie durch die Kastration stigmatisiert und als „drittes Menschengeschlecht" (*tertium genus hominum*) diskriminiert waren und eine Randgruppe in der Gesellschaft bildeten, eigneten sie sich in besonderer Weise für den inneren Palastdienst. Als Sklaven oder Freie geboren, im Kindesalter kastriert, wurden sie zu astronomischen Preisen meist in die Oberschicht oder an das Kaiserhaus verkauft,[356] dort freigelassen und durchliefen eine differenzierte Bildung und Ausbildung. Ihre Tätigkeiten lagen meist im Inneren des Palastes, im *sacrum cubiculum*. Ohne Familie, als völlig Fremde aus den östlichen Nachbarstaaten in das Römische Reich importiert, waren sie ausschließlich auf ihre Herren fixiert. Das bedeutete, dass die Palasteunuchen „die Nächsten am Ohr des Kaisers" waren, sein vollstes Vertrauen zu erwerben suchten, und hinter den Kulissen Einfluss auf die Politik am Hof nahmen.[357] Hatte sich einer bis zum obersten Posten in dieser Laufbahn, zum Oberkämmerer (*praepositus sacri cubiculi*) emporgearbeitet und war damit zum Vorsteher der gesamten Hofdienerschaft geworden, dann wurde er in die höchste Klasse des sich im 4. Jh. neu ausbildenden Rangklassensystems, zuerst die der *spectabiles*, später

---

355 C.I. 9,21,1 (J. 300?, Diokletian und Maximian).

356 Zum „Außenseitertum" der Eunuchen s. SCHLINKERT 1996, 237–243. Zu den Preisen s. C.I. 7,7,1,5 (J. 530 Justinian): Eunuchen unter zehn Jahren kosten 30 Solidi, genauso viel wie ausgebildete erwachsene Handwerkersklaven, unausgebildete erwachsene Eunuchen kosten 50 Solidi genauso viel wie ausgebildete Notarsklaven, und ausgebildete Eunuchensklaven liegen mit 70 Solidi höher als jeder andere ausgebildete normale Sklave. Zur Problematik HERRMANN-OTTO 1994, 330–331. Alle gesetzlichen Kastrationsverbote, Preisbeschränkungen und Strafandrohungen scheinen nicht wirklich wirksam gewesen zu sein, bzw. nur römische Kinder vor diesem „Schicksal" bewahrt zu haben. S. GERHOLD HAS 2017, s.v. *castratio*.

357 Zum Eunuchen Eutherius, frei geboren, als Kind gekidnappt, kastriert, an den Kaiserhof verkauft, ausgebildet in den Wissenschaften, später *praepositus sacri cubiculi* des Julian s. GUYOT 1980, Nr. 40; DERS. HAS 2017, s.v. *Eunuchen*; SCHLINKERT 1996, 261–266; SCHOLTEN 1995, Nr.4: 214.

die der *illustres,* erhoben. Wahrscheinlich gehörte der Oberkämmerer schon sehr bald auch im Zuge der Entwicklung des Amtes zum Kronrat. Spätestens vor der Aufnahme unter die höchsten Würdenträger des Reiches muss dem Obereunuchen die freie Geburt durch den Kaiser verliehen worden sein. Die Tilgung des Makels der Unfreiheit, die die Freilassung nicht leisten konnte, war eine kaiserliche Wohltat (*beneficium*) genauso wie die Erhebung in die oberste Rangklasse. Da der Oberkämmerer dem Kaiser alles verdankte und ganz und gar seine Kreatur war, war er ihm bis in den Tod loyal.[358] Eutropius beispielsweise, ein ehemaliger Sklave und Eunuch aus Assyrien, war als älterer Mann dem *magister peditum* Arintheus geschenkt, von ihm freigelassen worden und gelangte darauf in kaiserliche Dienste. Nach Absolvierung der Laufbahn als Kämmerer Theodosius I., ist er als Oberkämmerer von Arcadius mit dem Patriziat ausgestattet worden und hat sogar 399 n.Chr. den Konsulat bekleidet. Die Integration in den Senatsadel, der gegen ihn intrigierte und ihn schließlich zu Fall brachte, gelang ihm allerdings noch nicht.[359] Im 5. Jh. scheinen die gewesenen Oberkämmerer (*praepositi*) einen Sitz im Senat von Konstantinopel gehabt zu haben und besaßen die Senatorenwürde.[360] Die ganze Spätantike hindurch lassen sich diese Karrieren der Eunuchen, ehemaliger Luxussklaven, belegen, künstlich geschaffener Kreaturen. Auf sie treffen die (soziologischen) Kriterien totaler Entwurzelung, kultureller Fremdheit und des sozialen Todes in dialektischer Weise zu. Es handelt sich allerdings um eine winzig kleine Elite, die ohne Familie, Nachkommenschaft und Heimat, durch ihr geschlechtliches Außenseitertum diskriminiert in totaler Loyalität und Abhängigkeit zum Kaiser stand und von diesem als Werkzeug im Machtkampf mit dem senatorischen Adel benutzt wurde. Als Emporkömmlinge und wegen ihres enormen Einflusses und ihrer Macht gehasst, wurden die Eunuchen von der Aristokratie in höchstem Maße diffamiert, ganz vergleichbar

---

358 Zur Entwicklung des Amtes GUYOT 1980, 133–138; DERS. HAS 2017, s.v. *praepositus sacri cubiculi*; SCHLINKERT 1996, 243–251. Zur *restitutio natalium* s. Dig. 40,11,2 (Marcianus); Dig. 40,11,1 (Ulpianus).

359 Zu Eutropius s. Claudius Claudianus in Eutropium, SCHOLTEN 1995, Nr.18, 223–227; SCHLINKERT 1996, 266–270, SCHINDLER HAS 2017, s.v. *Claudianus.* Zur Senatorenwürde: GUYOT 1980,137 Anm.36; 167–170. BARSCHDORF 2012, 224–230 geht davon aus, dass Eutrop das Konsulat erst nach seinem militärischen Erfolg über die Hunnen errang. In diskriminierende Kritik der Oberschicht geriet er, als sich Niederlagen einstellten und er mit Johannes Chrysostomos einen für Kaiserin und Adel zu unbequemen Bischof nach Konstantinopel berufen hatte.

360 Zu ihrem Aufstieg in den Illustrissimat, die höchste Stufe des Rangklassensystems s. GUYOT HAS 2017, s.v. *praepositus sacri cubiculi.*

dem Verhalten der frühkaiserzeitlichen Oberschichten gegenüber den *liberti Augusti* als Konkurrenten. Ohne Nachkommenschaft schafften die Eunuchen jedoch im Gegensatz zu den kaiserzeitlichen Freigelassenen nie eine nachhaltige Integration in die spätrömische Gesellschaft.[361]

Welche Kontinuitäten und welche Änderungen lassen sich bei den Kaisern im Verhalten zu ihren eigenen Sklaven aufweisen? Konstantin erließ ein Verbot der Trennung von Sklavenfamilien auf seinen Domänen, was später auf Privathaushalte ausgedehnt wurde.[362] Der Kaiser knüpfte an Erkenntnisse an, die bereits die Ackerbauschriftsteller, die Juristen der vergangenen Jahrhunderte und alle diejenigen erworben hatten, die sich mit einer profitablen Sklavenhaltung beschäftigt hatten. Nur ein Sklavenbesitzer, der seinen Sklaven materielle oder ideelle Anreize gab, konnte deren Interesse wecken und gute Arbeitsergebnisse erzielen. Zu diesen ideellen Anreizen gehörte u.a. die Förderung der Bildung und Erhaltung von Sklavenfamilien. Andere Maßnahmen, die zunächst als Erleichterung für die Sklaven gewertet werden können, erweisen sich bei genauerem Hinschauen als ökonomisch bedingt. Eine Neuerung und scheinbare Verbesserung eröffnete Konstantin, indem er, wie die meisten seiner Vorgänger, auf die Versklavung freier Frauen, die sich mit kaiserlichen Sklaven der Krongüter und Erbpachtgrundstücke sowie den öffentlichen Sklaven des Fiskus verbunden hatten, verzichtete. Sie blieben alle frei. Ihre Kinder aber sollten latinisches Bürgerrecht haben, eine Verschlechterung im Blick auf seine Vorgänger. Diese hatten nur in den seltensten Fällen den männlichen Nachwuchs als Sklaven einbehalten, die dann als *vernae Caesaris* Karrieren in der Zentral- oder der Reichsverwaltung machten. Auf die weiblichen Nachkommen hatten sie aber immer verzichtet. Jetzt waren zwar alle Kinder zu Lebzeiten frei, im Tode aber wurden sie als *Latini Iuniani* zu Sklaven, die ihr Herr-Patron voll beerbte. Die „human“ erscheinende Änderung hatte einen rein fiskalischen Hintergrund, auf den der Kaiser als Sklaven- und Großgrundbesitzer zur Wahrung kaiserlichen Besitzes achtete.[363]

Strafverschärfende Gesetze gegen Sklaven, die moralisierend einherkamen, hatten ebenfalls fiskalische Hintergründe, wie das strikte Verbot einer eheähnlichen Verbindung zwischen Herrin und eigenem Sklaven,

---

361 Zu den soziologischen Kriterien s. PATTERSON 1982, 35–76; zu den Eunuchen: GUYOT 1980, 157–176; SCHLINKERT 1996, 270–284; CORDIER 2002, 61–75; BARSCHDORF 2012, 231/2. Zur „*familia Caesaris*“ s.o. Kap. 3.5.

362 C.Th. 2,25,1 = C.I. 3, 38,11 (J. 334). Vorläufer dieser Bestimmungen: Dig. 33,7,12,7. 33, allerdings handelt es sich nur um Empfehlungen der Juristen.

363 C.Th. 4,12,3 (J. 320), s. genauer HERRMANN-OTTO 2006, 91–92; DIES. HAS 2017, s.v. *Constantinus I., der Große* III.

das als öffentliches Verbrechen (*crimen publicum*) mit dem Tod beider Beteiligten geahndet wurde. Konstantin befürchtete, dass durch die erbberechtigten Kinder aus dieser Verbindung Vermögen der Oberschicht entfremdet würde. Die direkte Versklavung einer freien Frau, die sich mit einem fremden Sklaven eingelassen hatte, eine Verschärfung des alten *SC Claudianum*, das eine dreimalige Verwarnung vorsah, hatte ähnliche fiskalische Hintergründe. Die Herrenrechte über Leben und Tod des Sklaven, die mit einem fast unbeschränkten Züchtigungsrecht verbunden waren, stärkte Konstantin, indem er die Untersuchung der Motive des Herrn im Todesfalle des Sklaven nicht zuließ, wenn die erlaubten Züchtigungsmittel angewandt worden waren. Gegen alle Verunsicherungen bekräftigte er die Disziplinargewalt der Herren, die gegen wachsende Fluchttendenzen in der Sklavenschaft benötigt wurde. Konstantin ist auch der Erste gewesen, der flüchtige Kolonen wie Sklaven mit Fesselung bestrafte. Diese Konstitution ist als Beginn der gesetzlich festgeschriebenen Bodenbindung, Einschränkung der Freizügigkeit und Assimilation der freien Kolonen an den Sklavenstand beurteilt worden. Bei allen diesen Gesetzen ging es um Wahrung von Vermögen und Erhaltung von Arbeitskräften. Einige der harschen konstantinischen Strafbestimmungen wurden von seinen Nachfolgern wieder rückgängig gemacht.[364]

Echte Neuerungen führte der Kaiser auf dem Gebiet der Kindesaussetzung und des Kindesverkaufs durch, zwei Übeln, die die gesamte Spätantike prägten und die wirtschaftliche Not sehr deutlich machen. Um allen Parteien gerecht zu werden, erlaubte er den Kinderverkauf gerade geborener Säuglinge durch die Eltern, der bisher verboten gewesen war. Stattdessen untersagte er den Eltern die Aussetzung ihrer Kinder. Wenn sie dennoch erfolgte, sollte der Finder und Erzieher des Kindes gegen Rückforderungen der Eltern gesichert sein, die alle ihre Rechte verwirkt hatten. Der Finder sollte frei über den Status des Kindes bestimmen können.[365] Menschenraub und Kinderraub standen weiterhin unter Strafe, die die Behörden aber nur lax handhabten. Aus den neugefundenen Briefen

---

[364] Zu Verbindungen zwischen freien Frauen und Sklaven: C.Th. 4,12,1–4 (J.314–331); EVANS GRUBBS 1995, 263–277; HERRMANN-OTTO 2006, 88–91; DIES. HAS 2017, s.v. *Constantinus I., der Große* II B.2; HARPER 2010, 610–638; zum fast uneingeschränkten Züchtigungsrecht der Herren C.I. 9,12,1–2 (J. 319, 329); HERRMANN-OTTO 2008, 362–364; Kolonen: C.Th. 5,17,1 (J. 332) s. u.a. MIRKOVIC 2008, 53ff.; SCHIPP 2009; GREY 2011, 502–506; MARCONE / ROSAFIO HAS 2017, s.v. *Kolonat, Kolonen, Halbfreie*; Strafen: LIEBS 2006, 103–104.

[365] C.I. 4,43,2 (J. 324); C.Th. 5,9,1 (J. 331); HERRMANN-OTTO 2006, 86–88; DIES. HAS 2017, s.v. *Constantinus I., der Große* II B.1 mit weiterer Literatur.

des Augustinus geht hervor, welche Ausmaße der Menschenhandel angenommen hatte, dass ganze freie Familien von den Sklavenhändlern über das Mittelmeer von der nordafrikanischen Küste nach Thrakien jenseits der römischen Grenze verkauft wurden. Damit waren die Verschleppten für immer Sklaven. Erlaubt war den Eltern eine 25-jährige Verpfändung der Arbeitskraft ihrer Kinder. Alle diese Vorkommnisse zeigen die Not der Bevölkerung, die schamlos von ausländischen Händlern ausgenutzt wurde. Sie weisen aber auch auf die Korruption der Behörden hin, die nichts dagegen unternahmen oder sogar mit den Händlern unter einer Decke steckten. Dagegen waren die Bischöfe, die anstelle der zusammenbrechenden Verwaltungsstrukturen in den Städten den Schutz der Bevölkerung übernommen hatten, relativ machtlos.[366] Bei der Auslösung von Verschleppten ins Barbaricum, die so mancher Bischof sehr erfolgreich mit den Barbarenkönigen auszuhandeln wusste, rangierten die Sklaven an letzter Stelle. Man erwartete ihre Auslösung durch ihre Herren und nicht durch die Kirche oder auf Staatskosten.[367]

Wie passt in diese Szenerie das konstantinische Freilassungsgesetz zur *manumissioinecclesia*, die dem Freilasser zum Seelenheil gereichen sollte (*pro remedio animae*), und was ist aus dem *favorlibertatis*, der Begünstigung der Freiheit geworden, die die Kaiser bereits in den vorhergehenden Jahrhunderten so oft praktiziert hatten und kein originär christliches Prinzip ist?

Die Sklaven waren durchaus Nutznießer der erleichterten Freilassungsbestimmungen, wenn ihre Herren davon Gebrauch machten. Allerdings ging es Konstantin weniger um die Sklaven, als um den öffentlichen Nutzen: Die Kleriker sollten überall da einspringen, wo der Staat aus Personalmangel nur unzureichend präsent sein konnte. Wie schnell waren christliche Sklaven mit vollem römischem Bürgerrecht sonntags während des Gottesdienstes freigelassen, während man oft monatelang auf den entsprechenden Beamten warten musste, bis er zum

---

[366] Aug. epist. 8*, 10*, 24*, dazu: HUMBERT 1983, 189–204; ROUGÉ 1983, 177–188; SZIDAT 1985, 360–371; FREND 1993, 59–69. Bei anhaltendem Arbeitskräftemangel wurden unbefristete Dienstverträge, d.h. lebenslanger Verlust der Freiheit, unter testierender Mitwirkung der Bischöfe rechtskräftig ermöglicht (Sent. Syr. 98, 46) s. HARPER 2011, 422/3; HERRMANN-OTTO 2012, 192–194.

[367] Zum Loskauf von Verschleppten durch die Bischöfe s. GRIESER 1997, 173–190; DIES. 2015, 24–51, mit weiterer Literatur. In hellenistischer und republikanischer Zeit waren bei der Auslösung der besiegten freien Bevölkerung nur die Freien zurückgekauft, die Sklaven als Beute dem Feind belassen worden. S.o. Kap. 3.1.

Gerichtstag in die Provinzstadt kam, um vor ihm die Freilassung mit dem Stab (*manumissio vindicta*) zu vollziehen.[368]

Vom *favor libertatis* ist in der konstantinischen Gesetzgebung nur wenig zu spüren. Die Freiheit konnten sich Sklaven u.a. durch Denunziationen verdienen. Sklaven war – mit dem Versprechen der Freilassung – erlaubt, ihre Herrin anzuzeigen, wenn diese mit ihrem eigenen Sklaven eine sexuelle Verbindung hatte, auch wenn diese monogam anstelle einer rechtmäßigen Ehe eingegangen worden war. Hierbei ging es nicht um moralische Prinzipien, sondern um die Aufrechterhaltung von Statusschranken und den damit verbundenen Erbrechten.[369]

Der Kaiser erleichterte sogar die Rückversetzung undankbarer Freigelassener in den Sklavenstand. Auch hier ging es um die Stärkung der Herren- bzw. Patronatsrechte zur Stabilisierung der hierarchischen Struktur der Gesellschaft und ihrer Sicherheit.[370]

In grundlegender Weise wurde das Prinzip des *favor libertatis* jedoch ausdrücklich von Konstantins direktem Vorgänger Diokletian und von seinem viel späteren Nachfolger Justinian gehandhabt. Im Folgenden sollen nur einige Maßnahmen exemplarisch für diese Art der Politik vorgeführt werden.[371]

Vielgestaltig sind die Fälle, in denen die Begünstigung der Freiheit greift. Aufgrund der großen Statusunsicherheit im Römischen Reich kam es stets zur Anfechtung oder zur Behauptung von Freiheit in Statusprozessen. Das konnte sogar noch nach 25 Jahren geschehen, in denen eine Person in gutem Glauben als Freie gelebt hatte. Diokletian entschied nach einer solch langen Zeit für die Freiheit, die auch nicht durch ein Urteil in einem Statusprozess mehr aufhebbar war.[372] In Übereinstimmung mit dem ständischen Ehrenkodex steht eine Entscheidung Diokletians für die Freiheit, wenn ein Sklave seinem Herrn Geld aus seinem *peculium* für den Freikauf seiner Tochter gegeben hat. Hat der Herr es angenommen, die Tochter aber nicht freigelassen, konnte der Sklave

---

[368] S.o. Kap. 3.7 Anm.330; HERRMANN-OTTO 2008, 353–356. Zu den offiziellen römischen Freilassungen s.o. Kap. 3.6 u. HERRMANN-OTTO 2010, 62/63.

[369] C.Th. 9,9,1 (J. 326); HERRMANN-OTTO 2006, 89. Zu den konstantinischen Ehegesetzen s. EVANS GRUBBS 1993, 125–154.

[370] C.Th. 4,10,1(J. 332) = C.I. 6,7,2 (J.326) s. WALDSTEIN HAS 2017, s.v. *revocatio in servitutem;* BARSCHDORF 2012, 68–72. Zur Problematik der konstantinischen Sozialgesetzgebung s. u.a. MCGINN 1999, 57–73; HERRMANN-OTTO 2009², 174–191.

[371] Grundlegend für das klassische Recht: ANKUM 2005, 82–100; Überblick, auch für die Spätantike: HUCHTHAUSEN 1976, 47–72, bes. zur Begriffsdefinition 69; WACKE 1992, 21–22, DERS. HAS 2017, s.v. *favor libertatis*.

[372] C.I. 7,22,2 (J. 302 Diokletian, Maximian).

zwar nicht gegen den Herrn klagen, aber der Provinzstatthalter, den der Sklave angerufen hatte, forderte den Herrn zur Freilassung auf im Sinne der Begünstigung der Freiheit und der Erhaltung der Integrität und Glaubwürdigkeit des Herrn (*salva reverentia*).[373] Diokletian, vielleicht selbst aus dem Milieu der Freigelassenen stammend, hat sich in einer Vielzahl von Antworten (Reskripten) mit den Nöten der Reichsbewohner befasst, die den Kaiser in strittigen Rechtsfällen um Sklaverei und Freiheit um Rat gefragt haben. Allein in 185 Fällen sind Sklaven betroffen. Meistens geht es um Statusunklarheiten, auch im Umkreis des Rückkehrrechtes von Kriegsgefangenen (*ius postiliminii*), strittige Besitztumsverhältnisse und Erbschaftsfragen, sowie um Verzögerungen und Betrug bei Freilassungen. Alle diese Probleme, vor allem die der Statusunsicherheit, die in den Freiheitsprozessen, *causae liberales*, nicht immer – vor allem nicht bei betrügerischen Verschleierungen – zur Zufriedenheit aller gelöst werden konnten, gab es auch schon in den vorhergehenden Jahrhunderten. Die große Anzahl der thematisch einschlägigen Reskripte des Diokletian ist ein weiterer Beleg für die Kontinuität der Sklaverei in der Spätantike.[374]

Wenden wir uns Justinian zu, der sich selbst als Liebhaber und Förderer der Freiheit verstanden hat.[375] Weitreichend sind die Neuerungen, die der Kaiser, immer im Blick auf die Tradition des Rechts, aber zugleich die Bedürfnisse der eigenen Zeit beachtend, vorgenommen hat. Er hob das latinische (mindere) Bürgerrecht und die Freiheit (geringsten Grades) der Unterworfenen (*dediticii*) zugunsten des vollen römischen Bürgerrechts und der vollen Freiheit auf.[376] Alle Freigelassenen, die nun römische Bürger waren, erhielten automatisch die freie Geburt (*restitutio ingenuitatis*), d.h. dass der Makel der Sklaverei für immer getilgt war, als ob die Freigelassenen immer frei gewesen wären. Das einzige Relikt aus der Sklavenzeit war das Patronatsrecht des ehemaligen Herrn, das aus

---

[373] C.I. 4,6,9 (J. 294 Diokletian und Maximian). Diokletian hält im Gegensatz zu Konstantin an der Unwiderrufbarkeit der Freilassung fest (C.I. 7,16,20), s. WALDSTEIN HAS 2017, s.v. *accusatio ingrati liberti*.

[374] Zu Herkunft und Karriere des Diokletian s. BARSCHDORF 2012, 220–224; Zu den Reskripten s. HUCHTHAUSEN 1976a, 55–85, bes. 70–75; HUCHTHAUSEN 1974, 251–257, bes. 252; HARPER 2011, 378–390, s. 382: Übersichtsliste. Leppin HAS 2017, s.v. *Diokletian*; INDRA HAS 2017, s.v. *causa liberalis*.

[375] C.I. 7,7,2,2 (J. 530): *fautores libertatis sumus;* Nov. 54pr. (J. 537): *cum libertatis simus amantes*…s. auch HASSE-UNGEHEUER HAS 2017, s.v. *Iustinianus I.*

[376] C.I. 7,5,1 (J. 530 Justinian) u. C.I. 7, 6,1 (J. 531 Justinian); Iust. inst. 1,5,3: altes und neues Recht gegenüberstellend; MELLUSO 2000, 26–27, 93–95, 125, 280; LENSKI HAS 2017, s.v. *Spätantike* III.

ökonomischen Gründen bestehen blieb.[377] In diesem Zusammenhang stand die Änderung des Personenstandsrechtes, das jetzt nur noch Freie und Sklaven kennt. Die Unterscheidung zwischen Freigeborenen und Freigelassenen war überflüssig geworden.

> „er (scil. der Freilasser) soll durch dieses Gesetz wissen, dass der, welcher die Freiheit erhalten hat, sogleich damit auch das Recht der goldenen Ringe und der Zurückversetzung in den Geburtsstand haben werde ... 2,1: Es mögen daher frei und freigeboren sein, ... welche nach diesem Unserem Gesetz zur Freiheit gelangen; sie mögen leben, als wären sie schon frei geboren ... 5: Denn wir setzen in Zukunft nicht bloß einzelne der freien Geburt Würdige in den natürlichen Zustand zurück, sondern alle, welche künftig von ihren Herren der Freiheit für würdig geachtet sein werden [...]"
> (übers. K. Otto / B. Schilling / K. F. F. Sintenis).[378]

Konsequenterweise stellte der Kaiser auch im Erbfolgerecht die Freigelassenen den Freigeborenen gleich, sodass ihre Blutsverwandtschaft, auch wenn diese noch als Unfreie geboren war, den Patron als Erben verdrängte.[379] Nicht nur die augusteischen Ehegesetze (*Lex Iulia Papia Poppaea*), sondern auch die augusteischen Freilassungsgesetze wurden reformiert: Justinian korrigierte die Altersbeschränkungen der *Lex Aelia Sentia*, sodass ein Römer bereits mit 17 Jahren freilassen konnte und ein Sklave vor dem 30. Lebensjahr vollgültig in die Freiheit versetzt werden konnte. Außerdem hob er alle Freilassungsbeschränkungen der *Lex Fufia Caninia* auf.[380] Ausgesetzte Kinder, ob frei oder unfrei geboren, erklärte er alle für frei; *liberi naturales* einer Sklavin und eines Freien, die wie in einem Konkubinat zusammengelebt hatten, konnten im Geiste des *favor libertatis* nachträglich als freigeborene und legitime Kinder anerkannt werden.[381] Nach 500-jähriger Gültigkeit hob Justinian die Bestimmungen des *SC Claudianum* als nicht mehr zeitgemäß, d.h. unwürdig für unsere Zeiten (*indignum nostris temporibus*) auf. Es schien ihm ungerecht, wenn freie Frauen auf diese Weise um ihre angeborene Freiheit betrogen wür-

---

377 C.I. 6,4,3,3 (J. 529); Nov. Iust. 78,2 (J. 539); Melluso 2000, 122–133, 295; Hasse-Ungeheuer HAS 2017, s.v. *Iustinianus I* III.

378 Nov. Iust. 78,1 (J. 539) : .. *sciat ex hac lege, quia qui libertatem accepit habebit subsequens mox et aureorum anulorum et regenerationis ius.* 2,1*: sive illi qui post hanc nostram legem ad ingenuitatem venient, et tamquam bene nati iam facti vivant...* 5: *restituimus enim naturae ingenuitate dignos non per singulos de cetero, sed omnes deinceps qui libertatem a dominis meruerunt...*; vgl. auch Iust. inst. 1,5,3.

379 C.I. 6,4,4,10 (J. 531); Hasse-Ungeheuer HAS 2017, s.v. *Iustinianus I* III.

380 C.I. 7,15,2 (J. 531); Melluso 2000, 78–86; Huchthausen 1976, 54.

381 C.I. 8, 51 (52) 3–4 (J. 529); C.I. I,4,24 (J. 529); Wieling 1999 Nr. 216; C.I. 7,15,3 (J. 531); Willvonseder 2010, Nr. 207; Melluso 2000, 152–166.

den. Schuldig war für Justinian der Sklave, der die Frau verführt hat. Er wurde mit dem Feuertod bestraft.[382] Auch die Strafsklaverei verstieß nach der Ansicht des Kaisers gegen seine Politik der Begünstigung von Freilassung und Freiheit, und wurde deswegen abgeschafft.[383]

Ausdrücklich hat sich der Kaiser auf den *favor libertatis* bei folgender erstaunlichen Entscheidung berufen, bei der er sich bewusst über altes Recht hinwegsetzte: Wenn ein Kind im Mutterleib, ob männlich oder weiblich, bereits fideikommissarisch freigelassen ist, so wird diese Bestimmung für die Freiheit des lebend geborenen Kindes wirksam, auch wenn die Mutter während der gesamten Schwangerschaft und bei der Geburt Sklavin gewesen ist.

> „Da die Alten bezweifelten,ob es möglich sei, die fiedeikomissarische Freiheit einem Sklaven zu hinterlassen, der noch im Mutterleibe befindlich war, und von dem man erst erwartete, dass er ein Mensch werden werde, so haben wir den alten Streit entscheiden wollen, und meinen zur Begünstigung der Freiheit, dass sowohl die kommissarische als die unmittelbar erteilte Freiheit, sowohl in Ansehung von Personen männlichen als weiblichen Geschlechts, die sich im Mutterleibe befinden, von Bestand sei, sodass das Kind mit der Freiheit das Licht der Welt erblickt, wenn seine Mutter auch selbst noch in Sklavenverhältnis stehend dasselbe geboren hat,“
> (übers. K. Otto / B. Schilling / K. F. F. Sintenis)[384]

Ebenfalls entscheidet Justinian für die Freiheit, wenn ein gemeinschaftlicher Sklave (*servus communis*) von dem einen Besitzer testamentarisch freigelassen worden ist und von dem anderen nicht: Der Sklave wurde mit Zustimmung der Erben frei, der andere Besitzer entschädigt.[385]

Welche Motive haben den letzten spätantiken römischen Kaiser zu dieser die Freiheit und die Freilassung der Sklaven und Freien begünstigenden Politik veranlasst? Was hat ihn bewogen, viele Jahrhunderte alte rechtliche Bestimmungen seiner Vorgänger bzw. des Senates abzuschaffen oder zu reformieren? Einige Forscher haben diese Änderungen mit der Abnahme der Sklavenzahlen und dem Bedeutungsschwund der Sklaverei verbunden, die im Zusammenhang mit den großen gesellschaftlichen Umschichtungen im Reich gestanden hätten. Bestimmungen zugunsten des Dekurionats, des Kolonats und der Korporationen könnten

---

[382] C.I. 7,24,1 (J. 531–534); vgl. Iust. inst. 3,12,1; MELLUSO 2000, 47–51; WILLVONSEDER 2010, NR. 153. 227.

[383] Nov. 22,8 (J. 536); MELLUSO 2000, 52–59.

[384] C.I. 7,4,14 (J. 530 Justinian); MELLUSO 2000, 68. Die Diskussion klingt modern: Erst durch die Geburt wird die Leibesfrucht zum Menschen: *homo fieri speraretur.*

[385] C.I. 7,7,2,2 (J. 530 Justinian).

diese These eventuell stützen.[386] Mit der Annahme des Rückganges der Sklaverei muss man jedoch mangels statistischer Quellen vorsichtig sein. Die Annahme kann auf einem Trugschluss beruhen, dass man aufgrund einer unterschiedlichen Quellenbasis den Anteil an Sklaven für die Kaiserzeit über- und für die Spätantike unterschätzt. Die Verzerrung durch die Quellenüberlieferung scheint ebenfalls im Blick auf anscheinend unterschiedliche Entwicklungen der Sklaverei im Osten und im Westen des Römischen Reiches vorzuliegen. Aufgrund der die Freiheit favorisierenden Gesetzgebung Justinians einerseits und den vielen Regelungen zur Verfestigung der Institution in den *leges Barbarorum* und den westlichen Konzilskanones andererseits gibt es die These vom Aufblühen der westlichen und dem Rückgang der östlichen Sklaverei. Dabei muss man jedoch bedenken, dass die justinianische Gesetzgebung für das Gesamtreich gegolten hat, und dass die Sklaverei gerade im Byzantinischen Reich und darüber hinaus im Mittelmeerhandel weiterbestanden hat. Im nordwestlichen Teil des ehemaligen Römerreiches treten auch erst im 8. Jh. mit den Karolingern andere Formen der Abhängigkeit in den Vordergrund. Aber bereits zwei Jahrhunderte später erlebt die Sklaverei über den Handel bereits auch in diesen Gebieten wieder eine Renaissance. Vorsicht bei Verallgemeinerungen ist also geboten.[387]

Kehren wir zu Justinian und seinem die späteren Jahrhunderte beeinflussenden Gesetzgebungswerk zurück. Einige seiner Neuerungen sind juristische Vereinfachungen und Anpassungen an die Bedürfnisse der Zeit. Der Kaiser knüpft bewusst an die freiheitsbegünstigende Politik seiner Vorgänger an, die bis zu den Adoptivkaisern zurückgeht, also nicht eine Erfindung Justinians ist und auch nicht mit dem Christentum in Verbindung zu bringen ist. Dieses spielt in seinen Begründungen eine sehr geringe Rolle. Außerdem hat sich die Kirche in dieser Zeit bereits zur größten Sklavenbesitzerin entwickelt und steht Freilassungen in ih-

---

386 Sklavinnen mit Dekurionen: Ihr freier Nachwuchs wird in die Kurie aufgenommen (Nov.Iust. 78 [J.539]); die Nachkommenschaft aus Verbindungen freier Frauen – Kolonen: Freie Kinder bleiben an das Land der Kolonenväter gebunden (Nov. Iust. 162 [J. 539]) Zur Problematik s. WILLVONSEDER 2010, 10; HASSE-UNGEHEUER HAS 2017, s.v. *Iustinianus I V*; WIELING 2005, 103–116. Gesellschaftliche Umschichtungen: MELLUSO 2000, 217, 236, 297–298. Rez.: BARJA Gerión. Revista de Historia Antigua 20, 2002, 771–774.

387 vgl. diese These bei LENSKI HAS 2017, s.v. *Spätantike*. Zur unterschiedlichen Entwicklung des Kolonats in Ost und West s. ROSAFIO HAS 2017, s.v. *Kolonat, Kolonen, Halbfreie* F. Zum Fortbestand der Sklaverei in Byzanz s. ROTMAN 2009, im Westen des Reiches s. GRIESER 1997; NEHLSEN 1972; IRSIGLER 2011, 60–74; Renaissance im Mittelalter: HAVERKAMP 2005, 130–166.

rem Bereich ablehnend gegenüber.[388] Dennoch hat der Kaiser gerade hier einen spektakulären Schritt gewagt: Er hat flüchtigen Sklaven ermöglicht, auch ohne Zustimmung ihrer Herren nach einem dreijährigen erfolgreichen Noviziat rechtsgültig frei zu werden und als Mönche, *servi Christi,* Gott zu dienen und Teil der Klostergemeinschaft zu werden. Mit dieser Entscheidung hat er sich gegen die alten Vorurteile der Minderwertigkeit, Unwürdigkeit und moralischen Schwäche der Sklaven gewendet und im paulinischen Sinne die Statusunterschiede in der klösterlichen Gemeinschaft in diesen Fällen für aufgehoben erklärt. Der Status der klostereigenen Sklaven jedoch wurde davon nicht berührt.[389]

Nirgendwo fordert Justinian die Abschaffung der Sklaverei, die auch für ihn, wie die Freilassung, eine Institution des Völkergemeinrechtes ist. Vielleicht steht hinter mancher Neuerung die grundsätzliche naturrechtliche Erkenntnis, dass freie Geburt unveräußerlich sein müsste. Diese Erkenntnis kann, aber braucht nicht zur Abschaffung der Sklaverei in einem Gesellschaftssystem zu führen, das ein offenes ist und in dem es keine ewige Sklaverei und keine Sklaven von Natur gibt. Aus einer in die Gesellschaft integrierten Sklaverei kann der einzelne Sklave zur vollen Freiheit und zum römischen Bürgerrecht gelangen und nun seit Justinian auch zur freien Geburt.

---

388 S.o. 3.7 BARSCHDORF 2012, 72–88.

389 Iust. Nov. 5,2 (J.535); 123, 35 (J.546). S. hierzu HASSE-UNGEHEUER 2011, 142–163; DIES. HAS 2017, s.v. *Iustinianus I.* III; vor allem für den Westen und das 4./5. Jh. s. BARSCHDORF 2012, 133–139. Zur defizitären Konnotation der Sklaven durch die Kirchenväter s.o. Kap. 1.2. Bei den mit Zustimmung und Wissen ihrer Herren als Priester ordinierten Sklaven spricht Justinian sogar davon, dass sie durch die Aufnahme frei sind und als freigeboren gelten: *si servus sciente et non contradicente domino in clero ordinatus fuerit, ex hoc ipso quod constitutus est* ***liber et ingenuus*** *erit.* Iust. Nov. 123, 17 (J. 546).

4. ZUSAMMENFASSUNG, ERGEBNISSE, AUSBLICK

Wir sind am Ende unseres Weges durch die Geschichte der antiken Sklaverei angelangt, der zugleich ein Weg durch die gesamte Geschichte der Antike war. Denn wie auch immer man das Problem einer antiken „Sklaven(halter)gesellschaft“ oder einer „Gesellschaft mit Sklaven“ entscheidet, so ist doch offensichtlich geworden, dass es keinen Bereich in der antiken Welt gab, in dem nicht Sklaven anzutreffen waren, mit einer Ausnahme: dem der politischen Betätigung. Aber auch hier gilt es genauer hinzuschauen. Sowohl im demokratischen Athen wie auch im republikanischen Rom gab es staatseigene und städtische Sklaven in administrativen Tätigkeiten, ganz zu schweigen von den einflussreichen und mächtigen Sklaven und Freigelassenen der römischen Kaiser und ihrer Eunuchen in der Spätantike. In Ermangelung des Bürgerrechts sind Sklaven von politischer Mitbestimmung und den entsprechenden Ämtern und vom Militärdienst ausgeschlossen. Dieses Schicksal teilen sie mit allen, die das Bürgerrecht nicht besitzen, außerdem auch mit den Frauen, ob diese nun Bürgerinnen sind oder nicht. Die Sklaven sind also nur eine der vom politischen Leben und Wirken ausgeschlossenen Gruppen. Alle anderen Bereiche sind ihnen zugänglich. Selbst unterschiedliche Partizipation an den jeweiligen Religionen und ihren Ämtern steht ihnen offen. Auf diesem Hintergrund fällt es schwer, vom sozialen Tod, von der Exklusion aus der Gesellschaft, von Marginalisierung und Randständigkeit zu sprechen.

Es ist nicht darüber hinwegzusehen, dass alle namhaften Staatsdenker und philosophischen Schulen der Griechen und Römer die Sklaverei – wenn auch nicht vollkommen uneingeschränkt – bejaht haben.[1] Dadurch vollzog sich eine starke Ideologisierung, die zur Rechtfertigung der Sklaverei dienen konnte, der es aber kaum bedurfte. Vielmehr galt die Sklaverei als eine insgesamt selbstverständliche Institution, die nur dann hinterfragt und kritisiert wurde, wenn Griechen durch Griechen, Juden durch Juden und Römer durch Römer versklavt wurden. Mit der Versklavung von Barbaren, Feinden, Andersgläubigen und Fremden hatte man keine Probleme. Im Gegenteil, neben den philosophischen Begründungen gab es eine Menge Vorurteile beispielsweise der stolzen Griechen gegenüber dem sklavischen Charakter der Barbaren, der geistigen und psychischen Minderwertigkeit der Sklaven, die diese in die Nähe von Tieren, halben Menschen oder gar Untermenschen brachte. Den

[1] S.o. Kap.1.2.

griechischen Herren fiel deswegen die Aufgabe zu, Lenker und Erzieher der „führerlosen“ Sklavennaturen zu sein, die durch die Versklavung die Hälfte ihres Menschseins und ihrer Männlichkeit verloren hatten.
Das Bild, das sich von der Sklaverei in der griechischen Welt in archaischer, klassischer und zu Beginn der hellenistischen Zeit gewinnen lässt, ist ein sehr widersprüchliches.[2] Kriegsgefangenschaft und Kaufsklaverei verbunden mit Menschenraub sind die vorrangigen Formen des Sklavenerwerbs, allerdings zeitlich mit unterschiedlicher Gewichtung. Erst in der hellenistischen Epoche treten Sklavengeburt und Kindesaussetzung hinzu, erstere vor allem im ptolemäischen Ägypten, letztere in der gesamten griechisch-hellenistischen Welt. Sie gewinnen aber erst in römischer Zeit eine wirklich große Bedeutung. Auch in Rom gibt es zeitliche und regionale Schwerpunkte der Versklavungsarten: mehr Kriegsgefangene in der Zeit der Expansion, mehr Sklavengeburten und Aussetzungen in der Kaiserzeit, mehr Menschenraub in der Spätantike. Da wir keine Zahlen haben, müssen wir von einem Nebeneinander aller Arten ausgehen.[3]

Von Sklavenmassen kann in den beengten griechischen Verhältnissen nicht die Rede sein. Der einzelne Sklave vor allem in Athen und anderen Handelsstädten konnte sich frei bewegen und den Geschäften seines Herrn und den eigenen ungehindert nachgehen. Dazu war er mit entsprechenden Vollmachten ausgestattet. Sklaven sind neben Freien in allen Berufen zu finden. Soweit der Herr einverstanden war, konnten sie Vermögen zum Freikauf zusammensparen und in eheähnlichen Verhältnissen leben. Zu dieser Lebens- und Arbeitsweise mit den vielen Chancen des Erfolgs, wirtschaftlichen Aufstiegs, Gewinnung des sozialen Ansehens steht die relative Perspektivlosigkeit der Rückgewinnung der Freiheit in Kontrast. Da es aber nie zu tiefgreifenden Aufständen gekommen ist und auch die Fluchtbewegungen sich in Grenzen hielten – ein wichtiges Korrekturelement war die Asylie – könnte man versucht sein anzunehmen, dass die Sklaven mit ihrer Situation nicht unzufrieden waren. Dass sie als Sklaven neben den Fremden in der Stadt, vor allem in den griechischen Handelsstädten, nicht erkennbar waren, wird nicht unwesentlich dazu beigetragen haben. Ihre Rechtlosigkeit in Staat, Gesellschaft und Haus soll damit nicht marginalisiert werden. Die Partizipation am politischen und gesellschaftlichen Leben (Gymnasion, Theater) war ihnen verwehrt. Viele Rechtsfragen in den regional unterschiedlichen, sehr kleinteiligen griechischen Rechtssystemen sind bis heute ungelöst, weil die Quellenlage schlecht bzw. widersprüchlich ist. (Kap.2.3–4)

---

2 S.o. Kap.2.
3 S.o. Kap. 3.1–2.

Die Sklaven waren immer eine neben anderen benachteiligten Bevölkerungsgruppen in Griechenland. Es kam unter ihnen jedoch nie zu einem Solidarisierungsprozess, weil Sprachbarrieren und ethnische Unterschiede jeden Sklaven vereinzelten. Das sich relativ spät entwickelnde Freilassungswesen brachte nur sehr spärliche rechtliche Vorteile für die Freigelassenen. In erster Linie profitierten davon die Freilasser. Es gab ein ganzes Spektrum von Verpflichtungen gegenüber dem alten Herrn und seiner Familie, sodass der Freigelassene nur bedingt frei, selten ganz frei und noch seltener ein freier Bürger wurde. Auch diese Konstellation trug dazu bei, dass sich die Sklaverei und die vielen Sonderformen der Unfreiheit und der eingeschränkten Freiheit als alltägliche Institutionen in der griechischen Welt etablierten und verfestigten.[4]

In der hellenistischen Staatenwelt lebten griechische Formen fort, die teilweise mit orientalischen und regionalen Formen eine Verbindung eingingen. Exemplarisch lassen sich die Reglementierungen des privatrechtlichen Verhältnisses Herr-Sklave im ptolemäischen Ägypten durch Verwaltungsvorschriften und in Israel durch die Gesetzgebung beobachten. Im letzteren Falle handelt es sich um die erste, allerdings stark ethnisch ausgerichtete Sklavenschutzgesetzgebung.[5]

Der erste antike Sklavereidiskurs liegt bei den römischen Juristen vor. Das voll ausgestaltete römische Sklavenrecht weist einerseits auf die Bedeutung der Sklaverei für die römische Gesellschaft hin, zum anderen zeigt es im Vergleich mit weiteren antiken Sklavereisystemen den originären Charakter der römischen Sklaverei.[6] Nach den Vorstellungen der Juristen ist die Sklaverei zwar widernatürlich, aber nicht widerrechtlich, und aus diesem Grunde nicht ewig, sondern jederzeit revidierbar durch die Freilassung. Einem weitgefächerten System verschiedener Quellen und Arten der Sklaverei steht ein genauso weit gefächertes System von Freilassungsformen gegenüber, die aus einer gerechten Sklaverei (*iusta servitus*) in die volle Freiheit, z.T. mit römischem Bürgerrecht, führen. Sklaverei und Freilassung sind beide Institutionen des Völkergemeinrechtes, also allen Völkern bekannt, und gehören zusammen wie die zwei Seiten einer Medaille. Dieses sogenannte römische Modell ist die Antwort auf die Mobilität einer Gesellschaft, in der jeder jederzeit in die Sklaverei geraten kann. Genauso hat aber auch der geringste Sklave die Chance sozialen Aufstiegs und weitgehender gesellschaftlicher Integration als Freigelassener. Statusunsicherheiten konnten so kompensiert werden. Wenn Angst die römischen Sklavenbesitzer bestimmte, dann zwar

4 S.o. Kap. 2.2 u. 2.4.
5 S.o. Kap. 2.5 u. 3.7.
6 S.o. Kap. 1.2 u. 3.6.

auch vor ihren eigenen Sklaven, aber mindestens genauso stark, wenn nicht gar panischer, vor dem unbemerkten Verschwinden in der Sklaverei. Manchmal war dies von den freien Römern sogar gewollt. Sie wählten bewusst den Statusverlust durch Selbstverkauf in die Sklaverei, um der Perspektivlosigkeit der Armut als freie Bürger der Unterschicht zu entgehen. Als Sklave und Freigelassener eines reichen angesehenen Haushaltes hofften sie, die Aussicht auf sozialen Aufstieg zurückzugewinnen. Voraussetzung dafür waren nicht nur der eigene Fleiß und die eigenen Fähigkeiten, sondern das Glück, einen Herrn zu finden, der vom römischen Standeskodex geleitet sich an die Sitten der Vorväter (*mores maiorum*) hielt und den Aufstieg des Sklaven ermöglichte und nicht vereitelte. Standeskodex, Standeskontrolle und staatliche Kontrolle verhinderten Brutalität bzw. stellten sie unter Strafe. Es ging dabei nicht um Menschlichkeiten im Sinne von Humanität. Unkontrolliertes Verhalten schadete dem Gemeinwesen, verstieß gegen den gemeinsamen Nutzen (*utilitas publica*) und wurde geahndet.[7]

Wie auch immer man die Grundfrage nach dem Charakter der antiken Wirtschaft (Subsistenz- oder Marktwirtschaft) beantworten will, so haben die Römer strengstens auf Rentabilität von Sklavenarbeit im Agrarsektor geachtet: neben überschaubaren Zahlen von Sklaven, meist qualifizierten Facharbeitern, finden sich freie Tagelöhner für saisonale Arbeiten. Risiken wurden schon in republikanischer Zeit von den Landbesitzern auf kleine freie Pachtbauern abgewälzt, aus denen in der Spätantike die schollegebundenen Kolonen wurden. Antike Berichte von Sklavenmassen auf Latifundien sind daher mit Vorsicht auf ihren Kontext hin zu bewerten. Im Umfeld von Sklavenerhebungen erwähnt, dienen sie zur plausiblen Erklärung der bedrohlichen, kurzen, aber intensiven Unruhephase.[8] Für die Beschäftigungsverhältnisse der Sklaven in den Bergwerken, den kaiserlichen und privaten „Fabriken“ und im Handel fehlen die Zahlen, weil der Prozentsatz von unfreier neben freier Arbeit unbekannt ist. Zu allen Zeiten der gesamten Antike haben beide Arten nebeneinander bestanden: Es gab keine typischen Sklavenberufe.

Im Gegensatz zu den ländlichen Verhältnissen ist die differenzierte Arbeitsteilung im römischen Stadt- und Villenhaushalt nicht von Rentabilitätserwägungen, sondern vom Prestigedenken der reichen Herren vor allem der Oberschicht geprägt. In der großen Schar von Sklaven, Freigelassenen und freier Klientel stellte der Römer sinnfällig seinen Reichtum, seine luxuriöse Lebensführung und sein soziales Ansehen zur Schau.[9]

---

[7] S.o. Kap. 3.4 u. 3.6.
[8] S.o. Kap. 3.1 u. 3.3.
[9] S.o. Kap. 3.4.

Das Verhältnis zwischen Herren und Sklaven blieb bei aller Nähe der Beziehungen im Stadthaushalt ein distanziert freundliches, bedingt durch die hierarchische Struktur der römischen *familia* mit dem allmächtigen *pater familias* an ihrer Spitze. Ausnahmen echter Emotionalität können bei den eigenen Sklavenkindern vorliegen, aber jederzeit auch von pragmatischen Entscheidungen eines gewinnbringenden Verkaufs überlagert werden. Von einem permanenten Terrorregime der Herren und einem stets passiven Widerstand der Sklaven ist in der römischen Sklaverei im Gegensatz zur spartanischen Helotie nicht auszugehen. Die unterschiedliche Dauer beider Systeme ist der beste Beleg.

Wenn Furcht aufkam, dann vor allem in Konkurrenzverhältnissen, so bei den alten Eliten der frühen Kaiserzeit gegenüber den fachmännisch exzellent ausgebildeten kaiserlichen Sklaven und Freigelassenen, die überall im Reich tätig waren und indirekt an den Schalthebeln der Macht saßen. Gleiches geschah erneut bei den allmächtigen Eunuchen am spätantiken Hof, die von den Kaisern gegen die Senatoren ausgespielt wurden. Wegen ihres geschlechtlichen Defizites blieben sie Außenseiter.[10]

Weder Philosophen, noch Juristen, noch Kirchenväter haben die Abschaffung der Sklaverei gefordert. Missstände in der Sklavenbehandlung haben sie angeprangert, selten wegen der Betroffenen selbst, sondern zum Schutz der Gesellschaft. Solange die Sklaverei eine widernatürliche Institution blieb und nicht nach der Natur war wie bei Aristoteles, oder gottgewollt wie in der Esau-Erzählung des Alten Testaments sowie bei einigen westlichen Kirchenvätern und dadurch ewig wurde, gab es Wege ihrer legalen Beendigung, die ihre Abschaffung überflüssig machte.

Auch das frühe Christentum hat keine Argumente zur Aufhebung der Sklaverei entwickelt, sondern im Gegensatz zum Judentum weder die Freilassung gefordert noch einen Statuswechsel akzeptiert. Der *favor libertatis*, der von der hohen Kaiserzeit bis in die Spätantike die kaiserliche Politik bestimmte, hat keine christlichen Wurzeln. Dieses originär römische Prinzip fand bei Justinian seine höchste Entfaltung: Seitdem verlieh Freilassung römisches Bürgerrecht mit freier Geburt.[11]

Wenn Armut, Krieg, Vertreibung, religiöser Fanatismus und Turbokapitalismus heute erneut in die Sklaverei führen trotz deren Aufhebung und Ächtung in der Menschenrechtskonvention, dann haben wir offensichtlich im 21. Jh. etwas falsch gemacht. Hüten wir uns, von heute aus die Antike moralisch bewerten zu wollen. Wir haben keine Veranlassung dazu. Denn sie ist ganz anders.

---

[10] S.o. Kap. 3.5 u. 3.8.

[11] S.o. Kap. 3.7 u. 3.8.

5. LITERATURVERZEICHNIS

Quellensammlungen und Kommentare

BGB 1958 = BUNDESGESETZBLATT, Jahrgang 1958, Bonn 1958

BEHRENDS, u.a. = O. BEHRENDS / R. KNÜTEL / B. KUPISCH / H.-H. SEILER (hrsg., übers.), *Corpus Iuris Civilis. Texte und Übersetzung. Band I Institutionen / Band II Digesten 1–10*, Heidelberg 1990 / 1995

BRODERSEN 2004 = K. BRODERSEN (komm., hrsg., übers.), *Antiphon gegen die Stiefmutter und Apollodorus gegen Neaira (Demosthenes* 59) (TzF 84) Darmstadt 2004

BRODERSEN / GÜNTHER / SCHMITT I 1992 = K. BRODERSEN / W. GÜNTHER / H.H. SCHMITT, *Historische griechische Inschriften in Übersetzung, I: Die archaische und klassische Zeit* (TzF 59), Darmstadt 1992

BORHECK = L. A. BORHECK (übers.), *Diogenes Laertius. Von dem Leben und den Meinungen berühmter Philosophen*, Wien / Prag 1807, rev. Neuaufl. Wiesbaden 2008

DREHER = M. DREHER (hrsg., übers.), *Aristoteles. Der Staat der Athener*, Stuttgart 1993, ND 2006

DREXLER = H. DREXLER (eingel., übers.), *Polybios. Geschichte. Gesamtausgabe in zwei Bänden. Erster Band*, Zürich 1961

ECK / HEINRICHS 1993 = W. ECK / J. HEINRICHS, *Sklaven und Freigelassene in der Gesellschaft der römischen Kaiserzeit.* Textauswahl u. Übersetzung (TzF 61), Darmstadt 1993

ELLINGER = W. ELLINGER (eingel., übers., komm.), *Dion Chrysostomos sämtliche Reden*, Zürich 1967

FLACH = D. FLACH (hrsg., übers., komm.), *Marcus Terentius Varro. Gespräche über die Landwirtschaft. Buch 1* (TzF 65), Darmstadt 1996

GIGON = O. GIGON (hrsg., übers.), *Aristoteles. Politik*, München 1986[6]

GIGON / RUFENER = O. GIGON (hrsg., eingel.) / R. RUFENER (übers.), *Platon. Die Gesetze*, Zürich 1974

GUYOT / KLEIN 1994 = P. GUYOT / R. KLEIN (hrsg., übers., komm.), *Das frühe Christentum bis zum Ende der Verfolgungen. Eine Dokumentation*, Bd.2: *Die Christen in der heidnischen Gesellschaft* (TzF 62), Darmstadt 2006[3]

HEINEMANN = I. HEINEMANN u.a. (hrsg., übers.), *Philo von Alexandrien. Die Werke in deutscher Übersetzung. 7 Bände*, Berlin 1909–1964

LAMBERT = A. LAMBERT (hrsg., übers.), *Gaius Suetonis Tranquillus. Leben der Caesaren.* München 1977[2]

LANDMANN = G. P. LANDMANN (übers., eingel., komm.), *Thukydides. Geschichte des Peloponnesischen Krieges. 1. Teil: Buch I–IV*, München 1993

LASER = G. LASER (eingel., übers., komm.), *Florus. Römische Geschichte*, Darmstadt 2005

MANTHE = U. MANTHE (hrsg., übers., komm.), *Gaius Institutiones. Die Institutionen des Gaius* (TzF 81), Darmstadt 2004

MÖLLER = L. MÖLLER (übers., komm.), *Die Enzyklopädie des Isidor von Sevilla*, Wiesbaden 2008

NICKEL = R. NICKEL (hrsg., übers., komm.), *M. Tullius Cicero. De Legibus, Paradoxa Stoicorum. Über die Gesetze, Stoische Paradoxien*, München 2004[3]

OTTO / SCHILLING / SINTENIS = K.E. OTTO / B. SCHILLING / K. F. F. SINTENIS (hrsg., übers.), *Das Corpus Iuris Civilis (Romani). Band 4. Pandekten Buch 39–50*, Leipzig 1832 (ND 1985)

PHILIPS / GIEBEL = H. PHILIPS / M. GIEBEL (hrsg., übers.), *C. Plinius Caecilius Secundus. Sämtliche Briefe*, Stuttgart 1998

RICHTER = W. RICHTER (hrsg., übers.), *Lucius Iunius Moderatus Columella. Zwölf Bücher über Landwirtschaft. Buch eines Unbekannten über Baumzüchtung. Band I*, München 1981

RIESSLER / STORR = P. RIESSLER / R. STORR (übers.), *Die Heilige Schrift des Alten und des Neuen Bundes*, Mainz 1958[7]

ROSENBACH = M. ROSENBACH (übers, eingel., komm.), *L. Annaeus Seneca. Philosophische Schriften. Band 3, An Lucilius, Briefe 1–69 / Band 5, Über die Milde, Über die Wohltaten*, Darmstadt 1995[4] (Sonderausgabe 1999)

RUPÉ = H. RUPÉ (übers.), *Homer. Illias*, München 1989 (ND 1990)

SCHÖNBERGER = O. SCHÖNBERGER (hrsg., übers.), *Vom Landbau; Fragmente / Marcus Porcius Cato*, 2. überarb. Aufl., Düsseldorf / Zürich 2000[2]

SEEGER = L. SEEGER (übers.) / H.-J. NEWIGER (hrsg., eingel.), *Aristophanes. Komödien*, München 1976 (ND 1990)

SIEBEN = H. J. SIEBEN (übers., eingel.), *Basilius von Cäsarea. De Spiritu Sanctu. Über den Heiligen Geist* (Fontes Christiani 12), Freiburg i. Br. 1993

WIEDEMANN 1981 = T. E. J. WIEDEMANN, *Greek and Roman Slavery*, London 1981

VEH = O. VEH (übers.) / P. WIRTH / W. GESSEL (hrsg.) / W. WILL (eingel., komm.), *Appian von Alexandria. Römische Geschichte. Zweiter Teil. Die Bürgerkriege*, Stuttgart 1989

WEBER = G. WEBER (hrsg., eingel., übers.), *Pseudo-Xenophon. Die Verfassung der Athener* (TzF 100), Darmstadt 2010

WEIHER = A. WEIHER (übers.), *Homer. Odyssee und Homerische Hymnen*, München 1986–1989 (ND 1990)

WIRTH = G. WIRTH (übers., eingel.), *Diodorus. Griechische Weltgeschichte. Fragmente. Buch XXI–XL. Erster Halbband*, (Bibliothek der griechischen Literatur), Stuttgart 2008

WITTSTEIN = G. C. WITTSTEIN (übers.) / L. MÖLLER / M. VOGEL (hrsg.), *Die Naturgeschichte des Caius Plinius Secundus*, Leipzig 1881, rev. Neuaufl.Wiesbaden 2007

ZIEGLER = K. ZIEGLER (übers., eingel., komm.), *Plutarch. Große Griechen und Römer. Band 1*, München 1954 (ND 1979)

Bibliographien, Forschungsberichte

BIBLIOGRAPHIE 2003 = D. SCHÄFER / J. DEISSLER, *Bibliographie zur antiken Sklaverei*. 2 Teile (FAS. Beiheft 4), Stuttgart 2003, Fortsetzung bis 2010 online BASO, Akademie der Wissenschaften und der Literatur, Mainz, Forschungen zur Antiken Sklaverei

BROCKMEYER 1979 = N. BROCKMEYER, *Antike Sklaverei* (EdF 116), Darmstadt 1979

ENCYCLOPEDIA OF SLAVE RESISTANCE AND REBELLION, ED. J. P. RODRIGUEZ, 2 Vol., London 2007

RAINER / HERRMANN-OTTO 1999 = J. M. RAINER / E. HERRMANN-OTTO, *Prolegomena*, in: J. M. RAINER (hrsg.), *Corpus der Römischen Rechtsquellen zur antiken Sklaverei* (= CRRS), Stuttgart 1999

SCHULZ-FALKENTHAL 1985 = H. SCHULZ-FALKENTHAL, *Sklaverei in der griechisch-römischen Antike. Eine Bibliographie wissenschaftlicher Literatur vom ausgehenden 15. Jh. bis zur Mitte des 19. Jhs.*, Halle 1985

WIEDEMANN 1997 = T. E. J. WIEDEMANN, *Slavery*, in: Greece & Rome. New Surveys in the Classics 19, Oxford 1997

Forschungsliteratur (in Auswahl)

ABRAMENKO 1993 = A. ABRAMENKO, *Die munizipiale Mittelschicht im kaiserzeitlichen Italien. Zu einem neuen Verständnis von Sevirat und Augustalität*, Frankfurt/M. u.a. 1993

ALFÖLDY 1988 = G. ALFÖLDY, *Antike Sklaverei. Widersprüche, Sonderformen, Grundstrukturen,* Bamberg 1988 = DERS. in: H. FLASHAR (hrsg.), *Auseinandersetzungen mit der Antike* (Thyssen-Vorträge) Bamberg 1990, 201-233

ALFÖLDY 2011[4] = G. ALFÖLDY, *Römische Sozialgeschichte. 4. völlig überarbeitete und aktualisierte Auflage*, Stuttgart 2011[4]

ALLARD 1914[5] = P. ALLARD, *Les esclaves chrétiens, depuis les premiers temps de l'Eglise jusqu'à la fin de la domination romaine en Occident*, Paris 1914[5] (ND Hildesheim 1974)

AMELING 1993 = W. AMELING, *Karthago. Studien zu Militär, Staat und Gesellschaft* (Vestigia 45), München 1993

AMELING 1998 = W. AMELING, *Landwirtschaft und Sklaverei im klassischen Attika,* in: HZ 266, 1998, 281–315

AMIRI 2016 = B. AMIRI, *Esclaves et affranchis des Germanies: Mémoire en fragments. Études des inscriptions monumentales* (FAS 41), Stuttgart 2016

ANASTASIADIS / DOUKELLIS 2005 = V. I. ANASTASIADIS / P. N. DOUKELLIS (hrsg.), *Esclavage antique et discriminations socio-culturelles,* Actes du XXVIIIe Collloque du GIREA 2003, Bern 2005

ANDREAU 2002 = J. ANDREAU, *Twenty Years after Moses I. Finley's ,The Ancient Economy'*, in: SCHEIDEL / V. REDEN (hrsg.) 2002, 33–49

ANDREAU / DESCAT 2006 = J. ANDREAU / R. DESCAT, *Esclave en Grèce et à Rome,* Paris 2006

ANKUM 2005 = H. ANKUM, *Der Ausdruck favor libertatis und das klassische römische Freilassungsrecht*, in: E. HERRMANN-OTTO (hrsg.) 2005, 82–100

ARAVANTINOS / GODART / SACCONI 2001 = V. L. ARAVANTINOS / L. GODART / A. SACCONI, *Thèbes. Fouilles de la Cadmée I. Les tablettes en linéaire b de la Odos Pelopidou. Édition et commentaire*, Pisa / Rom 2001

AUBERT 1994 = J.-J. AUBERT, *Business Managers in Ancient Rome. A Social and Economic Study of Institores, 200 B.C. – A.D. 250,* Leiden 1994

AVENARIUS 2017 = M. AVENARIUS, *Stellung des Sklaven im Privatrecht. 3: Erbrecht, Aktive Stellung, Personeneigenschaft und Ansätze zur Anerkennung von Rechten. CRRS IV,3* (FAS Beiheft 3), Stuttgart 2017

BABINGTON 1845 = C. BABINGTON, *The Influence of Christianity in Promoting the Abolition of Slavery in Europe. A Dissertation which Obtained the Hulsean Prize for the Year 1845*, Cambridge 1845

BACKHAUS 1974 = W. BACKHAUS, *Marx, Engels und die Sklaverei. Zur ökonomischen Problematik der Unfreiheit*, Düsseldorf 1974

BACKHAUS 1987 = W. BACKHAUS, *Plinius der Jüngere und die Perspektiven des italischen Arbeitskräftepotentials seiner Zeit,* in: Klio 69, 1987, 138–151

BACKHAUS 1989 = W. BACKHAUS, *Servi vincti*, in: Klio 71, 1989, 321–330

BÄBLER 1998 = B. BÄBLER, *Fleissige Thrakerinnen und wehrhafte Skythen. Nichtgriechen im klassischen Athen und ihre archäologische Hinterlassenschaft* (BAk 108), Stuttgart / Leipzig 1998

BADIAN 1981 = E. BADIAN, *The Bitter History of Slave History*, in: The New York Review of Books Jhg.28 H.16, 1981, 49–53

BADIAN 1997 = E. BADIAN, *Zöllner und Sünder. Unternehmer im Dienst der römischen Republik*, Darmstadt 1997

BARKER / LLOYD 1991 = G. BARKER / J. LLOYD (hrsg.), *Roman Landscapes. Archaeological Survey in the Mediterranean Region* (Archaeological Monographs of the British School at Rome 2.), London 1991

BALES 2001 = K. BALES, *Die neue Sklaverei.* Aus d. Engl. übers. v. I. LEIPOLD, München 2001 (= K. Bales, Disposable People. New Slavery in the Global Economy, Berkeley 1999)

BALTRUSCH 1989 = E. BALTRUSCH, *Regimen morum. Die Reglementierung des Privatlebens der Senatoren und Ritter in der römischen Republik und frühen Kaiserzeit*, München 1989

BANNERT 1998 = H. BANNERT, *"Sklaverei" und Sklavenleben in Griechenland*, in: E. SPECHT (hrsg.), *Alltägliches Altertum*, Frankfurt/Main / Berlin / Bern / New York / Paris / Wien 1998, 61–74

BARUZZI 1970 = A. BARUZZI, *Der Freie und der Sklave in Ethik und Politik des Aristoteles*, in: Philosophisches Jahrbuch 77, 1970, 15–28

BARSCHDORF 2012 = J. BARSCHDORF, *Freigelassene in der Spätantike*, München 2012

BAUMANN 2014 = A. BAUMANN, *Freiheitsbeschränkungen der Dekurionen in der Spätantike* (SKZ 12), Hildesheim 2014

BELL / RAMSBY 2012 = S. BELL / T. RAMSBY (hrsg.), *Free at last! The Impact of Freed Slaves on the Roman Empire*, London 2012

BELLEN 1971 = H. BELLEN, *Studien zur Sklavenflucht im römischen Kaiserreich* (FAS 4), Wiesbaden 1971

BELLEN 1989 = H. BELLEN, *Die antike Sklaverei als moderne Herausforderung. Zur Situation der internationalen Sklavenforschung,* in: Akademie der Wissenschaften und der Literatur Mainz 1949–1989, Stuttgart 1989, 195–208

BELLEN 2001 = H. BELLEN, *Vom halben zum ganzen Menschen. Der Übergang aus der Sklaverei in die Freiheit im Spiegel des antiken und frühchristlichen Freilassungsbrauchtums,* in: H. BELLEN / H. HEINEN (hrsg.) 2001, 13–29

BELLEN / HEINEN 2001 = H. BELLEN / H. HEINEN (hrsg.), *Fünfzig Jahre Forschungen zur Antiken Sklaverei an der Mainzer Akademie 1950–2000* (FAS 35), Stuttgart 2001

BELOCH 1886 = J. BELOCH, *Die Bevölkerung der griechisch-römischen Welt*, Leipzig 1886 (ND New York 1979)

BERINGER 1961 = W. BERINGER, *Zu den Begriffen für „Sklaven" und „Unfreie" bei Homer*, in: Historia 10, 1961, 259–291

BERINGER 1982 = W. BERINGER, *‚Servile Status' in the Sources for Early Greek History*, in: Historia 31, 1982, 13–32

BIEZUŃSKA-MAŁOWIST 1968 = I. BIEZUŃSKA-MAŁOWIST, *Les recherches sur l'esclavage ancien et le mouvement abolitionniste européen*, in: P. OLIVA (hrsg.), *Antiquitas Graeco-Romana ac tempora nostra*, Prag 1968, 161–167

BIEZUŃSKA-MAŁOWIST 1984 = I. BIEZUŃSKA-MAŁOWIST, *La schiavitù nell'Egitto greco-romano*, Rom 1984

BIEZUŃSKA-MAŁOWIST 1988 = I. BIEZUŃSKA-MAŁOWIST, *Die Sklaverei als Hellenisierungsfaktor im Nahen Osten,* in: W. WILL (hrsg.), *Zu Alexander dem Großen,* FS G. Wirth, Bd.2, Amsterdam 1988, 765–780

BIEZUŃSKA-MAŁOWIST 1991 = I. BIEZUŃSKA-MAŁOWIST, *La schiavitù nel mondo antico,* Neapel 1991

BINSFELD 2015 = A. BINSFELD, *Sklaverei als Wirtschaftsform. Sklaven in der Antike – omnipräsent, aber auch rentabel?*, in: GWU 66 5–6, 262–279

BIOT 1840 = E. BIOT, *De l'abolition de l'esclavage ancien en occident. Examen des causes principles qui ont concouru à l'extinction de l'eclavage ancien dans l'Europe occidentale et de l'époque à laquelle ce grand fait historique a été définitivement accompli*, Paris 1840

BLAIR 1833 = W. BLAIR, *An Inquiry into the State of Slavery amongst the Romans; from the Earliest Period, till the Establishment of the Lombards in Italy*, Edinburgh 1833

BLÄNSDORF 2001 = J. BLÄNSDORF, *Zum Thema der Sklaverei in Ciceros Briefen*, in: H. BELLEN / H. HEINEN (hrsg.) 2001, 447–456

BLÄNSDORF 2016 = J. BLÄNSDORF, *Das Thema der Sklaverei in den Werken Ciceros* (FAS 42), Stuttgart 2016

BÖMER 1963 = F. BÖMER, *Untersuchungen über die Religion der Sklaven in Griechenland und Rom*, Bd.4: *Epilegomena*, (AAWM 1963,10) Wiesbaden 1963

BODEL 2011 = J. BODEL, *Slave Labour and Roman Society*, in: BRADLEY / CARTLEDGE (hrsg.) 2011, 311–336

BOESE 1973 = W. E. BOESE, *A Study of the Slave Trade and the Sources of Slaves in the Roman Republic and the Early Roman Empire*, Washington 1973

BORG 2012 = B. E. BORG, *The Face of the Social Climber: Roman Freedmen and Elite Ideology*, in: BELL / RAMSBY (hrsg.) 2012, 25–49

BOULVERT 1970 = G. BOULVERT, *Esclaves et affranchis impériaux sous le Haut-Empire romain. Rôle politique et administratif*, Neapel 1970

BRADLEY 1984 = K. R. BRADLEY, *Slaves and Masters in the Roman Empire: A Study in Social Control* (Collection Latomus 185), Brüssel 1984 (ND Oxford 1987)

BRADLEY 1987 = K. R. BRADLEY, *On the Roman Slave Supply and Slavebreeding*, in: M. I. FINLEY (hrsg.), *Classical Slavery*, London 1987, 42–64

BRADLEY 1988 = K. R. BRADLEY, *The Roman Slave Wars, 140–70 B.C.: A Comparative Perspective*, in: T. YUGE / M. DOI (hrsg.) 1988, 369–376

BRADLEY 1989 = K. R. BRADLEY, *Slavery and Rebellion in the Roman World, 140 B.C.–70 B.C.*, London 1989

BRADLEY 1992 = K. R. BRADLEY, *Wet-nursing at Rome: A Study in Social Relations*, in: B. RAWSON (hrsg.), *The Family in Ancient Rome. New Perspectives*, London 1986 (ND London 1992), 201–229

BRADLEY 1994 = K. R. BRADLEY, *Slavery and Society at Rome*, Cambridge 1994 (ND 1999)

BRADLEY 1997 = K. R. BRADLEY, *The Problem of Slavery in Classical Culture*, in: Classical Philology 92, 1997, 273–282

BRADLEY 2011 = K. R. BRADLEY, *Slavery in the Roman Republic*, in: BRADLEY / CARTLEDGE (hrsg.) 2011, 241–264

BRADLEY / CARTLEDGE 2011 = K. R. BRADLEY / P.CARTLEDGE (hrsg.), *The Cambridge World History of Slavery. Volume I. The Ancient Mediterranean World*, New York 2011

BRANDT 1973 = H. BRANDT, *Die Sklaven in den Rollen von Dienern und Vertrauten bei Euripides*, Hildesheim 1973

BRAUDE 2002 = B. BRAUDE, *Cham et Noé. Race, esclavage et exégèse entre islam, judaïsme et christianisme*, in: Annales (HSS) 2002/1 57e année, 93–125

BRENNAN 1993 = T. C. BRENNAN, *The Commanders in the First Sicilian Slave War*, in: Rivista di Filologia e di Istruzione Classica 121, 1993, 153–184

BRINGMANN 1986 = K. BRINGMANN, *Das „Licinisch-Sextische" Ackergesetz und die gracchische Agrarreform*, in: J. BLEICKEN (hrsg.), *Symposium für A. Heuss* (Frankfurter Althistorische Studien 12), Kallmünz 1986, 51–66

BRUNEAU 1989 = P. BRUNEAU, *L'esclavage à Délos*, in: Anthropologie et Societé 3 (Mélanges Pierre Lévêque), 1989, 41–52

BRUNT 1971 = P. A. BRUNT, *Italian Manpower 225 B.C.–A.D. 14*, Oxford 1971

BUCHWITZ 2012 = W. BUCHWITZ, *Servus Servo Heres. Testierfreiheit für Sklaven*, in: P. BUONGIORNO / S. LOHSSE, *Fontes Iuris. Atto del VI Jahrestreffen Junger Romanistinnen und Romanisten. Lecce 30–31 marzo 2012*, Lecce 2012, 141–160

BUCKLAND 1908 = W. BUCKLAND, *The Roman Law of Slavery. The Condition of the Slave in Private Law from Augustus to Justinian*, Cambridge 1908

BUONOCORE 1984 = M. BUONOCORE, *Schiavi e liberti dei Volusi Saturnini. Le iscrizioni del colombario sulla via Appia antica,* Rom 1984

BUSSI 2001 = S. BUSSI, *Economia e demografia della schiavitù in Asia minore ellenistico-romana,* Mailand 2001

BUSSI / FORABOSCHI 2001 = S. BUSSI / D. FORABOSCHI, *Spartaco: Il personaggio, il mito, la vicenda*, in: A. LA REGINA (hrsg.), *Sangue e Arena*, Mailand 2001, 29–42

CALDERINI 1908 = A. CALDERINI, *La manomissione e la condizione dei liberti in Grecia,* Mailand 1908

CALVERT 1987 = B. CALVERT, *Slavery in Plato's Republic*, in: Classical Quarterly 37, 1987, 367–372

CARANDINI 1988 = A. CARANDINI, *Schiavi in Italia. Gli strumenti pensanti dei Romani fra tarda Repubblica e medio Impero* (Studi NIS archeologia 8), Rom 1988

CARLSEN 1995 = J. CARLSEN, *Vilici and Roman Estate Managers until A.D. 284,* Rom 1995

CARTLEDGE 1993 = P. CARTLEDGE, *Like a Worm i'the Bud? A Heterology of Classical Greek Slavery*, in: Greece & Rome 40, 1993, 163–180

CARTLEDGE 2002 = P. CARTLEDGE, *The Political Economy of Greek Slavery,* in: P. CARTLEDGE / E. E. COHEN / L. FOXHALL (hrsg.) 2002, 156–166

CARTLEDGE / COHEN / FOXHALL 2002 = P. CARTLEDGE / E. E. COHEN / L. FOXHALL (hrsg.), *Money, Labour and Land. Approaches to the Economies of Ancient Greece,* London 2002

CARTLEDGE 2011 = P. CARTLEDGE, *The Helots: a Contemporary Review*, in: BRADLEY / CARTLEDGE (hrsg.) 2011, 74–90

CHADWICK 1987 = J. CHADWICK, *Linear B and Related Scripts*, London 1987

CHADWICK 1988 = J. CHADWICK, *The Women of Pylos*, in: Suplementos a Minos 10, 1988, 43–93

CHANTRAINE 1967 = H. CHANTRAINE, *Freigelassene und Sklaven im Dienst der römischen Kaiser. Studien zu ihrer Nomenklatur* (FAS1), Wiesbaden 1967

CHANTRAINE 1980 = H. CHANTRAINE, *Freigelassene und Sklaven kaiserlicher Frauen*, in: W. ECK u.a. (hrsg.), *Studien zur antiken Sozialgeschichte*, FS F. Vittinghoff, Köln / Wien 1980, 389–416

CHATZIDIMITRIOU 2005 = A. CHATZIDIMITRIOU, *Distinguishing Features in the Rendering of Craftsmen, Professionals and Slaves in Archaic and Classical Vase Painting,* in: ANASTASIADIS / DOUKELLIS (hrsg.) 2005, 131–145

CHIUSI 1991 = T. J. CHIUSI, *Landwirtschaftliche Tätigkeit und actio institoria*, in: ZRG RA 108, 1991, 155–186

CHRIST 1982 = K. CHRIST, *Römische Geschichte und deutsche Geschichtswissenschaft*, München 1982

CHRIST 1982a = K. CHRIST, *Sklavenführer*, in: DERS., *Römische Geschichte und Wissenschaftsgeschichte,* Bd.1: *Römische Republik und Augusteischer Principat*, Darmstadt 1982, 75–91

CHRIST 1984 = K. CHRIST, *Theodor Mommsen und die ‚Römische Geschichte'*, in: MOMMSEN 1902[6], Bd. 8, 7–66

CHRIST 1988 = K. CHRIST, *Geschichte der römischen Kaiserzeit von Augustus bis zu Konstantin,* München 1988 (München 1995[3])

CHRIST 1990 = K. CHRIST, *Neue Profile der Alten Geschichte*, Darmstadt 1990

CHRISTENSEN 1984 = K. A. CHRISTENSEN, *The Theseion: A Slave Refuge at Athens,* in: AJAH 9, 1984, 23–32

CHRISTES 1979 = J. CHRISTES, *Sklaven und Freigelassene als Grammatiker und Philologen im antiken Rom* (FAS 10), Wiesbaden 1979

CHRISTIANSEN 2002 = E. CHRISTIANSEN, *The Moses Finley Approach to Slavery and the Slave Society*, in: K. ASCANI / V. GABRIELSEN u.a. (hrsg.), *Ancient History Matters*, Studies Presented to J.E. Skydsgaard, Rom 2002, 23–27

CLAUSS 1983 = M. CLAUSS, *Sparta. Eine Einführung in seine Geschichte und Zivilisation*, München 1983

CLINE 2015 = E. H. CLINE, *1177 v. Chr.. Der erste Untergang der Zivilisation.* Aus d. Engl. übers. v. C. HARTZ, Darmstadt 2015 (= E. H. Cline, 1177 B.C.. The Year Civilization Collapsed, New Jersey 2014)

COHEN 1991 = E. E. COHEN, *Banking as a "Family Business": Legal Adaptations Affecting Wives and Slaves,* in: Symposion 1990, Vorträge zur griechischen und hellenistischen Rechtsgeschichte, Köln 1991, 239–263

CORDIER 2002 = P. CORDIER, *Tertium genus hominum. L'étrange sexualité des castrats dans l'Empire romain,* in: P. MOREAU (hrsg.), *Corps romains*, Grenoble 2002, 61–75

COTTER 1996 = W. COTTER, *The collegia and Roman Law: State Restrictions on Voluntary Associations, 64 BCE–200 CE,* in: J. S. KLIPPENBERG / S. G. WILSON (hrsg.), *Voluntary Associations in the Graeco-Roman World*, London / New York 1996, 74–89

DAITZ 1971 = S. G. DAITZ, *Concepts of Freedom and Slavery in Euripides' Hecuba*, in: Hermes 99, 1971, 217–226

DARMEZIN 1999 = L. DARMEZIN, *Les affranchissements par consécration en Béotie et dans le monde grec hellénistique,* Nancy 1999

DAUBNER 2003 = F. DAUBNER, *Bellum Asiaticum. Der Krieg der Römer gegen Aristonikos von Pergamon und die Einrichtung der Provinz Asia*, München 2003 (ND 2006)

DAVIS 1966 = D. B. DAVIS, *The Problem of Slavery in Western Culture,* Oxford 1966

DEGANI 1997 = E. DEGANI, *Griechische Literatur bis 300 v. Chr.*, in: H.-G. NESSELRATH (hrsg.), *Einleitung in die griechische Philologie,* Stuttgart 1997, 171–245

DEGER-JALKOTZY / PANAGEL 2006 = S. DEGER-JALKOTZY / O. PANAGEL, *Die neuen Linear B-Texte aus Theben. Ihr Aufschlußwert für die mykenische Sprache und Kultur* (Mykenische Komission 23, Denkschrift der phil.-hist. Klasse 338, Mykenische Studien 19), Wien 2006

DEISSLER 2000 = J. DEISSLER, *Antike Sklaverei und Deutsche Aufklärung im Spiegel von Johann Friedrich Reitemeiers „Geschichte und Zustand der Sklaverey und Leibeigenschaft in Griechenland" 1789* (FAS 33), Stuttgart 2000

DEISSLER 2010 = J. DEISSLER, *Cold Case? Die Finley-Vogt-Kontroverse aus deutscher Sicht*, In: H. HEINEN (hrsg.) 2010, 77–93.

DELACAMPAGNE 2004 = C. DELACAMPAGNE, *Die Geschichte der Sklaverei.* Aus d. Franz. übers. v. U. VONES-LIEBENSTEIN, Düsseldorf 2004 (= C. Delacampagne, Histoire de l'esclavage. De l'antiquité à nos jours, Paris 2002)

DEMANDT 1995 = A. DEMANDT, *Antike Staatsformen. Eine vergleichende Verfassungsgeschichte der Alten Welt,* Berlin 1995

DEMANDT 2002 = A. DEMANDT, *Zum Ursprung der Menschenrechte*, in: DERS., *Zeit und Unzeit. Geschichtsphilosophische Essays*, Köln 2002, 262–275

DEMANDT / ENGEMANN = A. DEMANDT / J. ENGEMANN (hrsg.), *Konstantin der Große. Geschichte – Archäologie – Rezeption*, Internationales Kolloquium 10.–15.10.2005 an der Universität Trier, Trier 2006

DEMANDT 2007^2 = A. DEMANDT, *Die Spätantike. Römische Geschichte von Diocletian bis Justinian 284–565 n. Chr, 2. vollständig bearbeitete und erweiterte Auflage*, München 2007^2

DE MARTINO 1991^2 = F. DE MARTINO, *Wirtschaftsgeschichte des alten Rom.* Aus d. Ital. übers. v. B. GALSTERER, München 1991^2 (= F. De Martino, Storia economica di Roma antica, Florenz 1979)

DE NEEVE 1992 = P. DE NEEVE, *A Roman Landowner and his Estates: Pliny the Younger,* in: Studi Italiani di Filologia Classica 85, 1992, 335–344

DERKS 2016 = H. DERKS, *Gefahr auf See. Piraten in der Antike*, Darmstadt 2016

DE VAUX 1960 = R. DE VAUX, *Das Alte Testament und seine Lebensordnungen* I, Freiburg 1960

DIEDERICH 2007 = S. DIEDERICH, *Römische Agrarhandbücher zwischen Fachwissenschaft, Literatur und Ideologie*, Berlin 2007

DIEDERICH 2007a = S. DIEDERICH, *Sklaverei bei den römischen Agrarschriftstellern*, in: KABADAYI / REICHARDT (hrsg.) 2003, 149–165

DIESNER U.A. 1984 = H.-J. DIESNER U.A. (hrsg.), *Die Arbeitswelt der Antike*, Wien 1984

DI NISIO 2007 = V. DI NISSIO, *Osservazioni in tema di partus ancillae*, in: C. CASCONE / C. MASI DORIA (hrsg.), *Fides Humanitas Ius. Studi in onore di Luigi Labruna III*, Neapel 2007, 1493–1517

DOHR 1965 = H. DOHR, *Die italischen Gutshöfe nach den Schriften Catos und Varros*, Köln 1965

DOI 1992 = M. DOI, *The Origin of Spartacus and the Anti-Roman Struggle in Thracia*, in: Index 20, 1992, 31–40

DORN 2005 = F. DORN, *Der Unfreiheitsdiskurs in deutschen Rechtsbüchern des Hoch- und Spätmittelalters*, in: E. HERRMANN-OTTO (hrsg.) 2005, 167–205

DORN 2011 = F. DORN, *Selbstverknechtung – Selbstversklavung durch Vertrag?* In: E. HERRMANN-OTTO (hrsg.) 2011, 94–117

DORMEYER 2006 = D. DORMEYER, *Sklavenarbeit in den Silbergruben von Laureion. Entwicklung, Schutzbestimmungen, Asylrecht und Vereinsbildung der Sklaven*, In: D. DORMEYER / F. SIEGERT / J. C. DE VOS (hrsg.): *Arbeit in der Antike, in Judentum und Christentum* (Münsteraner Judaistische Studien. Wissenschaftliche Beiträge zur christlich-jüdischen Begegnung 20), Berlin 2006, 57–65

DROß-KRÜPE 2011 = K. DROß-KRÜPE, *Wolle–Weber–Wirtschaft. Die Textilproduktion der römischen Kaiserzeit im Spiegel der papyrologischen Überlieferung* (Philippika 46), Wiesbaden 2011

DU BOIS 1991 = P. DU BOIS, *Torture and Truth*, New York 1991

DUCAT 1990 = J. DUCAT, *Les Helotes*, Paris 1990

DUCAT 1994 = J. DUCAT, *Les pénestes de Thessalie* (CRHA 128), Paris 1994

DUCREY 1999 = P. DUCREY, *Kriegsgefangene im antiken Griechenland. Forschungsdiskussion 1968–1998*, in: R. OVERMANS (hrsg.), *In der Hand des Feindes. Kriegsgefangenschaft von der Antike bis zum Zweiten Weltkrieg*, Köln u.a. 1999, 63–81

DÜLL 1995 = R. DÜLL, *Das Zwölftafelgesetz. Texte, Übersetzungen, Erläuterungen*, Darmstadt 1995

DUMONT 1987 = J. C. DUMONT, *Servus. Rome et l'esclavage sous la République*, Rom 1987

DUMONT 1988 = J. C. DUMONT, *Esclavage blanc, esclavage noir*, in: BAGB 12, 1988, 173–194

EDER 1974 = K. EDER, *Antike Komödie. Aristophanes, Menander, Plautus, Terenz*, Hannover 1974

EDER 1980 = W. EDER, *Servitus Publica. Untersuchungen zur Entstehung, Entwicklung und Funktion der öffentlichen Sklaverei in Rom* (FAS 13), Wiesbaden 1980

EDMONDSON 2011 = J. EDMONDSON, *Slavery and the Roman Family*, in: BRADLEY / CARTLEDGE (hrsg.) 2011, 337–361

EICH 2006 = A. EICH, *Die politische Ökonomie des antiken Griechenland. (6.–3. Jahrhundert v. Chr.)*, Köln 2006

EL BEHEIRI 2015 = N. EL BEHEIRI, *Sklaverei und Freiheit bei Theodor Mommsen*, in: Pázmány Law Review III., 2015, 105–114

ERDKAMP 1999 = P. ERDKAMP, *Agriculture, Underemployment, and the Cost of Rural Labour in the Roman World*, in: Classical Quarterly 49, 1999, 556–572

EVANS GRUBBS 1993 = J. EVANS GRUBBS, *'Marriage more shameful than adultery': Slave-Mistress Relationships, `Mixed Marriages' and Late Roman law*, in: Phoenix 47, 1993, 125–154

EVANS GRUBBS 1995 = J. EVANS GRUBBS, *Law and Family in Late Antiquity. The Emperor Constantine's Marriage Legislation*, New York 1995

FABRE 1981 = G. FABRE, *Libertus. Recherches sur les rapports patron-affranchi à la fin de la République romaine*, Rom 1981

FABRE 1992 = G. FABRE, *Mobilité et stratification: le cas des serviteurs impériaux*, in: E. FREZOULS (hrsg.), *La mobilité sociale dans le monde romain*, Actes du colloque organisé à Strasbourg (novembre 1988) par l'Institut et le groupe de recherche d'histoire romaine, Straßburg 1992, 123–159

FEHRENBACHER 2001 = D. E. FEHRENBACHER, *The Slaveholding Republic. An Account of the United States Government's Relations to Slavery*, Oxford 2001

FINKENAUER 2006 = T. FINKENAUER (hrsg.), *Sklaverei und Freilassung im römischen Recht. Symposium für Hans Josef Wieling zum 70. Geburtstag*, Berlin / Heidelberg 2006

FINLEY 1959 = M. I. FINLEY, *Was Greek Civilization Based on Slave Labour?*, in: Historia 8, 1959, 145–164

FINLEY 1977 = M. I. FINLEY, *Die antike Wirtschaft*. Aus d. Engl. übers. v. A. WITTENBURG, München 1977 (= M. I. Finley, The Ancient Economy, Berkeley 1973)

FINLEY 1979 = M. I. FINLEY, *The Bücher-Meyer Controversy*, New York 1979

FINLEY 1979a = M. I. FINLEY, *Das antike Sizilien*, München 1979

FINLEY 1981 = M. I. FINLEY, *Die Sklaverei in der Antike. Geschichte und Probleme*. Aus d. Engl. übers. v. C. SCHWINGENSTEIN / A. WITTENBURG / K. BRODERSEN, München 1981 (= M. I. Finley, Ancient Slavery and Modern Ideology, London 1980), s.u. SHAW

FINLEY 1982 = M. I. FINLEY, *Problems of Slave Society: Some Reflections on the Debate*, in: Opus 1, 1982, 201–211

FISCHER 2007 = J. FISCHER, *Freie und unfreie Arbeit in der mykenischen Textilproduktion*, in: KABADAYI / REICHARDT (hrsg.) 2007, 3–37

FISCHER 2010 = J. FISCHER, *Griechische Frühgeschichte bis 500 v. Chr*, Darmstadt 2010

FISHER 1993 = N. R. E. FISHER, *Slavery in Classical Greece*, London 1993

FISHER 2006, = N. R. E. FISHER, *Citizens, Foreigners and Slaves in Greek Society*, in: K. H. KINZL (hrsg.), *A Companion to the Classical Greek World*, Oxford 2006, 327–349

FITZGERALD 2000 = W. FITZGERALD, *Slavery and the Roman Literary Imagination. Roman Literature and Its Contexts*, Cambridge 2000

FLACH 1996 = D. FLACH, *Einleitung*, in: DERS. (hrsg.), *Marcus Terentius Varro. Gespräche über die Landwirtschaft. Buch 1*, Darmstadt 1996, 1–78

FLAIG 2001 = E. FLAIG, *Den Untermenschen konstruieren. Wie die griechische Klassik den Sklaven von Natur erfand*, in: R. VON DEN HOFF / S. SCHMIDT (hrsg.), *Konstruktionen von Wirklichkeit. Bilder im Griechenland des 5. u. 4. Jahrhunderts v. Chr.*, Stuttgart 2001, 27–49

FLAIG 2009 = E. FLAIG, *Weltgeschichte der Sklaverei*, München 2009

FLORATH 2005 = B. FLORATH, *Zur Diskussion um die asiatische Produktionsweise*, in: I. STARK (hrsg.), *Elisabeth Charlotte Welskopf und die Alte Geschichte in der DDR*, Stuttgart 2005, 184–200

FORTENBAUGH 1977 = W. W. FORTENBAUGH, *Aristotle on Slaves and Women*, in: J. BARNES / M. SCHOFIELD / R. SORABJI (hrsg.), *Articles on Aristotle*, Bd. 2: *Ethics and Politics*, London 1977, 135–139

FREND 1993 = W. FREND, *Fathers and Slaves: St. Augustine and Some Eastern Contemporaries*, in: Études sur l'histoire gréco-romaine, Breslau 1993, 59–69

FRANK 1924 = T. FRANK, *Roman Buildings of the Republic. An Attempt to Date Them from Their Materials*, Rom 1924

FRANKE 2009 = B. FRANKE, *Sklaverei und Unfreiheit im Naturrecht des 17. Jahrhunderts* (SKZ 5), Hildesheim 2008

FRIEDLÄNDER 1921$^{9/10}$ = L. FRIEDLÄNDER, *Darstellungen aus der Sittengeschichte Roms in der Zeit von Augustus bis zum Ausgang der Antonine,* 4 Bde, Leipzig 1921 (ND Darmstadt 2016)

FRIER / KEHOE 2007 = B. W. FRIER / P. KEHOE, *Law and Economic Institutions*, in: W. SCHEIDEL / I. MORRIS / R. SALLER (hrsg.) 2007, 113–143

FUKS 1968 = A. FUKS, *Slave War and Slave Troubles in Chios in the Third Century B.C.*, in: Athenaeum 46, 1968, 102–111

GABBA 1998 = E. GABBA, *L'arruolamento degli schiavi dopo Canne (216 A.C.)*, in: REA 100, 1998, 477–479

GABRIELSEN 2005 = V. GABRIELSEN, *Piracy and the Slave-Trade*, in: A. ERSKINE (hrsg.), *A Companion to the Hellenistic World*, Oxford 2005, 389–404

GÄRTNER 2000 = M. GÄRTNER, *Corpus lysiaque et population servile*, in: DHA 26, 2000, 57–84

GALATI 1996 = V. GALATI, *Effetti della servilis cognatio*, in: Index 24, 1996, 321–331

GALINSKY 2013 = K. GALINSKY, *Augustus. Sein Leben als Kaiser.* Aus d. Engl. übers. v. C. HARTZ, Darmstadt / Mainz 2013 (= K. Galinsky, Augustus. Introduction of the Life on an Emperor, New York 2012)

GAMAUF 1999 = R. GAMAUF, *Ad statuam licet confugere. Untersuchungen zum Asylrecht im römischen Prinzipat* (Wiener Studien zu Geschichte, Recht und Gesellschaft 1), Frankfurt 1999

GAMAUF 2007 = R. GAMAUF, *Cum aliter nulla domus tuta esse possit...: Fear of Slaves and Roman Law,* in: SERGHIDOU (hrsg.) 2007, 145–164

GAMAUF 2012 = R. GAMAUF, *Sklavenkinder in den Rechtsquellen*, in: HEINEN (hrsg.) 2012, 231–260

GARLAN 1981 = Y. GARLAN, *Les sociétés sans esclaves dans la pensée politique grecque*, in: Klio 63, 1981, 131–140

GARLAN 1988 = Y. GARLAN, *Slavery in Ancient Greece.* Revised and Expanded Edition. Aus d. Franz. übers. v. J. LLOYD, London 1988 (= Y. Garlan, Les esclaves en Grèce ancienne, Paris 1982)

GARLAND 1992= A. GARLAND, *Cicero's familia urbana*, in: Greece and Rome 39, 1992, 163–172

GARNSEY 1996 = P. GARNSEY, *Ideas of Slavery from Aristotle to Augustine*, Cambridge 1996

GARNSEY 1997 = P. GARNSEY, *The Middle Stoics and Slavery*, in: P. CARTLEDGE u.a. (hrsg.), *Hellenistic Constructs. Essays in Culture, History, and Historiography* (Hellenistic Culture and Society 26), Berkeley 1997, 159–174

GARRIDO-HORY 1999 = M. GARRIDO-HORY, *Index thématique des références à l'esclavage et à la dépendance*, Besançon 1999

GARRIDO-HORY 2002 = M. GARRIDO-HORY (hrsg.), *Routes et marchés d'esclaves*, Actes du XXVIe Colloque du GIREA 2001, Paris 2002

GEHRKE 2000 = H.-J. GEHRKE, *Marcus Porcius Cato Censorius – ein Bild von einem Römer*, in: K.-J. HÖLKESKAMP / E. STEIN-HÖLKESKAMP (hrsg.), *Von Romulus zu Augustus. Große Gestalten der römischen Republik*, München 2000, 147–158

GELLER / MAEHLER / LEWIS 1995 = M. J. GELLER / H. MAEHLER / A. D. E. LEWIS (hrsg.), *Legal Documents of the Hellenistic World*, London 1995

GIBSON 1999 = E. L. GIBSON, *The Jewish Manumission Inscriptions of the Bosporus Kingdom*, Tübingen 1999

GLANCY 2011 = J. GLANCY, *Slavery and the Rise of Christianity*, in: BRADLEY / CARTLEDGE (hrsg.) 2011, 456–481

GODART 1999 = L. GODART, *Schrift und Technik. Der Beitrag der Schrift zur Entstehung von Denken und Staat,* In: *Götter und Helden der Bronzezeit. Europa im Zeitalter des Odysseus. 25. Ausstellung des Europarats*, Bonn 1999, 187–191

GOLDEN 1985 = M. GOLDEN, *„Pais", „Child" and „Slave"*, in: AC 54, 1985, 91–104

GOLDENBERG 2003 = D. GOLDENBERG, *The Curse of Ham, Race and Slavery in Judaism, Christianity and Islam*, Pricenton 2003

GOLUBCOVA 1972 = E. S. GOLUBCOVA, *Sklaverei und Abhängigkeit im hellenistischen Kleinasien,* in: L. P. MARINOVIČ / E. S. GOLUBCOVA / I. Š. ŠIFMAN / A. I. PAVLOVSKAJA, *Die Sklaverei in hellenistischen Staaten im 3.–1. Jh. v. Chr.* Aus d. Russ. übers. v. I. NEANDER (Übersetzungen ausländischer Arbeiten zur antiken Sklaverei 3), Wiesbaden 1972, 107–170

GONZALES 2005 = A. GONZALES, *Esclaves et affranchis dans le cercle intellectuel de Pline le Jeune,* in: ANASTASIADIS / DOUKELLIS (hrsg.) 2005, 269–285

GONZALES 2007 = A. GONZALES, *Peur des affranchis impériaux et compassion envers les affranchis privés dans l'oeuvre de Pline le Jeune,* in: SERGHIDOU (hrsg.) 2007, 307–324

GONZALES 2011 = A. GONZALES, *Globalisation économique, esclavages et dynamique agricole dans le De re rustica de Columnelle*, in: HERRMANN-OTTO (hrsg.) 2011, 45–59

GORDESIANI 1999 = L. GORDESIANI, *Zu den Bedeutungsänderungen von doulos,* in: Phasis 1, 1999, 38–48

GRAF 1997 = F. GRAF (hrsg.), *Einleitung in die lateinische Philologie*, Stuttgart 1997

GREEN 1961 = P. GREEN, *The First Sicilian Slave War*, in: P&P 20, 1961, 10–29

GREENIDGE 1958 = C. W. W. GREENIDGE, *Slavery*, London 1958

GREY 2011 = C. GREY, *Slavery in the Late Roman World*, in: BRADLEY / CARTLEDGE (hrsg.) 2011, 482–509

GRIESER 1997 = H. GRIESER, *Sklaverei im spätantiken u. frühmittelalterlichen Gallien (5.–7. Jh.). Das Zeugnis der christlichen Quellen* (FAS 28), Stuttgart 1997

GRIESER 2015 = H. GRIESER, *Der Loskauf Gefangener im spätantiken christlichen Italien*, in: H. GRIESER / N. PRIESCHING (hrsg.) 2015, 25–54

GRIESER / PRIESCHING 2015 = H. GRIESER / N. PRIESCHING (hrsg.), *Gefangenenloskauf im Mittelmeerraum. Ein interreligiöser Vergleich. Akten der Tagung vom 19. bis 21. September 2013 an der Universität Paderborn* (SKZ 13), Hildesheim 2015

GRIESER / PRIESCHING 2016 = H. GRIESER / N. PRIESCHING, *Sklaverei und christliches Gnadenethos. Einige Deutungen des Philemenonbriefes von den Vätern bis zur Barockscholastik,* in: PRIESCHING / GRIESER (hrsg.) 2016, 231–279

GRIESHABER 2011 = C. GRIESHABER, *Forschungen zur antiken Sklaverei im Zeitalter der schottischen Aufklärung – Wurzeln des britischen Abolitionismus?*, in: E. HERRMANN-OTTO (hrsg.) 2011, 164–177

GRIESHABER 2012 = C. GRIESHABER, *Frühe Abolitionisten? Die Rezeption der antiken Sklaverei zur Zeit der schottischen Aufklärung und deren Einfluss auf die britische Abolitionismusbewegung (1750–1833)* (SKZ 8), Hildesheim 2012

GRIFFIN 1976 = M. T. GRIFFIN, *Seneca: A Philosopher in Politics*, Oxford 1976

GRÜNEWALD 1999 = T. GRÜNEWALD, *Räuber, Rebellen, Rivalen, Rächer. Studien zu Latrones im Römischen Reich* (FAS 31), Stuttgart 1999

GSCHNITZER 1976 = F. GSCHNITZER, *Studien zur griechischen Terminologie der Sklaverei. Zweiter Teil: Untersuchungen zur älteren, insbesondere homerischen Sklaventerminologie* (FAS 7), Wiesbaden 1976

GSCHNITZER 2013² = F. GSCHNITZER, *Griechische Sozialgeschichte –Von der mykenischen bis zum Ausgang der klassischen Zeit*, 2. durch eine Bibliographie erweiterte Auflage, Stuttgart 2013

GUALERZI 2005 = S. GUALERZI, *Praised Slaves, Forgiven Slaves and Punished Slaves in Odysseus' Palace*, in: ANASTASIADIS / DOUKELLIS (hrsg.) 2005, 17–31

GUARD 2011 = T. GUARD, *Affection et humanitas dans les relations maître-esclaves d'après la Correspondance de Cicéron*, in: HERRMANN-OTTO (hrsg.) 2011, 29–41

GUARINO 1980 = A. GUARINO, *Spartakus. Analyse eines Mythos*. Aus d. Ital. übers. v. B. GULLATH, München 1980 (= A. Guarino, Spartaco, analisi di un mito [Società e diritto di Roma 5], Neapel 1979)

GÜLZOW 1969 = H. GÜLZOW, *Christentum und Sklaverei in den ersten drei Jahrhunderten*, Bonn 1969

GÜNTHER 1987 = R. GÜNTHER, *Frauenarbeit - Frauenbindung. Untersuchungen zu unfreien und freigelassenen Frauen in den stadtrömischen Inschriften*, München 1987

GÜNTHER 1990 = R. GÜNTHER, *Die Größe des Grabplatzes von servae und libertae als Ausweis ihrer wirtschaftlichen Lage und sozialen Reputation*, in: Laverna 1, 1990, 101–124

GÜNTHER 1991 = R. GÜNTHER, *Probleme der Sklaverei in der Spätantike*, in: H. KURZOVÁ (hrsg.), *Speculum antiquitatis graeco-romanae*, Studia Ioanni Burian sexagenario oblata, Prag 1991, 78–85

GÜNTHER 2000 = R. GÜNTHER, *Matrona, vilica und ornatrix. Frauenarbeit in Rom zwischen Topos und Alltagswirklichkeit*, in: T. SPÄTH / B. WAGNER-HASEL (hrsg.), *Frauenwelten in der Antike. Geschlechterordnung und weibliche Lebenspraxis*, Stuttgart 2000, 350–376

GUMMERUS 1906 = H. GUMMERUS, *Der römische Gutsbetrieb als wirtschaftlicher Organismus nach den Werken des Cato, Varro und Columella*, Leipzig 1906

GUYOT 1980 = P. GUYOT, *Eunuchen als Sklaven und Freigelassene in der griechisch-römischen Antike* (Stuttgarter Beiträge zur Geschichte und Politik 14), Stuttgart 1980

HAHN 1961 = I. HAHN, *Freie Arbeit und Sklavenarbeit in der spätantiken Stadt*, in: AUB. Sectio historica 3, 1961, 23–39

HAMEL 2004 = D. HAMEL, *Der Fall Neaira. Die wahre Geschichte einer Hetäre im antiken Griechenland.* Aus d. Engl. übers. v. K. BRODERSEN, Darmstadt 2004 (= D. Hamel, Trying Neaira. The True Story of a Courtesan's Scandalous Life in Ancient Greece, New Haven / Conn. 2003)

HAMMOND 1990 = N. G. L. HAMMOND, *Royal Pages, Personal Pages and Boys Trained in the Macedonian Manner During the Period of the Temenid Monarchy*, in: Historia 39, 1990, 261–290

HANDY 2005 = M. HANDY, *Bemerkungen zur spartanischen Krypteía*, in: K. STROBEL (hrsg.), *Die Geschichte der Antike aktuell: Methoden, Ergebnisse und Rezeption. Akten des 9. gesamtösterreichischen Althistorikertages 2002 und der V. Internationalen Table Ronde zur Geschichte der Alpen-Adria-Region in der Antike (Klagenfurt, 14.11.–17.11. 2002)* (ASK 2), Klagenfurt / Laibach / Wien 2005, 99–120

HANSEN 1995 = M. H. HANSEN, *Die athenische Demokratie im Zeitalter des Demosthenes. Struktur, Prinzipien und Selbstverständnis.* Aus d. Engl. übers. v. W. SCHULLER, Berlin 1995 (= M. H. Hansen, The Athenian Democracy in the Age of Demosthenes: Structure, Principles, and Ideology, Oxford 1991)

HANTOS 1998 = T. HANTOS, *Cato Censorius. Die Grundgedanken seiner Politik*, in: P. KNEISSL / V. LOSEMANN (hrsg.), *Imperium Romanum. Studien zu Geschichte und Rezeption*, FS Karl Christ, Stuttgart 1998, 317–333

HARKE 2013 = J. D. HARKE, *Die Rechtspositionen am Sklaven. 2: Ansprüche aus Delikten am Sklaven. CRRS III,2* (FAS Beiheft 3), Stuttgart 2013

HARMS 2004 = R. HARMS, *Das Sklavenschiff.* Aus dem Amer.-Engl. übers. v. M. MÜLLER, München 2004 (= R. Harms, The Diligent, New York 2001)

HARPER 2008 = K. HARPER, *The Greek Census Inscriptions of Late Antiquity*, in: JRS 98, 2008, 83–119

HARPER 2010 = K. HARPER, *The SC Claudianum in the Codex Theodosianus: Social History and Legal Texts*, in: CIQ 60.2, 2010, 610–638

HARPER 2011 = K. HARPER, *Slavery in the Late Roman World AD 275–425*, New York 2011

HARRILL 1995 = J. A. HARRILL, *The Manumission of Slaves in Early Christianity* (Hermeneutische Untersuchungen zur Theologie 32), Tübingen 1995

HARRINGTON 1989 = J. D. HARRINGTON, *Classical Antiquity and the Proslavery Argument*, in: Slavery and Abolition 10,1 1989, 60–72

HARRIS 2002 = E. M. HARRIS, *Workshop, Marketplace and Household: the Nature of Technical Specialization in Classical Athens and its Influence on Economy and Society*, in: P. CARTLEDGE / E.E. COHEN / L. FOXHALL (hrsg.) 2002, 67–99

HARRIS 1979 = W. V. HARRIS, *War and Imperialism in Republican Rome 327–70 B.C.*, Oxford 1979

HARRIS 1980 = W. V. HARRIS, *Towards a Study of the Roman Slave Trade*, in: J. H. D'ARMS / E.C. KOPFF (hrsg.), *The Seaborne Commerce of Ancient Rome. Studies in Archaeology and History* (Memoirs Of the American Academy in Rome 36), Rom 1980, 117–140

HARRIS 1999 = W. V. HARRIS, *Demography, Geography and the Sources of Roman Slaves*, in: JRS 89, 1999, 62–75

HARTMANN 2002 = E. HARTMANN, *Heirat, Hetärentum und Konkubinat im klassischen Athen*, Frankfurt/Main 2002

HASSE-UNGEHEUER 2011 = A. HASSE-UNGEHEUER, *„... weil die göttliche Gnade alle gleich aufnimmt" (Nov. Iust. 5,2): Sklaven werden zu Mönchen. Der Umgang von Kirche und Staat mit der „Klosterflucht" von Sklaven in der Spätantike*, in: HERRMANN-OTTO (hrsg.) 2011, 142–163

HASSE-UNGEHEUER 2016 = A. HASSE-UNGEHEUER, *Basilius von Caeserea: Sklaverei als Teil der gottgegebenen irdischen Ordnung und die Gleichheit aller Menschen vor Gott*, in: PRIESCHING / GRIESER (hrsg) 2016, 25–53

HAVERKAMP 2005 = A. HAVERKAMP, *Die Erneuerung der Sklaverei im Mittelmeerraum während des hohen Mittelalters, Fremdheit, Herkunft und Funktion*, in: HERRMANN-OTTO (hrsg.) 2005, 130–166

HEFTNER 1997 = H. HEFTNER, *Der Aufstieg Roms. Vom Pyrrhoskrieg bis zum Fall von Karthago (280–146 v. Chr.)*, Regensburg 1997

HEINEN 2005 = H. HEINEN, *Israels Auszug aus dem Sklavenhaus Ägypten. Vom Exodus zum Negro Spiritual*, in: S. HARWARDT / J. SCHWIND (hrsg.), *Corona Coronaria*, FS. H.-O. Kröner, Hildesheim 2005, 135–152

HEINEN 2006 = H. HEINEN, *Ägyptische und griechische Traditionen der Sklaverei im ptolemäischen Ägypten*, in: DERS., *Vom hellenistischen Osten zum römischen Westen.* Ausgewählte Schriften zur Alten Geschichte, Stuttgart 2006, 486–496

HEINEN 2006a = H. HEINEN, *Antike am Rande der Steppe. Der nördliche Schwarzmeerraum als Forschungsaufgabe*, in: Abhandlungen der Akademie d. Wissenschaften u. d. Literatur Mainz, Geistes- u. Sozialwiss. Klasse 2006,5, Stuttgart 2006

HEINEN 2008 = H. HEINEN (hrsg.), *Menschenraub, Menschenhandel und Sklaverei in antiker und moderner Perspektive* (FAS 37), Stuttgart 2008

HEINEN 2010 = H. HEINEN (hrsg.), *Antike Sklaverei: Rückblick und Ausblick. Neue Beiträge zur Forschungsgeschichte und zur Erschließung der archäologischen Zeugnisse* (FAS 38), Stuttgart 2010

HEINEN 2010a = H. HEINEN, *Aufstieg und Niedergang der sowjetischen Sklavereiforschung. Eine Studie zur Verbindung von Politik und Wissenschaft*, in: DERS. (hrsg.) 2010, 95–183

HEINEN 2012 = H. HEINEN (hrsg.), *Kindersklaven – Sklavenkinder. Schicksale zwischen Zuneigung und Ausbeutung in der Antike und im interkulturellen Vergleich. Beiträge zur Tagung des Akademievorhabens Forschungen zur antiken Sklaverei, Mainz 14. Oktober 2008* (FAS 39), Stuttgart 2012

HEITLAND 1921 = W. E. HEITLAND, *Agricola. A Study of Agriculture and Rustic Life in the Greco-Roman World from the Point of View of Labour*, Cambridge 1921

HELMIS 2005 = A. HELMIS, *La mort de l'esclave et le droit dans l'Antiquité grecque*, in: ANASTASIADIS / DOUKELLIS (hrsg.) 2005, 91–105

HENDERSON 2003 = J. HENDERSON, *When an Identity was Expected: The Slaves in Aristophanes' Knights*, in: G.W. BAKEWELL / J.P. SICKINGER (hrsg.), *Gestures: Essays in Ancient History, Literature, and Philosophy presented to A.L. Boegehold*, Oxford 2003, 63–73

HERRMANN 1980 = E. HERRMANN, *Ecclesia in Re Publica. Die Entwicklung der Kirche von pseudostaatlicher zu staatlich inkorporierter Existenz* (Europäisches Forum 2), Frankfurt 1980

HERRMANN-OTTO 1994 = E. HERRMANN-OTTO, *Ex ancilla natus. Untersuchungen zu den "hausgeborenen" Sklaven und Sklavinnen im Westen des römischen Kaiserreiches* (FAS 24), Stuttgart 1994

HERRMANN-OTTO 1997 = E. HERRMANN-OTTO, *Das andere Athen: Theorie und politische Realisation eines "antidemokratischen" Oligarchenstaates*, in: W. EDER / K.-J. HÖLKESKAMP (hrsg.), *Volk und Verfassung im vorhellenistischen Griechenland*, Stuttgart 1997, 133–152

HERRMANN-OTTO 1998 = E. HERRMANN-OTTO, *Verfassung und Gesellschaft Spartas in der Kritik des Aristoteles*, in: Historia 47, 1998, 18–40

HERRMANN-OTTO 1999 = E. HERRMANN-OTTO, *Causae liberales*, in: Index 27, 1999, 141–159

HERRMANN-OTTO 2002 = E. HERRMANN-OTTO, *Der soziale Tod: Leben am Rande der römischen Gesellschaft*, in: OIR 7, 2002, 20–41

HERRMANN-OTTO 2005 = E. HERRMANN-OTTO (hrsg.), *Unfreie Arbeits- und Lebensverhältnisse von der Antike bis in die Gegenwart* (SKZ 1), Hildesheim 2005

HERRMANN-OTTO 2006 = E. HERRMANN-OTTO, *Sklaven und Frauen unter Konstantin*, in: DEMANDT / ENGEMANN (hrsg.) 2006, 83–95

HERRMANN-OTTO 2008 = E. HERRMANN-OTTO, *Konstantin, die Sklaven und die Kirche*, in: P. MAURITSCH u.a. (hrsg.), *Antike Lebenswelten. Konstanz – Wandel – Wirkungsmacht, FS für Ingomar Weiler zum 70. Geburtstag*, Wiesbaden 2008, 353–366

HERRMANN-OTTO 2008a = E. HERRMANN-OTTO (hrsg.), *Unfreie und abhängige Landbevölkerung* (SKZ 4), Hildesheim 2008

HERRMANN-OTTO 2009[2] = E. HERRMANN-OTTO, *Konstantin der Große*, Darmstadt 2009[2]

HERRMANN-OTTO 2011 = E. HERRMANN-OTTO (hrsg.), *Sklaverei und Zwangsarbeit zwischen Akzeptanz und Widerstand* (SKZ 8), Hildesheim 2011

HERRMANN-OTTO 2012 = E. HERRMANN-OTTO, *Kindsein im Römischen Reich*, in: HEINEN (hrsg.) 2012, 171–201

HERRMANN-OTTO 2013 = E. HERRMANN-OTTO (hrsg.), *Antike Sklaverei*, Darmstadt 2013

HERRMANN-OTTO 2016 = E. HERRMANN-OTTO, *Henri Wallon: Die Rezeption der antiken Sklaverei und ihre Bedeutung für die Menschenrechte*, in: W. SCHMITZ (hrsg) 2016, 79–100

HERRMANN-OTTO 2017a = E. HERRMANN-OTTO, *Schiavitù e paleocristianesimo: un rapporto ambivalente*, in: SCO 63, 2017, 1-16.

HERSHBELL 1995 = J. P. HERSHBELL, *Epictetus: A Freedman on Slavery*, in: Ancient Society 26, 1995, 185–204

HEUFT 2013 = C. HEUFT, *Spätantike Zwangsverbände zur Versorgung der römischen Bevölkerung. Rechtshistorische Untersuchungen zu Codex Theodosianus 13.5–9 sowie 14.2–4* (SKZ 11), Hildesheim 2013

HEUSS 1965 = A. HEUSS, *Max Webers Bedeutung für die Geschichte des griechisch-römischen Altertums*, in: HZ 201, 1965, 529–556

HEZSER 2003 = C. HEZSER, *Slaves and Slavery in Rabbinic and Roman Law*, in: C. HEZSER (hrsg.), *Rabbinic Law in Its Roman and Near Eastern Context*, Tübingen 2003, 133–176

HEZSER 2005 = C. HEZSER, *Jewish Slavery in Antiquity*, Oxford 2005

HEZSER 2015 = C. HEZSER, *Der Loskauf von Sklaven und Kriegsgefangenen im antiken Judentum*, in: GRIESER / PRIESCHING (hrsg.) 2015, 3–23

HOBEN 1978 = W. HOBEN, *Terminologische Studien zu den Sklavenerhebungen der römischen Republik* (FAS 9), Wiesbaden 1978

HODKINSON 2000 = S. HODKINSON, *Property and Wealth in Classical Sparta*, London 2000

HODKINSON 2008 = S. HODKINSON, *Spartiates, Helots and the Direction of the Agrarian Economy: Towards an Understanding of Helotage in Comparative Perspective*, in: E. DAL LAGO / C. KATSARI (hrsg.), *Slave Systems. Ancient and Modern*, New York 2008, 285–320 (= HODKINSON 2003, a.a.O. in: LURAGHI / ALCOCK (hrsg.) 2003, 248–286)

HOFMEISTER 1997 = T. P. HOFMEISTER, *Polis and Oikoumene in Menander*, in: G. W. DOBROV (hrsg.), *The City as Comedy. Society and Representation in Athenian Drama*, Chapel Hill 1997, 289–342

HOOKER 1995 = J. T. HOOKER, *Linear B as a Source for Social History*, in: A. POWELL (hrsg.), *The Greek World*, London 1995, 7–26

HOPKINS 1978 = K. HOPKINS, *Conquerors and Slaves* (Sociological Studies in Roman History 1), Cambridge 1978

HUCHTHAUSEN 1974 = L. HUCHTHAUSEN, *Kaiserliche Rechtsauskünfte an Sklaven und in ihrer Freiheit angefochtene Personen aus dem Codex Iustinianus*, in: WZ Rostock 23, 1974, 251–257

HUCHTHAUSEN 1976 = L. HUCHTHAUSEN, *Zum Problem der „Freiheitsbegünstigung" (favor libertatis) im römischen Recht*, in: Philologus 120, 1976, 47–72

HUCHTHAUSEN 1976a = L. HUCHTHAUSEN, *Zu kaiserlichen Reskripten an weibliche Adressaten aus der Zeit Diokletians (284–305 u. Z.)*, in: Klio 58, 1976, 55–85

HÜBNER 1984 = W. HÜBNER, *Varros instrumentum vocale im Kontext der antiken Fachwissenschaften*, in: Abhandlungen der Akademie d. Wissenschaften u. d. Literatur Mainz, Geistes- u. Sozialwiss. Klasse 1984,8, Wiesbaden 1984

HUGHES 1975 = K. HUGHES, *Slavery*, London 1975

HUMBERT 1983 = M. HUMBERT, *Enfants à louer ou à vendre. Augustin et l'autorité parentale (Ep. 10 et 24)*, in: *Les lettres de Saint Augustin découvertes par Johannes Divjak*, Communications présentées au colloque des 20 et 21 septembre 1982, Paris 1983, 189–204

HUNNINGS 2011 = L. HUNNINGS, *The Paradigms of Execution: Managing Slave Death from Homer to Virginia*, in: R. ALSTON / E. HALL / L. PROFFITT (hrsg.), *Reading Ancient Slavery*, New York 2011, 51–71

HUNT 1997 = P. HUNT, *Helots at the Battle of Plataea*, in: Historia 46, 1997, 129–144

HUNT 1998 = P. HUNT, *Slaves, Warfare and Ideology in the Greek Historians*, Cambridge 1998

HUNT 2011 = P. HUNT, *Slaves in Greek Literary Culture*, in: BRADLEY / CARTLEDGE (hrsg.) 2011, 22–47

INSTINSKY 1964 = H. U. INSTINSKY, *Marcus Aurelius Prosenes - Freigelassener und Christ am Kaiserhof*, in: Abhandlungen der Akademie d. Wissenschaften u. d. Literatur Mainz, Geistes- u. Sozialwiss. Klasse 1964,3, Wiesbaden 1984

IRSIGLER 2011 = F. IRSIGLER, *Wann wird aus servus = Sklave servus = Knecht?* In: E. HERRMANN-OTTO (hrsg.) 2011, 60–74

JAEGER 1974 = W. JAEGER, *Die Sklaverei bei Johannes Chrysostomus*, Kiel 1974

JOSHEL 1992 = S. R. JOSHEL, *Work, Identity and Legal Status at Rome. A Study of the Occupational* Inscriptions, Norman / London 1992

JOSHEL / MURNAGHAN 1998 = S. R. JOSHEL / S. MURNAGHAN (hrsg.), *Women and Slaves in Greco-Roman Culture. Differential Equations*, London 1998

JOSHEL 2011 = S. R. JOSHEL, *Slavery and Roman Literary Culture*, in: BRADLEY / CARTLEDGE (hrsg.) 2011, 214–240

JUNKELMANN 2004 = M. JUNKELMANN, *Hollywoods Traum von Rom. „Gladiator" und die Tradition des Monumentalfilms*, Mainz 2004

KABADAYI / REICHARDT 2007 = M. E. KABADAYI / T. REICHARDT (hrsg.), *Unfreie Arbeit. Ökonomische und kulturgeschichtliche Perspektiven* (SKZ 3), Hildesheim 2007

KÄSTNER 1981 = U. KÄSTNER, *Bezeichnungen für Sklaven*, in: WELSKOPF (hrsg.) 1981, 282–318

KALTENSTADLER 1978 = W. KALTENSTADLER, *Arbeitsorganisation und Führungssystem bei den römischen Agrarschriftstellern (Cato, Varro, Columella)*, Stuttgart 1978

KAMIENIK 1970 = R. KAMIENIK, *Die Zahlenangaben über den Spartakus-Aufstand und ihre Glaubwürdigkeit*, in: Das Altertum 16, 1970, 96–105

KAMIENIK 1993 = R. KAMIENIK, *Spartacus und das Meer*, in: Antiquitas 18, 1993, 89–96

KASER / KNÜTEL 2017[21] = M. KASER / R. KNÜTEL, *Römisches Privatrecht. Ein Studienbuch*, 21. überarb. u. erw. Aufl., München 2017

KEAVENEY 1998 = A. KEAVENEY, *Three Roman Chronological Problems (141–132 B.C.)*, in: Klio 80, 1998, 66–90

KEHOE 1988 = D. KEHOE, *Allocation of Risk and Investment on the Estates of Pliny the Younger*, in: Chiron 18, 1988, 15–42

KEHOE 2007 = D. P. KEHOE, *Law and Rural Economy in the Roman Empire*, Michigan 2007

KENNELL 2003 = N. M. KENNELL, *Agreste genus: Helots in Hellenistic Laconia*, in: LURAGHI / ALCOCK (hrsg.) 2003, 81–105

KERTÉSZ 1992 = J. KERTÉSZ, *Zur Sozialpolitik der Attaliden*, in: Tyche 7, 1992, 133–141

KIENAST 2009[4] = D. KIENAST, *Augustus. Prinzeps und Monarch*, 4. bibl. aktual. um Vorw. ergänzte Aufl., Darmstadt 2009[4]

KIPPENBERG 1977 = H. G. KIPPENBERG (hrsg.), *Seminar: Die Entstehung der antiken Klassengesellschaft*, Frankfurt 1977

KLEES 1975 = H. KLEES, *Herren und Sklaven. Die Sklaverei im oikonomischen und politischen Schrifttum der Griechen in klassischer Zeit* (FAS 6), Wiesbaden 1975

KLEES 1991 = H. KLEES, *Zur Beurteilung der Helotie im historischen und politischen Denken der Griechen im 5. und 4. Jh. v. Chr.*, in: Laverna 2, 1991, 27–52

KLEES 1992 = H. KLEES, *Zur Beurteilung der Helotie im historischen und politischen Denken der Griechen im 5. und 4. Jh. v. Chr.*, in: Laverna 3, 1992, 1–31

KLEES 1998 = H. KLEES, *Sklavenleben im klassischen Griechenland* (FAS 30), Stuttgart 1998

KLEES 2002 = H. KLEES, *Die römische Einbürgerung der Freigelassenen und ihre naturrechtliche Begründung bei Dionysios von Halikarnassos*, Laverna 13, 2002, 91–117

KLEIN 1982 = R. KLEIN, *Die Sklavenfrage bei Theodoret von Kyrrhos: Die 7. Rede des Bischofs über die Vorsehung*, in: G. WIRTH / J. HEINRICHS (hrsg.), *Romanitas – Christianitas. Untersuchungen zur Geschichte und Literatur der römischen Kaiserzeit*, FS J. Straub, Berlin 1982, 586–633

KLEIN 1988 = R. KLEIN, *Die Sklaverei in der Sicht der Bischöfe Ambrosius und Augustinus* (FAS 20), Stuttgart 1988

KLEIN 1999 = R. KLEIN, *Die Bestellung von Sklaven zu Priestern. Ein rechtliches und soziales Problem in Spätantike und Frühmittelalter*, in: DERS., *Roma versa per aevum. Ausgewählte Schriften zur heidnischen und christlichen Spätantike* (Spudasmata 74), Hildesheim 1999, 394–420

KLEIN 2000 = R. KLEIN, *Die Haltung der kappadokischen Bischöfe Basilius von Caesarea, Gregor von Nazianz und Gregor von Nyssa zur Sklaverei* (FAS 32), Stuttgart 2000

KLEIN 2001 = R. KLEIN, *Der Kirchenvater Hieronymus und die Sklaverei. Ein Einblick*, in: H. BELLEN / H. HEINEN (hrsg.) 2001, 401–425

KLINGNER 1965[5] = F. KLINGNER, *Cato Censorius und die Krisis Roms*, in: DERS., *Römische Geisteswelt*, München 1965[5], 34–65

KNOCH 2005 = S. KNOCH, *Sklavenfürsorge im Römischen Reich. Formen und Motive* (SKZ 2), Hildesheim 2005

KNÜTEL 2006 = R. KNÜTEL, *Rechtsfragen zu den Freilassungsfideikommissen*, in: FINKENAUER (hrsg.) 2006, 131–151

KOLENDO 2001 = J. KOLENDO, *L'importation des esclaves barbares dans l'Empire Romain*, in: Antiquitas 25, 2001, 39–53

KOULAKIOTIS 2005 = E. KOULAKIOTIS, *Domination et résistance à la cour d'Alexandre: Le cas des basilikoi paides*, in: ANASTASIADIS / DOUKELLIS (hrsg.) 2005, 167–182

KRIETER-SPIRO 1997 = M. KRIETER-SPIRO, *Sklaven, Köche und Hetären. Das Dienstpersonal bei Menander. Stellung, Rolle, Komik und Sprache*, Stuttgart 1997

KRUSCHWITZ 2004 = P. KRUSCHWITZ, *Terenz* (Studienbücher Antike 12), Hildesheim 2004

KUCH 1978 = H. KUCH, *Kriegsgefangenschaft und Sklaverei bei Euripides. Untersuchungen zur Andromache, zur Hekabe und zu den Troerinnen*, Berlin 1978

KUDLIEN 1988 = F. KUDLIEN, *Zur sozialen Situation des flüchtigen Sklaven in der Antike*, in: Hermes 116, 1988, 232–252

KÜNZL 1988 = E. KÜNZL, *Der römische Triumph. Siegesfeiern im antiken Rom*, München 1988

KYLE 1998 = D. G. KYLE, *Spectacles of Death in Ancient Rome*, New York 1998

KYRTATAS 2005 = D. J. KYRTATAS, *The Competition of Slave and Free Labour in the Classical Greek World*, in: ANASTASIADIS / DOUKELLIS (hrsg.) 2005, 69–76

KYRATATAS 2011 = D. J. KYRATATAS, *Slavery and Economy in the Greek World*, in: BRADLEY / CARTLEDGE (hrsg.) 2011, 91–111

LABARRE 2011 = G. LABARRE, *Quand Lucullus dînait chez Lucullus: les rapports entre maître et esclaves*, in: HERRMANN-OTTO (hrsg.) 2011, 13–28

LAMBERTI 1999 = F. LAMBERTI, *Fideicomissa libertas ancillae data*, in: F. REDUZZI MEROLA / A. STORCHI MARINO (hrsg.), *Femmes-Esclaves. Modèles d'interprétation anthropologique, économique, juridique. Atti del XXI Colloquio internazionale GIREA. Lacco Ameno-Ischia 27–29 ottobre 1994* (Diáphora 9), Neapel 1999, 369–390

LAMBERTINI 1980 = R. LAMBERTINI, *Plagium*, Mailand 1980

LANGENFELD 1977 = H. LANGENFELD, *Christianisierungspolitik und Sklavengesetzgebung der römischen Kaiser von Konstantin bis Theodosius II*, Bonn 1977

LAUB 1982 = F. LAUB, *Die Begegnung des frühen Christentums mit der antiken Sklaverei* (Stuttgarter Bibelstudien 107), Stuttgart 1982

LAUFFER 1961 = S. LAUFFER, *Die Sklaverei in der griechisch-römischen Welt*, in: Gymnasium 68, 1961, 370–395

LAUFFER 1979[2] = S. LAUFFER, *Die Bergwerkssklaven von Laureion*, 2. durchgesehene u. erweiterte Auflage (FAS 11), Wiesbaden 1979[2]

LAUNARO 2011 = A. LAUNARO, *Peasants and Slaves. The Rural Population of Roman Italy (200 BC to AD 100)*, New York 2011

LEJEUNE 1959 = M. LEJEUNE, *Textes mycéniens relatifs aux esclaves*, in: Historia 8, 1959, 129–144

LENCMAN 1966 = J. A. LENCMAN, *Die Sklaverei im mykenischen und homerischen Griechenland.* Aus d. Russ. übers. v. M. BRÄUER-POSPELOVA, (Übersetzungen ausländischer Arbeiten zur antiken Sklaverei 1) Wiesbaden 1966

LENSKI 2006 = N. LENSKI, *Servi Publici in the Late Antique City*, in: J.-U. KRAUSE / C. WITSCHEL (hrsg.), *Die Stadt in der Spätantike*, Stuttgart 2006, 335–357

LEPPIN 1992 = H. LEPPIN, *Histrionen. Untersuchungen zur sozialen Stellung von Bühnenkünstlern im Westen des Römischen Reiches zur Zeit der Republik und des Principats*, Bonn 1992

LEPPIN 1996 = H. LEPPIN, *Totum te Caesari debes: Selbstdarstellung und Mentalität einflussreicher kaiserlicher Freigelassener im frühen Prinzipat,* in: Laverna 7, 1996, 67–91

LE ROY 1993 = C. LE ROY, *Encore l'agora des Italiens à Délos*, in: Anthropologie et Société 7 (Mélanges Pierre Léveque), 1993, 183–208

LIBOUREL 1973 = J. M. LIBOUREL, *Galley Slaves in the Second Punic War*, in: ClPh 68, 1973, 116–119

LIEBS 1985 = D. LIEBS, *Unverhohlene Brutalität in den Gesetzen der ersten christlichen Kaiser,* in: O. BEHRENDS / M. DISSELHORST / W. E. VOSS (hrsg.), *Römisches Recht in der europäischen Tradition*, Ebelsbach 1985, 89–116

LIEBS 2006 = D. LIEBS, *Konstantin als Gesetzgeber*, in: DEMANDT / ENGEMANN (hrsg.) 2006, 97–107

LINDNER 2016 = M. LINDNER, *Heroisch unfrei – Sklaven als Heldenfiguren im Antikfilm*, in: W. SCHMITZ (hrsg) 2016, 201–224

LINK 1994 = S. LINK, *Der Kosmos Sparta. Recht und Sitte in klassischer Zeit*, Darmstadt 1994

LINKE 2005 = B. LINKE, *Die römische Republik von den Gracchen bis Sulla*, Darmstadt 2005

LLOYD 1991 = J- LLOYD, *Farming the Highlands: Samnium and Arcadia in the Hellenistic and Early Roman Imperial Periods*, in: BARKER / LLOYD (hrsg.) 1991, 180–193

LO CASCIO 2003 = E. LO CASCIO, *L'economia dell'Italia Romana nella testimonianza di Plinio,* in: L. CASTAGNA / E. LEFÈVRE (hrsg.), *Plinius der Jüngere und seine Zeit,* München 2003, 281–302

LOVE 1991 = J. R. LOVE, *Antiquity and Capitalism. Max Weber and the Sociological Foundations of Roman Civilization*, London 1991

LURAGHI / ALCOCK 2003= N. LURAGHI / S. E. ALCOCK (hrsg.), *Helots and Their Masters in Laconia and Messenia: Histories, Ideololgies, Structures*, Washington D. C. 2003

MACMULLEN 1987 = R. MACMULLEN, *Late Roman Slavery*, in: Historia 36, 1987, 359–382

MACTOUX 1988 = M.-M. MACTOUX, *Lois de Solon sur les esclaves et formation d'une société esclavagiste,* in: T. YUGE / M. DOI (hrsg.) 1988, 331–354

MADDEN 1996 = J. MADDEN, *Slavery in the Roman Empire. Numbers and Origins*, in: Classics Ireland 3, 1996, 109–128

MANGANARO 1967 = G. MANGANARO, *Über die zwei Sklavenaufstände in Sizilien*, in: Helikon 7, 1967, 205–222

MANNING 1989 = C. E. MANNING, *Stoicism and Slavery in the Roman Empire*, in: ANRW II,36, Berlin 1989, 1518–1543

MANTELLO 1979 = A. MANTELLO, *Beneficium servile - debitum naturale,* Mailand 1979

MARCONE 1997 = A. MARCONE, *Storia dell'agricoltura Romana. dal mondo arcaico all'età imperiale*, Rom 1997

MARCONE 2008 = A. MARCONE, *A Long Late Antiquity? Considerations on a Controversial Periodization*, in: JLA I, 2008, 4–19

MARKSCHIES 2006 = C. MARKSCHIES, *Das antike Christentum: Frömmigkeit, Lebensformen, Institutionen*, München 2006

MARÓTI 1988 = E. MARÓTI, *Bemerkungen zur späten Periode des Aufstandes des Spartakus: zur Problematik des Durchbruchs der Festungslinie von Crassus*, in: Helikon 28, 1988, 311–314

MARÓTI 1989 = E. MARÓTI, *Zum Scheitern des ersten Übersetzversuches des Spartacus nach Sizilien*, in: Klio 71, 1989, 442–445

MARTIN 1971 = R. MARTIN, *Recherches sur les agronomes latins et leurs conceptions économiques et sociales*, Paris 1971

MARTIN 1981 = R. MARTIN, *Plinius der Jüngere und die wirtschaftlichen Probleme seiner Zeit*, in: H. SCHNEIDER (hrsg.), *Sozial- und Wirtschaftsgeschichte der römischen Kaiserzeit*, Darmstadt 1981, 196–233

MARTINEZ LACY 2002 = R. MARTINEZ LACY, *La traite des esclaves et les révoltes serviles*, in: M. GARRIDO-HORY (hrsg.) 2002, 337–344

MASI DORIA 1993 = C. MASI DORIA, *Zum Bürgerrecht der Freigelassenen*, in: M. J. SCHERMAIER / Z. VÉGH (hrsg.), *Ars boni et aequi*, FS W. Waldstein, Stuttgart 1993, 231–260

MASTINO/ RUGGERI 1995 = A. MASTINO / P. RUGGERI, *Claudia Augusti liberta Acte, la liberta amata da Nerone ad Olbia*, in: Latomus 54, 1995, 513–544

MAURIN 1983 = J. MAURIN, *Labor matronalis: aspects du travail féminin à Rome*, in: E. LEVY (hrsg.), *La femme dans les sociétés antiques*, Actes des Colloques de Strasbourg, mai 1980 et mars 1981, Straßburg 1983, 139–155

MAURITSCH / ULF 2013 = P. MAURITSCH / C. ULF (hrsg.), *Kultur(en) – Formen des Alltäglichen in der Antike. FS. für Ingomar Weiler zum 75. Geburtstag, Teil 2*, Graz 2013

MAVROJANNIS 2007 = T. MAVROJANNIS, *Rébellions d'esclaves et réactions politiques de 137 à 101 av. J.-C.*, in: A. SERGHIDOU (hrsg.) 2007, 423–434

MCCARTHY 2000 = K. MCCARTHY, *Slaves, Masters and the Art of Authority in Plautine Comedy*, Oxford 2000 (ND 2009)

MCGINN 1999 = T. A. J. MCGINN, *The Social Policy of Emperor Constantine in Codex Theodosianus 4,6,3*, in: RHD 67, 1999, 57–73

MCKEOWN 1999 = N. MCKEOWN, *Some Thoughts on Marxism and Ancient Greek History*, in: Helios 26, 1999, 103–128

MCKEOWN 2007 = N. MCKEOWN, *The Invention of Ancient Slavery*, London 2007

MCKEOWN 2011 = N. MCKEOWN, *Resistance Among Chattel Slaves in the Classical Greek World*, in: BRADLEY / CARTLEDGE (hrsg.) 2011, 153–175

MEISTER 1986 = K. MEISTER, *Der Sklavenaufstand des Spartacus: Kritische Anmerkungen zu einer neuen Deutung*, in: H.-J. KALCYK u.a. (hrsg.), *Studien zur Alten Geschichte* (Historica 2), *FS Siegfried Lauffer zum 70. Geburtstag*, Bd.2, Rom 1986, 631–656

MEIER 1998 = M. MEIER, *Aristokraten und Damoden. Untersuchungen zur inneren Entwicklung Spartas im 7. Jahrhundert v. Chr. und zur politischen Funktion der Dichtung des Tyrtaios*, Stuttgart 1998

MEIJER 2004 = F. MEIJER, *Gladiatoren. Das Spiel um Leben und Tod.* Aus d. Niederl. übers. v. W. HIMMELBERG, Düsseldorf 2004 (= F. Meijer, Gladiatoren. Volksvermaak in het Colosseum, Amsterdam 2003)

MEIKLE 2002 = S. MEIKLE, *Modernism, Economics and the Ancient Economy*, in: SCHEIDEL / V. REDEN (hrsg.) 2002, 233–250

MEILLASSOUX 1989 = C. MEILLASSOUX, *Anthropologie der Sklaverei*. Aus d. Franz. übers. v. E. MOLDENHAUER, Frankfurt 1989 (= Cl. Meillassoux, Anthropologie d' esclavage, Paris 1986)

MELLUSO 2000 = M. MELLUSO, *La schiavitù nell'età giustinianea: disciplina giuridica e rilevanza sociale*, Besançon 2000

MENDELSOHN 1949 = I. MENDELSOHN, *Slavery in the Ancient near East. A Comparative Study of Slavery in Babylonia, Assyria, Syria and Palestine from the Middle of the Third Millenium to the End of the First Millenium.* Oxford 1949 (ND Westport 1978)

MEYER 1924[2] = E. MEYER, *Die Sklaverei im Altertum*, in: DERS., *Kleine Schriften 1*, Halle 1924[2], 169–212

MEYER 2010 = E. A. MEYER, *Metics and the Athenian Phialai-Inscriptions. A Study in Athenian Epigraphy and Law* (Historia E.Sch. 208), Stuttgart 2010

MICHEL 1960 = J.-H. MICHEL, *Le prologue de la Casina et les mariages d'esclaves*, in: Hommages à L. Herrmann (Collection Latomus 44), Brüssel 1960, 553–561

MIHAILESCU-BIRLIBA 2006 = L. MIHAILESCU-BIRLIBA, *Les affranchis dans les provinces romaines de l'Illyricum* (Philippika 12), Wiesbaden 2006

MILETA 1998 = C. MILETA, *Eumenes III. und die Sklaven. Neue Überlegungen zum Charakter des Aristikonosaufstandes*, in: Klio 80, 1998, 47–65.

MIRKOVIC 2008 = M. MIRKOVIC, *Der Kolonat und die Freiheit*, in: HERRMANN-OTTO (hrsg.) 2008, 53–69

MODRZEJEWSKI 1976 = J. MODRZEJEWSKI, *Aut nascuntur aut fiunt: les schémas des sources de l'esclavage dans la théorie grecque et dans le droit romain*, in: Actes du colloque 1973 sur l'esclavage (CRHA 18), Paris 1976, 351–377

MOMMSEN 1899 = T. MOMMSEN, *Römisches Strafrecht*, Leipzig 1899 (ND Graz 1955)

MOMMSEN 1902[6] = T. MOMMSEN, *Römische Geschichte* 1–8, Berlin 1902[6] (ND München 1984[3])

MOREL 2007 = J-P. MOREL, *Early Rome and Italy*, in: W. SCHEIDEL / I. MORRIS / R. SALLER (hrsg.) 2007, 487–510

MORLEY 1999 = N. MORLEY, *Marx and the Failure of Antiquity*, in: Helios 26, 1999, 151–164

MORLEY 2011 = N. MORLEY, *Slavery under the Principate*, in: BRADLEY / CARTLEDGE (hrsg.) 2011, 265–286

MOSSÉ 1981 = C. MOSSÉ, *Die Bezeichnungen besonderer Abhängigkeitsverhältnisse (Sparta, Athen, Kreta)*, in: E. C. WELSKOPF (hrsg.) 1981, 354–359

MOURITSEN 2011 = H. MOURITSEN, *The Freedman in the Roman World*, New York 2011

MÜHLESTEIN 1979 = H. MÜHLESTEIN, *Odysseus und Dionysos*, in: A&A 25, 1979, 140–173

MÜLLER 2002 = S. MÜLLER, *„Schauspiele voller Kraft und Charakter". Die Gladiatorenkämpfe als Drama fürs Volk*, in: Gymnasium 109, 2002, 21–47

NAKASSIS 2013 = D. NAKASSIS, *Individuals and Society in Mycenaean Pylos* (Mnemosyne Suppl. 358), Leiden / Boston 2013

NDOYE 2010 = M. NDOYE, *Groupes sociaux et idéologie du travail dans les mondes homérique et hésiodique*, Besançon 2010

NEHLSEN 1972 = H. NEHLSEN, *Sklavenrecht zwischen Antike und Mittelalter. Germanisches und römisches Recht in den germanischen Rechtsaufzeichnungen. I. Ostgoten, Westgoten, Franken, Langobarden* (Göttinger Studien zur Rechtsgeschichte 7), Göttingen / Frankfurt/M. / Zürich 1972

NESTORIDES 1879 = K. NESTORIDES, *He para tois archaios douleia kai he dia tou christianismou katargesis autes [Die Sklaverei bei den Alten und ihre Aufhebung durch das Christentum, (gr.)]*, in: Parnassos 1 (1877), 100–114, 267–279

NEUTEL 2015 = K. B. NEUTEL, *A Cosmopolitan Ideal, Paul's Declaration ‚Neither Jew Nor Greek, Neither Slave Nor Free, Nor Male and Female' in the Context of First-Century Thought* (LNTS 513), London 2015

NIPPEL 1988 = W. NIPPEL, *Aufruhr und „Polizei" in der römischen Republik*, Stuttgart 1988

NIPPEL 1990 = W. NIPPEL, *Methodenentwicklung und Zeitbezüge im althistorischen Werk Max Webers*, in: Geschichte und Gesellschaft 16, 1990, 355–374

NIPPEL 2002 = W. NIPPEL, *Homo politicus and homo oeconomicus – the European Citizen According to Max Weber*, in: A. PADGEN (hrsg.), *The Idea of Europe. From Antiquity to the European Union*, Cambridge 2002, 129–138.

NIPPEL 2005 = W. NIPPEL, *Marx, Weber und die Sklaverei*, in: E. HERRMANN-OTTO (hrsg.) 2005, 317–356

OBER 1991 = J. OBER, *Response to Edward Cohen*, in: Symposion 1990, Vorträge zur griechischen und hellenistischen Rechtsgeschichte, Köln 1991, 265–271

O'BRIEN 2001 = D. P. O'BRIEN, *A Comparison between Early Jewish and Early Christian Interpretations of the Jubilee Year*, in: Studia Patristica 34, 2001, 436–442

OELSNER 1995 = J. OELSNER, *Recht im hellenistischen Babylonien: Tempel – Sklaven – Schuldrecht – allgemeine Charakterisierung,* in: GELLER / MAEHLER / LEWIS (hrsg.) 1995, 106–148

OLSON 1989 = S. D. OLSON, *Cario and the New World of Aristophanes' Plutus,* in: TAPhA 119, 1989, 193–199

OSBORNE 1995 = R. OSBORNE, *The Economics and Politics of Slavery at Athens,* in: A. POWELL (hrsg.), *The Greek World,* London 1995, 27–43

OSTERHAMMEL 2009[2] = J. OSTERHAMMEL, *Sklaverei und die Zivilisation des Westens*, München 2009[2]

PANSIERI 1997 = C. PANSIERI, *Plaute et Rome ou les ambiguités d'un marginal* (Collection Latomus 236), Brüssel 1997

PAPADIS 2001 = D. PAPADIS, *Das Problem des 'Sklaven von Natur' bei Aristoteles*, in: Gymnasium 108, 2001, 345–365

PAPAZOGLOU 1997 = F. PAPAZOGLOU, *Laoi et Paroikoi. Recherches sur la structure de la société hellénistique*, Belgrad 1997

PARADISO 2005 = A. PARADISO, *Sur la servitude volontaire des Mariandyniens d'Héraclée du Pont*, in: A. SERGHIDOU (hrsg.) 2007, 23–33

PARKER 2001 = H. PARKER, *Crucially Funny, or Tranio on the Couch: The Servus Callidus and Jokes about Torture,* in: E. SEGAL (hrsg.), *Readings in Menander, Plautus and Terence*, Oxford 2001, 127–137

PATTERSON 1982 = O. PATTERSON, *Slavery and Social Death. A Comparative Study*, London 1982

PAVLOVSKAJA 1972 = A. I. PAVLOVSKAJA, *Die Sklaverei im hellenistischen Ägypten*, in: L.P. MARINOVIČ / E.S. GOLUBCOVA / I.Š. ŠIFMAN / A.I. PAVLOVSKAJA, *Die Sklaverei in hellenistischen Staaten im 3.–1. Jh. v. Chr.* Aus d. Russ. übers. v. R. POLLACH (Übersetzungen ausländischer Arbeiten zur antiken Sklaverei 3), Wiesbaden 1972, 171–275

PERL 1977 = G. PERL, *Zu Varros „instrumentum vocale"*, in: Klio 59, 1977, 423–429

PEROTTI 1974 = E. PEROTTI, *Esclaves choris oikountes*, in: Actes du colloque 1972 sur l'esclavage (ALUB 163. CRHA 11), Paris 1974, 47–56

PEROTTI 1976 = E. PEROTTI, *Contribution à l'étude d'une autre catégorie d'esclaves attiques: les andrapoda misthophorountai*, in: Actes du colloque 1973 sur l'esclavage (ALUB 182. CRHA 18), Paris 1976, 179–194

PERRY 2014 = M. J. PERRY, *Gender, Manumission and the Roman Freedwomen*, New York 2014

POHLENZ 1970[4] = R. POHLENZ, *Die Stoa. Geschichte einer geistigen Bewegung,* 2 Bde, Göttingen 1970[4]

PRACHNER 1989 = G. PRACHNER, *Bemerkungen zu den ältesten römischen Sklaveninschriften,* in: H.-J. DREXHAGE / J. SÜNSKES (hrsg.), *Migratio et Commutatio. Studien zur alten Geschichte und deren Nachleben*, St. Katharinen 1989, 201–217

PRIESCHING / GRIESER 2016 = N. PRIESCHING / H.GRIESER (hrsg.), *Theologie und Sklaverei von der Antike bis in die frühe Neuzeit* (SKZ 14), Hildesheim 2016

PRIESCHING 2017 = N. PRIESCHING, *Sklaverei im Urteil der Jesuiten. Eine theologiegeschichtliche Spurensuche im Collegio Romano* (SKZ 15), Hildesheim 2017

RABINOWITZ 1998 = N. S. RABINOWITZ, *Slaves with Slaves. Women and Class in Euripidean Tragedy*, in: S. R. JOSHEL / S. MURNAGHAN (hrsg.) 1998, 56–68

RAINER 2015= J. M. RAINER, *Stellung des Sklaven im Privatrecht. 2: Vertretung des Dominus, 5: Geschäftsfähigkeit, 6. Erwerb durch den Sklaven. CRRS IV,2.5.6* (FAS Beiheft 3), Stuttgart 2015

RAMSBY 2012 = T. RAMSBY, *'Reading' the Freed Slave in the Cena Trimalchionis*, in: BELL / RAMSBY (hrsg.) 2012, 66–87

RASMUSSEN 1991 = T. RASMUSSEN, *Tuscania and its Territory*, in: BARKER / LLOYD (hrsg.) 1991, 106–114

RASMUSSEN 2001 = T. RASMUSSEN, *Roman Agriculture and Settlement in Central Italy*, in: P. HERZ / G. WALDHERR (hrsg.), *Landwirtschaft im Imperium Romanum* (Pharos 14), St. Katharinen 2001, 221–234

RAUH 1993 = N. K. RAUH, *The Sacred Bonds of Commerce. Religion, Economy, and Trade Society at Hellenistic Roman Delos, 166–87 B.C.*, Amsterdam 1993

REI 1998 = A. REI, *Villains, Wives and Slaves in the Comedies of Plautus,* in: S. R. JOSHEL/ S. MURNAGHAN (hrsg.), 1998, 92–108

RICCARDI 1997 = S. RICCARDI, *Die Erforschung der antiken Sklaverei in Italien vom Risorgimento bis Ettore Ciccotti* (FAS 27), Stuttgart 1997

RICHTER 1958 = W. RICHTER, *Seneca und die Sklaven*, in: Gymnasium 65, 1958, 196–218

RIES 2002 = W. RIES, *Die historische Entwicklung der römischen Folter- und Hinrichtungspraxis in kulturvergleichender Perspektive,* in: Historia 51, 2002, 206–226

RIHLL 2010 = T. RIHLL, *Skilled Slaves and the Ecomony: the Silver Mines of the Laurion*, in: HEINEN (hrsg.) 2010, 203–220

RIHLL 2011 = T. E. RHILL, *Classical Athens*, in: BRADLEY / CARTLEDGE (hrsg.) 2011, 48–73

RIX 1994 = H. RIX, *Die Termini der Unfreiheit in den Sprachen Alt-Italiens* (FAS 25), Stuttgart 1994

RODGER 2007 = A. RODGER, *A Very Good Reason for Buying a Slave Woman?* in: L.Q.R. 123, 2007, 446–454

ROSAFIO 1999 = P. ROSAFIO, *Sur quelques aspects du travail en Italie rurale*, in: J. ANNEQUIN / E. GENY / E. SMADJA (hrsg.), *Le travail. Recherches historiques*, Table ronde de Besançon, 14 et 15 novembre 1997, Paris 1999, 77–86

ROSAFIO 2002 = P. ROSAFIO, *Studi sul colonato*, Bari 2002

ROSEN 1995 = K. ROSEN, *Römische Freigelassene als Aufsteiger und Petrons Cena Trimalchionis,* in: Gymnasium 102, 1995, 79–92

ROSIVACH 1999 = V. J. ROSIVACH, *Enslaving Barbaroi and the Athenian Ideology of Slavery,* in: Historia 48, 1999, 129–157

ROTH 2007 = U. ROTH, *Thinking Tools. Agricultural Slavery between Evidence and Models,* London 2007

ROTH 2010 = U. ROTH (hrsg.), *By the Sweat of your Brow. Roman Slavery in its Socio-Economic Setting*, London 2010.

ROUGE 1983 = J. ROUGE, *Escroquerie et brigandage en Afrique romaine au temps de Saint Augustin (Ep. 8 et 10),* in: C. LEPELLEY (hrsg.), *Les lettres de Saint Augustin découvertes par Johannes Divjak*, Communications présentées au colloque des 20 et 21 septembre 1982, Paris 1983, 177–188

ROULAND 1977 = N. ROULAND, *Les esclaves romains en temps de guerre* (Collection Latomus 151), Brüssel 1977

RÖTTSCHER 1887 = A. RÖTTSCHER, *Die Aufhebung der Sklaverei durch das Christentum im ost- und weströmischen Reiche*, Frankfurt/M. 1887

ROTMAN 2009 = Y. ROTMAN, *Byzantine Slavery and the Mediterranean World*, Cambridge 2009

RUBINSOHN 1993 = W. Z. RUBINSOHN, *Die großen Sklavenaufstände der Antike. 500 Jahre Forschung*, Darmstadt 1993

RÜPKE 2001 = J. RÜPKE, *Die Religion der Römer. Eine Einführung*, München 2001

RUFFING 2012 = K. RUFFING, *Wirtschaft in der griechisch-römischen Antike*, Darmstadt 2012

RUFFING 2015 = K. RUFFING, *Von der primitivistischen Orthodoxie zum römischen Basar*, in: R. LAFER / K. STROBEL (hrsg.), *Antike Lebenswelten. Althistorische und papyrologische Studien* (ASK 4), Berlin 2015

RUGGIERO 1997 = V. RUGGIERO, *Trafficking in Human Beings: Slaves in Contemporary Europe,* in: International Journal of the Sociology of Law 25, 1997, 231–244

SALLER 1998 = R. P. SALLER, *Symbols of Gender and Status Hierarchies in the Roman Household*, in: S. R. JOSHEL / S. MURNAGHAN (hrsg.), 1998, 85–91

SALLER 2002 = R. SALLER, *Framing the Debate over Growth in the Ancient Economy*, in: SCHEIDEL / V. REDEN (hrsg.) 2002, 251–269

SAMSON 1989 = R. SAMSON, *Rural Slavery, Inscriptions, Archaeology and Marx. A Response to Ramsay MacMullen's 'Late Roman Slavery'*, in: Historia 38, 1989, 99–110

SARGENT 1924 (ND 1973) = R. L. SARGENT, *The Size of the Slave Population at Athens during the Fifth and Fourth Centuries B.C.*, Urbana / Illinois 1924 (ND Westport 1973)

SCARDIGLI 1991 = B. SCARDIGLI, *I trattati romano-cartaginesi*, Pisa 1991

SCHÄFER 2001 = C. SCHÄFER, *Die Rolle der actores in Geldgeschäften*, in: H. BELLEN / H. HEINEN (hrsg.) 2001, 211–223

SCHEELE 1970 = J. SCHEELE, *Zur Rolle der Unfreien in den römischen Christenverfolgungen*, Tübingen 1970

SCHEIDEL 1994 = W. SCHEIDEL, *Grundpacht und Lohnarbeit in der Landwirtschaft des römischen Italien*, Frankfurt/Main 1994

SCHEIDEL 1996 = W. SCHEIDEL, *Instrumentum vocale: Bauern und Sklaven in der römischen Landwirtschaft*, in: Historicum 47, 1996, 11–16

SCHEIDEL 1997 = W. SCHEIDEL, *Quantifying the Sources of Slaves in the Early Roman Empire*, in: JRS 87, 1997, 156–169

SCHEIDEL / V. REDEN 2002 = W. SCHEIDEL / S. V. REDEN (hrsg.), *The Ancient Economy*, Edinburgh 2002

SCHEIDEL 2005 = W. SCHEIDEL, *Human Mobility in Roman Italy, II. The Slave Population*, in: JRS 95 2005, 64–79

SCHEIDEL / MORRIS / SALLER 2007 = W. SCHEIDEL / I. MORRIS / R. SALLER (hrsg.), *The Cambridge Economic History of the Greco-Roman World*, New York 2007

SCHIPP 2009 = O. SCHIPP, *Der weströmische Kolonat von Konstantin bis zu den Karolingern (332 bis 861)* (Studien zur Geschichtsforschung des Altertums 21), Hamburg 2009

SCHLINKERT 1996 = D. SCHLINKERT, *Ordo senatorius und nobilitas. Die Konstitution des Senatsadels in der Spätantike. Mit einem Appendix über den praepositus sacri cubiculi, den „allmächtigen" Eunuchen am kaiserlichen Hof*, Stuttgart 1996

SCHMITZ 2007 = W. SCHMITZ, *Haus und Familie im antiken Griechenland* (Enzyklopädie der griechisch-römischen Antike 1), München 2007

SCHMITZ 2012 = W. SCHMITZ, *Sklavenfamilien im antiken Griechenland*, in: HEINEN (hrsg.) 2012, 63–102

SCHMITZ 2013 = W. SCHMITZ, *Überlegungen zur Verbreitung der Sklaven in der griechischen Landwirtschaft*, in: MAURITSCH / ULF (hrsg.) 2013, 535–566

SCHMITZ 2014 = W. SCHMITZ, *Die griechische Gesellschaft. Eine Sozialgeschichte der archaischen und klassischen Zeit*, Heidelberg 2014

SCHMITZ 2016 = W. SCHMITZ (hrsg.), *Antike Sklaverei zwischen Verdammung und Beschönigung. Kolloquium zur Rezeption antiker Sklaverei vom 17. bis 20. Jahrhundert* (FAS 40), Stuttgart 2016

SCHNEIDER 1988 = H. SCHNEIDER, *Schottische Aufklärung und antike Gesellschaft*, in: P. KNEIẞL / V. LOSEMANN (hrsg.), *Alte Geschichte und Wissenschaftsgeschichte, FS für Karl Christ zum 65. Geburtstag*, Darmstadt 1988, 431–464

SCHNEIDER 2015 = M. SCHNEIDER, *Die Geschichte der Sklaverei. Von den Anfängen bis zur Gegenwart*, Wiesbaden 2015

SCHÖLLGEN 1980 = G. SCHÖLLGEN, *Max Weber und Karl Marx. Überlegungen am Beispiel der Arbeitstheorie des späten Weber*, in: GWU 31, 1980, 721–738

SCHÖLLGEN 1984 = G. SCHÖLLGEN, *Ecclesia sordida? Zur Frage der sozialen Schichtung frühchristlicher Gemeinden am Beispiel Karthagos zur Zeit Tertullians*, Münster 1984

SCHOLL 1983 = R. SCHOLL, *Sklaverei in den Zenonpapyri. Eine Untersuchung zu den Sklaventermini, zum Sklavenerwerb und zur Sklavenflucht* (Trierer historische Forschungen 4), Trier 1983

SCHOLL 1987 = R. SCHOLL, *Alexander der Große und die Sklaverei am Hofe*, in: Klio 69, 1987, 108–121

SCHOLL 1990 = R. SCHOLL, *Corpus der ptolemäischen Sklaventexte. Drei Teile.* (FAS Beiheft 1) Stuttgart 1990

SCHOLL 1995 = R. SCHOLL, *Zum ptolemäischen Sklavenrecht,* in: GELLER / LEWIS / MAEHLER (hrsg.) 1995, 149–172

SCHOLL 1996 = R. SCHOLL, *Zur Freilassung im ptolemäischen Ägypten*, in: E. G. SCHMIDT / M. FUHRMANN / R. GORDESIANI / C. MEIER (hrsg.), *Griechenland und Rom. Vergleichende Untersuchungen zu Entwicklungstendenzen und -höhepunkten der antiken Geschichte, Kunst und Literatur*, Erlangen / Jena 1996, 160–170

SCHOLTEN 1995 = H. SCHOLTEN, *Der Eunuch in Kaisernähe: Zur politischen und sozialen Bedeutung des praepositus sacri cubiculi im 4. und 5. Jh. n. Chr.*, Bern / Frankfurt/M. 1995

SCHÜTRUMPF 1993 = E. SCHÜTRUMPF, *Aristotle's Theory of Slavery - A Platonic Dilemma*, in: Ancient Philosophy 13, 1993, 111–123

SCHUMACHER 2001 = L. SCHUMACHER, *Sklaverei in der Antike. Alltag und Schicksal der Unfreien*, München 2001

SCHUMACHER 2010 = L. SCHUMACHER, *On the Status of Private actores, dispensatores and vilici*, in: U. ROTH (hrsg.), 2010, 31–47

SCHWARTZ 1986 = S. B. SCHWARTZ, *Slavery: An Attempt at Universal Definition*, in: Contemporary Sociology 15, 1986, 357–359

SERGHIDOU 2007 = A. SERGHIDOU (hrsg.), *Fear of Slaves – Fear of Enslavement in the Ancient Mediterranean,* Actes du XXIXe Collloque du GIREA 2004, Besançon 2007

SHAW 1981 = B. D. SHAW, *Rural Markets in North Africa and the Political Economy of the Roman Empire*, in: AntAfr 17, 1981, 37–83

SHAW 1998 = B. D. SHAW (hrsg.), *Ancient Slavery and Modern Ideology by* MOSES I. FINLEY, Expanded Edition, Princeton 1998

SHAW 2001 = B. D. SHAW, *Spartacus and the Slave Wars. A Brief History with Documents*, New York 2001

SIMONIS 2017 = M. SIMONIS, *Cum servis nullum est conubium. Untersuchungen zu den eheähnlichen Verbindungen von Sklaven im westlichen Mittelmeerraum des Römischen Reiches*. (SKZ 17) Hildesheim 2017

SIRKS 1983 = A. J. B. SIRKS, *The Lex Iunia and the Effects of Informal Manumission and Iteration*, in: RIDA 30, 1983, 211–292

ŠIŠOVA 1980 = I. A. ŠIŠOVA, *Zum Übergang von der patriarchalischen zur entwickelten antiken Sklaverei*, in: Klio 62, 1980, 157–176

SKINNER 2008 = E. B. SKINNER, *Menschenhandel. Sklaverei im 21. Jahrhundert*, Aus d. Engl. übers. v. J. NEUBAUER, Bergisch Gladbach 2008 (= E. B. Skinner, *A Crime So Monstrous. Face to Face with Modern-Day Slavery*, New York 2008)

SMITH 1983 = N. D. SMITH, *Aristotle's Theory of Natural Slavery*, Phoenix 37, 1983, 109–122

SÖLLNER 2000 = A. SÖLLNER, *Irrtümlich als Sklaven gehaltene freie Menschen und Sklaven in unsicheren Eigentumsverhältnissen* (CRRS IX) (FAS Beiheft 3), Stuttgart 2000

SPIELVOGEL 2001 = J. SPIELVOGEL, *Wirtschaft und Geld bei Aristophanes. Untersuchungen zu den ökonomischen Bedingungen in Athen im Übergang vom 5. zum 4. Jh. v. Chr.*, Frankfurt 2001

SPRANGER 1984[2] = P. P. SPRANGER, *Historische Untersuchungen zu den Sklavenfiguren des Plautus und Terenz* (FAS 17), 2. erweiterte Auflage, Stuttgart 1984[2]

STAHLMANN 1992 = I. STAHLMANN, *Qu'on ne me cite pas les exemples des anciennes républiques! Antike Sklaverei und Französische Revolution*, in: Klio 74, 1992, 447–455

STAMPACCHIA 1976 = G. STAMPACCHIA, *La tradizione della guerra di Spartaco da Sallustio a Orosio*, Pisa 1976

STAROSKE 1995 = U. STAROSKE, *Die Drei-Sektoren-Hypothese. Darstellung und kritische Würdigung aus heutiger Sicht*, Regensburg 1995

STOLL 1999 = O. STOLL, *Servi Vincti im römischen Weinbau. Restriktive Maßnahme zur Verhinderung der Flucht von Fachkräften oder Ausdruck "ökonomischer Rationalität"?*, in: Münstersche Beiträge zur antiken Handelsgeschichte 18/1, 1999, 91–96

STRAUSS 2009 = B. STRAUSS, *The Spartacus War*, London 2009

SZIDAT 1985 = J. SZIDAT, *Zum Sklavenhandel in der Spätantike (Aug. epist. 10)*, in: Historia 34, 1985, 360–371

TALBERT 1989 = R. J. A. TALBERT, *The Role of the Helots in the Class Struggle at Sparta*, in: Historia 38, 1989, 22–40

TAUBENSCHLAG 1959 = R. TAUBENSCHLAG, *Das Sklavenrecht im Rechte der Papyri*, in: DERS., *Opera Minora 2*, Warschau 1959, 223–257

TAUSEND 2013 = K. TAUSEND, *Die Sklavinnen von Metapa*, in: MAURITSCH / ULF (hrsg) 2013, 525–534

TEMIN 2001 = P. TEMIN, *A Market Economy in the Early Roman Empire*, in: JRS 91, 2001, 169–181

TESTART 1998 = A. TESTART, *L'esclavage comme institution*, in: L'Homme 145, 1998, 31–69

THOMPSON 2003 = F. H. THOMPSON, *The Archaeology of Greek and Roman Slavery*, London 2003

THOMPSON 2011 = D. J. THOMPSON, *Slavery in the Hellenistic World*, in: BRADLEY / CARTLEDGE (hrsg.) 2011, 194–213

TREGGIARI 1969 = S. TREGGIARI, *Roman Freedmen during the Late Republic*, Oxford 1969

TREGGIARI, 1975 = S. TREGGIARI, *Family Life among the Staff of the Volusii*, in: TAPhA 105, 1975, 393–401

TREGGIARI, 1975a = S. TREGGIARI, *Jobs in the Household of Livia*, in: PBSR 43, 1975, 48–77

TREGGIARI 1976 = S. TREGGIARI, *Jobs for Women*, in: AJAH 1, 1976, 76–104

TREGGIARI 1979 = S. TREGGIARI, *Question on Women Domestics in the Roman West*, in: M. CAPOZZA (hrsg.), *Schiavitù, manomissione e classi dipendenti nel mondo antico* (PPSA 13), Rom 1979, 185–201

TREVETT 1992 = J. TREVETT, *Apollodoros the Son of Pasion*, Oxford 1992

TRÜMPER 2008 = M. TRÜMPER, *Die ‚Agora des Italiens' in Delos. Baugeschichte, Architektur, Ausstattung und Funktion einer späthellenistischen Porticus-Anlage*, Leidorf 2008

TSCHIRNER 1994 = M. TSCHIRNER, *Moses I. Finley. Studien zu Leben, Werk und Rezeption*, Marburg 1994

URBAINCZYK 2008 = T. URBAINCZYK, *Slave Revolts in Antiquity*, Berkeley 2008

VALLAT 1991 = J.-P. VALLAT, *Survey Archaeology and Rural History – a Difficult but Productive Relationship*, in: BARKER / LLOYD (hrsg.) 1991, 10–17

VAN DEN BERGHE 1984 = P. L. VAN DEN BERGHE, *The Peculiar Institution: Patterson and Foner on Slavery and Abolition*, in: Ethnic and Racial Studies 7, 1984, 301–305

VERHEIJEN 1994 = J. VERHEIJEN, *Seneca's afschaffing van de slavernij*, in: Lampas 27, 1994, 359–367

VILLE 1981 = G.VILLE, *La gladiature en occident des origines à la mort de Domitien*, Rom 1981

VITTINGHOFF 1960 = F. VITTINGHOFF, *Die Theorie des historischen Materialismus über den antiken Sklavenhalterstaat. Probleme der alten Geschichte bei den ‚Klassikern' des*

Marxismus und in der modernen sowjetischen Forschung, in: Saeculum 11, 1960, 89–131

VITTINGHOFF 1962 = F. VITTINGHOFF, *Die Sklavenfrage in der Forschung der Sowjetunion*, in: Gymnasium 69, 1962, 279–286

VLASTOS 1968 = G. VLASTOS, *Does Slavery Exist in Plato's Republic?*, in: Classical Philology 63, 1968, 291–295

VOGT 1972^2 = J. VOGT, *Sklaverei und Humanität.* (Historia E.Sch. 8), Wiesbaden 1972^2

VOGT 1972a = J. VOGT, *Zur Struktur der antiken Sklavenkriege*, in: DERS., *Sklaverei und Humanität* (Historia E.Sch. 8), Wiesbaden 1972, 20–60

VOGT 1974 = J. VOGT, *Forschungen zur antiken Sklaverei. Kommission für Geschichte des Altertums der Akademie der Wissenschaften und der Literatur (Mainz)*, in: Jahrbuch der historischen Forschung in der Bundesrepublik Deutschland 1974, Stuttgart 1974, 33–36

VOLKMANN / HORSMANN 1990^2 = H. VOLKMANN / G. HORSMANN, *Die Massenversklavungen der Einwohner eroberter Städte in der hellenistisch-römischen Zeit* (FAS 22), 2. durchges. u. erw. Aufl., Stuttgart1990^2

WACKE 1992 = A. WACKE, *Der favor libertatis: Skizze eines Forschungsvorhabens,* in: P. NÉVE / C. COPPENS (hrsg.): Vorträge gehalten auf dem 28. Deutschen Rechtshistorikertag in Nimwegen, 23. bis 27. November 1990, Nimwegen 1992, 21–22

WACKE 2006 = A. WACKE, *Die libera administratio peculii. Zur Verfügungsmacht von Hauskindern und Sklaven über ihr Sondergut*, in: FINKENAUER (hrsg.) 2006, 251–316

WALDSTEIN 1986 = W. WALDSTEIN, *Operae Libertorum. Untersuchungen zur Dienstpflicht freigelassener Sklaven* (FAS 19), Stuttgart 1986

WALLON 1879^2 = H.-A. WALLON, *Histoire de l'esclavage dans l'antiquité*. 3 Bde. Paris 1879^2 (ND Aalen 1974)

WEAVER 1964 = P. R. C. WEAVER, *The Slave and Freedman 'Cursus' in the Imperial Administration*, in: PCPhS 190, 1964, 74–92

WEAVER 1972 = P. R. C. WEAVER, *Familia Caesaris. A Social Study of the Emperor's Freedmen and Slaves*, Cambridge 1972

WEBSTER 2008 = J. WEBSTER, *Less beloved. Roman Archaeology, Slavery and the Failure to Compare*, in: Archaeological Dialogues 15 (2), 2008, 103–123

WEEBER 1994 = K.-W. WEEBER, *Panem et circenses. Massenunterhaltung als Politik im antiken Rom*, Mainz 1994

WEILER 2001 = G. WEILER, *Domos Theiou Basileos. Herrschaftsformen und Herrschaftsarchitektur in den Siedlungen der Dark Ages* (BAk 136), München / Leipzig 2001

WEILER 2002 = I. WEILER, *Inverted Kalokagathia*, in: Slavery and Abolition 23, 2002, 11–28

WEILER 2003 = I. WEILER, *Die Beendigung des Sklavenstatus im Altertum. Ein Beitrag zur vergleichenden Sozialgeschichte* (FAS 36), Stuttgart 2003

WEILER 2004 = I. WEILER, *Sklaverei in der homerischen und altorientalischen Welt. Vergleichende Beobachtungen*, in: R. ROLLINGER / C. ULF (hrsg.), *Commerce and Monetary Systems in the Ancient World: Means of Transmission and Cultural Interaction. Proceeding of the Fifth Annual Symposion of the Assyrian and Babylonian Intellectual Heritage Project Held in Innsbruck, Austria, October 3rd–8th 2002* (Oriens et Occidens 6), Stuttgart 2004, 270–291

WEISS 2004 = A. WEISS, *Sklave der Stadt. Untersuchungen zur öffentlichen Sklaverei in den Städten des Römischen Reiches* (Historia E.Sch. 173), Stuttgart 2004

WELSKOPF 1981 = E. C. WELSKOPF (hrsg.), *Soziale Typenbegriffe im alten Griechenland und ihr Fortleben in den Sprachen der Welt,* Bd.3: *Untersuchungen ausgewählter altgriechischer sozialer Typenbegriffe*, Berlin 1981

WELWEI 1981 = K.-W. WELWEI, *Das Sklavenhalterproblem als politischer Faktor in der Krise der römischen Republik,* in: H. MOMMSEN / W. SCHULZE (hrsg.), *Vom Elend der Handarbeit. Probleme historischer Unterschichtenforschung*, Stuttgart 1981, 50–69

WELWEI 1988 = K.-W. WELWEI, *Unfreie im antiken Kriegsdienst. Dritter Teil: Rom* (FAS 21), Stuttgart 1988

WELWEI 1998^2 = K.-W. WELWEI, *Die griechische Polis. Verfassung und Gesellschaft in archaischer und klassischer Zeit*, Stuttgart 1998^2

WELWEI 2000 = K.-W. WELWEI, *Sub corona vendere. Quellenkritische Studien zu Kriegsgefangenschaft und Sklaverei in Rom bis zum Ende des Hannibalkrieges*, unter Berücksichtigung des Nachlasses von G. Prachner (FAS 34), Stuttgart 2000

WELWEI 2002 = K.-W. WELWEI, *Die griechische Frühzeit 2000 bis 500 v. Chr.*, München 2002

WELWEI 2004 = K.-W. WELWEI, *Sparta. Aufstieg und Niedergang einer antiken Großmacht*, Stuttgart 2004

WELWEI 2008 = K.-W. WELWEI, *Ursprung, Verbreitung und Formen der Unfreiheit abhängiger Landbewohner im antiken Griechenland*, in: E. HERRMANN-OTTO (hrsg.) 2008, 1–52

WELWEI 2011 = K.-W. WELWEI, *Athen. Von den Anfängen bis zum Beginn des Hellenismus*, Darmstadt 2011

WELWEI 2011a = K.-W. WELWEI, *Griechische Geschichte. Von den Anfängen bis zum Beginn des Hellenismus*, Paderborn 2011

WESTERMANN 1955 = W. WESTERMANN, *The Slave Systems of Greek and Roman Antiquity*, Philadelphia 1955

WHITBY 1994 = M. WHITBY, *Two Shadows: Images of Spartans and Helots,* in: A. POWELL/ S. HODKINSON (hrsg.), *The Shadow of Sparta*, London 1994, 87–126

WHITE 1970 = K. D. WHITE, *Farm Equipment of the Roman World*, Cambridge 1975

WHITFORD 2009 = D. M. WHITFORD, *The Curse of Ham in the Early Modern Era. The Bible and the Justifications for Slavery*, Farnham 2009 (ND 2010)

WICKERT-MICKNAT 1983 = G. WICKERT-MICKNAT, *Unfreiheit im Zeitalter der homerischen Epen* (FAS 16), Wiesbaden 1983

WIEACKER 1964 = F. WIEACKER, *Recht und Gesellschaft in der Spätantike*, Stuttgart 1964

WIEDEMANN 2001 = T. WIEDEMANN, *Kaiser und Gladiatoren. Die Macht der Spiele im antiken Rom.* Aus d. Engl. übers. v. N. ALBRECHT, Darmstadt 2001 (= T. Wiedemann, Emperors and Gladiators, London 1992)

WIELING 1999 = H. WIELING, *Die Begründung des Sklavenstatus nach ius gentium und ius civile. CRRS 1* (FAS Beiheft 3), Stuttgart 1999

WIELING 2005 = H. WIELING, *Fälle geminderter Freiheit. Von Purpurschneckentauchern, Waffenschmieden und Landarbeitern*, in: HERRMANN-OTTO (hrsg.) 2005, 103–116

WIESEN 1980 = D. S. WIESEN, *Herodotus and the Modern Debate over Race and Slavery*, in: The Ancient World 3, 1980, 3–16

WILAMOWITZ-MOELLENDORFF 1974 = U. WILAMOWITZ-MOELLENDORFF, *Menander. Das Schiedsgericht* / erkl. von Ulrich von Wilamowitz-Moellendorff, Berlin 1974

WILL 1991 = W. WILL, *Der römische Mob. Soziale Konflikte in der späten Republik*, Darmstadt 1991

WILL 2006 = W. WILL, *Der Untergang von Melos. Machtpolitik im Urteil des Thukydides und einiger Zeitgenossen*, Bonn 2006

WILLING 1992 = M. WILLING, *Spartacus und der „Heimkehrplan" der Sklaven*, in: Altertum 38, 1992, 29–38

WILLVONSEDER 2001 = R. WILLVONSEDER, *Kinder mit Geldwert. Zur Kollision von Sachwert und persönlicher Wertschätzung im römischen Recht*, in: H. BELLEN / H. HEINEN (hrsg.) 2001, 97–109

WILLVONSEDER 2010 = R. WILLVONSEDER, *Stellung der Sklaven im Privatrecht, 1: Eheähnliche Verbindungen und verwandtschaftliche Beziehungen. CRRS IV,1* (FAS, Beiheft 3), Stuttgart 2010

WINTERLING 1999 = A. WINTERLING, *Aula Caesaris. Studien zur Institutionalisierung des römischen Kaiserhofes in der Zeit von Augustus bis Commodus (31 v.Chr.–192 n. Chr.)*, München 1999

WITSCHEL 2006 = C. WITSCHEL, *Der Epigraphic Habit in der Spätantike: Das Beispiel der Provinz Venetia et Histria*, in: J.-U. KRAUSE / C. WITSCHEL (hrsg.), *Die Stadt in der Spätantike – Niedergang oder Wandel? Akten des internationalen Kolloquiums in München am 30. und 31. März 2003*, Stuttgart 2006, 359–412

WÖHRLE 2002 = G. WÖHRLE, *Epiktet für Anfänger. Gespräche und Handbüchlein der Moral. Eine Lese-Einführung*, München 2002

WÖHRLE 2005 = G. WÖHRLE, *Der ‚freie' Sklave. Antike Sklaverei und das Konzept der ‚inneren' Freiheit*, in: HERRMANN-OTTO (hrsg.) 2005, 35–55

WOOLF 2015 = G. WOOLF, *Rom. Die Biographie eines Weltreichs*. Aus d. Engl. übers. v. A. WITTENBURG, Stuttgart 2015 (= G. Woolf, Rome. An Empire's Story, Oxford 2012)

WOZNICZKA, 2011 = P. WOZNICKA, *Ein philanthropischer Blick auf die Sklavenaufstände bei Diodor – Überlegungen zur Eigenständigkeit Diodors bei der Schilderung des ersten Sklavenaufstandes auf Sizilien (Fr. 34/35.2.33)*, in: HERRMANN-OTTO (hrsg.) 2011, 325–354

YAVETZ 2010 = Z. YAVETZ, *Kaiser Augustus. Eine Biographie*, Hamburg 2010

YUGE / DOI 1988 = T. YUGE / M. DOI (hrsg.), *Forms of Control and Subordination in Antiquity*, Leiden 1988

ZELNICK-ABRAMOVITZ 2005 = R. ZELNICK-ABRAMOVITZ, *Not Wholly Free: The Concept of Manumission and the Status of Manumitted Slaves in the Ancient Greek World*, Leiden 2005

ZELLER 2010 = D. ZELLER, *Der erste Brief an die Korinther. Kritisch-exegetischer Kommentar über das Neue Testament*. Bd. 5, Göttingen 2010

ZEUSKE 2013 = M. ZEUSKE, *Handbuch Geschichte der Sklaverei. Eine Globalgeschichte von den Anfängen bis zur Gegenwart*, Berlin 2013

ZIMMERMANN 2005 = B. ZIMMERMANN, *Sklaven im griechischen Drama*, in: E. HERRMANN-OTTO (hrsg.), 2005, 20–34

ZIRKER 2000 = H. ZIRKER, *Die Kairoer Erklärung der Menschenrechte im Islam*, in: Moslemische Revue 21 (76), 2000, 54–66

6. ABKÜRZUNGSVERZEICHNIS

Die verwendeten Abkürzungen bei den antiken Quellen richten sich nach Dem Neuen Pauly. Die gängigen Abkürzungen im Literaturverzeichnis sind der Année Philologique, Dem Neuen Pauly und der Bibliographie der FAS Beihefte entnommen. Außerdem sind folgende Abkürzungen zu beachten:

C.I.	Codex Iustinianus
CIL	Corpus Inscriptionum Latinarum
CRRS	Corpus der Römischen Rechtsquellen zur antiken Sklaverei
CSEL	Corpus Scriptorum Ecclesiasticorum Latinorum
C.Th.	Codex Theodosianus
Dig.	Digesta
DNP	Der Neue Pauly, Enzyklopädie der Antike, 1998ff
FAS	Forschungen zur Antiken Sklaverei
FS	Festschrift
HAS	Handwörterbuch zur Antiken Sklaverei, 2017
Historia E.Sch.	Historia Einzelschriften
IG	Inscriptiones Graecae
ILS	Inscriptiones Latinae Selectae
ND	Nachdruck
PG	Patrologia Graeca
PL	Patrologia Latina
SEG	Supplementum Epigraphicum Graecum
SKZ	Sklaverei – Knechtschaft – Zwangsarbeit

7. REGISTER: Orte, Personen, Sachen

ENTSTEHUNGSARTEN DER SKLAVEREI		
Naturrecht **(ius naturale)**	**Völkergemeinrecht** **(ius gentium)**	**Zivilrecht** **(ius civile)**
Menschen gleich und frei geboren	Sklaven (***servi***)	Sklaven (***servi***)
	Kriegsgefangenschaft (***captivitas***) Geburt (***ex ancilla nati***)	Betrügerischer Selbstverkauf (***venditio pretii participandi causa***) Strafe (***servitus poenae***) durch Senatsbeschluss (***Senatus consultum Claudianum***) Statusprozess (***vindicatio in servitutem***) Aussetzung (***expositio***) Menschenraub, -handel, -verkauf (***plagium, venditio***)

Abb. 1

FREILASSUNGSARTEN		
Förmliche direkte Freilassungen (ius civile bzw. Quiritium) Volle Freiheit – Römisches Bürgerrecht (***plena libertas – Romanitas***)	**Förmliche indirekte Freilassungen (ius civile bzw. Quiritium)** Volle Freiheit – Römisches Bürgerrecht (***plena libertas – Romanitas***)	**Prätorische Freilassungen (ius praetorium=honorarium)** Volle Freiheit – Latinisches Bürgerrecht (***libertas – Latinitas Iuniana***)
Freilassung mit dem Stab (***manumissio vindicta***) Freilassung zum Zensus (***manumissio censu***) testamentarische Freilassung (***manumissio testamento***) Freilassung in der Kirche (***manumissio in ecclesia***)	Fideikommissarische Freilassung (***manumissio fideicommissaria***)	Freilassung unter Freunden (***manumissio inter amicos***) Freilassung durch einen Brief (***manumissio per epistulam***) Freilassung beim Gastmahl, am Tisch (***manumissio in convivio, per mensam***) Freilassung im Zirkus, im Theater (***manumissio in circo, in theatro***)

Abb. 2

Zeitfracht Medien GmbH
Ferdinand-Jühlke-Straße 7
99095 Erfurt, Deutschland
produktsicherheit@kolibri360.de